全—本—全—注—全—译

庄 子

〔战国〕庄周 著 中华文化讲堂 注译

李秀桂 修订

团结出版社

图书在版编目(CIP)数据

庄子 / (战国) 庄周著；中华文化讲堂注译.
-- 北京：团结出版社，2016.11
（谦德国学文库）
ISBN 978-7-5126-4601-8

Ⅰ.①庄… Ⅱ.①庄… ②中… Ⅲ.①道家②《庄子》
—注释③《庄子》—译文 Ⅳ.①B223.5

中国版本图书馆CIP数据核字(2016)第266625号

出版：团结出版社
（北京市东城区东皇城根南街84号 邮编：100006）
电话：(010) 65228880 　 65244790 　 (传真)
网址：www.tjpress.com
Email: 65244790@163.com
经销：全国新华书店
印刷：北京天宇万达印刷有限公司

开本：148×210　1/32
印张：15.25
字数：320千字
版次：2017年5月　第1版
印次：2022年2月　第4次印刷

书号：978-7-5126-4601-8
定价：52.00元

《谦德国学文库》出版说明

人类进入二十一世纪以来，经济与科技超速发展，人们在体验经济繁荣和科技成果的同时，欲望的膨胀和内心的焦虑也日益放大。如何在物质繁荣的时代，让我们获得内心的满足和安详，从经典中获取智慧和慰藉，或许是我们不二的选择。

之所以要读经典，根本在于，我们应当更好地认识我们自己从何而来，去往何处。一个人如此，一个民族亦如此。一个爱读经典的人，其内心世界必定是丰富深邃的。而一个被经典浸润的民族，必定是一个思想丰赡、文化深厚的民族。因为，文化是民族之灵魂，一个民族如果不能认识其民族发展的精神源泉，必定就会失去其未来的生机。而一个民族的精神源泉，就保藏在经典之中。

今日，我们提倡复兴中华优秀传统文化，当自提倡重读经典始。然而，读经典之目的，绝不仅在徒增知识而已，应是古人所说的"变化气质"，进一步，是要引领我们进德修业。《易》曰："君子以多识前言往行，以畜其德。"实乃读经典之要旨所在。

基于此理念,我们决定出版此套《谦德国学文库》,"谦德",即本《周易》谦卦之精神。正如谦卦初六爻所言:"谦谦君子,用涉大川",我们期冀以谦虚恭敬之心,用今注今译的方式,让古圣先贤的教诲能够普及到每一个人。引导有心的读者,透过扫除古老经典的文字障碍,从而进入经典的智慧之海。

作为一套普及型的国学丛书,我们选择经典,不仅广泛选录以儒家文化为主的经、史、子、集,也将视野开拓到释、道的各种经典。一些大家所熟知的经典,基本全部收录。同时,有一些不太为人熟知,但有当代价值的经典,我们也选择性收录。整个丛书几乎囊括中国历史上哲学、史学、文学、宗教、科学、艺术等各领域的基本经典。

在注译工作方面,版本上我们主要以主流学界公认的权威版本为底本,在此基础上参考古今学者的研究成果,使整套丛书的注译既能博采众长而又独具一格。今文白话不求字字对应,只在保证文意准确的基础上进行了梳理,使译文更加通俗晓畅,更能贴合现代读者的阅读习惯。

古籍的注译,固然是现代读者进入经典的一条方便门径,然而这也仅仅是阅读经典的一个开端。要真正领悟经典的微言大义,我们提倡最好还是研读原本,因为再完美的白话语译,也不可能完全表达出文言经典的原有内涵,而这也正是中国经典的魅力所在吧。我们所做的工作,不过是打开阅读经典的一扇门而已。期望藉由此门,让更多读者能够领略经典的风采,走上领悟古人思想之路。进而在生活中体证,方能直趋圣贤之境，真得圣贤典籍之大用。

　　经典，是古圣先贤留给我们的恩泽与财富，是前辈先人的智慧精华。今日我们在享用这一份恩泽与财富时，更应对古人心存无尽的崇敬与感恩。我们虽恭敬从事，求备求全，然因学养所限、才力不及，舛误难免，恳请先贤原谅，读者海涵。期望这一套国学经典文库，能够为更多人打开博大精深之中华文化的大门。同时也期望得到各界人士的襄助和博雅君子的指正，让我们的工作能够做得更好！

团结出版社
2017年1月

前 言

《庄子》是一部道家经典著作，由战国中期的庄周及其门徒后学所共著，到了汉代以后，被尊称为《南华经》，且封庄子为"南华真人"。《庄子》与《老子》《周易》合称为"三玄"。

据《汉书·艺文志》中记载，《庄子》有五十二篇，现存的只有三十三篇，分为三部分：内篇七，外篇十五，杂篇十一。书中包含了大小寓言二百多个，内容包罗万象，对哲学、政治、人与自然的关系、生命的价值等都有详尽的论述。《庄子》是继《老子》之后体现道家学说的一部极其重要的作品，与《老子》双峰并峙，被称为"老庄"。《庄子》书中多次提到老子，谈无为无己之论，也谈论孔子、颜渊，将儒家学说加以发挥，与道家加以结合，以深邃的思想内容和奇妙的创作手法，在先秦诸子散文中独树一帜，是一部洋溢着浪漫主义思想的散文集。

庄子，姓庄，名周，字子休（《史记》中司马迁并未提起庄子的字），享年84岁。他是先秦道家思想的代表人物，是战国中期著名的哲学家、思想家、文学家。他是宋国的公室后代，先祖可以追溯到宋国的第十一代国君宋戴公。

庄子的学问渊博，游历过很多国家，对当时的各学派都有研究，楚威王听说他的才学很高，派使者带着厚礼，请他去做相国，被他谢绝了。当时诸侯混战，争霸天下，庄子不愿参与政治，生平只做过宋国地方的"漆园吏"，后来也辞官不做，潜心研究道学，几乎一生退隐。他一生贫穷困顿，却鄙弃荣华富贵、权势名利，力图在乱世保持独立的人格，追求逍遥无恃的精神自由。

庄子的文章，构思巧妙，文笔汪洋恣肆，意象雄浑飞越，想象奇幻丰富，情致滋润旷达，语言看似夸言万里，漫无边际，其实皆有根基，重于史料议理。庄子的文章体制已脱离语录体形式，在中国的文学史上独树一帜，是先秦诸子文章的典范之作，代表了先秦散文的最高成就。鲁迅先生曾高度评价庄子说："其文则汪洋辟阖，仪态万方，晚周诸子之作，莫能先也。"被誉为"钳揵九流，括囊百氏"。

庄子是历代思想家中最为通达者之一，是纯任自然的生命歌者，其思想闪烁出自由、纯真、舒畅之美。他不仅在观念上通透天与人、生与死、古与今、是与非，而且能够在生活中用自己的生命与万物的生命连接，找到"天地与我并生，万物与我为一"（《齐物论》）的生命真相。庄子哲学的根本目的就是启发人们敬畏自然、珍惜生命，获得与天地共舞的生命整体性感悟，从"与忧俱生"的人生困惑中解放出来，看到天人合一的实相。

庄子发现了生命存在的无常,他提出的问题是:"吾生也有涯,而知也无涯。以有涯随无涯,殆已!"(《养生主》)"人之生故若是芒乎?其我独芒而人亦有不芒者乎?"(《齐物论》)由于参透了人间世事之无奈,诸如人生之短促、祸福之不定等,庄子不再做苦苦与命运竞争的人,他懂得了虚心游世,是非两行,心斋坐忘,安之若命。这种生命的觉悟使他能够化解和超越孔子知其不可而为之的"穷",及一切人间现实中生命存在的困惑,继而洞察天地变化中万物"皆出于机,皆入于机"(《至乐》)的生命本相,由于心与道冥,庄子的生命存在获得了全新的境界。这种恬淡拙朴、逍遥无为的生命境界,不论对于古人,还是对于心灵劳累困惑的现代人,均不失为一剂调理身心的良药。

庄子道家哲学关爱与呵护生命的观点,强调敬畏天地、敬畏自然、敬畏我们周遭的一草一花、一树一石,用心灵深处的悲悯和热情去呵护世界的整体性、多样性,感受个体生命最真实自然的本真。海阔凭鱼跃,天高任鸟飞,让鱼儿自由自在地相忘于江湖中,维持鱼的天性;让鸟儿自由生息,就像《养生主》中的那只泽雉"十步一啄,百步一饮",维持鸟的本真;让天地间一切生命物种在大自然中维持各自生命的绵延,让多样性的生命存在于万物和谐共生的地球上!庄子主张"天人合一"和"清静无为",他的学说是从以人为本的角度出发,所以才能成为知识分子的崇拜偶像。他的许多观点和见解,尤其是对待外物的智慧态度,完全超越了时空限制,对于当今的我们来说,依然是一剂清凉之散。

后世道教继承道家学说，经魏晋南北朝的演变，老庄学说成为道家思想的核心内容。庄子文章具有浓厚的浪漫色彩，对后世文学有深远影响。很多著名文人作家，都在思想、文学风格、文章体制、写作技巧上受《庄子》的影响，其中包括阮籍、陶渊明、李白、苏轼、辛弃疾、曹雪芹等。唐朝时，唐玄宗诏封庄子为"南华真人"，《庄子》一书也被称为《南华真经》。庄子本人被道教隐宗妙真道奉为开宗祖师，视其为太乙救苦天尊的化身。

庄子的思想也传播到全世界，日本诺贝尔奖得主汤川秀树和德国著名物理学家海森堡都受到庄子哲学思想的影响。汤川秀树说他得诺贝尔奖的成果灵感就是受庄子"倏与忽相遇于浑沌之地"的启发。海森堡十分推崇庄子技术哲学的思想，并多次在讲演中提到庄子的观点，他还把庄子的哲学写进了他的专著《当代物理学的自然图象》之中。

我们这次注释的《庄子》，经文采用的底本为清代郭庆藩的《庄子集释》本，对每一章都作了题解，对正文有详细的注释和翻译，适合不同古文水平的爱好者阅读。由于注译者水平所限，定有不当之处，恳请诸位读者批评指正。

目 录

内 篇

逍遥游······································3

齐物论·····································13

养生主·····································35

人间世·····································40

德充符·····································60

大宗师·····································72

应帝王·····································93

外 篇

骈拇······································105

马蹄······································112

胠箧······································116

在宥……124

天地……140

天道……163

天运……174

刻意……191

缮性……195

秋水……199

至乐……218

达生……230

山木……250

田子方……266

知北游……285

杂 篇

庚桑楚……309

徐无鬼……326

则阳……350

外物……368

寓言……382

让王……388

盗跖 ··· 405

说剑 ··· 422

渔父 ··· 428

列御寇 ··· 437

天下 ··· 449

内篇

逍遥游

【题解】《逍遥游》为《庄子》的首篇,是庄子的代表作。旨在说明:世上万物纷纭,虽有"小大之辩",但都要依赖客观条件,即"有所待"。鹏是大鸟,只有凭借九万里风才能起飞;蜩与学鸠是小虫小鸟,故能在蓬蒿间自由飞翔。真正的逍遥者,追求的是一种超越时空限制和客观约束的绝对自由,是"乘天地之正,御六气之辩,以游无穷者",能够达到无己、无功、无名的境地。这体现了庄子"无待"的哲学思想。

北冥①有鱼,其名为鲲。鲲之大,不知其几千里也。化而为鸟,其名为鹏。鹏之背,不知其几千里也。怒而飞②,其翼若垂③天之云。是鸟也,海运④则将徙于南冥。南冥者,天池也。

【注释】①冥:又作溟,指海。北冥即北海。②怒:奋发的样子。③垂:通"陲",即边际。④运:海波动荡,海动时必有大风,鹏即乘此风迁往南海。

【译文】北海里有一种名为"鲲"的鱼。它的身体极为庞大,大到不知道有几千里。鲲变成鸟,名字叫鹏。鹏的脊背,同样大到不知道有几千里。当鹏振翅而飞的时候,它的翅膀好像天边的云彩。这种鸟在海水动荡的时候便迁徙到南海。南海那里是一个天然形成的大池。

《齐谐》者①,志怪者也。《谐》之言曰:"鹏之徙于南冥也,水击②三千里,抟扶摇而上者③九万里,去以六月息④者也。"野马也⑤,尘埃也,生物之以息⑥相吹也。天之苍苍,其正色邪⑦?其远而无所至极邪?其视下也,亦若是则已矣!

【注释】①《齐谐》:书名。出于齐国,古代记录怪异之书,今不传。②击:拍击,指鹏拍打水面借力奋飞。③抟〔tuán〕:凭借。扶摇:旋风。④息:风。海上六月常有大风。⑤野马:游气,春天阳气发动,远望野外林泽间,有气上扬,犹如奔马,故叫野马。⑥息:气息。⑦正色:原本的颜色。

【译文】《齐谐》是古代记载怪异事件的书。《齐谐》中记载:"大鹏向南海迁徙的时候,击打水面扬起的水花有三千里,凭借暴风直上九万里高空,乘着六月里的大风飞去。"大地上的游气,飞扬的尘埃,都被生物的气息吹拂着在空中游荡。天色苍茫,这究竟是它原本的颜色呢?还是由于无穷无尽的高远而呈现出来的颜色呢?大鹏在高空俯视下界也如同下界视天,只见一片苍苍,不辨本来的颜色。

且夫水之积也不厚,则其负大舟也无力;覆①杯水于坳堂之上,则芥为之舟②;置杯焉则胶③,水浅而舟大也。风之积也不厚,则其负大翼也无力。故九万里则风斯在下矣,而后乃今培④风;背负青天而莫之夭阏⑤者,而后乃今将图⑥南。

【注释】①覆：倒出来。坳堂：堂的低洼处。②芥：小草。③胶：粘，犹言搁浅。④培：通"凭"，凭借风的浮力。⑤夭阏〔è〕：阻拦，遏制。⑦图：图谋，打算。

【译文】再说如果水积聚的厚度还不够，它就没有足够的浮力来荷载大船。把一杯水倒在堂中的低洼处，可以漂浮起一根小草，如果把杯子放上去就搁浅了，这是由于水浅而船大。风的积聚不够，那么它就没有足够大的浮力来负载巨大的翅膀。所以大鹏要飞上九万里的高空，大风就必须在它下面，然后才开始凭借风的浮力飞行。背靠着青天而没有什么可以阻挡它，然后才开始向南海飞去。

蜩①与学鸠笑之曰："我决②起而飞，抢榆枋③，时则不至而控④于地而已矣，奚以之九万里而南为？"适莽苍者，三飡⑤而反，腹犹果然⑥；适百里者，宿舂粮；适千里者，三月聚粮。之二虫，又何知！小知不及大知，小年不及大年。奚以知其然也？朝菌⑦不知晦朔，蟪蛄⑧不知春秋，此小年也。楚之南有冥灵⑨者，以五百岁为春，五百岁为秋；上古有大椿者，以八千岁为春，八千岁为秋。而彭祖⑩乃今以久特闻，众人匹之，不亦悲乎！

【注释】①蜩〔tiáo〕：蝉。学鸠：斑鸠。②决：迅疾的样子。③抢：突，一说集。④控：引，落下。⑤飡：即餐。⑥果然：饭饱的样子。⑦朝菌：一种朝生暮死的虫。⑧蟪蛄：寒蝉，夏生而秋死。⑨冥灵：树名。⑩彭祖：相传是唐尧的臣子，封于彭，寿八百岁，以长寿著称。

【译文】蜩与学鸠讥笑大鹏说："我们奋力一飞，能冲上榆树、檀树的枝头，有的时候还飞不到，那就落在地上罢了，哪里还需要飞上九万里而去南海呢？"到郊野去的人，带上三顿饭的干粮上路，回来的时候肚子还是饱饱的。如果到百里以外的地方，那就需要夜里舂捣干粮做准备了。要是去千里以外的地方，则需要花三个月的时间准备粮食。这两只小鸟又怎么能理解呢？才智小的不能理解才智大的，寿命短的不能理解寿命长的。怎么知道是这样的呢？朝菌不了解昼夜的更替，蟪蛄不了解季节的变化，这些都是寿命短的。楚国南部有一种叫做冥灵的树，把五百年当作一个春天，五百年当作一个秋天；上古的时候有一种名为大椿的树，把八千年当作一个春天，八千年当作一个秋天。而只活了八百岁的彭祖，却以长寿闻名，普通人往往拿他来做比较，这不令人悲哀吗？

汤之问棘①也是已：穷发②之北，有冥海者，天池也。有鱼焉，其广数千里，未有知其修者③，其名为鲲。有鸟焉，其名为鹏，背若太山，翼若垂天之云，抟扶摇羊角④而上者九万里，绝⑤云气，负青天，然后图南，且适南冥也。斥鷃⑥笑之曰："彼且奚适也！我腾跃而上，不过数仞而下，翱翔蓬蒿之间，此亦飞之至也，而彼且奚适也！"此小大之辩也。

【注释】①棘：一作革，人名，相传是商汤的大夫。②穷发：指不生的草木的蛮荒之地。③修：长。④扶摇、羊角：风曲而上行若羊角。⑤绝：超越。⑥斥鷃〔yàn〕：生活中草泽中的小雀。

【译文】汤问棘的话有这样的记载：在北边寸草不生的蛮荒之地有大海，就是所谓的天池。天池中有鱼，名为鲲，它有数千里宽，没有人知道它究竟有多长。天池有鸟叫做鹏，它的脊背好像泰山，翅膀好像垂于天际的云层,凭借着自下而上的旋风飞上九万里的高空,超越了气云,背负着青天,然后向南飞往南海。斥鴳嘲笑大鹏说:"它将飞向什么地方呢?我跳起来向上飞,不到几仞便落下来,在蓬蒿之间嬉戏,这就是飞翔的极限了。而它将飞往何处呢?"这就是小与大的分别。

故夫知效一官①,行比一乡②,德合一君而征一国者③,其自视也,亦若此矣。而宋荣子犹然笑之④。且举世而誉之而不加劝⑤,举世而非之而不加沮,定乎内外之分,辩乎荣辱之境,斯已矣。彼其于世,未数数然也⑥。虽然,犹有未树也。夫列子御风而行⑦,泠然善也⑧,旬有五日而后反;彼于致福者⑨,未数数然也。此虽免乎行,犹有所待者也⑩。若夫乘天地之正,而御六气之辩,以游无穷者,彼且恶乎待哉!故曰:至人无己,神人无功,圣人无名。

【注释】①效:胜任。②比:适合。③而:读作"能",才能。征:信,取信。④宋荣子:即宋钘,学说近墨家。⑤劝:勉励。⑥数数然:急促的样子。⑦列子:战国时候思想家列御寇。御风:乘风。⑧泠然:轻妙的样子。⑨致:求。⑩待:凭借,依靠。

【译文】所以,才智可以担任某一官职,行为可以符合某一地方人的期望,德行可以符合某一国君的要求,能力可以取信于一国之民,他们对自己的看法也是如此,而宋荣子却讥笑他们。就算全天下的人都赞颂你,也不会更加勤勉。全天下的人都责难你,也不会因而沮丧。严守自我与外物之间的分别,辨别荣与辱的界限,宋荣子就是这样的超脱。他对于外人的声誉、评价并没有放在心上。虽然如此，仍然未能树立至德。列子乘风而行，样子很轻妙，半个月后便回来。他对于那些祈福的行为，从来就没当回事。虽然能够避免步行的劳苦，然而仍有所凭借和依赖。如果能够顺应天地万物的本性，因循六气的变化，遨游于无穷尽的世界里，那还有什么可以凭借的呢！所以说，修行极高的人能无我无私，修养达到神化不测境界无意于求功，修养臻于完美的圣人不追求名誉。

尧让天下于许由①，曰："日月出矣，而爝火不息②，其于光也，不亦难乎！时雨降矣，而犹浸灌，其于泽也③，不亦劳乎！夫子立而天下治，而我犹尸之④，吾自视缺然。请致天下。"

许由曰："子治天下，天下既已治也。而我犹代子，吾将为名乎？名者，实之宾也⑤。吾将为宾乎？鹪鹩巢于深林⑥，不过一枝；偃鼠饮河，不过满腹。归休乎君，予无所用天下为！庖人虽不治庖⑦，尸祝不越樽俎而代之矣⑧。"

【注释】①许由：颍川人，尧让天下给他，他不受而逃，隐于箕山。②爝〔jué〕火：小火把。③泽：滋润。④尸：古代在祭祀前人时用活人假扮前人主持仪式。⑤宾：从生物，附属品。⑥鹪鹩〔jiāo liáo〕：一种小鸟。⑦庖人：厨师，这里指烹制祭品的人。⑧祝：持祭板祷祝的人。樽、俎：皆为古代祭祀时所用的礼器。

【译文】尧想让位给许由，让他治理天下，说："日月都出来了，烛火还没有熄灭，它想为日月增添光亮，不是很难吗！雨按时令降下了，还要进行人工灌溉使土壤滋润，岂不是徒劳吗？如果先生你被立为天子，那么天下将大治，而我还占据这个位子，自认为不够资格，尸位素餐所以请允许我把天下交给你。"许由说："在您的治理下，天下已经很好了,我要取代你的位置,难道是为了名声吗?名是依附于实而产生的事物,我难道要为了这个附属物吗?鹪鹩把巢安在森林中,也不过占有一根树枝;偃鼠在河边饮水,不过喝饱肚皮。你请回吧,我要天下做什么呢?对我来有什么用处!即使厨师不下厨,祭祀的司仪也没必要代替厨师去做菜啊!"

肩吾问于连叔曰①:"吾闻言于接舆②,大而无当,往而不反。吾惊怖其言,犹河汉而无极也;大有径庭,不近人情焉。"

连叔曰:"其言谓何哉?"曰:"'藐姑射之山③有神人居焉,肌肤若冰雪,绰约若处子④。不食五谷,吸风饮露;乘云气,御飞龙,而游乎四海之外;其神凝,使物不疵疠而年谷熟⑤。'吾以是狂而不信也。"

连叔曰:"然,瞽者无以与乎文章之观,聋者无以与乎钟鼓之声。岂唯形骸有聋盲哉!夫知亦有之。是其言也,犹时女⑥也。之人也,之德也,将磅礴万物以为一,世蕲乎乱⑦,孰弊弊焉以天下为事⑧!之人也,物莫之伤,大浸稽天而不溺⑨,大旱金石流土山焦而不热。是其尘垢秕糠,将犹陶铸尧舜者也,孰肯以物为事!宋人资章甫而适诸越,越人断发文身,无所用之。尧治天下之民,平海内之政,往见四子藐姑射之山汾水之阳,窅然丧其天下焉⑩。"

【注释】①肩吾、连叔:皆为古时贤人。②接舆:楚国狂士,隐居不仕。③藐姑射:传说中的神山。④绰约:柔婉的样子。⑤疵疠:疾病,病害。⑥时女:女,通"汝",即肩吾。⑦蕲〔qí〕:求。⑧弊弊:经营的样子。⑨稽:至。⑩窅〔yǎo〕然:惆怅的样子。

【译文】肩吾问连叔:"我听接舆说话,宏大而不着边际,说到哪里是哪里,我惊叹他的言论,好像天上银河一样漫无边际。与常理大不相符,实在是不近人情啊。"

连叔问:"他说些什么?"肩吾说:"他说:'藐姑射那座山上住着神仙,肌肤像雪一样白,姿态婉媚如同处子,不吃五谷杂粮,终日吸风饮露,乘着云气驾驭飞龙,遨游于四海之外,他的神情专一,能使农作物不受病害而五谷丰登。'我认为他所说的话虚妄不可信。"

连叔说:"不错,盲人无法看到纹理的美观,聋人无法听到钟鼓的声音。难道只有形体上才有盲、聋这一类的缺陷吗?其实人的心智也是一样的。他指的是你这位神人,他的等待与万物混同在一起。世人祈求他来治理天下,谁肯劳心劳力把治理天下当回事呢!他这样的人,外物无法伤害到他,洪水滔天也淹不死他,天气旱热到即使把金属与石头都晒化了,土壤、山林都烤焦了,他也不觉得热。他用尘垢秕糠,也能铸造出尧舜来,谁又肯把世务当回事呢!宋国人到越国去贩卖帽子,而越国人断发文身,帽子对他们来说是无用之物。尧治理天下的百姓,掌控海内的政局,于是到汾水北边的藐姑射山上去见四位高人,怅然间忘记了自己的天下。"

惠子谓庄子曰①:"魏王贻我大瓠之种②,我树之,成,而实五石;以盛水浆,其坚不能自举也;剖之以为瓢,则瓠落无所容。非不呺然大也③,吾为其无用而掊之④。"庄子曰:"夫子固拙于用大矣!宋人有善为不龟手之药者,世世以洴澼絖为事⑤。客闻之,请买其方百金。聚族而谋曰:'我世世为洴澼絖,不过数金。今一朝而鬻技百金⑥,请与之。'客得之,以说吴王,越有难,吴王使之将。冬,与越人水战,大败越人,裂地而封之。能不龟手一也,或以封,或不免于洴澼絖，则所用之异也。今子有五石之瓠，何不虑以为大樽而浮乎江湖⑦，而忧其瓠落无所容，则夫子犹有蓬之心也夫！"

【注释】①惠子：即惠施，战国思想家。②瓠：葫芦。③呺〔xiāo〕：大而中空。④掊〔pǒu〕：击破。⑤洴澼〔píng pì〕：漂洗。絖〔kuàng〕：棉麻絮。⑥鬻〔yù〕：卖。⑦樽：又名腰舟，形如酒器，缚在身上，浮于江湖，可以自渡。

【译文】惠子对庄子说："我把魏王送给我的大葫芦种子种下，收获了能容纳五石东西的大葫芦。用它盛水浆，硬度差，不能举起来。剖开用作瓢，葫芦底浅，不能装东西。它不能说不够大了，但我因为它无用而把它打破了。"庄子说："你实在是不善于用大的东西。宋国有人善于制造防治手龟裂的药，他们家世世代代靠洗衣为生。有一回客人听说了，请求用百金买他的药方。那个宋国人聚集族人商量说：我们家世代以漂洗衣服为生，不过换回几金的收入，现在只要卖药方瞬间可以得到百金，卖给他吧。客人得到药方，去游说吴王。适值越国发难，吴王派遣他统率军队，冬天与越国人水战，大败越国人，为此吴王划地分封奖赏他。同一个防治手裂的药方，有人因此得分封之赏，有人则拿它去漂洗衣服，这就是使用上的差异了。现在先生有能容纳五石东西的大葫芦，为什么不考虑把它做成腰舟在江湖间漂浮，却为葫芦底浅不能装东西而发愁？可见你的心思像蓬草一样杂乱，还没有开窍呢。"

惠子谓庄子曰："吾有大树，人谓之樗①，其大本②拥肿而不中绳墨，其小枝卷由不中规矩，立之涂③，匠者不顾。今子之言，大而无用，众所同去也。"庄子曰："子独不见狸狌乎④？卑身而伏，以候敖者⑤；东西跳梁，不辟高下，中于机辟⑥，死于罔罟⑦。今夫斄牛⑧，其大若垂天之云，此能为大矣，而不能执鼠。今子有大树，患其无用，何不树之于无何有之乡，广莫⑨之野，彷徨乎无为其侧，逍遥乎寝卧其下；不夭斤斧⑩，物无害者，无所可用，安所困苦哉！"

【注释】①樗〔chū〕：臭椿。②本：树根。拥，繁体为擁：即"臃"。③涂：同"途"。④狸狌〔shēng〕：野猫。⑤敖：通"遨"，游。敖者，指往来的小动物。⑥辟：通"避"。机辟指猎人设置的机关。⑦罟〔gǔ〕：网。⑧斄〔lí〕：旄牛。⑨广莫：辽阔空旷。⑩斤：大斧。

【译文】惠子对庄子说："我有一棵叫做樗的大树，它的根庞大臃肿，不合木工的墨线；它的小枝条卷曲而不中规矩。长在道路上，路过的木匠看都不看它一眼。现在你说的就像棵樗树一样大而无用，大家都不愿意听你说。"庄子说："你没见过狸狌吗？压低身子伏在地上，候捕来往的猎物，一会儿东一会儿西跳来跳去，不避高低，常常触及猎人设置的机关，而死在网罗中。再看旄牛，身体庞大好像垂挂在天边的云彩。它的身体能够很大，却不能捕鼠。现在你有这么一棵大树，却因为它无用而忧虑，为什么不把它种在什么也没有的地方，广袤无垠的旷野上，自由自在地在树旁悠游，或者随心所欲地睡在树下，不会遭到斧头的砍伐，也没有东西来伤害它，虽然没有用处，哪里会有什么困苦呢！"

齐物论

【题解】本篇是《庄子》的又一代表篇目。"齐物论"包含齐物与齐论两层含义。庄子认为世界万物包括人的品性和感情,看起来是千差万别,归根结底却又是齐一的,这就是"齐物"。庄子还认为人们的各种看法和观点,看起来也是千差万别的,但世间万物既是齐一的,言论归根结底也应是齐一的,没有所谓是非和不同,这就是"齐论"。"齐物"和"齐论"合在一起便是本篇的主旨。

南郭子綦隐机而坐①,仰天而嘘②,荅焉似丧其耦③。

颜成子游④立侍乎前,曰:"何居⑤乎?形固可使如槁木,而心固可使如死灰乎?今之隐机者,非昔之隐机者也。"

子綦曰:"偃⑥,不亦善乎而问之也!今者吾丧我⑦,汝知之乎?女闻人籁而未闻地籁,女闻地籁而未闻天籁夫⑧。"

子游曰:"敢问其方。"

子綦曰:"夫大块噫气⑨,其名为风,是唯无作,作则万窍怒呺⑩。而独不闻之翏翏⑪乎?山林之畏佳⑫,大木百围之窍穴,似鼻,似口,似耳,似枅⑬,似圈,似臼,似洼⑭者,似污⑭者。激⑮者,謞⑯者,叱者,吸者,叫者,譹⑰者,宎⑱者,咬⑲者,前者唱于而随者唱喁⑳。泠风㉑则小和,飘风则大和,厉风济则众窍为虚㉒。而独不见之调调之刁刁乎㉓?"

子游曰:"地籁则众窍是已,人籁则比竹㉔是已,敢问天籁。"

子綦曰:"夫吹万不同,而使其自己㉕也,咸其自取,怒㉖者其谁邪?"

【注释】①南郭子綦〔qí〕:楚昭王庶弟,居住在南郭,故称此号。隐:凭靠。机:靠椅、几案。②嘘:吐气。③荅〔tà〕焉:肌体放松,离形去智的样子。耦:匹对。丧其耦,表示精神超脱身体达到忘我的境界。④颜成子游:南郭子綦的学生,姓颜成,名偃,字子游。⑤何居:何故。⑥偃:即颜成子游。⑦吾丧我:吾,指真我,内在我;我,指外在我。⑧籁:箫,这里泛指从孔穴里发出的声响。⑨大块:天地。噫气:吐气。⑩号:亦作"号",吼叫。⑪翏翏:大风呼呼的声响。⑫林:通"陵",大山。畏佳〔cuī〕:亦作"崔佳",即嵬崔,山陵高峻的样子。⑬枅〔jī〕:柱头横木。⑭污:小池。⑮激:急流声。⑯謞〔xiào〕:飞箭声。⑰譹:嚎哭声。⑱宎:沉吟声。⑲咬〔yǎo〕:哀叹声。⑳于喁〔yú〕:前后相和的声音。㉑泠风:小风、清风。㉒厉风:猛烈的暴风。济:止。㉓调调、刁刁:晃动摇曳的样子。㉔比竹:各种竹管类的乐器。㉕使其自己:意思使它们自身发出各种各样的声音。㉖怒:这里是发动的意思。

【译文】南郭子綦靠几案坐着,仰起头做深呼吸,身心放松,进入了忘我的境界。

弟子颜成子游刚好侍立在前,就问道:"您这是怎么了?形体竟然能像干枯的树木,精神也可以使它像死灰一般吗?您今天靠几案而坐跟往常的神情不一样。"

子綦回答:"偃,你问得正好啊!今天我是忘掉了外在的自己,你知道吗?你听说过'人籁'却没有听说过'地籁',听说过'地籁'却没有听说过'天籁'!"

子游说:"请问这是什么意思?"

子綦答道:"天地吐气,它的名字叫作风。风不吹则已,一旦劲吹就会使众多孔窍发出怒吼不已的声音。你难道就没有听过那呼呼的长风吗?山林参差不齐,合抱大树上的孔穴,有的似鼻,有的似口,有的似耳,有的似方孔,有的似环圈,有的似舂臼,有的似深池,有的似洼地,有的似浅坑。风吹这些孔窍发出声响,如激愤,如尖叫,如叱骂,如呼吸,如痛哭,如欢笑,如哀鸣,前呼后应,小风则小和,大风则大和,暴风停止则所有的孔窍归于无声。你难道就没有看到草木随风摇动的样子吗?"

子游说:"'地籁'就是风吹孔窍而发出的声响,'人籁'就是用竹管吹出的乐声,请问'天籁'是什么呢?"

子綦回答:"'天籁'就是风吹众多孔窍而发出的不同声响,这些不同的声音是孔窍本身的原因,哪有谁命令它们响呢?"

大智闲闲①,小知间间②。大言炎炎③,小言詹詹④。其寐也魂交,其觉也形开⑤。与接为构⑥,日以心斗。缦⑦者、窖⑧者、密⑨者。小恐惴惴⑩,大恐缦缦⑪。其发若机栝⑫,其司⑬是非之谓也;其留如诅盟⑭,其守胜之谓也。其杀若秋冬,以言其日消也;其溺之所为之,不可使复之也;其厌也如缄,以言其老洫⑮也;近死之心,莫使复阳也。喜怒哀乐,虑叹变慹⑯,姚佚⑰启态。乐出虚⑱,蒸成菌⑲。日夜相代乎前,而莫知其所萌。已乎,已乎!旦暮得此,其所由以生乎!

非彼无我,非我无所取。是亦近矣,而不知其所为使。若有真宰⑳,而特不得其朕㉑,可行己信,而不见其形,有情而无形。

百骸、九窍㉒、六藏㉓,赅㉔而存焉,吾谁与为亲?汝皆悦之乎?其有私焉?如是皆有为臣妾乎?其臣妾不足以相治乎?其递相为君臣乎?其有真君㉕存焉?如求得其情与不得,无益损乎其真。

一受其成形,不亡以待尽㉖。与物相刃相靡,其行尽如驰,而莫之能止,不亦悲乎!终身役役而不见其成功,苶然疲役而不知其所归㉗,可不哀邪!人谓之不死,奚益?其形化,其心与之然,可不谓大哀乎?人之生也,固若是芒㉘乎?其我独芒,而人亦有不芒者乎?

夫随其成心㉙而师之,谁独且无师乎?奚必知代㉚而心自取者有之?愚者与有焉。未成乎心而有是非,是今日适越而昔至也。是以无有为有。无有为有,虽有神禹且不能知,吾独且奈何哉!

【注释】①闲闲:广博的样子。②间间:偏狭的样子。③炎炎:猛烈,比喻说话时盛气凌人。④詹詹:喋喋不休。⑤形开:指形体不宁。⑥搆〔gòu〕:交合的意思。⑦缦〔màn〕:通"慢",迟缓。⑧窖:深沉。⑨密:隐秘。⑩惴惴:恐惧不安的样子。⑪缦缦:神情沮丧的样子。⑫机栝〔guā〕:机,弩上发射的机关;栝,箭末扣弦处。⑬司:通"伺",伺察。⑭诅〔zǔ〕盟:誓约。⑮洫:田间的水道,喻指封闭。⑯慹〔zhé〕:恐惧。⑰姚:轻浮躁动。佚:奢华放纵。⑱乐出虚:乐声发自中空处。⑲蒸成菌:湿气蒸发而生出各种菌类。⑳真宰:真我,即我身的主宰。㉑朕〔zhèn〕:端倪、征兆。㉒九窍:人体上九个可以向外张开的孔穴,指双眼、双耳、双鼻孔、口、生殖器、肛门。㉓藏〔nié〕:内脏,古代写作"臟",简化成"脏"。心、肺、肝、脾、肾俗称五脏。肾有二,故又称六脏。㉔赅:齐备。㉕真君:即"真我""真心"。㉖不亡:

没有。尽：耗竭。㉗苶〔nié〕然：疲倦困顿的样子。㉘芒：通"茫",迷昧。㉙成心：成见。㉚代：更改,变化。

【译文】大智慧的人悠闲自得,小智慧之人斤斤计较。说大话的人气势凌人,说闲话的人喋喋不休。这些人休息时思前想后,醒来时恐惧不安;接人待物则勾心斗角。他们的表现或慢条斯理,或故作深沉,或细心谨慎。他们小恐时坐立不安,大恐时沮丧落魄。他们有的出言如飞箭,先发制人,这叫做善于洞察是非;有的说话如盟约一样谨慎,这叫做以守取胜。他们有的出言像秋冬一样肃杀而日渐消衰;有的沉溺于自己的言行而不能自拔;有的缄默不语而自我封闭,犹如死人之心,对一切无动于衷。他们或欣喜、愤怒、悲哀、欢乐,或忧思、叹惋、反复、恐惧,或浮躁、张狂、放纵、作态,宛如音乐从中空的竹管中发出,又如菌类由地气蒸腾而起。这种种情态心境日夜变换,却不知道它们是怎样发生的。算了吧!算了吧!一旦悟到了造物的真相,便懂得了诸种心境情态发生的缘由。

没有自然就没有我,没有我自然也就无法体现。天地万物是相近的,却不知道谁是主宰者。即使有主宰者,人们也无法寻找它们的迹象。我只能实行我所信奉的,却看不到什么形象,因为心境情态本是无形的。

"百骸""九窍"藏备于一身,我和哪一部分亲近呢?还是同样地喜欢它们,或者有所偏爱?这样说来,它们都是隶属者吗?隶属者之间就不能自己和谐相处吗?它们是轮流主宰呢?还是有一个永恒君主在主宰呢?人们对此苦苦寻求也不会有什么结果,却并不影响这个世界如此这般地存在。

人一旦秉气成形,就是一种走向死亡的存在,若老是跟人家斗来斗去,整日奔波而不知停歇,难道不觉得悲哀吗?一生忙忙碌碌也不见有什么结果,一辈子困顿劳累找不到自己的归宿,这不是很可悲的吗?这样的人生有什么价值呢?人的形体会渐渐衰老,而心灵也随着衰老而死亡,这难道不是最大的悲哀吗?人生在世都是这样迷茫无知吗?还是只有我迷茫而人家尚有不迷惑的呢?

如果各人都拿自己的意见作为衡量的标准,那么谁会没有自己的标准?难道只有智者才有吗?事实上愚者也有啊!如果在没有形成主见之前就乱分是非,这跟今天去越国而昨天到了一样可笑。这就是以无标准作为标准,若以无标准作为标准,即使神圣的大禹也不知道该怎么办,我又有什么办法呢?

夫言非吹也①。言者有言,其所言者特未定也。果有言邪?其未尝有言邪?其以为异于鷇音②,亦有辩③乎?其无辩乎?

道恶乎隐而有真伪?言恶乎隐而有是非?道恶乎往而不存?言恶乎存而不可?道隐于小成,言隐于荣华④。故有儒墨之是非,以是其所非而非其所是,欲是其所非而非其所是,则莫若以明⑤。

物无非彼,物无非是。自彼则不见,自知则知之。故曰:彼出于是,是亦因彼,彼是方生⑦之说也。虽然,方生方死,方死方生;方可方不可,方不可方可;因是因非,因非因是。是以圣人不由而照之天⑧,亦因是也。是亦彼也,彼亦是也。彼亦一是非,此亦一是非。果且有彼是乎哉?果且无彼是乎哉?彼是莫得其偶⑨,谓之道枢。枢始得其环中⑩,以应无穷。是亦一无穷,非亦一无穷也。故曰莫若以明。

以指喻指之非指,不若以非指喻指之非指也⑪;以马喻马之非马,不若以非马喻马之非马也⑫。天地一指也,万物一马也⑬。

可乎可，不可乎不可。道行之而成，物谓之而然。恶乎然？然于然；恶乎不然？不然于不然。物固有所然，物固有所可；无物不然，无物不可。故为是举莛与楹⑭，厉与西施⑮，恢恑憰怪⑯，道通为一。

其分也，成也；其成也，毁也。凡物无成与毁，复通为一。唯达者知通为一，为是不用而寓诸庸⑰。庸也者，用也；用也者，通也；通也者，得也；适得而几矣。因是已，已而不知其然谓之道。劳神明为一而不知其同也，谓之朝三。何谓朝三？狙公赋芧，曰⑱："朝三而暮四。"众狙皆怒。曰："然则朝四而暮三。"众狙皆悦。名实未亏而喜怒为用，亦因是也。是以圣人和之以是非而休乎天钧⑲，是之谓两行⑳。

古之人，其知有所至矣。恶乎至？有以为未始有物者，至矣，尽矣，不可以加矣！其次以为有物矣，而未始有封也。其次以为有封焉，而未始有是非也。是非之彰也，道之所以亏也。道之所以亏，爱之所以成。果且有成与亏乎哉？果且无成与亏乎哉？有成与亏，故昭氏㉑之鼓琴也；无成与亏，故昭氏之不鼓琴也。昭文之鼓琴也，师旷之枝策也㉒，惠子之据梧也，三子之知几乎，皆其盛者也，故载之末年㉓。唯其好之也以异于彼，其好之也欲以明之。彼非所明而明之，故以坚白之昧终㉔。而其子又以文之纶终㉕，终身无成。若是而可谓成乎？虽我亦成也；若是而不可谓成乎？物与我无成也。是故滑疑㉖之耀，圣人之所图㉗也。为是不用而寓诸庸，此之谓以明。

【注释】①夫言非吹也：意思是言论出于己见，不像风吹一样出于自然。

②鷇〔kòu〕音：初生小鸟的叫声。③辩：通"辨"，分辨。④荣华：这里指巧言。⑤莫若以明：不如明鉴之心。⑥自知："自是"之误。⑦方生：并生、并存。⑧照：察看。天：指自然，即本然。⑨偶：对，对立面。⑩环中：环中为空虚处，意思是无是非处。⑪以指喻指之非指，不若以非指喻指之非指也：以名称（概念）来说明事物（对象）不是名称（概念），不如用非名称（概念）来说明事物（对象）不是名称（概念）。⑫以马喻马之非马，不若以非马喻马之非马：用一般的"马"来说明具体的马不是一般的"马"，不如用非一般的"马"来说明具体的马不是一般的"马"。⑬天地一指也，万物一马也：天地就是同一"名称"，万物就是同一"马"。⑭茎〔tíng〕：草茎。楹：厅堂前的木柱。"茎""楹"对文，代指物之细小者和巨大者。⑮厉：通"疠"，指皮肤溃烂，这里用表丑陋的人。⑯恢：宽大。恑：奇变。憰：诡诈。恢恑憰怪概指千奇百怪的各种事态。⑰寓：寄托。⑱狙〔jū〕：猴子。狙公：养猴的人。芋：橡子。⑲和：调和、混合。"和之以是非"即"以是非和之"，把是和非混同起来。"天钧"：即自然而调和。⑳两行：物与我，即自然界与自我的精神世界都能各得其所，自行发展。㉑昭氏：即昭文，善于弹琴。㉒师旷：精通韵律，晋平公的乐师。枝策：作动词，用枝或策叩击拍节。㉓载：载誉、夸赞。㉔坚白：指石的颜色白而质地坚，但"白"和"坚"都独立于"石"之外。公孙龙子曾有"坚白论"之说，庄子是极不赞成的。昧：迷昧。㉕其子：指昭文之子。纶：绪业，这里指继承昭文的事业。㉖滑疑：纷乱的样子，这里指各种迷乱人心的辩说。㉗图：革除。

【译文】人们说话不像刮风，自有说话人的意旨，然而他说的话却并不能成为判断是非的准则。人们果真是在说话呢，还是不曾说话呢？人们认为他们说的话不同于小鸟的鸣叫，那么到底是有区别呢，还是没有区别呢？

道被什么遮蔽才出现了真伪？言被什么遮蔽才有了是非？道怎样往而不存？言怎样存而不可？其主要原因是道被成心所遮蔽，言被华丽的辞藻所覆盖。从而也就有了儒家和墨家的是非争辩；以其所非而非其所是。想要非其所是而是其所非，则不如以明鉴破除是非。

世间的万物非此即彼，自彼看不见此，自此看不见彼。所以彼出自此，此也因乎彼；彼此是相对而成立的。有生即有死，有死即有生；有可即有不可，有不可即有可；有是就有非，有非就有是。所以圣人从不以此来考察事物的本然状态，而是根据自然的道理。因为此即是彼，彼即是此，所以从此看有是非之分，由彼看也有非之分。事物真的有彼此之分呢，还是真的没有彼此之分呢？只有一个途径能让事物彼此不相对待，这就是大道的枢纽。抓住大道的枢纽也就占据了关键的位置，从而可以顺应事物的自然变化。因为是非的变化无穷无尽，所以不如以明鉴之心来关照事物的实情。

用名词来说明事物并非你所指称的概念，不如不使用名词来说明这个事物并不是你所指称的概念；用"白马"来说明马的"白色"属性不是马本身，不如用别的事物来说明马具有的白色属性。从命名的自由性角度来看，"天地"也是一个名词，万物都可以用"马"这样的名词来命名。

说"可"，是人们认为是"可"；说"不可"是人们认为这是"不可"。道路是通过行人走而成的。事物是人们命名而造就的。何以说"然"？自有它"然"的道理。何以说"不然"？自有它"不然"的道理。何以说"可"？自有它"可"的道理。何以说"不可"？自有它"不可"的道理，事物原本就有"然"，事物原本就有"可"。没有什么事物"不然"，没有什么事物"不可"。所以，可以举出细小的草茎和高大的庭柱，丑陋的癞头和美丽的西施。奇变、诡诈、怪异等千奇百怪的各种事态来说明这一点，而从"道"的观点看它们都是贯通而浑一的。

有分就有成，有成就有毁。其实，万事万物无所谓成毁，从整体看成毁就是循环往复、圆通一体的。这是只有通达之人才了悟的通达之理，他不固执成毁之见而诉诸圆通为一的常理。按照这一常理行事，即可无所不用，又可无所不通，还能无所不得，这也就差不多了。顺其自然而又不求其所以然，这就是大道的境界。如果竭尽心志固执一端而不知事物本来是浑一的，这就是所谓的"朝三"。何谓"朝三"？有一个玩猴子的人拿橡子喂猴子，他跟猴子说："每个猴子早上给三个橡子，晚上给四个。"所有的猴子听了都急了。随后他又说："早上给四个，晚上给三个。"所有的猴子都高兴了。橡子的名和实没有改变而猴子的喜怒却前后不同，这是因为玩猴者把"朝三暮四"颠倒为"朝四暮三"，通过喂食多少的顺序改变而满足了猴子。所以，圣人不执着于是非而加以调和，就可以达到顺任万物之境，这就是"两行"。

　　古时候的人，他们的认识能力达到很高的境界。什么叫高境界？他们以为宇宙开始于虚无，这确实是尽善尽美的认识，其次认为宇宙有万物而无界限。最后以为事物虽有分别却不存在是非。是与非的出现就表明人眼里的大道有了亏损。换句话说，大道的亏损是由于人的偏私所造成的。果真有成与亏呢？还是没有成与亏呢？举例而言，昭文弹琴就有成与亏，昭文不弹琴就没有成与进退。昭文弹琴，师旷击鼓，惠施论辩，这三位先生的才技称名后世。他们各有所好，并且极力彰显自己的所好，这样一来，他们的自作聪明，其结果使惠施终身沉迷于"坚白"之论，而昭文的儿子承其父业也终无建树。像这样的可以算作成功吗？如果这也叫成功，那我也就是成功的了。如果他们不算成功，那么别人和我就都没有成功。所以也无所谓圣人并不以版面之辞、一技之长而赢得世间夸赞。不辨是非、不自夸赞而诉诸事物的常理，这叫做"以明"。

　　今且有言于此，不知其与是类乎？其与是不类乎？类与不类，相与为类①，则与彼无以异矣。虽然，请②尝言之：有始也者，有未始有始也者，有未始有夫未始有始也者；有有也者，有无也者，有未始

有无也者，有未始有夫未始有无也者。俄而③有无矣，而未知有无之果孰有孰无也。今我则已有谓④矣，而未知吾所谓之其果有谓乎，其果无谓乎？

天下莫大于⑤秋豪之末，而太山⑥为小；莫寿于殇子⑦，而彭祖为夭⑧。天地与我并生，而万物与我为一。既已为一矣，且得有言乎？既已谓之一矣，且得无言乎？一与言为二，二与一为三，自此以往，巧历⑨不能得，而况其凡⑩乎！故自无适⑪有，以至于三，而况自有适有乎？无适焉，因⑫是已！

夫道未始有封⑬，言未始有常⑭，为是⑮而有畛也。请言其畛：有左有右，有伦⑯有义，有分有辩，有竞有争，此之谓八德⑰，六合⑱之外，圣人存而不论；六合之内，圣人论⑲而不议；《春秋》⑳经世先王之志，圣人议而不辩。故分也者，有不分也；辩也者，有不辩也。曰，何也？圣人怀㉑之，众人辩之，以相示㉒也。故曰，辩也者，有不见也。

夫大道不称㉓，大辩不言，大仁不仁，不廉不嗛㉔，不勇不忮㉕。道昭㉖而不道，言辩而不及㉗，仁常而不成，廉清而不信，勇忮而不成，五者园㉘而几向方矣。故知止其所不知，至矣。孰知不言之辩，不道之道？若有能知，此之谓天府㉙。注㉚焉而不满，酌㉛焉而不竭，而不知其所由来，此之谓葆㉜光。

【注释】①类：同类、相同。②请：请允许我。③俄而：突然。④谓：评说、议论。⑤于：比。豪：通作"毫"，细毛。末：末梢。秋毫之末比喻事物的细小。⑥太山：一作泰山。⑦殇子：未成年而死的人。⑧夭：夭折，短命。⑨历：

历数,计算。⑩凡:平凡,这里指普通的人。⑪适:往,到。⑫因:顺应。已:矣。⑬封:界线,分别。⑭常:定见,定论。⑮为是:各自认为自己是正确的。畛〔zhěn〕:田地里的界路,这里泛指事物、事理间的界线和区分。⑯伦:次序。义:仪,等别。一说本句当作"有论有议"。⑰八德:八类、八种。⑱六合:天、地和东、西、南、北四方。⑲论:研究。议:评说。⑳春秋:这里泛指古代历史,并非指战国以前的那一段历史年代。经世:经纶世事,这是用调理织物来喻指治理社会。志:记载;这个意义后代写作"誌"。㉑怀:囊括于胸,指不去分辨物我和是非,把物与我、是与非都容藏于身。㉒示:显示,这里含有夸耀于外的意思。㉓称:举称。一说通"偁",宣扬。㉔嗛〔qiān〕:通"谦",谦逊。㉕忮〔zhì〕:伤害。㉖昭:明;这里指明白无误地完全表露出来。㉗不及:达不到,这里指言论表达不到的地方。㉘园:这里作做圆、求圆解。几:近,近似。"圆而几向方",求圆却近似于方,比喻事与愿违。㉙府:储存财物的地方。天府,指自然生成的府库,也即整个宇宙。㉚注:注入。焉:讲作"于之"。㉛酌:舀取。竭:尽。㉜葆:藏,隐蔽。"葆光"即潜隐光亮而不露。

【译文】现在暂且在这里说一番话,不知道这些话跟其他人的谈论是相同的呢,还是不相同的呢?相同的言论与不相同的言论,既然相互间都是言谈议论,从这一意义说,不管其内容如何也就是同类的了。虽然这样,还是请让我试着把这一问题说一说。宇宙万物有它的开始,同样有它未曾开始的开始,还有它未曾开始的未曾开始的开始。宇宙之初有过这样那样的"有",但也有个"无",还有个未曾有过的"无",同样也有个未曾有过的未曾有过的"无"。突然间生出了"有"和"无",却不知道"有"与"无"谁是真正的"有"、谁是真正的"无"。现在我已经说了这些言论和看法,但却不知道我听说的言论和看法是我果真说过的言论和看法呢,还是果真没有说过的言论和看法呢?

天下没有什么比秋毫的末端更大的东西,而泰山算是最小的;

世上没有什么人比夭折的孩子更长寿,而传说中年寿最长的彭祖却是短命的。天地与我共生,万物与我为一体。既然已经浑然为一体,还能够有什么议论和看法?既然已经称作一体,又还能够没有什么议论和看法?客观存在的一体加上我的议论和看法就成了"二","二"如果再加上一个"一"就成了"三",以此类推,最精明的计算也不可能求得最后的数字,何况大家都是凡夫俗子!所以,从无到有乃至推到"三",又何况从"有"推演到"有"呢?没有必要这样地推演下去,还是顺应事物的本然吧。

所谓真理从不曾有过界线,言论也不曾有过定准,只因为各自认为只有自己的观点和看法才是正确的,这才有了这样那样的界线和区别。请让我谈谈那些界线和区别:有左有右,有序列有等别,有分解有辩驳,有竞比有相争,这就是所谓八类。天地四方宇宙之外的事,圣人总是存而不论;宇宙之内的事,圣人虽然细加研究,却不随意评说。至于古代历史上善于治理社会的前代君王们的记载,圣人虽然有所评说却不争辩。可知有分别就因为存在不能分别,有争辩也就因为存在不能辩驳。有人会说,这是为什么呢?圣人把事物都囊括于胸、容藏于己,而一般人则争辩不休夸耀于外,所以说,大凡争辩,总是因为有自己所看不见的一面。

至高无上的真理是不必称扬的,最了不起的辩说是不必言说的,最具仁爱的人是不必向人表示仁爱的,最廉洁方正的人是不必表示谦让的,最勇敢的人是从不伤害他人的。真理完全表露于外那就不算是真理,逞言肆辩总有表达不到的地方,仁爱之心经常流露反而成就不了仁爱,廉洁到清白的极点反而不太真实,勇敢到随处伤人也就不能成为真正勇敢的人。这五种情况就好像着意求圆却几近成方一样。因此懂得停止于自己所不知晓的境域,那就是绝顶的明智。谁能真正通晓不用言语的辩驳、不用称说的道理呢?假如有谁能够知道,这就是所说的自然生成的府库。无论注入多少东西,它不会满盈,无论取出多少东西,它也不会枯竭,而且也不知这些东西出自哪里,这就叫做潜藏不露的光亮。

故昔者尧问于舜曰:"我欲伐宗、脍、胥敖①,南面②而不释然,其故何也?"

舜曰:"夫三子③者,犹存乎蓬艾④之间。若⑤不释然,何哉?昔者十日并出⑥,万物皆照,而况德之进⑦乎日者乎!"

啮缺问乎王倪⑧曰:"子知物之所同是⑨乎?"曰:"吾恶乎知之!""子知子之所不知邪?"曰:"吾恶乎知之!"

"然则物无知邪?"曰:"吾恶乎知之!虽然,尝试言之。庸讵⑩知吾所谓知之非不知邪?庸讵知吾所谓不知之非知邪?且吾尝试问乎女⑪:民湿寝⑫则腰疾偏死,鳅⑬然乎哉?木处⑭则惴慄恂惧,猨⑮猴然乎哉?三者孰知正处?民食刍⑯豢,麋⑰鹿食荐,蝍蛆⑱甘带,鸱⑲鸦嗜鼠,四者孰知正味?猨猵狙⑳以为雌,麋与鹿交,鳅与鱼游㉑。毛嫱㉒丽姬,人之所美也,鱼见之深入,鸟见之高飞,麋鹿见之决㉓骤。四者孰知天下之正色哉?自我观之,仁义之端㉔,是非之涂㉕,樊然㉖殽乱,吾恶能知其辩㉗!"

啮缺曰:"子不知利害,则至人㉘固不知利害乎?"王倪曰:"至人神㉙矣!大泽㉚焚而不能热,河汉冱㉛而不能寒,疾雷破山、飘风振海而不能惊㉜。若然者,乘云气,骑日月,而游乎四海之外。死生无变于己㉝,而况利害之端乎!"

【注释】①宗、脍、胥敖：三个小国国名。②南面：君主临朝；古代帝王上朝理事坐北朝南。释然：不耿介于怀的样子。③三子者：指上述三国的国君。④蓬艾：两种草名。"存乎蓬艾之间"比喻国微君卑，不足与之计较。⑤若：你。⑥十日并出：指古代寓言中十个太阳一并出来的故事，庄子借此比喻阳光普照到每一个地方。⑦进：进了一步，超过、胜过。⑧啮缺、王倪：传说中的古代贤人，庄子寓言故事中虚拟的人物。⑨所同是：相互间共同的地方。⑩庸讵：怎么、哪里。⑪女：通"汝"，你。⑫湿寝：在潮湿的地方寝卧。偏死：偏瘫，即半身不遂。⑬鳅："鳅"字的异体，即泥鳅。⑭木处：在高高的树木上居住。惴、慄、恂、惧：都有恐惧、惧怕之意。⑮猨："猿"字的异体，"猨猴"即"猿猴"。⑯刍：草。豢：养。"刍豢"，用草喂养，这里代指家畜、牲口。⑰麋：食草的珍贵兽类，与鹿同科。荐：美草。⑱蝍蛆：蜈蚣。甘：甜美，嗜好；这里为意动用法，意为"以……为甜美"。带：小蛇。"甘带"，以小蛇为美食。⑲鸱〔chī〕：猫头鹰。耆：亦写作"嗜"，嗜好。⑳猵〔biān〕狙：猿猴的一种。"猨猵狙以为雌"，即"猿以狙猵为雌"。旧注猵狙喜与雌猿交配，"以猿为雌"，但与句法不合，姑备参考。㉑游：戏游，即交尾。㉒毛嫱〔qiáng〕、丽姬：古代著名的美人。㉓决：迅疾的样子。骤：快速奔跑。㉔端：端绪。㉕涂：通作"途"，道路，途径。㉖樊然：杂乱的样子。殽：这里讲作"淆"，混杂的意思。㉗辩：通作辨，分别、区分的意思。㉘至人：这里指能够达到忘我境界的、道德修养极高的人。㉙神：神妙不测。㉚泽：聚水的洼地。泽地水源充足，林木灌丛生长茂密。㉛冱：河水冻结。㉜根据前两句的句式结构分析，这一句似应分别成两个七字句，故有人认为此处有脱落，疑为"疾雷破山不能伤，飘风振海不能惊"。㉝无变于己：意思是对于他自己全无变化。

【译文】从前尧曾向舜问道："我想征伐宗、脍、胥敖三个小国，每当上朝理事总是心绪不宁，是什么原因呢？"舜回答说："那三个小国的国君，就像生存于蓬蒿艾草之中。你总是耿耿于怀心神不宁，为什么呢？过去十个太阳一块儿升起，万物都在阳光普照之下，何况你崇高的德行又远远超过了太阳的光亮呢！"

啮缺问王倪："你知道各种事物相互间总有共同的地方吗？"王倪说："我怎么知道呢！"啮缺又问："你知道你所不知道的东西吗？"王倪回答说："我怎么知道呢！"啮缺接着又问："那么各种事物便都无法知道了吗？"王倪回答："我怎么知道呢！即使这样，我还是试着来回答你的问题。你怎么知道我所说的"知道"不是"不知道"呢？你又怎么知道我所说的"不知道"不是"知道"呢？我还是先问一问你：人们睡在潮湿的地方就会腰部患病甚至酿成半身不遂，泥鳅也会这样吗？人们住在高高的树木上就会心惊胆战、惶恐不安，猿猴也会这样吗？人、泥鳅、猿猴三者究竟谁最懂得居处的标准呢？人以牲畜的肉为食物，麋鹿吃草芥，蜈蚣嗜吃小蛇，猫头鹰和乌鸦则爱吃老鼠，人、麋鹿、蜈蚣、猫头鹰和乌鸦这四类动物究竟谁才懂得真正的美味？猿猴把猵狙当作配偶，麋喜欢与鹿交配，泥鳅则与鱼交尾。毛嫱和丽姬，是人们称道的美人了，可是鱼儿见了她们深深潜入水底，鸟儿见了她们高高飞向天空，麋鹿见了她们撒开四蹄飞快地逃离。人、鱼、鸟和麋鹿四者究竟谁才懂得天下真正的美色呢？以我来看，仁与义的端绪，是与非的途径，都纷杂错乱，我怎么能知晓它们之间的分别！"

啮缺说："你不了解利与害，道德修养高尚的圣人难道也不知晓利与害吗？"王倪说："进入物我两忘境界的圣人实在是神妙不测啊！林泽焚烧不能使他感到热，黄河、汉水封冻不能使他感到冷，迅疾的雷霆劈山破岩、狂风翻江倒海不能使他感到震惊。假如这样，便可驾驭云气，骑乘日月，在四海之外遨游，死和生对于他自身都没有变化，何况利与害这些微不足道的端绪呢！"

瞿鹊子问乎长梧子[①]曰："吾闻诸夫子[②]：'圣人不从事于务[③]，

不就④利,不违⑤害,不喜求,不缘⑥道,无谓有谓⑦,有谓无谓,而游乎尘垢之外。'夫子以为孟浪⑧之言,而我以为妙道之行也。吾子以为奚若⑨?"

长梧子曰:"是黄帝之所听荧⑩也,而丘也何足以知之!且汝亦大早⑪计,见卵而求时夜⑫,见弹而求鸮⑬炙。予尝为汝妄言之,汝以妄听之。奚⑭旁日月,挟宇宙,为其脗合⑮,置其滑⑯涽,以隶⑰相尊。众人役役⑱,圣人愚芚⑲,参⑳万岁而一成纯。万物尽㉑然,而以是㉒相蕴。

"予恶乎知悦㉓生之非惑邪!予恶乎知恶死㉔之非弱丧而不知归者邪!丽㉕之姬,艾㉖封人之子也。晋国之始得之也,涕泣沾襟,及㉗其至于王所,与王同筐床㉘,食刍豢,而后悔其泣也。予恶乎知夫死者不悔其始之蕲㉙生乎!梦饮酒者,旦而哭泣;梦哭泣者,旦而田㉚猎。方㉛其梦也,不知其梦也。梦之中又占其梦焉,觉而后知其梦也。且有大觉而后知此其大梦也,而愚者自以为觉,窃窃然㉜知之。'君乎、牧㉝乎!'固哉!丘也与汝,皆梦也,予谓汝梦亦梦也。是其言也,其名为吊诡㉞。万世之后而一遇大圣知其解者,是旦暮㉟遇之也!"

既使我与若㊱辩矣,若胜我,我不若胜㊲,若果是也?我果非也邪?我胜若,若不吾胜?我果是也?而㊳果非也邪?其或是也?其或非也邪?其俱是也?其俱非也邪?我与若不能相知也。则人固受其黮暗㊴,吾谁使㊵正之?使同乎若者正之?既与若同矣,恶能正之?使同乎我者正之,既同乎我矣,恶能正之?使异乎我与若者正之,既异乎我与若矣,恶能正之?使同乎我与若者正之,既同乎我与若矣,恶能正之? 然则我与若与人俱不能相知也, 而待彼⁴¹也邪? 化声⁴²之相待, 若其不相待, 和之以天倪⁴³, 因⁴⁴之以曼衍, 所以⁴⁵穷年也。

何谓和之以天倪? 曰: 是不是, 然不然。是若果是也, 则是之异乎不是也亦无辩; 然若果然也, 则然之异乎不然也亦无辩。忘年⁴⁶忘义, 振⁴⁷于无竟, 故寓⁴⁸诸无竟。

【注释】①瞿鹊子、长梧子: 杜撰的人名。②夫子: 孔子, 名丘, 字仲尼。③务: 事, 琐细事务。④就: 趋赴。⑤违: 避开。⑥缘: 因循。"不缘道", 不拘于道。⑦谓: 说, 言谈。⑧孟浪: 言语轻率不当, 不着边际。⑨奚若: 何如, 怎么样。⑩听荧: 疑惑不明。⑪大早: 过早。计: 考虑。⑫时夜: 司夜, 即报晓的鸡。⑬鸮: 一种肉质鲜美、形似斑鸠的鸟。炙: 烤肉。⑭奚: 同"盍","怎么不"。旁: 依傍。⑮脗: "吻"的异体。⑯滑: 通作"汩", 淆乱。涽: 乱。一作暗。⑰隶: 奴仆, 这里指地位卑贱, 与"尊"相对。⑱役役: 操劳不息驰骛于是非之境, 一心忙于分辨所谓是与非。⑲芚: 浑然无所觉察和识别的样子。⑳参: 糁糅。万岁: 年代久远。"参万岁", 糅合历史的长久变异与沉浮。纯: 精粹不杂, 指不为纷乱和差异所乱。㉑尽: 皆、全。㉒以是: 因为这个缘故。蕴: 积。㉓悦: 喜悦。㉔恶死: 讨厌死亡。弱: 年少。丧: 这里指流离失所。㉕丽: 也作骊, 丽戎, 春秋时的小国。姬: 美女。"丽之姬"即丽姬, 宠于晋献公, 以美貌称于世。㉖艾: 地名。封人, 管理疆界的官员。子: 女儿。㉗及: 等到。㉘筐床: 方正而又安适的床。㉙蕲: 祈, 求。㉚田: 打猎。后世作"畋"。"田猎"即畋猎。㉛方: 正当。㉜窃窃然: 明察的样子。㉝牧: 牧夫, 用指所谓卑贱的人, 与高贵的"君"相对。固: 鄙陋。㉞吊诡: 奇特、怪异。㉟旦暮: 很短的时间, 含有偶然之意。㊱若: 你, 即说话人的对方瞿鹊子; "我"则为说话人长梧子。

㊲不若胜：即不胜你。㊳而：你。㊴黮：昏暗不明的样子。㊵谁使：使谁，古汉语，疑问代词作宾语放在动词前。㊶彼：这里讲作另外的什么人。㊷化声：变化的声音，这里指是非不同的言论。这一句及至“所以穷年也”，计五句二十五字，旧本原在下段中部“然若果然也”之前，今据上下文意和多本校勘意见前移于此。㊸倪：分，“天倪”即天然的分际。㊹因：顺应。曼衍：变化发展。㊺所以：这里讲作“用这样的办法来……”。穷：尽，终了。㊻年：概指生死。义：概指是非。㊼振：畅。竟：通“境”；境界、境地。㊽寓：寄托。

【译文】瞿鹊子向长梧子问道：“我从孔夫子那里听到这样的谈论：圣人不从事琐细的事务，不追逐私利，不回避灾害，不喜好贪求，不因循成规；没说什么又好像说了些什么，说了些什么又好像什么也没有说，因而遨游于世俗之外。孔夫子认为这些都是轻率不当的言论，而我却认为是精妙之道的体现和实践。先生你认为怎么样呢？”

长梧子说：“这些话黄帝也会疑惑不解的，而孔丘怎么能够知晓呢！而且你也谋虑得太早，就好像见到鸡蛋便想立即得到报晓的公鸡，见到弹子便想立即获取烤熟的斑鸠肉。我姑且给你胡乱说一说，你也就胡乱听一听。怎么不依傍日月，怀藏宇宙？跟万物吻合为一体，置各种混乱纷争于不顾，把卑贱与尊贵都等同起来。人们总是一心忙于去争辩是非，圣人却好像十分愚昧无所觉察，糅合古往今来多少变异、沉浮，自身却浑成一体不为纷杂错异所困扰。万物全都是这样，而且因为这个缘故相互蕴积于浑朴而又精纯的状态之中。

“我怎么知道贪恋活在世上不是困惑呢？我又怎么知道厌恶死亡不是年幼流落他乡而老大还不知回归呢？丽姬是艾地管理疆界的官员的女儿，晋国征伐丽戎时俘获了她，她当时哭得泪水浸透了衣襟；等她到晋国进入王宫，跟晋侯同睡一床而被宠为夫人，吃上美味珍馐，也就后悔当初不该那么伤心地哭泣了。我又怎么知道那些死去的人不会后悔当初的求生呢？睡梦里饮酒作乐的人，天亮醒来后很可能痛哭饮泣；睡梦中痛哭饮泣的人，天亮醒来后又可能在欢快地逐围打猎。正当他在做梦的时候，他并不知道自己是在做梦。睡梦中还会卜问所做之梦的吉凶，醒来以后方知是在做梦。人在最为清醒的时候方才知道他自身也是一场大梦，而愚昧的人则自以为清醒，好像什么都知晓什么都明了。君尊牧卑，这种看法实在是浅薄鄙陋呀！孔丘和你都是在做梦，我说你们在做梦，其实我也在做梦。上面讲的这番话，它的名字可以叫做奇特和怪异。万世之后假若一朝遇上一位大圣人，悟出上述一番话的道理，这恐怕会是偶尔遇上吧。

"假使我和你展开辩论，你胜了我，我没有胜你，那么，你果真对，我果真错吗？我胜了你，你没有胜我，我果真对，你果真错吗？难道我们两人有谁是正确的，有谁是不正确的吗？难道我们两人都是正确的，或都是不正确的吗？我和你都无从知道，而世人原本也都承受着蒙昧与晦暗，我们又能让谁做出正确的裁定？让观点跟你相同的人来判定吗？既然看法跟你相同，怎么能做出公正的评判！让观点跟我相同的人来判定吗？既然看法跟我相同，怎么能做出公正的评判！让观点不同于我和你的人来判定吗？既然看法不同于我和你，怎么能做出公正的评判！让观点跟我和你都相同的人来判定吗？既然看法跟我和你都相同，又怎么能做出公正的评判！如此，那么我和你跟大家都无从知道这一点，还等待别的什么人呢？辩论中的不同言辞跟变化中的不同声音一样相互对立，就像没有相互对立一样，都不能相互做出公正的评判。用自然的分际来调和它，用无尽的变化来顺应它，还是用这样的办法来了此一生吧。

"什么叫调和自然的分际呢？对的也就像是不对的，正确的也就像是不正确的。对的假如果真是对的，那么对的不同于不对的，这就不须去争辩；正确的假如果真是正确的，那么正确的不同于不正确的，这也不须去争辩。忘掉死生忘掉是非，到达无穷无尽的境界，因此圣人总把自己寄托于无穷无尽的境域之中。"

罔两①问景曰："曩②子行，今子止；曩子坐，今子起；何其无特③操与？"

景曰："吾有待④而然者邪？吾所待又有待而然者邪？吾待蛇蚹⑤蜩翼邪？恶识所以然？恶识所以不然？"

昔者庄周梦为胡蝶⑥，栩栩然⑦胡蝶也，自喻⑧适志与，不知周也。俄然⑨觉，则蘧蘧然⑩周也。不知周之梦为胡蝶与？胡蝶之梦为周与？周与胡蝶则必有分矣。此之谓物化⑪。

【注释】①罔两：影子之外的微阴。景：影子；这个意义后代写作"影"。②曩〔nǎng〕：以往，从前。③特：独。操：操守。④待：依靠，凭借。⑤蚹〔fù〕：蛇肚腹下的横鳞，蛇赖此行走。蜩〔tiáo〕：蝉。⑥胡蝶：亦作蝴蝶。⑦栩栩然：欣然自得的样子。⑧喻：通"愉"，愉快。适志：合乎心意，心情愉快。⑨俄然：突然。⑩蘧〔jù〕然：惊惶的样子。⑪物化：事物自身的变化。根据本段文意，所谓变化即外物与自我的交合，推进一步，一切事物也都将浑而为一。

【译文】影子之外的微阴问影子："先前你在走，现在又停下；以往你坐着，如今又站了起来。你怎么没有自己独立的操守呢？"影子回答说："我是有所依凭才这样的吧？我所依凭的东西又有所依凭才这样的吧？我所依凭的东西就像蛇的蚹鳞和鸣蝉的翅膀一样吧？我怎么知道为什么会是这样？我又怎么知道为什么不会是这样？"

过去庄周梦见自己变成蝴蝶，欣然自得地飞舞着的一只蝴蝶，感到多么愉快和惬意啊！不知道自己原本是庄周。突然间醒来，惊惶不定之间方知我原来是庄周。不知是庄周梦中变成蝴蝶呢，还是蝴蝶梦见自己变成庄周呢？庄周与蝴蝶那必定是有区别的。这就可叫做物、我的交合与变化。

养生主①

【题解】这是一篇谈养生之道的文章。"养生主"意思就是养生的要领。庄子认为,养生之道重在顺应自然,忘却情感,不为外物所滞。全文分成三个部分,第一部分至"可以尽年",是全篇的总纲,指出人生有涯知无涯的境况中,当顺循中虚之道,即顺任自然之理。第二部分至"得养生焉",以厨工分解牛体比喻人之养生,说明处世、生活都要"因其固然"、"依乎天理",而且要取其中虚"有间",方能"游刃有余",从而避开矛盾的纠缠。余下为第三部分,进一步说明听凭天命,顺应自然,"安时而处顺"的生活态度。篇末结语说"指穷于为薪,火传也",喻精神生命在人类历史中具有延续的意义和延展的价值。

吾生也有涯,而知也无涯。以有涯随无涯,殆已!已而为知者,殆而已矣!为善无近名,为恶无近刑,缘督以为经,可以保身,可以全生,可以养亲,可以尽年。

庖丁为文惠君解牛,手之所触,肩之所倚,足之所履,膝之所踦②,砉然响然③,奏刀騞然④,莫不中音,合于《桑林》之舞⑤,乃中《经首》之会⑥。

文惠君曰:"嘻,善哉!技盖至此乎?"

庖丁释刀对曰:"臣之所好者道也,进乎技矣。始臣之解牛之时,所见无非全牛者,三年之后,未尝见全牛也;方今之时,臣以神遇而不以目视,官知止而神欲行。依乎天理,批大郤⑦,导大窾⑧,因其固然。技经肯綮⑨之未尝,而况大軱⑩乎?良庖岁更刀,割也;族庖月更刀,折也;今臣之刀十九年矣,所解数千牛矣,而刀刃若新发于硎⑪。彼节者有间而刀刃者无厚,以无厚入有间,恢恢乎⑫其于游刃有余地矣。是以十九年而刀刃若新发于硎。虽然,每至于族⑬,吾见其难为,怵然⑭为戒,视为止,行为迟,动刀甚微,謋然⑮已解,如土委地。提刀而立,为之四顾,为之踌躇满志,善⑯刀而藏之。"

文惠君曰:"善哉!吾闻庖丁之言,得养生焉。"

【注释】①养生主:保全生命之道。这里反映出庄子顺应自然,依循天理,葆光全真的生存观念。②踦:通"倚",顶住。③砉〔xū〕然响然:形容皮骨相离的声音。④騞〔huō〕然:形容皮骨爆裂的声音。⑤桑林之舞:配上桑林乐曲的舞蹈。桑林是高汤王的乐曲名。⑥经首之会:《经首》乐段的音节。《经首》是尧帝乐曲《咸池》中的一个乐章。⑦大郤:筋骨交接的地方。⑧大窾:骨节之间的空穴。⑨技经肯綮〔qìng〕:技应作,枝,枝经,经络相连的地方。肯,附在骨上附的肉。綮,筋骨连贯的地方。⑩大軱:大骨,如髀骨。⑪硎〔xíng〕:磨刀石。⑫恢恢乎:宽绰的样子。⑬族:指骨骼聚焦的地方。⑭怵〔chù〕然:谨慎的样子。⑮謋然:骨肉支离的声音。⑯善:通拭,擦。

【译文】我的生命是有限的,而知识是无限的。用有限的生命去寻求无限的知识,太疲困了。这样还去追求知识的话,简直疲困之极了。做好事不要沾上名利,做坏事不要触犯刑罚,以自然之理作为常法,就可以保护身体,可以保全生命,可以蓄养精神,颐养天年。

庖丁给梁惠王宰牛,他的手所触到的地方,肩膀所靠到的地方,脚所踩到的地方,膝盖所顶到的地方,皮肉筋骨发出咔嚓咔嚓的声响。运刀之际的咔嚓之声,没有一处不符合音律,既符合《桑林》的舞蹈,又符合《经首》的节奏。

梁惠王说:"哈哈!好啊!你的技巧为何能达到这种程度呢?"

庖丁放下刀回答道:"微臣所喜好的是道啊,它远远超过技巧了。当初微臣在宰牛的时候,所见到的都是一头头完整的牛;三年以后,就再也看不见一头完整的牛了。到现在,微臣是用心神来领会而不用眼睛来看,器官感觉停息了,可是心领神会正在进行。依照天然肌理,劈开筋骨交接的地方,伸向骨节之间的空隙,顺着它原本的结构。要是经络骨肉连结的地方还未曾试过,还谈得上大块骨骼吗?好的厨师一年换一次刀,用来切割;一般厨子一个月换一次刀,用来砍劈。现在微臣的刀已经用了十九年了,宰过几千头牛,可是刀锋仍像刚在磨刀石上磨过一样。虽然如此,每次到了骨骼聚焦的地方,我总是谨慎行事,眼神凝止了,行动迟缓了,用刀非常细致,随着哗啦声响骨肉已经脱离,就像土块掉在地上。我拿着刀站起来,不禁四下张望,感到心满意得,擦一下刀然后把它封藏起来。"

梁惠王说:"好啊!我听了庖丁的话,领悟出养生之道了。"

公文轩见右师[①]而惊曰:"是何人也?恶乎介也[②]?天与?其人与?"曰:"天也,非人也。天之生是使独也,人之貌有与也。以是知其天也,非人也。"

泽雉十步一啄，百步一饮，不蕲畜乎樊中。神虽王，不善也。

老聃③死，秦失④吊之，三号而出。弟子曰："非夫子之友邪？"曰："然。""然则吊焉若此可乎？"曰："然。始也吾以为其人也，而今非也，向吾入而吊焉，有老者哭之，如哭其子；少者哭之，如哭其母。彼其所以会之，必有不蕲言而言，不蕲哭而哭者，是遁天倍情，忘其所受，古者谓之遁天之刑。适来，夫子时也；适去，夫子顺也，安时而处顺，哀乐不能入也，古者谓是帝之县解⑤。"

指穷于为薪⑥，火传也，不知其尽也。

【注释】①公文轩：姓公文，名轩。右师：官职名，借指任职之人。二人都是宋人。②介：《方言》：特也，单足。③老聃〔dān〕：即老子，姓李名耳，字聃。④秦失：又作"秦佚"，虚拟人物。⑤帝之县解：天帝解人于倒悬。帝，指天。县通"悬"，此处指倒悬。⑥指穷于为薪：指通"脂"，蜡脂。薪，此指烛。

【译文】公文轩见到右师十分惊讶，问道："这是什么样的人啊？何以只有一只脚，是天生如此？还是人事按成的呢？"右师回答说："是天生的，不是人为原因。他天生就是单足，人的形貌由上天赋予的，由此我明白他是天生的，不是人为的。"

泽畔的野鸡十步一啄食，百步一喝水，它并不希望被畜养在樊笼之中。在笼中精力虽然旺盛，可并不舒服啊。

老聃死了，秦失去吊唁他，号哭三声就出来了，学生就问道："你不是先生的朋友吗？"秦失回答："是的。"学生又问道："那么这样的吊唁形式对吗？"秦失答道："对的。起初我认为他是普通人，可是我现在并不如此看。刚才我进去吊唁时，有老年人在哭他，就像哭自己的儿子一样；有少年人在哭他，就像哭自己的母亲一样。他们之所以聚焦在这里，肯定有不愿吊唁却吊唁哭泣的情况。这可是失去天性违背真情的，丧失掉自己所禀受的本性，古时候把这个叫做伤天害理的刑罚。当来时，先生应时而来；当去时，先生顺天而去，安于时运，顺应天然，悲哀欢乐的感情是不能进入其中的，古时候把这种解脱叫作天帝解人于倒悬。"

　　蜡脂作为烛薪燃尽了，可是火还在延续，从不知道它会终结啊。

人间世

【题解】《人间世》的中心是讨论处世之道,既表述了庄子所主张的处人与自处的人生态度,也揭示出庄子处世的哲学观点。

全文可分为前后两大部分,前一部分至"可不惧邪","可不惧邪"以下为后一部分。前一部分假托三个故事:孔子在颜回打算出仕卫国时对他的谈话,叶公子高将出使齐国时向孔子的求教,颜阖被请去做卫太子师傅时向蘧伯玉的讨教,以此来说明处世之难,不可不慎。怎样才能应付艰难的世事呢?《庄子》首先提出要"心斋",即"虚以待物",再则提出要"知其不可奈何而安之若命",第三提出要"正女身",并"形莫若就","心莫若和"。归结到一点仍旧是"无己"。第二部分着力表达"无用"之为有用,用树木不成材却终享天年和支离疏形体不全却避除了许多灾祸来比喻说明,最后一句"人皆知有用之用,而莫知无用之用",便是整个第二部分的结语。前后两部分是互补的,世事艰难推出了"无用"之用的观点,"无用"之用正是"虚以待物"的体现"无用"之用。

颜回①见仲尼②,请行。曰:"奚之③?"曰:"将之卫。"曰:"奚为焉?"曰:"回闻卫君,其年壮,其行独④,轻用其国,而不见其过。轻用民死,死者以国量乎泽若蕉⑤,民其无如矣。回尝闻之夫子曰：'治国去之，乱国就之⑥；医门多疾。'愿以所闻思其则，庶几其国有瘳乎⑦！"

【注释】①颜回：春秋末鲁国人，姓颜名回，字子渊，孔子的得意门生。②孔子：姓孔名丘，字仲尼，鲁国陬邑人。春秋末思想家、儒家学派创始人。③奚之：到哪里去。奚，何。之往。④行独：独断专行。⑤若蕉：蕉，泽中草芥。比喻死者极多。⑥治国去，乱国就之：国家大治，就要离开，国家混乱，就要前去。⑦有瘳〔chōu〕：瘳，病愈。指可以治愈。

【译文】颜回前去拜见孔子，并向他辞行。孔子问："要到哪里去？"颜回回答说："准备去卫国。"孔子又问："干什么去？"颜回说："我听说卫国的国君，年少气盛，横行霸道，他轻率地处理国家大事，却无视自己的过失。他轻率地动用民力导致百姓死亡，全国死去的人可以填满大泽，多得像大泽中的草芥。百姓都无路可走了。我曾经听您讲过：'国家大治，就要离去，国家混乱，就要前往。就像医生门前病人多一样。'我希望听从您的教导，思考治国的良策，那么卫国可以得到整治吧！"

仲尼曰："嘻！若殆①往而刑②耳！夫道不欲杂。杂则多，多则扰，扰则忧，忧而不救。古之至人，先存诸己而后存诸人。所存于己者未定，何暇至于暴人之所行！"

"且若亦知夫德之所荡而知之所为出乎哉？德荡乎名，知出乎争③。名也者，相轧④也；知也者，争之器⑤也。二者凶器，非所以尽行也。"

【注释】①殆:恐怕。②刑期:刑罚,杀戮。③知出乎争:知通"智"。智慧的外露是由于争强好胜导致的。④轧:倾轧。⑤争之器:相互争斗的工具。⑥非所以尽行也:不可推行于世。尽:精于,善于。

【译文】仲尼说:"唉!恐怕你去了之后会遭杀戮!推行道是不能过于庞杂的,一旦庞杂,就会产生许多的纷扰,纷扰多了就会产生忧患,忧患多了就难以救治。古时的至人,首先保全自己,如此才能去保全别人,连自己都保全不了,还有什么功夫去制止暴君的恶行!"

"而且你也知道道德沦丧、智慧外露的原因吧?道德沦丧是因为沽名钓誉,智慧外露是因为争强好胜。名誉是人相互倾轧的原因,智慧是人们争斗的工具,两者都是凶器,不能把它们推行于世。"

"且德厚信矼,未达人气①;名闻不争,未达人心。而强以仁义绳墨②之言术暴人之前者,是以人恶有其美也,命之曰菑人③。菑人者,人必反菑之,若殆为人菑夫!且苟为悦贤而恶不肖,恶用而求有以异?若唯无诏④,王公必将乘人⑤而斗其捷。而目将荧之,而色将平之,口将营之,容将形之,心且成之。是以火救火,以水救水,名之曰益多。顺始无穷,若殆以不信厚言⑥,必死于暴人之前矣!

"且昔者桀杀关龙逢⑦,纣杀王子比干⑧,是皆修其身以下伛拊⑨人之民,以下拂其上者也,故其君因其修以挤⑩之。是好名者也。昔者尧攻丛、枝、胥敖⑪,禹攻有扈⑫,国为墟厉⑬,身为刑戮。其用兵不止,其求实无已,是皆求名实者也。而独不闻之乎?名实者,圣人之所不能胜也,而况若乎?虽然,若必有以也,尝以语我来。"

【注释】①且德厚信矼，未达人气：德厚，道德纯厚。信矼〔qiāng〕，行为诚实。达，了解。气，精神状态。②绳墨：法度，规矩。③菑：灾害。④无诏：不进谏。⑤乘人：指乘人之疵，抓住别人的短处。⑥若殆以不信厚言：你反复的诤言恐怕将不被信任。⑦桀杀关龙逢：桀，夏桀王。关龙逢是桀时贤臣因谏诤被杀害。⑧纣杀王子比干：纣，商纣王。王子比干，纣王叔父，因进谏被挖心。⑨伛拊〔yǔ fǔ〕：怜爱抚育。⑩挤：排挤。⑪丛枝、胥敖：古代小国名。⑫有扈：古国名。⑬厉：死而无后。国为墟厉：国家变为废墟，百姓遭到灾难。

【译文】"而且一个人即使道德纯厚，行为笃实，但未必能够理解别人的思想状况；即使不与别人争夺名声，但未必能通晓别人的心理情形。如果非要将侠义准则的话传达给暴君，别人会认为你利用他人的恶行来炫耀你的美德，而把你的行为称作"灾害"。害人的人，别人一定会来害他，你恐怕会遭他人所害啊！况且如果卫国国君渴求贤能而讨厌不肖之徒，又何须你去改变呢？你除非不向他进谏，否则他肯定会趁你失误之机，展示他的辩才，你的双眼会被迷惑而眩晕，你的神色会慢慢平静下来，你嗫嗫嚅嚅地为自己辩解，你的脸上会流露出顺从的表情，你的内心也会认同他的主张。这就如同用火去救火灾，用水去救水灾，可谓是错上加错，刚开始你若顺从他，就一定会顺从下去。如果他根本不信你的诤谏，那你必将死在暴君面前。"

"而且，过去桀王杀害关龙逢、纣王杀害比干，都是因为他们修身立德，以臣下的地位爱抚百姓，以臣下的地位违逆凶残的君王，所以君王因他们修身立德而迫害他们，这就是爱好名声的结果。当年尧帝征伐丛、枝和胥敖，夏禹攻打有扈，这些国家变成废墟，人民死绝国君被杀，这是因为他们不断用兵，贪求别国的土地和人口，这些都是追名逐利的结果。你没有听说过吗？名利即使圣人也很难超脱，何况是你呢？虽然如此，你必定有所依凭，尝试着告诉我吧！"

颜回曰:"端而虚,勉而一。则可乎?"曰:"恶①!恶可!夫以阳为充孔扬②,采色不定③,常人之所不违。因案人之所感,以求容与其心,名之曰日渐④之德不成,而况大德乎!将执而不化,外合而内不訾⑤,其庸讵⑥可乎!"

"然则我内直而外曲,成而上比⑦。内直者,与天为徒⑧。与天为徒者,知天子之与己,皆天之所子。而独以己言蕲乎而人善之⑨,蕲乎而人不善之邪?若然者,人谓之童子,是之谓与天为徒。外曲者,与人之为徒也。擎跽曲拳⑩,人臣之礼也,人皆为之,吾敢不为邪?为人之所为者,人亦无疵⑪焉,是之谓与人为徒。成而上比者,与古为徒,其言虽教,谪⑫之实也,古之有也,非吾有也。若然者,虽直而不病,是之谓与古为徒。若是则可乎?"仲尼曰:"恶,恶可!大多政法而不谍⑬。虽固,亦无罪。虽然,止是耳矣,夫胡可以及化!犹师心者也。"

【注释】①恶:叹词,驳斥之声,表否定。②以阳为充孔扬:阳,阳刚之气。充,装满内心,孔,非常。扬,外露于表面。③采色不定:喜怒无常。④渐:浸润。⑤訾〔zī〕:非议。⑥庸讵〔jù〕:难道;怎么。⑦成而上比:成,引用现成的话。上比,与古代做法相比较。⑧与天为徒:与自然同类。⑨而独以己言蕲乎而人善之:独,副词,表示反问。蕲,求。善,称赞,赞成。⑩擎跽〔qíng jì〕曲拳:擎,手拿朝笏。跽,长跪。曲拳,鞠躬。⑪疵:毛病,作动词用。⑫谪:责备。⑬法而不谍:谍,适当。

【译文】颜回说:"我外貌端庄而内心谦虚,勉力行事而意志专一,这样可以吗?"孔子说:"唉,这怎么可以呢?卫君骄气横溢,喜怒无常，平常人都不敢违拗他，为了自己内心的一时之娱而压制臣下的劝告。他这种人，每天用小德慢慢感化都不会有成效，更何况用大德来劝导呢？他必将固执己见而不会改变，即使表面赞同内心里也不会对自己的言行做出反省，你采取的方法如何能行得通呢？"

颜回说："如此，那我就内心诚直而外表恭敬，内心自有主见并处处拿古代贤人作比。所谓'内心诚直'，就是与自然同类。与自然同类的，就可知道国君与自己在本性上都属于天生的，又何必把自己的言论宣之于外而希望得到人们的赞同，或者希望人们不予赞同呢？像这样做，人们就会称之为葆有赤子之心，这就叫跟自然为同类。所谓'外表恭敬'，是和世人一样。手拿朝笏躬身下拜，这是人臣应尽的礼节，人家都这么去做，我敢不这么做吗？做大家所做的事，别人就不会责难我，这就叫与世人为伍。心有成说上比古代贤人，是跟古人为同类，所说的虽是古人的教诲，指责世事才是真情实意。自古就有这样的做法，并不是我自己的编造，这样做，虽然正直不阿却也不会受到伤害，这就叫做与古人为伍，这样做可以吗？"孔子说："唉！怎么可以呢？太多的事情需要纠正，就是有所效法也会出现不当，虽然固陋而不通达也没有什么罪责。即使这样也不过如此而已，又怎么能感化他呢！你太固守于自己的成见了。"

颜回曰："吾无以进矣，敢问其方。"仲尼曰："斋①，吾将语若。有心而为之，其易邪？易之者，皞天不宜。"

颜回曰："回之家贫，唯不饮酒不茹②荤者数月矣。如此则可以为斋乎？"曰："是祭祀之斋，非心斋也。"

回曰："敢问心斋。"仲尼曰："若一志，无听之以耳而听之以心，无听之以心而听之以气。听止于耳，心止于符③。气也者，虚而待物者也,唯道集虚④。虚者,心斋也。"

颜回曰:"回之未始得使,实自回也;得使之也,未始有回也,可谓虚乎?"夫子曰:"尽矣!吾语若:若能入游其樊而无感其名,入则鸣,不入则止,无门无毒⑤,一宅而寓于不得已⑥,则几矣。绝迹易⑦,无行地难⑧。为人使易以伪,为天使难以伪⑨。闻以有翼飞者矣,未闻以无翼飞者也;闻以有知知者矣,未闻以无知知者也,瞻彼阕⑩者,虚室生白⑪,吉祥止止。夫且不止,是之谓坐驰,夫徇耳目内通而外于心知,鬼神将来舍,而况人乎!是万物之化也,禹舜之所纽也,伏戏、几蘧之所行终,而况散焉者⑫乎!"

【注释】①斋:斋戒,此指清除心中的欲念。②茹:吃。③心止于符:符,迹象,现象。④唯道集虚:虚,指虚空的心境。⑤无门无毒:不要摆出医师的架子,不要把自己的主张看作治病的良方。⑥一宅而寓于不得已:心灵专一,把自己寄托于无可奈何的事物中。⑦绝迹易:不走路容易。⑧无行地难:走路不着地就很困难。⑨使易以伪:使,驱使。伪,虚伪。⑩瞻彼阕:观察那空虚的境界。⑪虚室生白:空明的心境可以产生光明。⑫散焉者:没有成就的一般人。

【译文】颜回说:"我没有什么更好的方法了,请问您有什么方法。"孔子说:"你去斋戒,我来告诉你。你做事虽有诚意,哪有那么容易成功呢?太容易了,就不符合自然规律。"

颜回说:"我家里很贫穷,以往几个月不曾喝酒吃肉了,像这样,能否算是斋戒?"孔子说:"这是符合祭祀的那种斋戒,但不是精神上的斋戒。"

颜回说:"请问什么是精神上的斋戒?"孔子说:"你要精神集中,不要用耳朵去听,而要用心灵体会。不仅要用心灵去体会,而且要用气去感应。听只能局限于耳朵所能听到的事物,心灵感受只局限于事物的种种迹象,而气则是空明而包容万物的。道就集聚在这空虚的心境之中,达到心灵的虚空,也就是精神上的斋戒。"

颜回说:"我没有听到这些道理时,确实存在一个实在的我,我接受了这些道理后,开始觉得从没有一个实在的我,这算是达到虚空境界了吗?"孔子说:"你的理解很深刻!让我来告诉你,如果能在尘世中自由自在地遨游而不为名利所动,卫国国君听取你的意见就说,不听取就不说,不摆出医师的架子,不把自己的主张看作是治病的良方,心灵安于专一,把自己寄托在无可奈何的事物中,那就差不多了。人不走路很容易,但走路时脚不着地却很困难。顺应世俗就容易产生虚伪,而顺应自然法则则很难虚伪。听说过有翅膀而飞的,但没有听说过没有翅膀也能飞翔的。听说过有智慧方能了解事物,没有听说过没有智慧也可以了解事物的。观察那虚空的境界,空明的心境可以产生光明。吉祥的事情都会随之消逝。如果内心无法宁静,这就叫身体在而心灵驰骋。使耳目感官通达心机,鬼神也会来依附,更何况是人呢!这就是万事万物的变化,是禹和舜把握到的关键,也是伏羲、几蘧所始终遵循的法则,更何况普通的人呢!"

叶公子高①将使于齐,问于仲尼曰:"王使诸梁②也甚重,齐之待使者,盖将甚敬而不急。匹夫犹未可动,而况诸侯乎!吾甚栗③之。子常语诸梁也曰:'凡事若小若④大,寡⑤不道以懽成。'事若不成,则必有人道之患⑥;事若成,则必有阴⑦阳之患。若成若不成而后无患者,唯有德者能之。吾食也执粗⑧而不臧,爨⑨无欲清之人。今吾朝受命而夕饮冰,我其内热⑩与!吾未至乎事之情⑪而既有阴阳之患矣!事若不成,必有人道之患,是两也。为人臣者不足以任⑫之,子其有以语我来!"

仲尼曰:"天下有大戒⑬二:其一命也,其一义也。子之爱亲,命也,不可解于心;臣之事君,义也,无适而非君也⑭,无所逃于天地之间。是之谓大戒。是以夫事其亲者,不择地而安之,孝之至也;夫事其君者,不择事而安之,忠之盛⑮也;自事其心⑯者,哀乐不易施⑰乎前,知其不可奈何而安之若命,德之至也。为人臣子者,固有所不得已。行事之情而忘其身,何暇至于悦生而恶生!夫子其行可矣!

"丘请复以所闻:凡交近则必相靡⑱以信,远则必忠之以言⑲,言必或传之。夫传两喜两怒之言⑳,天下之难者也。夫两喜必多溢㉑美之言,两怒必多溢恶之言。凡溢之类妄㉒,妄则其信之也莫㉓,莫则传言者殃。故法言㉔曰:'传其常情,无传其溢言,则几乎全'㉕。且以巧斗力㉖者,始乎阳㉗,常卒㉘乎阴,大至㉙则多奇巧;以礼饮酒者,始乎治㉚,常卒乎乱,大至则多奇乐㉛。凡事亦然,始乎谅㉜,常卒乎鄙㉝。其作始也简,其将毕也必巨。

"夫言者,风波也;行者,实丧㉞也。风波易以动,实丧易以危。故忿设㉟无由,巧㊱言偏辞。兽死不择音,气息茀㊲然,于是并生心厉㊳。剋㊴核大至,则必有不肖㊵之心应之而不知其然也。苟为不知其然也,孰知其所终?故法言曰:'无迁㊶令,无劝㊷成,过度益㊸也'。迁令劝成殆㊹事,美成㊺在久,恶成不及改,可不慎与?且夫乘物㊻以游心,托不得已以养中㊼,至矣。何作㊽为报也!莫若为致命㊾,

此其难者。"

【注释】①叶公子高：楚庄王玄孙尹成子，名诸梁，字子高。为楚大夫，封于叶，旧读〔shè〕，自僭为"公"，故有"叶公子高"之称。②使诸梁：以诸梁为使。③栗：恐惧。④若：或者。⑤寡：少。道：由，通过。懽："欢"字的异体。⑥人道之患：人为的祸害，指国君的惩罚。⑦阴：事未办成时的忧惧。阳：事已办成时的喜悦。此是说忽忧忽喜而交集于心，势必失调以致病患。⑧执粗：食用粗茶淡饭。臧：好。"不臧"指不精美的食品。⑨爨〔cuàn〕：炊，烹饪食物。联系上下文大意是，烹饪食物也就无须解凉散热的人。⑩内热：内心烦躁和焦虑。⑪情：真实。⑫任：承担。⑬戒：法。"大戒"指人生足以为戒的大法。⑭无适而非君也：适，往、到。全句是说，天下虽大，但所之处，没有不受国君统治的地方。⑮盛：极点、顶点。⑯自事其心：侍奉自己的心思，意思是注意培养自己的道德修养。⑰施〔yí〕：移动，影响。⑱靡：通作"摩"，爱抚顺从。一说通作"縻"，维系。"相靡以信"，用诚信相互和顺与亲近。⑲忠之以言：用忠实的语言相交。一说"忠"字为"志"字之误，"志"为固字之古体。⑳两喜两怒之言：两国国君或喜或怒的言辞。㉑溢：满，超出。"溢美之言"指过分夸赞的言辞。下句"溢恶之言"对文，指过分憎恶的话。㉒妄：虚假。㉓莫：薄。"信之以莫"意为真实程度值得怀疑。㉔法言：古代的格言。㉕全：保全。㉖斗力：相互较力，犹言相互争斗。㉗阳：公开地争斗。㉘卒：终。阴：指暗地里使计谋。㉙大至：即太至，达到极点，太过分。奇巧：指玩弄阴谋。㉚治：指合乎常理和规矩。㉛奇乐：放纵无度。㉜谅：取信，相互信任。㉝鄙：恶，欺诈。㉞实丧：得失。这句话是说，传递语言总会有得有失。㉟设：置，含有发作、产生的意思。㊱巧：虚浮不实。偏：片面的。㊲茀〔bó〕：通"勃"；"茀然"，气息急促的样子。㊳厉：狠虐；"心厉"，指伤害人的恶念。㊴剋："克"字的异体。"克核"，即苛责。㊵不肖：不善,不正。㊶迁:改变。㊷劝:勉力;这里含有力不能及却勉强去做的意思。㊸益:添加。㊹殆:危险。㊺美成:意思是美好的事情要做成功。㊻乘物:顺应客观事物。㊼中:中气,这里指神智。㊽作:作意。大意是何必为齐国作意其间。㊾为致命:原原本本地传达国君的意见。

【译文】叶公子高将要出使齐国,他向孔子请教:"楚王派我诸梁出使齐国,责任重大。齐国接待外来使节,总是表面恭敬而内心怠慢。平常老百姓尚且不易感化,何况是诸侯呢!我心里十分害怕。您常对我说:'事情无论大小,很少有不通过言语的交往可以获得圆满结果的。事情如果办不成功,那么必定会受到国君惩罚;事情如果办成功了,那又一定会忧喜交集酿出病害。事情办成功或者办不成功都不会留下祸患,只有道德高尚的人才能做到。'我每天吃的都是粗糙不精美的食物很少用火,烹饪食物的人也就无须解凉散热。我今天早上接受国君诏命到了晚上就得饮用冰水,恐怕是因为我内心焦躁担忧吧!我还不曾接触到事的真情,就已经有了忧喜交加所导致的病患;事情假如真办不成,那一定还会受到国君惩罚。成与不成这两种结果,做臣子的我都不足以承担,先生你大概有什么可以教导我吧!"

孔子说:"天下有两个足以为戒的大法:一是天命,一是道义。做儿女的敬爱双亲,这是自然的天性,是无法从内心解释的;臣子侍奉国君,这是人为的道义,天地之间无论到什么地方都不会没有国君的统治,这是无法逃避的现实。这就叫做足以为戒的大法。所以侍奉双亲的人,无论什么样的境遇都要使父母安适,这是孝心的最高表现;侍奉国君的人,无论办什么样的事都要让国君放心,这是尽忠的极点。注重自我修养的人,悲哀和欢乐都不容易使他受到影响,知道世事艰难,无可奈何却又能安于处境、顺应自然,这就是道德修养的最高境界。做臣子的原本就会有不得已的事情,遇事要能把握真情并忘掉自身,哪里还顾得上贪生怕死!你这样去做就可以了!

"不过我还是把我所听到的道理再告诉你：但凡与邻近国家交往一定要用诚信使相互之间和顺亲近，而与远方国家交往则必定要用语言来表示相互间的忠诚。国家间交往的语言总得有人相互传递。传递两国国君喜怒的言辞，乃是天下最困难的事。两国国君喜悦的言辞必定添加了许多过分的夸赞，两国国君愤怒的言辞必定添加了许多过分的憎恶。大凡过度的话语都类似于虚构，虚构的言辞其真实程度也就值得怀疑，国君产生怀疑传达信息的使者就要遭殃。所以古代格言说：'传达平实的言辞，不要传达过分的话语，那么也就差不多可以保全自己了。'况且以智巧相互较量的人，开始时平和开朗，后来就常常暗使计谋，达到极点时则大耍阴谋、倍生诡计。按照礼节饮酒的人，开始时规规矩矩合乎人情，到后来常常就一片混乱大失礼仪，达到极点时则荒诞淫乐、放纵无度。无论什么事情恐怕都是这样：开始时相互信任，到头来互相欺诈；开始时单纯细微，临近结束时便变得纷繁巨大。

"言语犹如风吹的水波，传达言语定会有得有失。风吹波浪容易动荡，有了得失容易出现危难。所以愤怒发作没有别的什么缘由，就是因为言辞虚浮而又片面失当。猛兽临死时什么声音都叫得出来，气息急促喘息不定，于是迸发伤人害命的恶念。大凡过分苛责，必会产生不好的念头来应付，而他自己也不知道这是怎么回事。假如做了些什么而他自己却又不知道那是怎么回事，谁还能知道他会有怎样的结果！所以古代格言说：'不要随意改变已经下达的命令，不要勉强他人去做力不从心的事，说话过头一定是多余、添加的。'改变成命或者强人所难都是危险，成就一桩好事要经历很长的时间，坏事一旦做出悔改是来不及的。行为处世能不审慎吗！至于顺应自然而使心志自在遨游，一切都寄托于无可奈何以养蓄神智，这就是最好的办法。有什么必要作意回报！不如原原本本地传达国君所给的使命,这样做有什么困难呢!"

颜阖将傅卫灵公大子,而问于蘧伯玉①曰:"有人于此,其德天杀②。与之为无方③则危吾国,与之为有方则危吾身。其知适足以知人之过,而不知其所以过。若然者,吾奈之何?"

蘧伯玉曰:"善哉问乎!戒之慎之,正女身也④哉!形莫若就,心莫若和⑤。虽然,之二者有患。就不欲入,和不欲出。形就而入,且为颠为灭,为崩为蹶⑥;心和而出,且为声为名,为妖为孽。彼且为婴儿,亦与之为婴儿;彼且为无町畦,亦与之为无町畦⑦;彼且为无崖,亦与之为无崖;达之,入于无疵⑧。"

【注释】①"颜阖"两句:颜阖〔hé〕,姓颜名阖,鲁国贤人。傅:太子的老师,这里当动词用。蘧伯玉,姓蘧,名瑗,字伯玉,卫国贤大夫。②其德天杀:天生的品性是凶残嗜杀。③无方:没有规矩,约束。④正女身也:女通"汝",端正你自己。⑤形莫若就,心莫若和:外表不如表现亲近、内心不如顺从诱导。⑥为崩为蹶:崩,崩坏。蹶,失败。⑦町畦〔tǐng qí〕:田界。⑧疵:病,这里指的是行动上的过失。

【译文】颜阖奉命去做卫灵公子的师傅,他去请教卫国贤大夫蘧伯玉:"现在有一个人,天性残酷。如果任其自然,就会危害国家;如用法度约束,就会危及自身,他的智慧足以了解别人的过失,但不知道自己的错误,碰到这种情况,我该怎么办呢?"

蘧伯玉说:"问得很好,要谨慎从事,首先要站稳脚跟。外表不如表现亲近的样子,内心却要存着诱导的思想,即使这样,这两种方法仍有隐患。亲近他但不要太密切,诱导他不受心意显露。外表亲近到关系密切，就要颠败毁灭，内心诱导太显露，将被认为是沽名钓誉，就会招致灾祸。他如果像天真的孩子那样烂漫，你就姑且任他像个孩子那样烂漫；他如果没有界限，那么你就姑且随他那样不分界限。他如果跟你无拘无束，那么你也姑且跟他无拘无束。慢慢地引导，就可以使他达到免于错误的地步。"

"汝不知夫螳螂乎？怒其臂以当车辙①，不知其不胜任也，是其才之美者也。戒之慎之，积伐②而美者以犯之，几矣！汝不知夫养虎者乎？不敢以生物③与之，为其杀之之怒也；不敢以全物与之，为其决之之怒也。时其饥饱，达其怒心。虎之与人异类，而媚养己者，顺也；故其杀者，逆也。

"夫爱马者，以筐盛矢③，以蜄盛溺④，适有蚉虻仆缘⑤，而拊之不时，则缺衔毁首碎胸。意有所至而爱有所亡，可不慎邪！"

【注释】①怒其臂以当车辙：怒其臂，奋起手臂。车辙：车轮碾出的痕迹，这是指代车轮。②积伐：多次夸赞。③矢：通"屎"，粪便。④以蜄盛溺：蜄〔shèn〕，指大蛤蜊壳。溺，尿液。⑤蚉虻仆缘：蚊虻叮在马身上。

【译文】"你没有听说过那螳螂吗？它奋起手臂去阻挡车轮，不知道自己根本不能做到这一点，反而认为这是自己最得意的力量。要警惕啊！小心啊！多次地夸耀自己最得意的东西会触犯王子，这就和螳螂差不多了。你不知道那养虎之人吗？不敢拿活的动物给老虎吃，因为这样做会激起它的凶残。注意顺应它饥饱的状态，疏导它凶残的本性。老虎虽不同于人类，却顺从喂养它的人，这是因为顺应了它的天性。而被老虎咬死的人，是因为违背了其天性。"

"那些爱马的人,用精美的筐子去盛装马粪,用大蛤蜊的壳去盛装尿液,正巧遇到蚊虻叮咬马,就不是时候地拍打它。那马就会咬断口勒,撞毁笼头,磨碎肚带。好意却适得其反,难道行事适得其反不应该谨慎吗!"

匠石①之齐,至于曲辕,见栎社树②。其大蔽数千牛,絜之百围③,其高临山十仞而后有枝,其可以为舟者旁十数④。观者如市,匠伯不顾,遂行不辍。弟子厌观之,走及匠石,曰:"自吾执斧斤以随夫子,未尝见材如此其美也,先生不肯视,行不辍,何邪?"曰:"已矣,勿言之矣,散木也。以为舟则沉,以为棺椁则速腐⑤,以为器则速毁,以为门户则液⑥樠,以为柱则蠹⑦。是不材之木也,无所可用,故能若是之寿。"

【注释】①匠石:木匠名实。②见栎社树:栎〔lì〕,树名。杜树,被拜为土地神的树。③絜之白围:絜,试题周长的方式。围,一尺。④旁:旁枝。⑤椁:"椁"字的异体,指棺外的套棺。⑥液:脂液流出如树。⑦蠹〔dù〕:虫子蛀蚀。

【译文】有个姓石的木匠到齐国曲辕,看见被人们称为神树的栎树。那棵树非常高大,树荫可以遮蔽数千头牛,测量它的树干,足有百尺之围,树高达至山顶,几丈高后才长树枝,可以用来造船的树枝都有几十枝。参观它的人如同在赶集。这位匠人不去看它,却不停向前走,他的徒弟在那看够了跑着赶上木匠说:"自从我拿着斧子跟随您做木工,还没有见过这么大的树,先生为何不肯看一眼,却向前走个不停,这是为何呢?"木匠回答说:"算了,不要再说了!

那木头是无用之物，做成船它会沉没，做成棺材它会很快地腐朽，做器具它很快会毁坏，做门户它会像树一样流出污浆，做成柱子，它会被虫子蛀蚀。这是一棵不能成材的树木，没有一点用处，所以才有这么长的寿命。"

匠石归，栎社见梦①曰："女将恶乎比予哉？若将比予于文木邪？夫柤梨橘柚果蓏之属②，实熟则剥，剥则辱。大枝折，小枝泄③，此以其能苦其生者也。故不终其天年而中道夭，自掊④击于世俗者也。物莫不若是。且予求无所可用久矣！几死，乃今得之，为予大用。使予也而有用，且得有此大也邪？且也若与予也皆物也，奈何哉其相物也？而几死之散人⑤，又恶知散木！"

匠石觉而诊⑥其梦。弟子曰："趣取无用⑦，则为社何耶？"曰："密！⑧若无言！彼亦直寄焉，以为不知已者诟厉也。不为社者，且几有翦⑨乎！且也彼其所保与众异，而以义誉之，不亦远乎！"

【注释】①栎社见梦：梦见做社神的栎树。②夫柤梨橘柚、果蓏之属：柤〔zhā〕，山楂。果蓏〔luǒ〕，草本植物的果实叫果，草本植物的果实叫蓏。③泄：通"抴"。即用力拉。④掊〔pǒu〕：打。⑤散人：平凡普通的人。⑥诊：通作"畛"，告诉。⑦趣取：自己希望得到的。⑧密：即"闭嘴"。⑨翦：指遭人砍伐。

【译文】木匠回来后，梦中见做社神的栎树对他说："你拿什么东西跟我做比呢？你拿我同文木比较吗？那些楂梨橘柚之类的树木，果实成熟后就会被打落，打落下来就会受辱，大的树枝被折断，小的树枝被拉扯。它之所以受苦就是因为它生来有用，所以不能享其天年而中途夭折,任何事物都是如此。我寻求没有用的办法已经很久了,差点死了,如今才获得这个办法。这无用之能正是大用,还有比这更大的用途吗?况且你和我都是自然界中的事物罢了,怎么能够用这种方式看待事物呢?你是快接死亡的普通凡人,又如何知道树木无用的道理呢!"

木匠醒来后说出了他的梦,徒弟说:"自己希望的是无用,又怎么能为社神之树呢?"木匠说:"闭嘴!你不要再说了。它只不过是寄寓于此,使那些不理解他的人去诟骂他。如果不做社神,他一定会被砍伐!他保全自身的方法与众不同,如果用常理来理解它,不是相差太远了吗?"

南伯子綦①游乎商之丘,见大木焉,有异,结驷②千乘,隐将芘③其所藾。子綦曰:"此何木也哉?此必有异材夫!"仰而视其细枝,则拳曲④而不可以为栋梁;俯而视其大根,则轴⑤解而不可以为棺椁;咶⑥其叶则口烂而为伤,嗅之则使人狂酲⑦,三日而不已⑧。

子綦曰:"此果不材之木也,以至于此其大也。嗟乎⑨神人以⑩此不材。"

宋有荆氏⑪者,宜楸柏桑。其拱⑫把而上者,求狙猴之杙⑬者斩之;三围四围⑭,求高名⑮之丽者斩之;七围八围,贵人富商之家求椫⑯傍者斩之。故未终其天年,而中道之夭于斧斤,此材之患也。故解之⑰以牛之白颡者,与豚之亢鼻者,与人有痔病者,不可以适⑱河。此皆巫祝⑲以知之矣,所以为不祥也。此乃神人之所以为大祥也。

【注释】①南伯子綦:庄子寓言中人物。商之丘:即商丘,在今河南省,地名。②驷:一辆车套上四匹马。③芘:通"庇",荫庇。藾〔lài〕:荫蔽。④拳曲:弯弯曲曲的样子。⑤轴:指木心。解:裂开。"轴解"意思是从木心向外裂开。一说"解"讲作"散",指纹理松散不可用。樿:外棺。⑥咶〔shì〕:通"舐",用舌添。⑦酲〔chéng〕:酒醉。⑧已:止。⑨嗟乎:感叹声。⑩以:如,后世写作"似"。⑪荆氏:地名。⑫拱:两手相合。把:一手所握。⑬杙〔yì〕:小木桩,用来系牲畜的。斩:指砍伐。⑭围:一说指两臂合抱的长度。一说两手拇指和食指合拢起来的长度。⑮高名:指地位高贵名声显赫的人家。⑯樿〔shàn〕傍:指由独幅做成的棺木左右扇。⑰解之:指祈祷神灵以消灾。颡〔sǎng〕:额。亢:高;"亢鼻"指鼻孔上仰。古人以高鼻折额、毛色不纯的牲畜和痔漏的人为不洁净,因而不用于祭祀。⑱适:沉入河中祭神。⑲巫祝:巫师。

【译文】南伯子綦在商丘一带游乐,看见长着一棵出奇的大树,上千辆驾着四马的大车,荫蔽在大树树荫下歇息。子綦说:"这是什么树呢?这树一定有特异的材质啊!"仰头观看大树的树枝,弯弯扭扭的树枝并不可以用来做栋梁;低头观看大树的主干,树心直到表皮旋着裂口并不可以用来做棺椁;用舌舔一舔树叶,口舌溃烂受伤;用鼻闻一闻气味,使人像喝多了酒,三天三夜还醒不过来。

子綦说:"这果真是什么用处也没有的树木,以至长到这么高大。唉,精神世界完全超脱物外的'神人',就像这不成材的树木呢!"

宋国有个叫荆氏的地方,很适合楸树、柏树、桑树的生长。树干长到一两把粗,做系猴子木桩的人便把树木砍去;树干长到三、四围粗,地位高贵名声显赫的人家寻求建屋的大梁便把树木砍去;树干长到七、八围粗,达官贵人富家商贾寻找整幅的棺木又把树木砍去。所以它们始终不能终享天年，而是半道上被刀斧砍伐而短命。这就是材质有用带来的祸患。因此古人祈祷神灵消除灾害，不把白色额头的牛、高鼻折额的猪以及患有痔漏疾病的人沉入河中去用作祭奠。这些情况巫师全都了解，认为他们都是很不吉祥的。不过这正是"神人"所认为的世上最大的吉祥。

支离疏者^①，颐^②隐于脐，肩高于顶，会撮^③指天，五管^④在上，两髀^⑤为胁。挫针^⑥治繲，足以糊口；鼓策^⑦播精，足以食十人。上^⑧征武士，则支离攘^⑨臂而游于其间；上有大役，则支离以^⑩有常疾不受功；上与病者粟，则受三钟^⑪与十束薪。夫支离其形者，犹足以养其身，终其天年，又况支离其德者乎！

【注释】①支离疏：假托的人名。②颐：下巴。脐：肚脐。③会撮：发髻。因为脊背弯曲，所以发髻朝天。④五管：五官。旧说指五脏的腧穴。⑤髀：股骨，这里指大腿。胁：腋下肋骨所在的部位。⑥挫针：即缝衣。繲〔xiè〕：洗衣。⑦鼓：簸动。播：扬去灰土与糠屑。⑧上：指国君、统治者。⑨攘：捋。"攘臂"指捋起衣袖伸长手臂。⑩以：因。常疾：残疾。功：通作"工"，指劳役之事。⑪钟：古代粮食计量单位，合六斛四斗。

【译文】有个名叫支离疏的人，下巴隐藏在肚脐下，双肩高于头顶，后脑下的发髻指向天空，五官的出口也都向上，两条大腿和两边的胸肋并生在一起。他给人缝衣浆洗，足够度日；又替人筛糠簸米，足可养活十口人。国君征兵时，支离疏捋袖扬臂在征兵人面前走来走去；国君有大的差役，支离疏因身有残疾而免除劳役；国君向残疾人赈济米粟，支离疏还领得三钟粮食十捆柴草。像支离疏那样形体残缺不全的人，还足以养活自己，终享天年，又何况那些忘掉世俗德行的人呢!

孔子适楚,楚狂接舆①游其门曰:"凤兮凤兮,何如德之衰也!来世不可待,往世不可追也!天下有道,圣人成焉;天下无道,圣人生焉。方今之时,仅免刑焉;福轻乎羽,莫之知载②;祸重乎地,莫之知避。已乎,已乎!临人以德;殆乎,殆乎!画地而趋。迷阳迷阳③,无伤吾行!吾行郤曲④,无伤吾足。"

山木自寇也;膏火自煎也。桂可食,故伐之;漆可用,故割之。人皆知有用之用而莫知无用之用也。

【注释】①楚狂接舆:楚狂,楚国狂人。接舆,楚国人,姓陆名通,字接舆。②莫之知载:意为没有人知道享受它。③迷阳:棘刺。④郤〔xì〕曲:刺榆之类的小树。

【译文】孔子到楚国,楚国的狂人接舆游荡在孔子的门前唱到:"凤鸟啊凤鸟!为何道德会这样衰败?来世让人们无法期待,往世又无法返回。天下有道,圣人的事业可以成功,天下无道,圣人只能保全生命。当今这个时代,只求免于刑罚。福祉比羽毛还轻,没有人知道去享受它。灾难比大地还重,没有人知道去避免它。罢了罢了,别在人面前夸赞自己的品德。危险啊危险,不要在地上制定规则让人遵循。棘刺啊棘刺,不要妨碍我走路,旅途中的刺榆啊,不要刺伤了我的双脚!"

山木自己招致砍伐,油脂自己招致燃烧,桂树因为可以食用,所以遭人砍伐,漆树因为有用,所以被刀割。人们都知道"有用"的作用,却不知道"无用"的用处啊。

德充符①

【题解】本篇的中心在于讨论人的精神世界应该怎样反映宇宙万物的本原观念和一体性观念。庄子在本篇里所说的"德",并非通常理解的道德或者德行,而是指一种精神状态。庄子认为宇宙万物均源于"道",而万事万物尽管千差万别,归根到底又都浑然为一,从这两点出发,体现在人的观念形态上便应是"忘形"与"忘情"。所谓"忘形"就是物我俱化,死生同一;所谓"忘情"就是不存在宠辱、贵贱、好恶、是非。这种"忘形"与"忘情"的精神状态就是庄子笔下的"德"。"充"指充实,"符"则是证验的意思。

鲁有兀者王骀②,从之游者,与仲尼相若。常季③问于仲尼曰:"王骀,兀者也,从之游者,与夫子中分鲁。立不教,坐不议,虚而往,实而归。固有不言之教,无形而心成者邪?是何人也?"仲尼曰:"夫子,圣人也。丘也直后而未往耳。丘将以为师,而况不若丘者乎!奚假鲁国,丘将引天下而与从之。"

常季曰:"彼兀者也,而王先生,其与庸亦远矣。若然者,其用心也,独若之何?"仲尼曰:"死生亦大矣,而不得与之变;虽天地覆坠,亦将不与之遗。审乎无假而不与物迁,命物之化而守其宗也。"

常季曰:"何谓也?"仲尼曰:"自其异者视之,肝胆楚越也;自其同者视之,万物皆一也。夫若然者,且不知耳目之所宜,而游心乎德之和。物视其所一而不见其所丧,视丧其足犹遗土也。"

常季曰:"彼为己,以其知得其心,以其心得其常心。物何为最之哉?"仲尼曰:"人莫鉴于流水而鉴于止水。唯止能止众止。受命于地,唯松柏独也正,在冬夏青青;受命于天,唯尧、舜独也正,在万物之首。幸能正生,以正众生。夫保始之征,不惧之实,勇士一人,雄入于九军④。将求名而能自要者而犹若是,而况官天地、府万物、直寓六骸⑤,象耳目,一知之所知而心未尝死者乎!彼且择日而登假?人则从是也。彼且何肯以物为事乎!"

【注释】①德充符:德,道德。充,充满。符,象征。道德完满的表征。②兀者王骀:兀者,被处刖刑断足的人。王骀〔tái〕,假扡人名。③常季:孔子弟子。④九军:天子六军,诸侯三军,统为九军。⑤六骸:两手两足,头和身,合指人体。

【译文】鲁国有个断了腿的人叫王骀,跟他学习的人数同跟随孔子学习的人数差不多,常季问孔子说:"王骀是个断腿之人,跟从他学习的人同跟从先生的人在整个鲁国平分秋色。他站着不施教诲,坐着不发议论。学生虚空而往,满载而归。岂有不说话的教学,能使学生于无形之中心领神会的呢?他是怎样一个人呢?"孔子说:"那先生是个圣人啊。我是如此落后还未能追随他呀。我准备拜他为师,何况那些不如我的人呢?岂止是鲁国人,我将要带领天下人来跟他学习。"

常季说："他是个断了腿的人，可是却胜过先生，更是远远超过了常人，像这种情形，那他的思想，究竟是怎样的呢？"孔子说："生死之事也够大的了，他却不会因为这个有所变化；纵然天塌地陷，他也不会随着它消失掉；他明察真谛而不随外的变化，主宰万物的变化而坚守自己的根本。"

常季说："这是什么意思呢？"孔子说："从不同的角度观察，肝和胆就好像楚国和越国的距离那么远；从相同的角度观察，万物都是一样的。像王骀这种人，就不知道什么才是让耳目感到适宜的，只让心神遨游在道德的和谐之中。对于万物他只看到它们的统一的却无视它们的差别。他看待失去的腿如同丢掉的泥土一样。"

常季说："他修养自己，用他的智力坚守自己的心灵，用他的心灵领悟出永恒的思想。人们为什么都聚焦到他那里呢？"孔子说："人不会在流动的水里临照，而只会在静止的水面临照。只有静止的水才能保留人们停下来的影像。树木同样是禀受大地孕育，唯独松柏得到真性，因而冬夏常青；众人同样是禀受上天性命，唯独尧舜得到真性，因而成为万民的首领。通过端正自己的心性，来端正众人的心性。那些信守先前诺言的人，具有无所畏惧的品格，就敢直闯千军万马。为追求名声却能够自我要求的人尚且如此，何况那把握天地、包容万物、只把形体寄托在天地之间、把耳目当作虚假形式、用同一的智慧去统一所有的认识而且心灵鲜活的人呢？他还会在某个时日上升臻至大道，那时人们就会跟从他的。他又哪里肯把世俗的事情当回事呢？"

申徒嘉①，兀者也，而与郑子产同师于伯昏无人②。子产谓申徒嘉曰："我先出则子止，子先出则我止。"其明日又与合堂同席而坐，子产谓申徒嘉曰:"我先出则子止,子先出则我止。今我将出,子可以止乎?其未邪?且子见执政而不违,子齐执政乎?"申徒嘉曰:"先生之门固有执政焉如此哉?子而悦子之执政而后人者也。闻之曰:鉴明则尘垢不止,止则不明也。久与贤人处则无过。今子之所取大者,先生也,而犹出言若是,不亦过乎!"

子产曰:"子既若是矣,犹与尧争善。计子之德,不足以自反邪?"申徒嘉曰:"自状其过以不当亡者众;不状其过以不当存者寡。知不可奈何而安之若命,唯有德者能之。游于羿之彀中③,中央者,中地也,然而不中者,命也。人以其全足笑吾不全足者多矣,我怫然④而怒,而适先生之所,则废然⑤而反。不知先生之洗我以善邪?吾之自寤邪?吾与夫子游十九年矣,而未尝知吾兀者也。今子与我游于形骸之内,而子索我于形骸之外,不亦过乎!"子产蹴然⑥改容更貌曰:"子无乃称!"

【注释】①申徒嘉:姓申徒名嘉,郑国人。②与郑子产同师于伯昏无人:郑子产,郑国大夫子产,姓公孙名侨,字子产,官郑国执宰。伯昏无人,假托人名。③羿之彀〔gòu〕中:羿,传说中射箭能手。彀中,射程之内。彀,用力张弓。④怫〔fú〕然:脸色变状。怫通勃。⑤废然:消除怒气状。⑥蹴〔cù〕然:脸色不安状。

【译文】申徒嘉是个断腿之人,他和郑国大夫子产一同在伯昏无人门下学习。子产对申徒嘉说:"如果我先出去你就暂且留下,如果你先出去我就暂且留下。"第二天,子产又和申徒嘉同房同席而坐。子产对申徒嘉说:"如果我先出去你就暂且留下,如果你先出去我就暂且留下。现在我要出来了,你是留下呢,还是不留下?而且你见了我这个执政官也不回避,你想跟执政官平起平坐吗?"申徒嘉就说:"我们老师的门下哪有什么像你这样的执政官呢?你是喜欢你的执政却看不起别人啊。我听到说:'镜子明亮灰尘就不会沾上,沾上就不明亮了。经常跟贤人相处就没有什么过错了。'现在你所倚重的是老师啊,你还说出这样的话来,不是太过分了吗?"

子产说:"你已经少了一条腿,还要跟尧帝比美。衡量一下你的品德,还不令你反省吗?"申徒嘉说:"申辩自己的过错认为自己不应当折了腿的人是很多的;不申辩自己的过错认为自己不应当留腿的人是很少的。懂得处在无可奈何的境地却看待它如同本来如此一样,只有有道的人才能做到。进入羿的弓箭射程之内,中心点就是弓箭命中的地方;然而并没有被射中,那是天命啊。人们用他齐全的腿来耻笑我这不齐全的腿的事情够多了,我总是脸色一变就动起怒来,等到了老师的住所,我就消除了怒气恢复到原样,不知道是不是老师用善行给我清洗了一番呢?还是我自己觉悟了呢?我跟老师相处十九年了,他还未曾知道我是个断了腿的人,现在你我之间用心相处,可没想到你却苛求我的外形,不是太过分了吗?"子产脸色骤变,惶惑地说:"请你不要这样说。"

鲁有兀者叔山无趾,踵①见仲尼。仲尼曰:"子不谨,前既犯患若是矣。虽今来,何及矣②!"无趾曰:"吾唯不知务③而轻用吾身,吾是以亡足。今吾来也,犹有尊足④者存,吾是以务⑤全之也。夫天无不覆⑥,地无不载,吾以夫子为天地,安知夫子之犹若是也!"孔子曰:"丘则陋⑦矣。夫子胡不入乎,请讲以所闻!"无趾出。孔子曰:"弟子勉之!夫无趾,兀者也,犹务学以复补前行之恶,而况全德⑧之人乎!"

无趾语老聃⑨曰："孔丘之于至人,其未邪?彼何宾宾⑩以学子为?彼且蕲以諔诡⑪幻怪之名闻,不知至人之以是为己桎梏⑫邪?"老聃曰:胡不直使彼以死生为一条⑬,以可不可为一贯⑭者,解其桎梏,其可乎?"无趾曰:"天刑⑮之,安可解!"

【注释】①踵:脚后跟,这里指用脚后跟走路。叔山无趾被刑断脚趾,所以只能用脚后跟走路。②何及:怎么赶得上。言外之意怎么能够补救。③不知务:犹言不通晓事理。④尊足:即尊于足,"尊足者"意为比脚更尊贵的东西,此指道德修养。⑤务:务求,努力做到。⑥无:莫名,没有什么。⑦陋:浅薄固陋。⑧全德:即全体,指形体没有残缺。⑨老聃:即老子。⑩宾宾:频频。学子:学者。⑪蕲〔qí〕:求。諔〔chù〕诡:奇异。⑫桎梏:古代的一种刑具,犹如今言脚镣手铐,喻指束缚自己的工具。⑬一条:一致,一样的。⑭贯:通。"一贯"即齐一相通。⑮天:自然。刑:这里讲作"惩罚"讲。

【译文】鲁国有个被砍去脚趾的人,名叫叔山无趾,靠脚后跟走路去拜见孔子。孔子对他说:"你极不谨慎,早先犯了过错才留下如此的后果。虽然今天你来到了我这里,可是怎么能够追回以往呢!"叔山无趾说:"我只因不识事理而轻率作践自身,所以才失掉了脚趾。如今我来到你这里,还保有比双脚更为可贵的道德修养,所以我想竭力保全它。苍天没有什么不覆盖,大地没有什么不托载,我把先生看作天地,哪知先生竟是这样的人!"孔子说:"我孔丘实在浅薄。先生怎么不进来呢,请把你所知晓的道理讲一讲。"叔山无趾走了。孔子对他的弟子说:"你们要努力啊。叔山无趾是一个被砍掉脚趾的人,他还努力进学来补救先前做过的错事,何况身形体态都没有什么缺欠的人呢!"

叔山无趾对老子说:"孔子还未能达到'至人'的境地吧?他为什么总把自己当成个学者呢?他还在祈求奇异虚妄的名声能传扬于外,他不知道至人总是把这一切看作是束缚自己的枷锁呢!"老子说:"你怎么不径直让他把生和死看成一样,把可以与不可以看作是齐一的,从而解脱他的枷锁,这样就可以了吧?"叔山无趾说:"这是上天加给他的处罚,哪里可以解脱!"

鲁哀公问于仲尼曰:"卫有恶人焉,曰哀骀它①。丈夫与之处者,思而不能去也;妇人见之,请于父母曰'与为人妻,宁为夫子妾'者,十数而未止也。未尝有闻其唱者也,常和人而已矣。无君人之位以济乎人之死,无聚禄以望②人之腹,又以恶骇天下,和而不唱,知不出乎四域,且而雌雄合乎前。是必有异乎人者也。寡人召而观之,果以恶骇天下。与寡人处,不至以月数,而寡人有意乎其为人也;不至乎期年,而寡人信之。国无宰,寡人传国焉。闷然而后应,泛若而辞。寡人丑乎,卒授之国。无几何也,去寡人而行。寡人恤焉④若有亡也,若无与乐是国也。是何人者也?"

仲尼曰:"丘也尝使于楚矣,适见㹠⑤子食于其死母者,少焉眴若⑥,皆弃之而走。不见己焉尔,不得类焉尔。所爱其母者,非爱其形也,爱使其形者也。战而死者,其人之葬也不以翣⑦资;刖⑧者之屦,无为爱之。皆无其本矣。为天子之诸御:不爪翦、不穿耳;取妻者止于外,不得复使。形全犹足以为尔,而况全德之人乎!今哀骀它未言而信,无功而亲,使人授己国,唯恐其不受也,是必才全而德不形者也。"

哀公曰："何谓才全？"仲尼曰："死生、存亡、穷达、贫富、贤与不肖、毁誉、饥渴、寒暑，是事之变命之行也，日夜相代乎前，而知不能规乎其始者也，故不足以滑和，不可入于灵府。使之和豫，通而不失于兑⑨。使日夜无郤⑩，而与物为春。是接而生时于心者也。是之谓才全。"

"何谓德不形？"曰：'平者，水停之盛也。其可以为法也，内保之而外不荡也。德者，成和之修也。德不形者，物不能离也。"

【注释】①哀骀它：哀骀，丑貌。假托人名。②望：月满，引申使饱。③闷然：不在意状。④恤焉：忧虑的样子。⑤豚〔tún〕：小猪。⑥眴〔shùn〕若：惊慌的样子。⑦翣〔shà〕：棺材装饰，如扇之类。⑧刖〔yuè〕：古代砍足的刑罚。⑨兑：道穴，如耳目口鼻之类。⑩郤：同"隙"，间隙。

【译文】鲁哀公问孔子："卫国有个样貌丑恶的人，叫哀骀它。和他相处的男人，都思慕着他不肯离开；和他相处的女子，都请求父母说'与其做别人的正妻，不如做这位先生的妾侍'，并反复请求不肯罢休。从来也没有听说他倡导过什么，不过总是附和别人罢了。他既没有人君的地位来救济人民的危难，也没有积蓄来使人填饱肚子，加上容貌丑恶足以使天下人都惊骇，附和却不倡导，知识也超不出四方范围，可是女人男人都聚拢在他面前，他肯定有与众不同之处的。寡人把他召来一看，果然是副丑恶得吓死人的模样。他和寡人相处，不到一个月，寡人已经倾慕于他的为人了；不到一年，寡人就完全信任他了。国家还没有宰相，寡人把国家委托给他。他心不在焉地应承了，又漠不关心地像要拒绝一样。寡人感到难堪，终于还是把国家委任给他。没有多久，他就离开寡人走了。寡人忧心忡怅觉得像失去了什么,似乎感到再没有人和我一起分享这个国家了。这是个什么样的人呀?"

孔子说:"我曾经出使过楚国,遇见一群小猪在它们已经死去的母亲身上吮奶。不一会儿它们显得很惊慌,都抛开母猪跑走了。因为它们发现母亲看不见自己才这样,不像过去情形才这样的。之所以爱自己的母亲,不是爱它的形貌,而是爱它主宰形貌的精神。战斗的死难者,他们安葬时无须装饰;受过刖刑的人的鞋子,无须再爱惜。因为它们都已经丧失本元了。作为天子的侍从,不剪指甲,不穿耳孔;娶妻的人留在宫外,不再担任事务。形体完整的人还能够做到这样,何况是有完美道德的人呢?如今哀骀它没说什么取得了信任,没做什么就受人敬重,让人甘愿把国家委托给他,还唯恐他不肯接受。他必定是个才性完美而不外露的人啊。"

鲁哀公问道:"什么叫做才性完美呢?"孔子回答道:"死和生、存和亡、穷和达、贫和富、贤和不肖、毁和誉、饥和渴、寒和暑,这些都是事物的变化、天命的运行。白天黑夜交替在我们眼前,可是人的智力还无法窥探到它的初起。所以不要被它扰乱心性的平和,不要让它扰乱心灵。保持自己心灵顺逸,保持畅通不丧失道穴的感应功能。保持自己的感应力日夜流转不息,从而和万物共同吸取阳春生气,这便是接应万物并从内心感应四时变化。这就是才性完美。"

鲁哀公又问:"什么叫做德性不外露呢?"孔子说:"平衡是水是平静的状态。它可以用作水准,内部保持平衡而外部不会动荡。德性就是培养和顺的修养。德性不外露的话,万物就不会分开了。"

哀公异日以告闵子[①]曰:"始也吾以南面而君天下,执民之纪[②]而忧其死,吾自以为至通矣。今吾闻至人之言,恐吾无其实,轻用吾身而亡其国。吾与孔丘非君臣也，德友而已矣！"

【注释】①闵子：即闵损，孔子的弟子。②纪：纲纪。

【译文】有一天鲁哀公把孔子这番话告诉闵子，说："起初我认为坐朝当政统治天下，掌握国家的纲纪而忧心人民的死活，便自以为是最通达的了，如今我听到至人的名言，真忧虑言过其实，轻率作践自身而使国家危亡。我跟孔子不是君臣关系，而是以德相交的朋友呢。"

闉跂支离无脤①说卫灵公，灵公悦②之，而视全人，其脰③肩肩。瓮㼜④大瘿说齐桓公，桓公悦之；而视全人，其脰肩肩。故德有所长而形有所忘，人不忘其所忘而忘其所不忘，此谓诚⑤忘。故圣人有所游，而知为孽⑥，约⑦为胶，德为接⑧，工⑨为商。圣人不谋恶用知？不斫⑩恶用胶？无丧⑪恶有德？不货⑫恶用商？四者，天⑬鬻也。天鬻者，天食⑭也。既受食于天，又恶用人！有人之形，无人之情。有人之形，故群于人；无人之情，故是非不得于身。眇⑮乎小哉，所以属于人也；謷⑯乎大哉，独成其天。

【注释】①脤：屈曲。跂：通"企"。"闉〔yīn〕跂"指腿脚屈曲常踮起脚尖走路。支离：伛偻病残的样子。脤：〔chún〕唇。这里用跛脚，伛腰，无唇来形容一个人的形残貌丑，并以此特征作为这个丑陋之人的名字。②悦：喜欢。③脰：颈项。肩肩：细小的样子。④瓮：腹大口小的陶制盛器。瘿：瘤。颈下的瘤子大如瓮㼜，这里也是用畸形特征作为人名。⑤诚：真实。⑥孽：祸根。⑦约：盟誓。胶：粘固，胶着。"约为胶"意思是把盟约当成胶着似的束缚。⑧德为接：把施德看作交接外物的手段。⑨工：工巧。⑩斫：砍削的意思。⑪丧：丢失、缺损。⑫货：意思是买卖东西以谋利。⑬天：自然。鬻：通作"育"，养育的意思。⑭天食：禀受自然的饲养和供给。⑮眇〔miǎo〕：通作"秒"，微小。⑯謷〔áo〕：高大的样子。

【译文】一个跛脚、伛背、缺嘴的人游说卫灵公，卫灵公十分喜欢他；再看看那些体形完整的人，他们的脖颈实在是太细太细了。一个颈瘤大如瓮盎的人游说齐桓公，齐桓公十分喜欢他；再看看那些体形完整的人，他们的脖颈实在是太细太细的了。所以，在德行方面有超出常人的地方而在形体方面的缺陷别人就会有所遗忘，人们不会忘记所应当忘记的东西，而忘记了所不应当忘记的东西，这就叫做真正的遗忘。因而圣人总能自得地出游，把智慧看作是祸根，把盟约看作是禁锢，把推展德行看作是交接外物的手段，把工巧看作是商贾的行为。圣人从不谋虑，哪里用得着智慧？圣人从不砍削，哪里用得着胶着？圣人从不感到缺损，哪里用得着推展德行？圣人从不买卖以谋利，哪里用得着经商？这四种作法叫做天养。所谓天养，就是禀受自然的饲养。既然受养于自然，又哪里用得着人为！有了人的形貌，不一定有人内在的真情。有了人的形体，所以与人结成群体；没有人的真情，所以是与非都不会汇聚在他的身上。渺小呀，跟人同类的东西！伟大呀，只有浑同于自然。

惠子谓庄子曰："人故无情乎？"庄子曰："然。"

惠子曰："人而无情，何以谓之人？"庄子曰："道与之貌，天与之形，恶得不谓之人？"

惠子曰："既谓之人，恶得无情？"庄子曰："是非吾所谓情也，吾无所谓无情者，言人之不以好恶内伤其身，常因自然而不益生也。"

惠子曰:"不益生,何以有其身?"庄子曰:"道与之貌,天与之形,无以好恶内伤其身。今子外乎子神,劳乎子之精,倚树而吟,据槁梧而瞑。天选子之形,子以坚白①鸣。"

【注释】①坚白:即坚白论,战国时名家的著名论题。

【译文】惠施问庄子:"人本来没有情欲吗?"庄子说:"是这样的。"

惠施又问:"人如果没有情欲,又怎么能叫做人呢?"庄子说:"道赋予他容貌,天赋予他形体,怎么能不叫做人呢?"

惠施说:"既然叫他做人,那哪能没有情欲呢?"庄子说:"你所说的情欲不是我所说的情欲。我所说的情欲,是说人不要用喜好和厌恶从内部伤害自己的身体,一切顺乎自然却不要人为地去补充活力。"

惠施说:"不增加活力,怎么能够保有自己的身体呢?"庄子说:"道赋予他容貌,天赋予他形体,不要用喜好和厌恶从内部伤害自己的身体。现在您外耗您的神智,劳累你的精力。靠在树木吟咏,伏在干枯的梧桐上睡觉。上天选择了你这个形体,你却用坚白论来争鸣。"

大宗师[①]

【题解】《大宗师》篇,主旨在于写真人悟道的境界。"宗"指敬仰、尊崇,"大宗师"意思是最值得敬仰、尊崇的老师。谁够得上称作这样的老师呢?那就是"道"。庄子认为自然和人是浑一的,人的生死变化是没有什么区别的,因而他主张清心寂神,离形去智,忘却生死,顺应自然。这就叫做"道"。

全文可以分为九个部分。第一部分虚拟理想中的"真人","真人"能做到"天""人"不分,因而"真人"能做到"无人""无我"。"真人"的精神境界就是"道"的形象化。第二部分从描写"真人"逐步转为述说"道",只有"真人"才能体察"道",而"道"是"无为无形"而又永存的,因而体察"道"就必须"无人""无我"。这两段是全文论述的主体。第三部分讨论体察"道"的方法和进程。第四部分说明人的死生存亡实为一体,无法逃避,因而应"安时而处顺"。第五部分进一步讨论人的死和生,指出死和生都是"气"的变化,是自然的现象,因而应"相忘以生,无所终穷",只有这样精神才会超脱物外。第六部分说明人的躯体有了变化而人的精神却不会死,安于自然、忘却死亡,便进入"道"的境界而与自然合成一体。第七部分批判儒家的仁义和是非观念,指出儒家的观念是对人的精神摧残。第八部分论述"离形去知,同于大通"是进入"道"的境界的方法。第九部分，由子桑的困境，写其安命的思想。自然变化即是"命"，"安命"亦即安于自然的变化流行。

知天之所为，知人之所为者，至矣！知天之所为者，天而生也；知人之所为者，以其知之所知②以养其知之所不知，终其天年而不中道夭者，是知之盛也。虽然，有患。夫知有所待而后当，其所待者特未定也③。庸讵知吾所谓天之非人乎？所谓人之非天乎④？

且有真人而后有真知。何谓真人？古之真人，不逆寡，不雄成⑤，不谟士⑥，若然者，过而弗悔，当而不自得也。若然者，过而弗悔，当而不自得也；若然者，登高不栗，入水不濡，入火不热。是知之能登假于道者也若此⑦。

古之真人，其寝不梦，其觉无忧，其食不甘，其息深深，真人之息以踵，众人之息以喉。屈服者，其嗌言若哇。其耆欲深者，其天机浅。

古之真人，不知说生，不知恶死⑧，其出不䜣，其入不距。翛然而往，翛然而来而已矣。不忘其所始，不求其所终。受而喜之，忘而复之。是之谓不以心捐道，不以人助天⑨，是之谓真人。若然者，其心志，其容寂，其颡頯⑩。凄然似秋，暖然似春，喜怒通四时，与物有宜而莫知其极⑪。故圣人之用兵也，亡国而不失人心。利泽施乎万世，不为爱人。故乐通物，非圣人也；有亲，非仁也；天时，非贤也；利害不通，非君子也；行名失己，非士也；亡身不真，非役人也。若狐不偕、务光、伯夷、叔齐、箕子、胥馀、纪他、申徒狄，是役人之役,适人之适,而不自适其适者也。

古之真人,其状义而不朋⑫,若不足而不承;与乎其觚而不坚也,张乎其虚而不华也⑬;邴邴乎其似喜也⑭,崔崔乎其不得已乎,滀乎进我色也,与乎止我德也,厉乎其似世乎⑮,謷乎其未可制也,连乎其似好闭也,悗乎忘其言也。以刑为体,以礼为翼,以知为时,以德为循。以刑为体者,绰乎其杀也;以礼为翼者,所以行于世也;以知为时者,不得已于事也;以德为循者,言其与有足者至于丘也,而人真以为勤行者也。故其好之也一,其弗好之也一。其一也一,其不一也一。其一与天为徒,其不一与人为徒,天与人不相胜也,是之谓真人。

【注释】①大宗师:即以大道为宗为师。庄子所赞美的"道",是"天人合一"的实体。②知〔zhì〕之所知〔zhī〕:智力所知道的。③"夫知"两句:意为正确的认识必须依赖于一定的条件才能获得,而这个条件却是变化不定的。④庸讵两句:意谓何以知道我所说的是出于自然不是人为呢?我所说的人为不是出于自然呢?⑤不雄成:意谓不以身先人成功。⑥不谟〔mó〕士:意谓无心于事,虚己以游。谟:谋。士:古与"事"通。⑦不热:谓不感到炽热。知:见识。登假于道谓达到大道的境界。假:至。⑧说生:对生存感到欣喜。说:通"悦"。⑨"是之"两句:意谓这就叫不以欲心弃自然之道,不以人为助天命之常,捐:弃。天:天命之常。⑩"若然者"四句:意谓像此等人,他专心于道,容貌寂然淡漠安闲,额头广大宽平。頯〔kuí〕:宽大的样子。⑪"喜怒"三句:意谓喜怒无心,像四季自然变化,随事合宜,无迹可寻(宣颖说)。⑫"其状"句:意谓真人形象高大而不崩坏。义:通"峨",高大的样子。⑬"与乎"两句:意谓安闲超群而不固执,心胸宽广清虚而不浮华。⑭"邴邴〔bǐng〕乎"两句：意谓畅然和悦，似有喜色。⑮"厉乎"句：意谓真人胸襟恢宏，阔大无涯。

【译文】 能够通晓天地自然的运化之道，明白人的行为，就达到认识的极致了。能够通晓自然运化之理，是顺应自然而知；明白人的行为，是用其智力所能知道的道理，去顺其智力所不能知道的，直到享尽天年而不半途而废，这就是认识的最高境界了，虽然这样，其中还是有隐忧存在。正确的认识必须依赖于一定的条件，而这个条件却是不断变化的，何以知道我所说的出于自然不是人为的呢？我所说的人为不是出于自然呢？先有"真人"然后才有真知。

什么样的人才是"真人"呢？古时候的"真人"，不拒绝薄德无智慧的愚人，不以身先，无心于事而虚己遨游。像这样的人，虽有差失而无懊悔，虽合机宜而不快意，像这样的人，登攀高处不畏惧，潜入水底不被沾湿，走到火中不感到炽热，只有认识达到"大道"的境界才能如此。

古时候的"真人"，睡觉不会做梦，睡醒毫无忧虑，饮食不求甘美，气息深沉。"真人"用脚跟呼吸，众人用喉咙呼吸。

古时候的"真人"，不为生存感到欣喜，也不惧怕死亡，不贪生，不怕死；无拘无束地降生人世，又无忧无虑地回归自然，不忘记生命之源，守而不失；不寻求归宿，而一任自然；受生之后常自得其乐，忘其死而复归于自然。这就叫做不以欲心弃自然之道，不以人为助天命之常。能够这样，就可以叫做"真人"，像此等人，他们专心于道，容貌寂然淡漠安闲，额头广大宽平，他们表情像明朗的秋天令人可亲可爱；又像春天那样和煦温暖；喜怒无常，像四季自然变化，随事合宜，无迹可寻。古时候的"真人"，形象高大而不崩坏，好像不完全而又无以承受；安闲超群而不固执，心胸宽广清虚而并不浮华，畅然怡悦，似有喜色，不得已则后动，容颜和悦的样子亲切和蔼，宽厚之德使人乐于归服，胸襟恢宏而阔大无涯，高放自得而不可驾驭，绵邈深长好像是闭口缄默，不经心的样子好像忘其言谈，以刑律作为主体，以礼仪作为辅助，用智慧审时度势，以坚持高尚道德作为处世所遵循的原则。所以"真人"无心好恶，好与恶都是同一心境，"真人"抱一，相同与不同都是一样的。"真人"处于混同心境时，则与自然天道同游；处于差别境界时，则与世人混迹。天人合一，互不相胜，这就叫做"真人"。

死生，命也，其有夜旦之常，天也①。人之有所不得与，皆物之情也②。彼特以天为父，而身犹爱之，而况其卓乎③！人特以有君为愈乎己，而身犹死之，而况其真乎④！

泉涸，鱼相与处于陆，相呴以湿，相濡以沫，不如相忘于江湖。与其誉尧而非桀也，不如两忘而化其道。

夫大块载我以形⑤，劳我以生，佚我以老，息我以死⑥。故善吾生者，乃所以善吾死也。夫藏舟于壑，藏山于泽，谓之固矣⑦！然而夜半有力者负之而走，昧者不知也。藏小大有宜，犹有所遁。若夫藏天下于天下而不得所遁，是恒物之大情也⑧。特犯人之形而犹喜之⑨。若人之形者，万化而未始有极也，其为乐可胜计邪！故圣人将游于物之所不得遁而皆存。善妖善老，善始善终，人犹效之⑩，又况万物之所系而一化之所待乎！

【注释】①"死生"两句：意谓生与死，是不可避免的生命活动；它也好像昼夜的不停运行，是自然的规律。②"人之"两句：意谓对于自然的规律，人是无法干涉的，这都符合事物变化之情理。③"彼特"三句：意谓人皆以"天"为生父,而且爱戴它,何况对卓然独化而至于玄冥的大道呢!④"人特"三句:意谓世人认为国君的才智、地位超过自己,应为其效忠而捐身,何况对待无与伦比的真人之道呢!愈乎己:超过自己。⑤"夫大块"句:意谓大地用形体托载着我。大块:大地。载:托载。⑥"劳我"三句:意谓用生长来勤劳我,用衰老来闲逸我,用死亡来安息我。佚:通"逸",闲逸。⑦"夫藏"三句:把船隐藏在山谷中,把渔具隐藏在大泽中,可以说是很可靠了。⑧"若夫"两句:意谓假若把天下隐藏在天下中是不会亡失的,这是万物普遍的至理。恒物:常物。大情:至理。⑨"特犯"句:意谓一旦被大自然铸成人形就欣喜若狂。特:与"一"义同。犯:通"范",铸造。⑩"善夭"三句:意谓对能够明白寿命长短和生死的人,人们尚且效法他。善:指能看透。"少""老"指生命长短。"始""终"指生命。

【译文】生死是生命的必然过程,它好像昼夜运行不息,符合自然的规律。人是无法干预的,这都符合事物变化的情理,人皆以"天"为生父,而且爱戴它,何况对于卓然独立的大道呢!世人认为国君的才智、地位超过自己,应为其效忠而牺牲,何况对待卓绝的真人呢!

泉水枯竭了,鱼相互拥挤在陆地上,用呼吸的湿气相互滋润,用唾沫相互沾湿,还不如在江湖里彼此相忘。与其赞美尧而非议桀,不如把他们都忘掉而与道化而为一。

大地用形体托载我,用生长来勤劳我,用衰老来闲逸我,用死亡来安息我。所以,把我的出生看作好事,就应该把我的死亡也看作好事。把船隐藏在山谷中,把渔具隐藏在大泽中,可以说是很可靠的。然而,半夜有个大力士把它背走,愚昧的人是不会知道的。将小东西隐藏在大东西里时,是非常适宜的了,然而还是会有所遗失的,这是万物普遍的至理。人们一旦被大自然铸成人形就欣喜若狂,但人的形体,千变万化是不曾穷尽的,因有形体而欣喜,欣喜的事哪里能计算清楚呢？所以，圣人游心于无得无失、与道共存的自然。对待能够明白寿命长短和生死的人，人们尚且效法他，何况对待万物的宗师、千变万化所依赖的大道呢！

夫道，有情有信①，无为无形；可传②而不可受，可得③而不可见；自本自根，未有天地，自古以固存；神④鬼神帝，生天生地；在太极⑤之先而不为高，在六极⑥之下而不为深，先天地生而不为久，长于上古而不为老。狶韦氏⑦得之，以挈⑧天地；伏戏氏⑨得之，以袭⑩气母；维斗⑪得之，终古不忒⑫；日月得之，终古不息；堪坏⑬得之，以袭昆仑；冯夷⑭得之，以游大川；肩吾⑮得之，以处太山；黄帝⑯得之，以登云天；颛顼⑰得之，以处玄宫；禺强⑱得之，立乎北极；西王母⑲得之，坐乎少广，莫知其始，莫知其终；彭祖得之，上及有虞，下及五伯⑳；傅说㉑得之，以相武丁，奄㉒有天下，乘东维㉓、骑箕尾㉔而比于列星。

【注释】①情、信：真实、确凿可信。②传：传递、感受。③得：此处有体会、领悟之意。④神：此处有引出、产生之意。⑤太极：派生万物的本原，即宇宙的初始。先：据上下文理和用词对应的情况，"先"当作"上"字，这样"太极之上"对应下句"六极之下"，且不与"先天地"一句重复。⑥六极：即六合指天地和四方。⑦狶韦氏：传说中远古的帝王。⑧挈：提挈，含有统领、驾驭的含意。⑨伏戏氏：即伏羲氏，传说中古代帝王。⑩袭：入。一说讲作"合"。气母：元气之母，即古人心目中宇宙万物初始的物质。⑪维斗：北斗星。⑫忒〔tè〕：差错。⑬堪坏：传说中人面兽身的昆仑山神。⑭冯夷：传说中的河神。⑮肩吾：传说中的泰山之神。⑯黄帝：即轩辕氏，传说中的古代帝王，中原各族的始祖。⑰颛顼：传说为黄帝之孙，即帝高阳。玄：黑。颛顼又称玄帝，即北方之帝，"玄"为黑色，为北方之色，所以下句说"处玄宫"。⑱禺强：传说中人面鸟身的北海之神。⑲西王母：古代神话中的女神，居于少广山。⑳"五伯"旧指夏伯昆吾、殷伯大彭、豕韦，周伯齐桓、晋文。㉑傅说：殷商时代的贤才，辅佐高宗武丁，成为武丁的宰相。传说傅说死后成了星精，故下句有"乘东维、骑箕尾"之说。㉒奄：覆盖、包括。㉓东维：星名，在箕星、尾星之间。㉔箕、尾：星名，为二十八宿中的两个星座。

【译文】"道"是真实而又确凿可信的，然而它又是无为和无形的；"道"可以感知却不可以口授，可以领悟却不可以面见；"道"自身就是本、就是根，在还未出现天地的远古时代"道"就已经存在；它引出鬼帝，产生天地；它在太极之上却并不算高，它在六极之下不算深，它先于天地存在还不算久，它长于上古还不算老。豨韦氏得到它，用来统驭天地；伏羲氏得到它，用来调和元气；北斗星得到它，永远不会改变方位；太阳和月亮得到它，永远不停息地运行；堪坏得到它，用来入主昆仑山；冯夷得到它，用来巡游大江大河；肩吾得到它，用来驻守泰山；黄帝得到它，用来登上云天；颛顼得到它，用来居处玄宫；禺强得到它，用来立足北极；西王母得到它，用来坐镇少广山。没有人能知道它的开始，也没有人能知道它的终结。彭祖得到它，从远古的有虞时代一直活到五伯时代；傅说得到它，用来辅佐武丁，统辖整个天下，乘驾东维星，骑坐箕宿和尾宿，而永远排列在星神的行列里。

南伯子葵问乎女偊曰①："子之年长矣，而色若孺子，何也？"曰："吾闻道矣。"

南伯子葵曰:"道可得学耶?"曰:"恶!恶可②!子非其人也。夫卜梁倚有圣人之才而无圣人之道③,我有圣人之道而无圣人之才。吾欲以教之,庶几其果为圣人乎?不然,以圣人之道,告圣人之才,亦易矣。吾犹守而告之,参日而后能外天下④;已外天下矣,吾又守之,七日而后能外物;已外物矣,吾又守之,九日而后能外生;已外生矣,而后能朝彻;朝彻而后能见独;见独而后能无古今;无古今而后能入于不死不生。杀生者不死,生生者不生。其为物无不将也,无不迎也,无不毁也,无不成也⑤,其名为撄宁。撄宁也者,撄而后成者也⑥。

【注释】①南伯子葵、女偊〔yǔ〕:虚构人物。②恶:不。上面的"恶"字,叹其道难言;下面的"恶"字,叹其道不易学。③卜梁倚:虚构人物。道:谓虚心散淡之性。④"吾犹"两句:我还是有保留地把大道传授给他,三日之后他就能够遗忘天下。守而告之:犹言不轻易教他,有保留地传道给他。参:同"三"。外:置之度外,遗忘。⑤"其为物"五句:意谓道作为万物之宗师,无所不送,无所不迎,无所不毁,无所不成。将:送。⑥"撄宁"两句:虽置身于纷纭骚动,争夺之地却不受干扰,方能修成虚寂宁静的心境。

【译文】南伯子葵问女偊说:"你年岁这样大,而容颜却像童子,这是什么原因呢?"女偊回答道:"我得道了。"南伯子葵说:"道可以学习吗?"女偊说:"唉!怎么可以学呢!你不是能学道的人。卜梁倚有圣人的天赋却没有圣人虚心散淡的心境,我有圣人虚心散淡的心境却没有圣人的天赋。我想用虚心散淡来教诲他,差不多他果真能够成为圣人吧?道不易学,用圣人之道,去传授圣人之才,那就容易了。我还是有保留地把大道传授给他,三日之后他就能遗忘天下;他既已遗忘天下,我又有保留地把大道传授给他,七日之后他能遗忘万物;他既已遗忘万物,我又有保留地将大道传授给他,九日之后他能忘掉自身;他既已遗忘自身,而后他便能够彻悟;他能够明彻,而后就能够体悟大道,他能体悟大道,而后他就能超越古今的时空界限;他能超越古今,而后他就能达到无生无死的最高境界。死者未曾来,生者未曾生。大道作为万物之宗,无所不送,无所不迎,无所不毁,无所不成。这就叫做'撄宁'。所谓'撄宁',就是说虽置身纷纭扰动、交争互触之地却不受干扰,而后才能修炼成虚寂宁静的心境。

子祀、子舆、子犁、子来①四人相与语曰:"孰能以无为首,以生为脊,以死为尻②,孰知死生存亡之一体者,吾与之友矣!"四人相视而笑,莫逆于心③,遂相与为友。

俄而子舆有病,子祀往问④之。曰:"伟哉,夫造物者将以予为此拘拘⑤也。"曲偻⑥发背,上有五管⑦,颐⑧隐于齐,肩高于顶,句⑨赘指天。阴阳之气有沴⑩,其心闲而无事,跰𨇤⑪而鉴于井,曰:"嗟乎!夫造物者又将以予为此拘拘也!"

子祀曰:"汝恶⑫之乎?"曰:"亡⑬,予何恶!浸⑭假而化予之左臂以为鸡,予因以求时夜⑮;浸假而化予之右臂以为弹,予因以求鸮⑯炙;浸假而化予之尻以为轮,以神为马,予因以乘之,岂更⑰驾哉!且夫得⑱者,时⑲也;失者,顺⑳也;安时而处顺,哀乐不能入也。此古之所谓县㉑解也,而不能自解者,物有结之。且夫物不胜天久矣,吾又何恶焉!"

俄而子来有病,喘喘然㉒将死,其妻子㉓环而泣之。子犁往问之,曰:"叱㉔!避!无怛㉕化!"倚其户与之语曰:"伟哉造化!又将奚以汝为㉖?将奚以汝适?以汝为鼠肝乎?以汝为虫臂乎?"

子来曰:"父母于子,㉗东西南北,唯命之从。阴阳㉘于人,不翅㉙于父母;彼近吾死而我不听,我则捍矣,彼何罪焉!夫大块载我以形,劳我以生,佚我以老,息我以死。故善吾生者,乃所以善吾死也。今之大冶㉚铸金,金踊跃㉛曰'我且必为镆铘',大冶必以为不祥㉜之金。今一犯㉝人之形而曰'人耳!人耳!'夫造化者必以为不祥之人。今一以天地为大炉,以造化为大冶,恶乎往而不可哉!"成然㉞寐,蘧㉟然觉。

【注释】①子祀、子舆、子犁、子来:寓言故事中假托虚构的人名。②尻〔kāo〕:脊骨最下端,也泛指臀部。③莫逆于心:内心相契,心照不宣。④问:拜访、问候。⑤拘拘:屈曲不伸的样子。⑥曲偻:弯腰。发背:背骨外露。⑦五管:五脏的穴位。⑧颐〔yí〕:下巴。齐:肚脐,这个意思后代写作"脐"。⑨句〔gōu〕赘:颈椎隆起状如赘瘤。⑩沴〔lì〕:阳阳之气不和而生出的灾害。⑪跰蹁:蹒跚,行步倾倒不稳的样子。⑫恶:厌恶。⑬亡:通作"无","没有"的意思。⑭浸:渐渐。假:假令。⑮时夜:司夜,即报晓的公鸡。⑯鸮〔xiāo〕:斑鸠。炙:烤熟的肉。"鸮炙"即烤熟的斑鸠肉。⑰更:更换。驾:这里指车驾坐骑。⑱得:指得到生命,与下句的"失"表示死亡相对应,"得""失"也即生、死。⑲时:适时。⑳顺:指顺应了规律。㉑县:悬挂。"县解"即解脱倒悬。庄子认为人不能超脱物外,就像倒悬人一样其苦不堪,而超脱于物外则像解脱了束缚,七情六欲也就不再成为负担。㉒喘喘然:气息急促的样子。㉓妻子:妻子儿女。环:绕。㉔叱:呵叱之声。㉕怛〔dá〕:惊扰。

化：变化，这里指人之将死。㉖为：这里是改变、造就的思。㉗父母于子："子于父母"的倒装句，意为子女对于父母。下文中"阴阳于人"也是倒装。㉘阴阳：这里指整个自然变化。㉙翅：通"啻"，"不翅"就是不啻。㉚冶：熔炼金属；"大冶"指熔炼金属高超的工匠。金：金属。㉛踊跃：跃起。镆铘：亦作"莫邪"，宝剑名。相传春秋时代干将、莫邪夫妇两人为楚王铸剑，三年剑成，雄剑取名为"干将"，雌剑取名为"莫邪"。㉜祥：善。㉝犯：遇，承受。㉞成然：安闲熟睡的样子。寐：睡着，这里实指死亡。㉟蘧然：惊喜的样子。觉：睡醒，这里喻指生还。

【译文】子祀、子舆、子犁、子来四个人在一块摆谈说："谁能够把无当作头，把生当作脊柱，把死当作屁股，谁能够通晓生死存亡浑为一体的道理，我们就可以跟他交朋友。"四个人都会心地相视而笑，心心相契却不说话，于是相互交往成为朋友。

不久子舆生了病，子祀前去探望他。子舆说："伟大啊，造物者！把我变成如此曲屈不伸的样子！腰弯背驼，五脏穴位朝上，下巴隐藏在肚脐之下，肩部高过头顶，弯曲的颈椎形如赘瘤朝天隆起。"阴阳二气不和酿成如此灾害，可是子舆的心里却十分闲逸好像没有生病似的，蹒跚地来到井边对着井水照看自己，说："哎呀，造物者竟把我变成如此曲屈不伸！"

子祀说："你讨厌这曲屈不伸的样子吗？"子舆回答："没有，我怎么会讨厌这副样子！假令造物者逐渐把我的左臂变成公鸡，我便用它来报晓；假令造物者逐渐把我的右臂变成弹弓，我便用它来打斑鸠烤熟了吃。假令造物者把我的臀部变化成为车轮，把我的精神变化成骏马，我就用来乘坐，难道还要更换别的车马吗？至于生命的获得，是因为适时；生命的丧失，是因为顺应；安于适时而处之顺应，悲哀和欢乐都不会侵入心房。这就是古人所说的解脱了倒悬之苦，然而不能自我解脱的原因，则是受到了外物的束缚。况且事物的变化不能超越自然的力量已经很久很久，我又怎么能厌恶自己现在的变化呢？"

不久子来也生了病，气息急促将要死去，他的妻子儿女围在床前哭泣。子犁前往探望，说："嘿，走开！不要惊扰他由生而死的变化！"子犁靠着门跟子来说话："伟大啊，造物者！又将把你变成什么，把你送到何方？把你变化成老鼠的肝脏吗？把你变化成虫蚁的臂膀吗？"

子来说："子女对于父母，无论东西南北，他们都只能听从吩咐调遣。人对于造化，则不止于父母；它使我靠拢死亡而我却不听从，那么我就太蛮横了，而它有什么过错呢！大地把我的形体托载，用生存来劳苦我，用衰老来闲适我，用死亡来安息我。所以把我的存在看作是好事，也因此可以把我的死亡看作是好事。现在如果有一个高超的冶炼工匠铸造金属器皿，金属熔解后跃起说'我将必须成为良剑莫邪'，冶炼工匠必定认为这是不吉祥的金属。如今人一旦承受了人的外形，便说'成人了成人了'，造物者一定会认为这是不吉祥的人。如今把整个浑一的天地当作大熔炉，把造物者当作高超的冶炼工匠，用什么方法来驱遣我而不可以呢？"于是安闲熟睡似的离开人世，又好像惊喜地醒过来而回到人间。

子桑户、孟子反、子琴张三人相与友①，曰："孰能相与于无相与，相为于无相为？孰能登天游雾，挠挑无极，相忘以生，无所终穷②？"三人相视而笑，莫逆于心，遂相与为与莫然。

有间③，而子桑户死，未葬。孔子闻之，使子贡往侍事焉。或编曲，或鼓琴，相和而歌，曰："嗟来桑户乎④！嗟来桑户乎！而已反其真，而我犹为人猗！"子贡趋而进曰："敢问临尸而歌，礼乎？"二人相视而笑曰:"是恶知礼意!"

　　子贡反,以告孔子,曰:"彼何人者邪?修行无有而外其形骸,临尸而歌,颜色不变,无以命之。彼何人者邪?"孔子曰:"彼游方之外者也,而丘游方之内者也。外内不相及,而丘使汝往吊之,丘则陋矣⑤!彼方且与造物者为人,而游乎天地之一气。彼以生为附赘县疣⑥,以死为决疯(huàn)溃痈。夫若然者,又恶知死生先后之所在!假于异物,托于同体;忘其肝胆,遗其耳目;反覆终始,不知端倪;芒然彷徨乎尘垢之外,逍遥乎无为之业⑦。彼又恶能愦愦然为世俗之礼⑧,以观众人之耳目哉!"

　　子贡曰:"然则夫子何方之依?"孔子曰:"丘,天之戮民也⑨。虽然,吾与汝共之。"子贡曰:"敢问其方⑩?"孔子曰:"鱼相造乎水,人相造乎道。相造乎水者,穿池而养给;相造乎道者,无事而生定。故曰:鱼相忘乎江湖,人相忘乎道术。"子贡曰:"敢问畸人。"曰:"畸人者,畸于人而侔于天。故曰:天之小人,人之君子;人之君子,天之小人也。"

【注释】①子桑户、孟子反、子琴张:皆为虚构人物。②"登天"四句:意谓高蹈绝尘,超然世外,游于太虚,相忘有生,与道游于无穷之境。挠挑:宛转。③莫然有间:意谓他们淡漠相交不久。莫然:即"漠然",淡漠无心。有间:谓不久。④嗟来:犹"嗟乎",招魂的叹词。来:语助词,在《庄子》书中多有。⑤女:通"汝",你。陋:鄙陋。⑥附赘县疣:谓附生在人身的瘤。附:附生。赘:肉瘤。县:通"悬",悬生。疣:瘤疖。⑦芒然:即"茫然",无所系累的样子。彷徨:与"逍遥"同义,自得逸乐之意。尘垢之外:谓世外。无为之业：意谓无为寂寞之乡。⑧愤愤然：烦乱的样子。⑨天之戮民：意谓天施给刑罚的人。孔子自以为不能摆脱天之桎梏，故谓"天之戮民"。⑩其方：谓用什么方法。方：术，与上"方"字不同。

【译文】子桑户、孟子反、子琴张三人相互结交为朋友，他们说："谁能在无心中相交，在无迹中相助呢？谁能登天绝尘，徘徊于太虚，相忘有生，与道同游于无穷之境呢？"他们都会心地相视而笑，彼此心意相通，无所违背，于是他们就相互结交为朋友。

他们相交不久，子桑户死去，尚未埋葬。孔子听到子桑户死去的噩耗，便派子贡前去吊唁和帮助治丧。子琴张和孟子反却一个编撰词曲，一个弹琴，相互应和而歌唱，他们说："哎呀，桑户啊！哎呀，桑户啊！你已经复归大道，我们尚且为人啊！"子贡快步走到他们跟前说："请问对着死人的尸体唱歌，合乎礼仪吗？"子琴张和孟子反相视而笑道："你们这种人哪里会懂礼的真正意义呢！"

子贡回去，把所见所闻告诉给孔子，说："他们都是何等人呢！他们没有德行修养，而把形骸置之度外，对着尸体歌唱，全无哀戚之色，不知称他们为何等人。他们究竟是什么样的人呢？"孔子说："他们都是超脱凡人，逍遥于世外的人，我孔丘只是生活在礼仪法度里，世外之人和世内之人彼此不相干。我派你去吊唁子桑户看来我是何等鄙陋啊！他们正在与造物者结成伴侣，而与大道浑然一体。他们把人的生命看作附生在人身上的多余的瘤，把人的死亡看作皮肤上的脓疮溃破。像他们这样的人，又哪里知道生死的差别！假借于不同物体，而共成一身；忘掉身上的肝胆，忘掉向在上的耳目；从生到死，循环往复，不见头绪；茫然无所挂牵地逍遥于世外，彷徨于空寂无为之荒野。他们又怎么会去做烦琐的世俗礼仪，让众人听闻和观看呢！"

子贡说："那么，先生将依从方外还是依从方内呢？"孔子说：

"我孔丘，是苍天施给刑罚的人。即使如此，我未能超脱，我还是与你共游于方内。"子贡说："请问用什么方法呢？"孔子说："鱼相生于水，人相生于道。相生于水的鱼，掘地成池而供养丰足；相生于道的人，彷徨无为而心性平静。所以说：鱼相忘在江湖中，人相忘在大道里。"子贡说：'请问什么叫不同于世俗的方外之人？"孔子说："不同于世俗的方外之人，不同于世人却与大自然相合，所以说：大自然的小人，但是人世间的君子；人世间的君子，也就是大自然的小人。

颜回问仲尼曰："孟孙才①，其母死，哭泣无涕，中心不戚，居丧不哀。无是三者②，以善处丧盖鲁国，固有无其实而得其名者乎？回壹怪之③。"

仲尼曰："夫孟孙氏尽之矣，进于知矣，唯简之而不得，夫已有所简矣。孟孙氏不知所以生，不知所以死；不知就先，不知就后；若化为物，以待其所不知之化已乎！且方将化，恶知不化哉？方将不化，恶知已化哉？吾特与汝，其梦未始觉者邪！且彼有骇形而损心，有旦宅而无情死④。孟孙氏特觉，人哭亦哭，是自其所以乃。且也相与'吾之'耳矣，庸讵知吾所谓'吾之'乎？且汝梦为鸟而厉乎天⑤，梦为鱼而没于渊。不知今之言者，其觉者乎？其梦者乎？造适不及笑，献笑不及排，安排而去化，乃入于寥天一⑥。"

【注释】①孟孙才：姓孟孙，名才，鲁国人。②是：此，指涕泪、悲伤和哀痛。③回壹怪之：谓我颜回感到奇怪。壹：语助词。④"且彼"两句：意谓孟孙才认为其母在变化中虽有变动之形，其心并无损耗；虽有惊扰，而并无精神之丧。骇：动。旦宅：通"怛咤"，惊扰。情：精神。⑤厉乎天：谓至于天。⑥"乃入"句：意谓进入虚空寂寥的自然境界，而与大道浑然成为一体。寥天：虚寂的自然境界。

【译文】颜回请教孔子说："孟孙才母亲死了，他哭丧的时候没有掉眼泪，看不出有悲伤，守丧期间也不哀痛，没有这三者，竟能以善于处理丧事而名扬鲁国，难道真有不具其实却能博得虚名吗？我颜回感到很奇怪。"

孔子说："孟孙才已经尽到治丧之礼了，并且超过了知晓服丧礼仪的人，他想简化办丧礼仪却办不到，而他实际上已有所简化了，孟孙才不知人为何生，不知人为何死。他不知求先生，不知寻后死。他像是正在变成一物，他在等待一种自己也不知道将要变成何物的变化！况且正要变化时，又如何知道不变化呢？正在不变化时，又如何知道已经变化了呢？只是我和你，正在做梦而没有睡醒呢！孟孙才认为他母亲在变化中虽有形体之动，其心并无损耗；虽有惊扰，而无精神之丧。孟孙才独自觉醒，别人哭泣，他也跟着哭泣，所以才如此哭泣而不哀痛。世人看到自己暂时有了形体，就相互说'这是我'，怎么知道暂时有了形体的'我'，就是属于'我'呢？你做梦变成鸟就想飞向天空，做梦变成鱼就想潜入水中，不知道现在说话的我，是在醒着呢，还是在做梦呢？人的内心忽然快乐时，是来不及笑的；笑突然发出时，又来不及安排是否妥当；只有任凭大道安排而由其变化，进入虚空寂寥的自然境界，与大道浑然成为一体。"

意而子见许由①。许由曰："尧何以资汝②？"意而子曰："尧谓我：'汝必躬服仁义而明言是非③'。"

许由曰："而奚来为轵④？夫尧既已黥汝以仁义⑤，而劓汝以是非矣⑥，汝将何以游夫遥荡恣睢转徙之涂乎⑦？"意而子曰："虽然，吾愿游于其藩⑧。"

许由曰："不然。夫盲者无以与乎眉目颜色之好⑨，瞽者无以与乎青黄黼黻之观⑩。"意而子曰："夫无庄之失其美⑪，据梁之失其力⑫，黄帝之亡其知⑬，皆在炉锤之间耳⑭。庸讵知夫造物者之不息我黥而补我劓⑮，使我乘成以随先生邪⑯？"

许由曰："噫！未可知也。我为汝言其大略：吾师乎⑰！吾师乎！齑万物而不为义，泽及万世而不为仁⑱，长于上古而不为老，覆载天地刻雕众形而不为巧，此所游已。"

【注释】①意而子：虚拟的人名。②资：给予。③躬服：亲身实践，身体力行。④而：你。轵〔zhǐ〕：同"只"，句末语气词。⑤黥〔qíng〕：古代的一种刑法，用刀在受刑人的额上刺刻，而后以墨涂之。⑥劓〔yì〕：古代的一种刑法，割去了受刑人的鼻子。⑦遥荡：逍遥放荡。恣睢：放任不拘。转徙：辗转变化。涂：通作"途"，道路的意思。⑧藩：篱笆，这里喻指受到一定约束的境域。⑨与：赞许、赏鉴。下句同此解。⑩瞽：瞎眼。一般地说，"盲者""瞽者"都指瞎子，细分之，"盲"指有眼无珠，"瞽"指眼瞎而无视力。黼黻〔fǔ fú〕：古代礼服上绣制的花纹。⑪无庄：虚构的古代美人之名，寓含不装饰的意思。传说她闻道之后不再装饰而自忘其美。⑫据梁：虚构的古代勇夫之名，寓含强梁之意。⑬亡：丢失，忘却。⑭炉锤：冶炼锻打，这里喻指得到"道"的熏陶而回归本真。⑮息：养息。⑯乘：载。成：备。"乘成"的意思就是，托载精神的身躯不再残缺。⑰师：这里实指"道"。⑱泽：恩泽。

【译文】意而子拜访许由。许由说："尧把什么东西给予了你？"意而子说："尧对我说：'你一定得亲身实践仁义并明白无误地阐明是非。'"许由说："你怎么还要来我这里呢？尧已经用'仁义'在你的额上刻下了印记，又用'是非'割下了你的鼻子，你将凭借什么游处于逍遥放荡、纵任不拘、辗转变化的道途呢？"意而子说："即使这样，我还是希望能游处于如此的境域。"

许由说："不对。有眼无珠的盲人没法观赏姣好的眉目和容颜，瞎子没法赏鉴礼服上各种不同颜色的花纹。"意而子说："无庄不再打扮忘掉自己的美丽，据梁不再逞强忘掉自己的勇力，黄帝闻'道'之后忘掉自己的智慧，他们都因为经过了'道'的冶炼和锻打。怎么知道那造物者不会养息我受黥刑的伤痕和补全我受劓刑所残缺的鼻子，使我得以保全托载精神的身躯而跟随先生呢？"

许由说："唉！这可是不可能知道的。我还是给你说个大概吧。'道'是我伟大的宗师啊！我伟大的宗师啊！把万物碎成粉末不是为了某种道义，把恩泽施于万世不是出于仁义，长于上古不算老，回天载地、雕创众物之形也不算技巧，这就进入'道'的境界了。"

颜回曰："回益矣①。"仲尼曰："何谓也？"曰："回忘仁义矣。"曰："可矣，犹未也②。"

他日复见，曰："回益矣。"曰："何谓也？"曰："回忘礼乐矣！"曰："可矣，犹未也。"

他日复见，曰："回益矣！"曰："何谓也？"曰："回坐忘矣。"仲尼蹵然曰："何谓坐忘？"颜回曰："堕肢体，黜聪明，离形去知，同于大通④，此谓坐忘。"仲尼曰："同则无好也，化则无常也。而果其贤乎！丘也请从而后也。"

【注释】①益：增益。指经过修养而进入"道"的境界。②"可矣"两句：意谓忘仁义，有可能入道，然而还是没有进入大道境界。③蹴然：惊奇而变容的样子。④"堕肢体"四句：意谓毁废形体，泯灭见闻，形智皆弃，与大道浑然一体。

【译文】颜回说："我有进步了。"孔子说："你的进步是指什么呢？"颜回说："我已经忘掉仁义了。"孔子说："忘掉仁义，有可能入，然而还是没有进去。"

过了几天，颜回又去拜见孔子，说："我又有进步了。"孔子说："你的进步又是指什么说呢？"颜回说："我已经忘掉礼乐了。"孔子说："忘掉礼乐，有可能入道，然而还是没有进入大道。"

过了几天，颜回又去拜见孔子，说："我又有进步了。"孔子说："你的进步又是指什么说呢？"颜回说："我静坐而忘掉一切了。"孔子惊奇而变容地说："什么叫做静坐而忘掉一切呢？"颜回说："毁废形体，泯灭见闻，抛弃形智，与大道浑然一体，这就叫做静坐而忘掉一切。"孔子说："与大道浑同则无偏好，顺应大道的变化就不会滞守常理。你果真成为贤人了啊！那我孔丘也要修道而追随在你身后了。"

子舆与子桑友，而霖雨十日①。子舆曰："子桑殆病矣②！"裹饭而往食之③。至子桑之门，则若歌若哭，鼓琴曰④："父邪？母邪？天乎？人乎⑤？"有不任其声而趋举其诗焉⑥。

子舆入，曰："子之歌诗，何故若是？"曰："吾思夫使我至此极者而弗得也。父母岂欲吾贫哉？天无私覆，地无私载，天地岂私贫我哉？求其为之者而不得也。然而至此极者，命也夫！"

【注释】①霖：阴雨三日以上。"霖雨"即连绵不断地下雨。②殆：恐怕，大概。病：困乏潦倒。③裹饭：用东西包着饭食。食之：给他吃。"食"字旧读去声。④鼓琴：弹琴。⑤以上四句，均为子桑探问自己的困乏是由谁造成的。⑥任：堪。不任其声：声音衰微，禁不住内心感情的表达。趋：急促。趋举其诗：情隘而词蹙。

【译文】子舆和子桑是好朋友，连绵的阴雨下了十日，子舆说："子桑恐怕已经困乏而饿倒。"便包着饭食前去给他吃。来到子桑门前，就听见子桑好像在唱歌，又好像在哭泣，而且还弹着琴："是父亲呢？还是母亲呢？是天呢？还是人呢？"声音微弱而诗句急促。

子舆走进屋子说："你唱诗歌，为什么是这种调子？"子桑回答说："我在探寻使我达到如此极度困乏和窘迫的人，然而没有找到。父母难道会希望我贫困吗？苍天没有偏私地覆盖着整个大地，大地没有偏私地托载着所有生灵，天地难道会单单让我贫困吗？寻找使我贫困的东西可是我没能找到。然而已经达到如此极度的困乏，还是'命'啊！"

应帝王

【题解】《应帝王》表达了庄子的为政思想。庄子对宇宙万物的认识基于"道",他认为整个宇宙万物是浑一的,因此也就无所谓分别和不同,世间的一切变化也都出于自然,人为的因素都是外在的、附加的。基于此,庄子的政治主张就是以不治为治,无为而治便是本篇的中心。什么样的人应成为"帝王"呢?那就是能够听任自然、顺乎民情、行不言之教的人。本篇表达了庄子无治主义的思想,主张为政之道,毋庸干涉,当顺人性之自然,以百姓的意志为意志。

啮缺问于王倪①,四问而四不知。啮缺因跃而大喜②,行以告蒲衣子③。蒲衣子曰:"而乃今知之乎?有虞氏不及泰氏④。有虞氏其犹藏仁以要人⑤,亦得人矣,而未始出于非人⑥。泰氏其卧徐徐。其觉于于⑦,一以己为马,一以己为牛。其知情信⑧,其德甚真,而未始入于非人。"

【注释】①啮缺、王倪：皆为虚拟人物。②因跃而大喜：即"因大喜而跃"。③行以告：去告诉。蒲衣子：虚拟人物。④有虞氏：即舜。泰氏：传说中的上古帝王。⑤要人：要结人心。⑥非人：指物，与人相对的外物。⑦于于：安闲的样子。⑧知：同"智"。情：实。

【译文】啮缺向王倪请教，问了四次，王倪都回答说不知道。啮缺因此高兴得跳了起来，把这事告诉蒲衣子。蒲衣子说："现在你才知道了吧，有虞氏不如泰氏。有虞氏还心怀仁义，以此要结人心，虽然也获得了人心，却未能超然物外，而泰氏睡眠时呼吸舒缓，醒来时悠闲自在，任人把自己称为马，或是牛，他的心智真实不虚，他的品德纯真高尚，丝毫没有受到外物的牵累。"

肩吾见狂接舆。狂接舆曰："日中始何以语女①？"

肩吾曰："告我：君人者以己出经式义度②，人孰敢不听而化诸！"

狂接舆曰："是欺德也③。其于治天下也，犹涉海凿河而使蚊负山也。夫圣人之治也，治外乎④？正而后行⑤，确乎能其事者而已矣。且鸟高飞以避矰弋之害⑥，鼷鼠深穴乎神丘之下以避熏凿之患⑦。而曾二虫之无知！"

【注释】①日中始：虚拟人物。女：同"汝"。②君人者：国君。经、式、义、度：皆谓法度。义，读为"仪"。③欺德：虚伪骗人的言行。④治外：指用"经式仪度"来治理人的外表。⑤正而后行：自正而后化行天下。此"正"指无为，此"行"指自然。⑥矰弋〔zēng yì〕：捕鸟的器具。矰是鸟网，弋是系有丝绳的箭。⑦鼷〔xī〕鼠：小鼠。熏凿：谓烟熏和挖掘。

【译文】肩吾见到狂接舆，狂接舆说："日中始对你都说了些什么？"

肩吾说："他告诉我，那些做国君的，凭一己的想法制定各种法规，人们谁敢不听而归服呢？"

狂接舆说："这是虚伪骗人的做法。他这样去治理天下，就如同在大海里开凿河道，让蚊虫背负大山一样，圣人治理天下，难道是用法度来约束人们的外表吗？圣人是先端正自己，而后才去感化他人，任凭人们能够做的事情去做就是了。譬如鸟儿知道高高飞起来躲避罗网弓箭的伤害，鼷鼠知道深深藏在神坛下的洞穴中来避免烟熏挖掘的祸患，这难道能够说鸟和鼠是无知的吗？"

天根游于殷阳①，至蓼水之上②，适遭无名人而问焉③，曰："请问为天下。"

无名人曰："去！汝鄙人也，何问之不豫也④！予方将与造物者为人⑤，厌则又乘夫莽眇之鸟⑥，以出六极之外，而游无何有之乡，以处圹埌之野⑦。汝又何帠以治天下感予之心为⑧？"

又复问，无名人曰："汝游心于淡，合气于漠⑨，顺物自然而无容私焉，而天下治矣。"

【注释】①天根：虚假人物。殷阳：虚拟地名。②蓼〔liǎo〕水：虚拟水名。③无名人：虚拟人物。④不豫：不悦，不快。⑤为人：为友。⑥莽眇之鸟：像鸟般的轻盈虚渺之气。⑦圹埌〔kuàng làng〕：空旷寥阔。⑧帠："臬"为坏字，读作"寱"，"呓"的本字。⑨淡、漠：皆指清静无为的境界。

【译文】天根在殷阳游览,走到蓼水岸边,恰巧碰见无名人,便问道:"请问治理天下的办法。"

无名人说:"走开!你这鄙陋的人,为何要问这些令人不快的问题!我正要和造物者结伴遨游,一旦厌烦就乘着像鸟一样轻盈清虚的气流,飞出天地四方之外,畅游于无何有之乡,歇息在广阔无边的旷野,你又为何要用治理天下的梦话来触动我的心呢?"

天根再次询问,无名人说:"你的心神要安于淡漠,你的形气要合于虚寂,顺着万物的自然本性而不掺杂私意,天下就可以大治了。"

阳子居见老聃①曰:"有人于此,向疾强梁②,物彻疏明③,学道不倦。如是者,可比明王乎?"

老聃曰:"是于圣人也,胥易技系④,劳形怵心者也⑤。且也虎豹之文来田,猨狙之便执嫠之狗来藉。如是者,可比明王乎?"

阳子居蹴然曰⑥:"敢问明王之治。"

老聃曰:"明王之治:功盖天下而似不自己,化贷万物而民弗恃⑦,有莫举名⑧,使物自喜;立乎不测,而游于无有者也⑨。"

【注释】①阳子居:虚拟人物。历来多认为阳子居是主张"贵己"的杨朱,其实不相干。②向疾:敏捷如响。向,通"响"。强梁:强悍果断。③物彻:观察事物透彻。疏明:疏通明白。④胥:有才智的小吏。易:掌管占卜的小官。技系:被技术所束缚而不能脱身。⑤劳形怵心:形体劳累,内心担惊受怕。怵,惊惧。⑥蹴〔cù〕然:脸色突然改变的样子。⑦贷:施。弗恃:不觉有所依赖。⑧莫:无。举:显示,称说。⑨无有:指至虚之境。

【译文】阳子居见到老聃,问道:"有这样的一个人,做事敏捷果断,看问题通透明达,学习勤奋不倦。这种人,可以和圣明之王相比吗?"

老聃说:"这样的人在圣人看来,不过就像有才智的小吏,被自己的技艺职守所困,终日劳碌,担惊受怕罢了。况且像虎豹由于皮有花纹而招来捕猎,猕猴由于灵便、猎狗由于会捕捉狐狸而招来拘系,这种人能够和圣明之王相比吗?"

阳子居脸色突变,惭愧地说:"请问圣明之王是如何治理天下的呢?"

老聃说:"圣明之王治理天下,功绩布满天下却好像与自己无关;化育万物而百姓却不觉得有所依赖;有功德却无法去称谓,而让万物欣然自得;立于不可测见的地位,生活在至虚无为的境地。"

郑有神巫曰季咸①,知人之死生、存亡、祸福、寿夭,期以岁月旬日若神。郑人见之,皆弃而走。列子见之而心醉②,归,以告壶子③,曰:"始吾以夫子之道为至矣,则又有至焉者矣。"

壶子曰:"吾与汝既其文,未既其实。而固得道与?众雌而无雄,而又奚卵焉④!而以道与世亢⑤,必信⑥,夫故使人得而相汝⑦。尝试与来,以予示之。"

明日,列子与之见壶子,出而谓列子曰:"嘻!子之先生死矣!弗活矣!不以旬数矣!吾见怪焉,见湿灰焉⑧。"

列子入,泣涕沾襟以告壶子。壶子曰:"乡吾示之以地文⑨,萌乎不震不止⑩。是殆见吾杜德机也⑪。尝又与来。"

明日,又与之见壶子。出而谓列子曰:"幸矣!子之先生遇我也,有瘳矣⑫!全然有生矣!吾见其杜权矣⑬!"

列子入，以告壶子。壶子曰："乡吾示之以天壤⑭，名实不入，而机发于踵。是殆见吾善者机也⑮。尝又与来。"

明日，又与之见壶子。出而谓列子曰："子之先生不齐⑯，吾无得而相焉。试齐，且复相之。"

列子入，以告壶子。壶子曰："吾乡示之以太冲莫胜⑰，是殆见吾衡气机也⑱。鲵桓之审为渊⑲，止水之审为渊，流水之审为渊。渊有九名⑳，此处三焉㉑。尝又与来。"

明日，又与之见壶子。立未定，自失而走。壶子曰："追之！"列子追之不及。反，以报壶子曰："已灭矣，已失矣，吾弗及已。"

壶子曰："乡吾示之以未始出吾宗。吾与之虚而委蛇㉒，不知其谁何，因以为弟靡㉓。因以为波流，故逃也。"

然后列子自以为未始学而归。三年不出。为其妻爨㉔，食豕如食人，于事无与亲。雕琢复朴㉕，块然独以其形立。纷而封哉㉖，一以是终㉗。

【注释】①神巫：精于祈祷降神、占卜吉凶的人。季咸：事见《列子·黄帝篇》。②心醉：指迷恋、折服。③壶子：名林，号壶子，郑国人，列子之师。④"众雌而无雄"二句：喻有文无实不能称为道。⑤而：通"尔"，你。道：指列子所学的表面之道。亢：同"抗"，较量。⑥信：伸。⑦使人得而相汝：让神巫窥测到你的心迹，从而要给你相面。⑧湿灰：喻毫无生气，死定了。⑨乡：通"向"，刚才。地文：大地寂静之象。⑩萌乎：犹"芒然"，喻昏昧的样子。萌，通"芒"。震：动。止：通行本作"正"，据《庄子阙误》引江南古藏本改。⑪杜：闭塞。德机：指生机。

⑫有瘳：疾病可以痊愈。⑬杜权：闭塞中有所变化。权，变。⑭天壤：指天地间一丝生气。⑮善者机：指生机。善，生意。⑯不齐：神色变化不定。⑰吾乡：当是"乡吾"的误倒，太冲莫胜：太虚之气平和无偏颇，无迹可寻。⑱衡气机：生机平和，不可见其端倪。⑲鲵〔ní〕：鲸鱼。桓：盘旋。审：借为"沈"，深意。⑳渊有九名：《列子·黄帝篇》："鲵旋之潘为渊，止水之潘为渊，流水之潘为渊，滥水之潘为渊，沃水之潘为渊，氿水之潘为渊。雍水之潘为渊，汧水之潘为渊，肥水之潘为渊，是为九渊焉。"㉑此处三焉：指鲵桓灾害水喻杜德机、止水喻善者机、流水喻衡气机。㉒虚：无所执着。委蛇〔yí〕：随顺应变的样子。㉓弟靡：茅草随风摆动。形容一无所靠。弟，读作"稊"，茅草类。㉔爨〔cuàn〕：烧火做饭。㉕雕琢复朴：去雕琢，复归于素朴。㉖纷而封哉：谓在纷乱的世事中持守真朴纯一大道。封，守。㉗一以是终：终身不变。

【译文】郑国有一个名叫季咸的神巫，能够占卜人的生死存亡和祸福寿命，所预言的时间，哪年哪月哪日，都能如期发生，料事如神。郑国人见了他，因为害怕知道自己的凶日而都远远逃走。列子，却被他的神算所折服，回来后，便把此事告诉了壶子，说道："当初我还以为先生的道术最高明了，没想到还有更加高深的。"

壶子说："我教给你的都是外在的东西，还没有展现道的本质，难道你就认为自己得道了吗？就像有许多雌性的鸟而缺少雄性的鸟，又怎能生出卵来呢？你用表面的道与世人较量，希望得到肯定，所以才让神巫窥测到你的心迹，从而要给你相面。试着把他带来，让他给我看看相。"

第二天，列子与季咸一起来见壶子。季咸出来后，对列子说："唉！你的先生快要死了！活不成了！不超过十来天了！我见他形色怪异。犹如湿灰一样毫无生机。"

列子进去，泪水汪汪沾湿了衣裳，把季咸的话告诉了壶子。壶子说:"刚才我显给他看的是大地般的寂静,茫然一片,不动不止,他大概是看到我闭塞生机的景象,试着再让他进来看看。"

第二天,列子又跟季咸一起来看壶子。季咸出来后,对列子说:"你的先生幸亏遇上了我,现在可以痊愈了!完全有生机了!我看见他闭塞的生机开始活动了!"

列子进去,把季咸的话告诉了壶子。壶子说:"刚才我显示给他看的是天地间的一丝生机,名利不入于心,一丝生机从脚跟升起。他大概看到了我这线生机了。你试着再请他一起来看看。"

第二天,列子又跟季咸一起来见壶子。季咸出来后,对列子说:"你的先生神情恍惚不定,我无法给他相面。等他心神安宁的时候,我再给他看相。"

列子进去,把季咸的话告诉了壶子,壶子说:"我刚才显示给他看的是无迹可寻的太虚境界。他大概看到了我生机平和而不偏一端的情形。鲸鱼盘旋的深水是渊,不流动的深水是渊。流动的深水是渊。渊有九种,我给他看的只是三种。试着再请他一起来看看。"

第二天,列子又跟季咸一起来见壶子。季咸还没有站稳,就感觉不对,便惊慌地逃走了。壶子说:"追上他!"列子没有追上,回来告诉壶子说:"已经跑掉了,不见踪迹,我追不上他了。"

壶子说:"刚才我显示给他看的并不是我的根本之道。我不过是和他周旋,他分不清彼此,犹如草随风披靡,水随波逐流,只得逃走。"

此后列子才认识到自己并没有学到什么,就返回家中,三年不出家门。他替妻子烧火做饭,喂猪就像侍候人一样。对待一切事物无所偏爱,他扬弃浮华,返璞归真,无知无识、不偏不倚的样子,犹如土块立于地上。他在纷乱的世界中固守着质朴,终身如此。

无为名尸①,无为谋府②,无为事任③,无为知主④。体尽无穷,而游无朕⑤。尽其所受乎天，而无见得⑥，亦虚而已！至人之用心若镜，不将不迎⑦，应而不藏，故能胜物而不伤。

【注释】①尸：主。②谋府：出谋划策的地方。③事任：担当事物的责任。④知主：智慧的主人，主谋。智慧的总集。⑤无朕：无迹象，无征兆。朕，兆。⑥天：指自然。无见得：不自现其所得。见，同"现"。⑦不将不迎：物去不送，物来不迎。将，送。

【译文】不要承担附加的名誉，不要作为智慧的府库，不要担当事物的责任，不要成为智慧的主宰。体悟大道，应化没有穷尽；逍遥自在，游于无物之初。尽享自然所赋予的本性而不自现人为的所得，这正是虚寂无为的心境！至人用心犹如明镜，物来不迎，物去不送，物来应照，物去不留，顺应自然，不存私心，所以能够超脱物外而不为外物所害。

南海之帝为儵，北海之帝为忽①，中央之帝为浑沌②。儵与忽时相与遇于浑沌之地，浑沌待之甚善。儵与忽谋报浑沌之德，曰："人皆有七窍以视听食息③，此独无有，尝试凿之。"日凿一窍，七日而浑沌死。

【注释】①南海二句：儵、忽，虚拟人物。儵，通"倏"。"倏"，"忽"二字都含有神速意，喻有为。②浑沌：虚拟人物。"浑沌"是纯朴自然的意思，喻无为。③七窍：一口、两耳、两目、两鼻孔。

【译文】南海的帝王名叫儵，北海的帝王名叫忽，中央的帝王名叫浑沌，儵和忽时常在浑沌的境内相遇，浑沌对他们很好。儵和忽商量回报浑沌对他们的好处，说："人们都有七窍，用来看、听、饮食、呼吸,唯独他没有,我们试着给他凿出来。"于是每天凿出一窍,到了第七天浑沌就死了。

外篇

鸿蒙曰:"噫!心养!汝徒处无为,而物自化。堕尔形体,吐尔聪明,伦与物忘,大同乎涬溟,解心释神,莫然无魂。万物云云,各复其根,各复其根而不知,浑浑沌沌,终身不离。若彼知之,乃是离之。无问其名,无闚其情,物固自生。"云将曰:"天降朕以德,示朕以默,躬身求之,乃今也得。"再拜稽首,起辞而行。

世俗之人,皆喜人之同乎己而恶人之异于己也。同于己而欲之,异于己而不欲者,以出乎众为心也。夫以出乎众为心者,曷常出乎众哉?因众以宁所闻,不如众技众矣。而欲为人之国者,此揽乎三王之利而不见其患者也。此以人之国侥幸也,几何侥幸而不丧人之国乎?其存人之国也,无万分之一;而丧人之国也,一不成而万有余丧矣!悲夫,有土者之不知也!

【注释】①……②……③……④……⑤溟:溟涬。⑥闚:窥视。⑦曷常:何尝。⑧众技:众人的智慧。⑨揽:把持。⑩有土者:指拥有国土的君主。

【译文】鸿蒙说:"噫!你去养心吧!你只要顺应自然无所作为,万物就会自生自灭。毁掉你的形体,堵塞你的听觉、视觉,常规和万物一起被忘记,与自然之气相融通,解除你的心虑,释放你的精神,无所用心而内心混沌,万物纷纭复杂,各自返归它的根本,各自返回根本而不带智巧,混混沌沌保持真性,终身不相违背。假如使用智巧,就会违背本真。不要询问它的名称,不要窥探它的实情,万物本来是会自然生长。"云将说:"你把道理传授给了我,告诉我要持守虚静,亲

骈拇

【题解】"骈拇"篇,主旨在于阐扬人的行为当合于自然,顺人情之常。"骈拇"即并生的足趾。取篇首二字作为篇名。本篇的首章指出滥用聪明、矫饰仁义的行为,并不是自然的正道。自然的正道,要在"不失其性命之情"。仁义的行为,须合与人情,如不合人情,则成"胶漆缠索"一般,束缚人的行为。末章批评自三代以下,"奔命于仁义""招仁义以挠天下";为了追逐仁义之名,弄得"残生伤性",这种现象,都是悖违"性命之情"的。

骈拇枝指①出乎性哉,而侈于德;附赘县疣出乎形哉,而侈于性;多方乎仁义而用之者,列于五藏哉,而非道德之正也。是故骈于足者,连无用之肉也;枝于手者,树无用之指也;多方骈枝于五藏之情者,淫僻于仁义之行,而多方于聪明之用也。

是故骈于明者,乱五色,淫文章,青黄黼黻之煌煌非乎?而离朱是已。多于聪者,乱五声,淫六律,金石丝竹黄钟大吕之声非乎?而师旷是已。枝于仁者,擢德塞性以收名声,使天下簧鼓以奉不及之法非乎?而曾史是已。骈于辩者,累瓦结绳窜句,游心于坚白同异之间，而敝跬誉无用之言非乎？而杨墨是已。故此皆多骈旁枝之道，非天下之至正也。

【注释】①骈拇：脚的拇指跟第二指连成一指。枝指：手的拇指旁多生一指成六指。骈拇枝指比喻多余而不必要的东西。

【译文】脚的大趾与第二趾相连，手的大拇指旁多生一指，是天生多余的部位。肉瘤、毒疮虽是后天所生，但对自然的本性来说，也是多余的，想方设法要施行仁义的念头，虽然比列于身体本身的五脏，却不是纯正的道德。因此，脚趾骈生，不过多连结了一块无用的肉；手上长六指，不过多长了一个无用的指头；超出了五脏之情，走上仁义的歪门邪道，只不过是小聪明而已。

超出本体的"多余"对于一个视觉明晰的人来说，难道不是搅乱五色、迷滥文彩、绣制出青黄相间的华丽服饰而炫人眼目吗？而离朱就是这样。超出本体的"多余"对于听觉灵敏的人来说，难道不是搅乱五音、混淆六律，岂不是搅浑了金、石、丝、竹、黄钟、大吕的各种音调吗？而师旷就是这样。超出本体的"多余"对于倡导仁义的人来说，难道不是矫揉道德、闭塞真性来捞取名声、而使天下的人们争相鼓噪信守不可能做到的礼法吗？而曾参和史鱼就是这样，超出本体的"多余"对于善于言辞的人来说，难道不是堆砌辞藻，穿凿文句、将心思驰骋于"坚白"诡辩的是非之中，而艰难疲惫地罗列无数废话去追求短暂的声誉吗？而杨朱和墨翟就是这样。所以说这些都是多余的、矫造而成的不正之法，绝不是天下的至道正理。

彼正正者①，不失其性命之情。故合者不为骈，而枝者不为跂；长者不为有馀，短者不为不足。是故凫胫虽短，续之则忧；鹤胫虽长,断之则悲。故性长非所断,性短非所续,无所去忧也②。意仁义其非人情乎,彼仁人何其多忧也?

且夫骈于拇者,决之则泣;枝于手者,龁之则啼。二者,或有余于数,或不足于数,其于忧一也。今世之仁人,蒿目而忧世之患;不仁之人,决性命之情而饕贵富。故意仁义其非人情乎?自三代以下者,天下何其嚣嚣也?

【注释】 ①正正:至道正理,本然之理。②无所去忧:没有什么忧虑的。

【译文】 那纯正的道,不失去它的本性。所以合在一起不能算是'骈趾',分歧也不能算是'枝指'。长的不能看作多余,短的不能看作不足。野鸭的腿虽短,给它接上一节就带来痛苦;鹤的脚虽长,截下一节就会带来悲哀。所以,本来长的不能截短,本来短的不能接长,没有什么可以忧虑的。我想那仁义大概不是人的本性吧,那些仁者怎么会有那么多的忧愁呢?

况且对于脚趾并生的人来说,分裂两脚趾他就会哭泣;对于手指旁出的人来说,咬断歧指他也会哀啼。以上两种情况,有的是多于正常的手指数,有的是少于正常的脚趾数,而它们所导致的忧患却是一样的。如今世上的仁人,放目远视而忧虑人间的祸患;那些不仁的人,摒弃人的本真和自然而贪求富贵。唉!仁义大概不合人情吧。从夏、商、周三代以来,天下又怎么会那么喧嚣竞逐呢?

且夫待钩绳规矩而正者,是削其性者也;待绳约胶漆而固者,是侵其德者也;屈折礼乐,呴俞仁义,以慰天下之心者,此失其常然也。

天下有常然。常然者，曲者不以钩①，直者不以绳，圆者不以规，方者不以矩，附离不以胶漆，约束不以纆索。故天下诱然②皆生，而不知其所以生；同焉皆得，而不知其所以得。故古今不二，不可亏也。则仁义又奚连连如胶漆纆索而游乎道德之间为哉！使天下惑也！

【注释】①以：用。②诱然：自然而然。

【译文】用规矩准绳来矫正形体，就是伤害了事物的本性；用绳索、粘胶来加固，就是侵蚀了事物的原貌；规定礼节和音调，和气地履行仁义，用以告慰天下，就是违背了原始的常态。天下事物都有它的本原常态，这种本原常态就是指：曲的不用钩，直的不用绳，圆的不用规，方的不用矩，黏合的不用胶漆，捆绑的不用绳索。所以，天下事物任其自然而然地生长却不必知道生的缘故，万物存在而不知道存在的缘故。因而古今的道理并无两样，都是无法损害。那么，仁义为什么不断地如同胶漆黏合、绳索捆绑那样往复于人性道德之间，使天下人感到困惑呢？

夫小惑易方①，大惑易性。何以知其然邪？自虞氏招仁义以挠天下也，天下莫不奔命于仁义。是非以仁义易其性与？故尝试论之：自三代以下者，天下莫不以物易其性矣！小人则以身殉利；士则以身殉名；大夫则以身殉家；圣人则以身殉天下。故此数子者，事业不同，名声异号，其于伤性以身为殉，一也。臧与谷，二人相与牧羊而俱亡其羊。问臧奚事，则挟筴读书；问谷奚事，则博塞以游。二人者，事业不同，其于亡羊均也。伯夷死名于首阳之下，盗跖②死利于东陵之上。二人者，所死不同，其于残生伤性均也。奚必伯夷之是而盗跖之非乎？天下尽殉也：彼其所殉仁义也，则俗谓之君子；其所殉货财也，则俗谓之小人。其殉一也，则有君子焉，有小人焉。若其残生损性，则盗跖亦伯夷已，又恶取君子小人于其间哉！

【注释】①小惑易方：惑，迷惑。易，发迹。方，方向。②盗跖：春秋时代的大盗。

【译文】小糊涂会迷失方向，大糊涂会丧失本性。凭什么知道是如此呢？自从虞舜标榜仁义而扰乱天下以来，天下之人没有不为仁义而疲于奔命的。这不就是以仁义错乱了本性吗？所以我且来试论这个问题：自夏、商、周三代以来，天下没有不因外物而错乱本性的，小人为了追求利益而牺牲自己，士人为了追求名声而牺牲自己，大夫为了维护家室而牺牲自己，圣人为了治理天下而牺牲自己。这四种人，事业虽不相同，名声虽不一样，但从损伤自己本性这一点上看，却是相同的。臧与谷二人同去放羊，都把羊丢失了，问臧当时在干什么。他说正在那里捧着简册读书；问谷当时在干什么，他说正在那里下棋。他们二人所做的事情虽不相同，但都丢失了羊。伯夷死于首阳山下是为名，盗跖死于东陵之上是为利，他们二人所死的原因虽不同，但在丧生害性上却是相同的。既然如此，又何必去肯定伯夷而否定盗跖呢！天下人都在为了某种目的而牺牲了自己，有的为仁义而死，世人称为君子；有的为财富而死，世人称之为小人。同样都是死，却有君子与小人的区别。如果以丧生害性来说，盗跖与伯夷本无两样，又何必去分什么君子、小人呢！

且夫属①其性乎仁义者，虽通如曾史，非吾所谓臧②也；属其性于五味，虽通如俞儿③，非吾所谓臧也；属其性乎五声，虽通如师旷,非吾所谓聪④也;属其性乎五色,虽通如离朱,非吾所谓明⑤也。吾所谓臧者,非仁义之谓也,臧于其德而已矣;吾所谓臧者,非所谓仁义之谓也,任其性命之情而已矣;吾所谓聪者,非谓其闻彼也,自闻而已矣;吾所谓明者,非谓其见彼也,自见而已矣。夫不自见而见彼,不自得而得彼者,是得人之得而不自得其得者也,适人之适而不自适其适者也。夫适人之适而不自适其适,虽盗跖与伯夷,是同为淫僻也。余愧乎道德⑥,是以上不敢为仁义之操⑦,而下不敢为淫僻之行也。

【注释】①属:从属,归向。一说"属"读〔zhǔ〕,接连、缀系的意思。二说皆可通。②臧:善,好的意思。③俞儿:相传为齐人,味觉灵敏,善于辨别味道。④聪:听觉灵敏。⑤明:视觉清晰、敏锐。⑥道德:这里指对宇宙万物本体和事物变化运动规律的认识。⑦操:节操,操守。

【译文】况且把自己的本性缀连于仁义,即使如同曾参和史䲡那样精通,也不是我所认为的完美;把自己的本性缀连于甜、酸、苦、辣、咸五味,即使如同俞儿那样精通,也不是我所认为的完善;把自己的本性缀连于五声,即使如同师旷那样通晓音律,也不是我所认为的聪敏;把自己的本性缀连于五色,即使如同离朱那样通晓色彩,也不是我所认为的视觉敏锐。我所说的完美,绝不是仁义之类的东西,而是比各有所得更美好罢了;我所说的完善,绝不是所谓的仁义,而是放任天性、保持真情罢了;我所说的聪敏,不是说能听到别人什么,而是指能够审视自己罢了;我所说的视觉敏锐,不是说能看见别人什么,而是指能够看清自己罢了。不能看清自己而只能看清别人,不能安于自得而向别人索求的人,这种人就是索求别人之所得而不能安于自己所应得的人,也就是贪图达到别人所达到的而不能安于自己所应达到的境界的人。贪图达到别人所达到的而不安于自己所应达到的境界，无论盗跖与伯夷，都同样是滞乱邪恶的。我有愧于对宇宙万物本体的认识和事物变化规律的理解，所以就上一层说我不能奉行仁义的节操，就下一层说我不愿从事滞乱邪恶的行径。

马蹄

【题解】 本篇主旨在于抨击政治权利所造成的灾害,并描绘自然放任生活之适性。"马蹄",就是马的蹄子。取篇首二字作为篇名。本篇的首章指出"治天下之过",刑法杀伐、规范束缚,如同马儿遭到烧剔刻雒。治权施于民,如马遭受"橛饰之患""鞭筴之威"。种种政教措施,都有违"真性"。人当自然放任("天放"),依"常性"而生活,又进而描绘"至德之世",这是对于反礼教的自由人生活情境的一种憧憬。

马,蹄可以践霜雪,毛可以御风寒,龁草饮水,翘足而陆,此马之真性也。虽有义台路寝②,无所用之。及至伯乐③,曰:"我善治马。"烧之,剔之,刻之,雒④之。连之以羁馽⑤,编之以皁栈⑥,马之死者十二三矣!饥之渴之,驰之骤之,整之齐之,前有橛饰⑦之患,而后有鞭筴之威,而马之死者已过半矣。陶者曰:"我善治埴⑧。"圆者中规,方者中矩。匠人曰:"我善治木。"曲者中钩,直者应绳。夫埴木之性,岂欲中规矩钩绳哉!然且世世称之曰:"伯乐善治马,而陶匠善治埴木。"此亦治天下者之过也。

吾意善治天下者不然。彼民有常性，织而衣，耕而食，是谓同德。一而不党，命曰天放。故至德之世，其行填填⑨，其视颠颠⑩。当是时也，山无蹊隧，泽无舟梁；万物群生，连属其乡；禽兽成群，草木遂长。是故禽兽可系羁而游，鸟鹊之巢可攀援而窥。夫至德之世，同与禽兽居，族与万物并。恶乎知君子小人哉！同乎无知，其德不离；同乎无欲，是谓素朴。素朴而民性得矣。及至圣人，蹩躠⑪为仁，踶跂⑫为义，而天下始疑矣；澶漫⑬为乐，摘僻⑭为礼，而天下始分矣。故纯朴不残，孰为牺尊！白玉不毁，孰为珪璋！道德不废，安取仁义！性情不离，安用礼乐！五色不乱，孰为文采！五声不乱，孰应六律！夫残朴以为器，工匠之罪也；毁道德以为仁义，圣人之过也。

【注释】 ①马蹄：将马的本业真性以及被人驯服与人的原生天性以及被礼乐仁义束缚相互对照，批判礼法道德败坏人性。②义台：仪台。路寝：正室。③伯乐：姓孙名阳，字伯乐，秦穆公时人。④雒：通络。⑤羁馽：羁，马络头。馽〔zhí〕，马前足绊绳。⑥皂〔zào〕：马槽。栈：马棚。⑦橛：马嚼。饰：马缨。⑧埴〔zhí〕：黏土。⑨填填：稳重的样子。⑩颠颠：用心的样子。⑪蹩躠〔bié xuè〕：费力的样子。⑫踶跂〔zhì qǐ〕：用心的样子。⑬澶〔dàn〕漫：放纵。⑭摘僻：弯曲。

【译文】 马的蹄子可以踏霜踩雪，皮毛可以挡风蔽寒，吃草喝水，撒腿跳跃，这就是马的真性，虽然有仪台正室，对它却没有用处，后来出了伯乐，他自称"我善于驯服马"，于是就给它烙印，给剪毛，给它钉蹄，给它戴笼，用络头和缰绳绑着它，用马槽和马棚围着它，使马的死亡率占了十分之二三了。使它饥饿使它口渴，使它奔驰使它快跑，使它整饰使它划一，前有马嚼马缨的束缚，后有马鞭马棒的威压，使马的死亡率超过半数了。陶工说："我善于做土坯。"圆的符合圆规，方的符合矩尺。木匠说："我善于做木块。"曲的符合划钩，直的适合准绳。沾土木料的本性，难道是想符合圆规矩尺划钩准绳的吗？然而人们世代称赞他们说："伯乐善于驯马，陶工木匠善于做土坯木块。"这也是治理天下之人的过错啊。

我想善于治理天下的人不是这样的。人民具有不变的本性，织布穿衣，耕作进食，这叫做共性。纯一不偏私，这叫做天赐的自由，所以在道德最高尚的时代，人们的行为都很稳重，人们的面目都很质朴。在这个时代里，山中没有小路隧道，水上没有船只桥梁；万物共同生长，连接成共同的住处；禽兽成群结队，草木顺利成长。因此禽兽可以牵着玩耍，鸟鹊的窝可以爬到树上窥视。在道德最高尚的时代里，人同禽兽一起居住，跟万物聚焦共处。哪里知道什么君子小人呢？人跟无知的东西一样，他的天性不会失掉；人跟没有欲望的东西一样，这叫做纯朴。纯朴说明人性的存在。等到出了圣人，苦心经营仁义，天下开始迷惑了。放纵作乐，扭捏制礼，天下开始崩解了。所以完朴的木头不被破开，怎么造出祭祀的酒樽来？白净的玉石不被雕琢，怎么造出珍贵的珪璋来？道德不被废弃，哪用得着仁义？天性不被支离，哪用得着礼乐？五色不被搅乱，哪需编织文采？五声不被破坏，哪需调配六律？破开完朴的木头用来制造器皿，是工匠的罪过；毁弃道德来制订仁义，是圣人的罪过。

夫马，陆居则食草饮水，喜则交颈相靡①，怒则分背相踶②。马知已此矣。夫加之以衡③扼，齐之以月题④，而马知介倪⑤、闉扼⑥、鸷曼⑦、诡衔⑧、窃辔⑨。故马之知而态至盗者⑩，伯乐之罪也。

夫赫胥氏⑪之时，民居不知所为，行不知所之含哺而熙⑫，鼓腹而游⑬，民能以此矣。及至圣人，屈折礼乐以匡天下之形⑭，县跂⑮仁义以慰天下之心，而民乃始踶跂好知，争归于利，不可止也。此亦圣人之过也。

【注释】①靡：通作"摩"，触摩。②分背：背对着背。踶：踢。③衡：车辕前面的横木。扼：亦作"轭"。叉马颈的条木。④题：额。"月题"即马额上状如月形的佩饰。⑤介：独。倪：通作"睨"，侧目怒视之意。一说"介"字为"兀"字之讹，为"杌"之省。"倪"借为輗。杌輗：即折輗。⑥闉〔yīn〕：曲。扼：轭。闉扼指曲颈脱轭。⑦鸷：抵。曼：通"幔"，车盖。鸷曼：抗击车盖。⑧诡衔：吐出口勒。⑨窃辔：咬啮马络头。⑩盗：与人抗拒。⑪赫胥氏：传说中的古代帝王。⑫哺：口里所含的食物。熙：通作"嬉"，嬉戏。⑬鼓腹：鼓着肚子，意指吃得饱饱的。⑭屈折：矫造的意思。匡：端正，改变。⑮县：同"悬"。跂：通作"企"，企望。县跂：悬物相示，使人跂足以视。

【译文】再说马，生活在陆地上，吃草饮水，高兴时颈交颈相互摩擦，生气时背对背相互踢撞。马的智巧就只是这样了。等到后来把车衡和颈轭加在它身上，把配着月牙形佩饰的辔头戴在它头上，那么马就会侧目怒视，僵着脖子抗拒轭木，抗击车盖，吐出口勒，嚼断笼头。所以马的智巧竟能做出与人对抗的动作，这完全是伯乐的罪过啊！

上古赫胥氏的时代，百姓安居而无所为，悠游而无所往，口里含着食物嬉戏，挺胸饱腹而遨游，人民意态安然自适如此。等到圣人出现，矫造礼乐来匡正天下百姓的样子，标榜不可企及的仁义来慰藉天下百姓的心，于是人们便开始千方百计地去寻求智巧，争先恐后地去竞逐私利而不能终止。这也是圣人的罪过啊！

胠箧

【题解】"胠箧"的意思是打开箱子。本篇的主旨跟《马蹄》篇相同,但比《马蹄》更深刻,言辞也直接,一方面竭力抨击所谓圣人的"仁义",一方面倡导抛弃一切文化和智慧,使社会回到原始状态中去。宣扬"绝圣弃知"的思想和返归原始的政治主张是本篇的中心。全篇大体分成三个部分。第一部分从讨论各种防盗的手段最终都会被盗贼所利用入手,指出当时治天下的主张和办法,都是统治者、阴谋家的工具,着力批判了"仁义"和"礼法"。第二部分进一步提出摒弃一切社会文化的观点,使"绝圣"的主张和"弃知"的思想联系在一起。第三部分通过对比"至德之世"与"三代以下"的治乱,表达了对原始社会的政治状态的向往。

将为胠箧、探囊、发匮之盗而为守备①,则必摄缄縢②,固扃鐍③,此世俗之所谓知也。然而巨盗至,则负匮揭箧担囊而趋,唯恐缄縢扃鐍之不固也。然则向之所谓知者,不乃为大盗积者也?

故尝试论之:世俗之所谓知者,有不为大盗积者乎?所谓圣者,有不为大盗守者乎?何以知其然邪?昔者齐国邻邑相望,鸡狗之声相闻,罔罟④之所布,耒耨⑤之所刺,方二千余里。阖四竟之内，所以立宗庙社稷，治邑屋州闾乡曲者，曷尝不法圣人哉？然而田成子⑥一旦杀齐君而盗其国，所盗者岂独其国邪？并与其圣知之法而盗之，故田成子有乎盗贼之名，而身处尧舜之安。小国不敢非，大国不敢诛，十二世有齐国，则是不乃窃齐国并与其圣知之法以守其盗贼之身乎？

尝试论之：世俗之所谓至知者，有不为大盗积者乎？所谓至圣者，有不为大盗守者乎？何以知其然邪？昔者龙逢斩，比干剖，苌弘胣⑦，子胥靡⑧，故四子之贤而身不免乎戮。故跖之徒问于跖曰："盗亦有道乎？"跖曰："何适而无有道邪？夫妄意室中之藏，圣也；入先，勇也；出后，义也；知可否，知也；分均，仁也。五者不备而能成大盗者，天下未之有也。"由是观之，善人不得圣人之道不立，跖不得圣人之道不行。天下之善人少而不善人多，则圣人之利天下也少而害天下也多。

故曰：唇竭则齿寒，鲁酒薄而邯郸围⑨，圣人生而大盗起。掊击圣人，纵舍盗贼，而天下始治矣。夫川竭而谷虚，丘夷而渊实。圣人已死，则大盗不起，天下平而无故矣！圣人不死，大盗不止。虽重圣人而治天下，则是重利跖盗也。为之斗斛以量之，则并与斗斛而窃之；为之权衡以称之，则并与权衡而窃之；为之符玺以信之，则并与符玺而窃之；为之仁义以矫之，则并与仁义而窃之。何以知其然邪？彼窃钩者诛，窃国者为诸侯，诸侯之门而仁义存焉，则是非窃仁义圣知邪？故逐于大盗，揭诸侯，窃仁义并斗斛权衡符玺之利者，虽有轩冕之赏弗能劝，斧钺之威弗能禁。此重利盗跖而使不可禁者,是乃圣人之过也。

故曰:"鱼不可脱于渊,国之利器不可以示人⑩。"彼圣人者,天下之利器也,非所以明天下也。故绝圣弃知,大盗乃止;擿玉毁珠,小盗不起;焚符破玺,而民朴鄙;掊斗折衡,而民不争;殚残天下之圣法,而民始可与论议;擢乱六律,铄绝竽瑟,塞瞽旷之耳,而天下始人含其聪矣;灭文章,散五采,胶离朱之目,而天下始人含其明矣;毁绝钩绳而弃规矩,攦工倕⑪之指,而天下始人有其巧矣。故曰:大巧若拙。削曾史之行,钳杨墨之口,攘⑫弃仁义,而天下之德始玄⑬同矣。彼人含其明,则天下不铄矣;人含其聪,则天下不累⑭矣;人含其知,则天下不惑矣;人含其德,则天下不僻矣。彼曾、史、杨、墨、师旷、工倕、离朱,皆外立⑮其德,而以爚⑯乱天下者也,法⑰之所无用也。

【注释】①胠:撬开。箧:小箱。指偷窃。从偷窃财物联系盗窃国柄,指明它们的本质是一样的,都是圣人智慧流毒天下的恶果,因此亟须绝圣弃智,盗乱方止。②缄縢:都是绳子。③扃:门的闩。鐍:箱的钥。④罔:捕鸟的网。罟:捕鱼的网。⑤耒:犁柎。耨:锄柄。⑥田成子:春秋时齐国大夫陈恒。田、陈古音同。成子为后人所加称。他杀齐简公夺权。⑦苌弘胣〔chǐ〕:苌弘,周敬王大夫,与晋国范中行氏有旧,晋赵鞅与范有隙而讨周,周杀弘。胣,车裂。⑧子胥靡:子胥,姓伍名员,楚国人,父兄被平王杀而投吴王夫差,因谏夫差被赐死,投尸江中。靡通"糜",烂。⑨鲁酒薄而邯郸围:楚宣王会诸侯,鲁恭公迟到,且献酒薄味,宣王怒而攻打鲁国。梁惠王早拟攻赵,但担心楚国援赵,今见楚伐鲁,即兵围邯郸。⑩语出《老子》。⑪攦工倕:攦,折断。工倕,尧时巧匠。⑫攘:推开,排除。⑬玄:黑,幽暗;"玄同"即混同。

⑭累：忧患。⑮外立：在外表上树立，即对人炫耀之意。⑯燀：炫耀。"燀乱"就是迷乱的意思。⑰法：这里指圣智之法，一说"法"即"大道"。

【译文】为了抵御撬箱子、摸袋子、开柜子种种偷窃而进行防备，就一定要绑紧绳子，固好门闩箱钥，这就是世俗所认聪明，然而，大窃贼一到，总是背上柜子、提起箱子、抬着袋子就跑，他还唯恐捆绳和锁钥不牢固呢。这么说过去所认为的聪明人，不就是给大窃贼准备财物的人吗？

所以试着谈谈这个问题，世俗所认为的聪明人，有不给大窃贼积蓄财物的吗？所认为的圣人，有不给大窃贼看守财物的吗？何以知道是这样呢？以前齐国邻近的城邑相互望得见，鸡狗的叫声相互听得见，鸟罗鱼网的设置，犁头锄头的耕掘，方圆二千多里。总合四境之内，所有建立的宗庙神坛谷祠，所有管辖的县邑州区乡村，何尝不是效法圣人呢？然而田成子一旦杀了齐国国君窃取国柄，他所窃取的难道仅仅是他的国家吗？就连那神圣的充满智慧的礼法也窃走了，所以田成子虽有盗贼的名声，可是却享有如同尧舜帝王般的安逸。小的国家不敢非议，大的国家不敢讨伐，延续了十二代拥有齐国，这不正是窃取齐国以及神圣智慧的礼法来守护他的盗贼名声吗？

试着谈谈这点：世俗所认为的最聪明的人，有不给大窃贼积蓄财物的吗？所以为的最圣明的人，有不给大窃贼看守财物的吗？何以知道是这样呢？以前关龙逢被杀头，王子比干被挖心，苌弘遭受车裂，伍子胥糜烂了尸体，以这四个人的贤明却没能保全身体免于杀戮。所以盗跖的喽啰问盗跖说："盗贼也有道义吗？"盗跖说："哪里没有道义呀？猜测房里所藏的物品，就称得上英明了；进去抢先，就称得上勇敢了；出来时最后，就称得上义气了；能把握成功与否，就称得上明智了；分赃均匀，就称得上仁惠了，这五项不具备是不能成为大盗贼的。"由此可见，好人得不到圣人之道就不成事，盗跖得不到圣人之道就行不通。天下的好人少而坏人多，正是因为圣人有益于天下少而有害于天下多。所以说：嘴唇没了牙齿就冷了，鲁国的酒味淡薄就引发邯郸遭受围攻，圣人出现了大盗贼也就起来了。只有抨击圣人，放走盗贼，天下才会太平，干枯了山谷也就空虚了，山丘铲平了深渊也就填满了。圣人死了，那么大盗贼就不再产生了，天下也就平安无事了。

圣人不死，大盗贼就不会停止，虽然加倍地任用圣人治理天下，实质上是加倍地有利于盗跖之流。圣人制作斗斛来量东西，盗贼就将东西连同斗斛一起偷走；圣人制作秤锤秤杆来称东西，盗贼就将东西连同秤锤秤杆一起偷走；圣人制作符契印玺来作为凭证，盗贼就连同符契印玺一起偷走；圣人制订仁义来矫正人心，盗贼就连同仁义一起偷走，何以知道是这样呢？那个偷窃带钩的人会被杀头，窃取国柄的人成为诸侯，诸侯的门庭就仁义存在里面，这不正是窃取仁义圣智了吗？所以追随大盗贼，推举做诸侯，盗窃仁义及其斗斛秤锤秤杆符契印玺利益的人，虽然有高官的奖赏也不能劝止他，有刑罚的威压也不能禁止他，这种加倍有利于盗跖之流使得他们处于不可禁止的局面，正是圣人的罪过了。

所以说："鱼儿不可以脱离渊泽，国家的权柄不可以显示给人。"那圣人便是天下的权柄，不能够展示给天下，所以杜绝圣明抛弃智巧，大盗贼才会止息；扔掉玉器、毁掉珠宝，小窃贼才不产生；烧掉符契砸掉印玺，人就变得质朴了；打碎升斗、折断秤杆，人就不会争执了；彻底摧毁天下的圣法，人们才可以共同讨论大道；搞乱六律，销绝竽瑟，堵塞乐师的耳朵，那么天下的人才拥有听力；消灭图纹，离散五色，粘住离朱的眼睛，那么天下的人才拥有视力；销毁一切化钩准绳和抛弃圆规矩尺，折断工匠的手指，那么天下的人才拥有自己的技艺。所以说：天然大巧似笨拙。削除曾参、史鰌的忠孝，钳住杨朱、墨翟善辩的嘴巴，摒弃仁义，天下人的德行方才能混同而齐一。人人都保有原本的视觉，那么天下就不会出现毁坏；人人都保有原本的听觉，那么天下就不会出现忧患；人人都保有原本的智巧，那么天下就不会出现迷惑；人人都保有原本的秉性，那么天下就不会出现邪恶。那曾参、史䲡、杨朱、墨翟、师旷、工匠和离朱，都外露并炫耀自己的德行，而且用来迷乱天下之人，这就是圣治之法没能发挥作用的原因。

子独不知至德之世乎？昔者容成氏、大庭氏、伯皇氏、中央氏、栗陆氏、骊畜氏、轩辕氏、赫胥氏、尊卢氏、祝融氏、伏羲氏、神农氏①，当是时也，民结绳而用之②。甘其食，美其服，乐其俗，安其居，邻国相望，鸡狗之音相闻，民至老死而不相往来。若此之时，则至治已。今遂③至使民延颈举踵，曰："某所有贤者，"赢④粮而趣之，则内弃其亲而外弃其主之事，足迹接乎诸侯之境，车轨结⑤乎千里之外，则是上⑥好知之过也。

上诚好知而无道，则天下大乱矣。何以知其然邪？夫弓弩⑦毕弋机变之知多，则鸟乱于上矣；钩饵、罔罟、罾⑧笱之知多，则鱼乱于水矣；削⑨格罗落罝罘之知多，则兽乱于泽矣；知诈渐毒⑩，颉滑坚白、解垢同异之变多，则俗惑于辩矣。故天下每每⑪大乱，罪在于好知。故天下皆知求其所不知而莫知求其所已知者，皆知非其所不善而莫知非其所已善者，是以大乱。故上悖⑫日月之明，下烁⑬山川之精，中堕⑭四时之施，惴耎⑮之虫，肖翘之物⑯，莫不失其性。甚矣，夫好知之乱天下也！自三代以下者是已！舍夫种种⑰之民而悦夫役役⑱之佞；释⑲夫恬淡无为而悦夫啍啍⑳之意，啍啍已乱天下矣！

【注释】①容成氏、大庭氏、伯皇氏、中央氏、栗陆氏、骊畜氏、轩辕氏、赫胥氏、尊卢氏、祝融氏、伏犠氏、神农氏：传说中的古帝王或部落首领，但多数不见于经传。②结绳而用之：指文字产生之前的结绳记事。③遂：竟。延颈：伸长脖颈。举踵：踮起脚跟。④赢：裹，包着。趣：通作"趋"，快步走的意思。⑤结：往来交错。⑥上：这里指国君，也可泛指统治者。⑦弩〔nǔ〕：带有机关的连珠箭。毕：一种带柄的网。弋〔yì〕：系有丝绳可以回收的箭。机变：疑为"机辟"之误，即捕鸟兽的机关。⑧罾〔zēng〕：用竿子支撑形如伞状的鱼网。笱〔gǒu〕：用作捕鱼的竹笼。⑨削：竹桩。格：木桩。"削"、"格"都是用来支撑兽网的桩子。罗落：用来关守野兽的网状篱笆。罝罘〔jū fú〕：捕兽的网。⑩渐毒：欺诈。"知诈渐毒"指工于心计，欺骗伪诈。颉〔xié〕滑：奸黠狡猾。解诟：言词诡曲。同异：战国名家的又一诡辩论题，认为事物的同与异是相对的，因而也就没有同异之别。变：权变，变诈。⑪每每：即昧昧，昏昏的意思。⑫悖：遮掩。⑬烁：通作"铄"，销解的意思。⑭堕：通"隳"，毁坏的意思。施：推移。⑮喘耎〔ruǎn〕：蠕动的样子，这里指附地而生的小虫。⑯肖翘：飞在空中的小虫。⑰种种：淳朴的样子。⑱役役：钻营狡黠的样子。佞：巧言谄媚的小人。⑲释：放置，废弃。⑳啍啍〔zhūn〕：喋喋不休，不停地说教的样子。

【译文】你唯独不知道那盛德的时代吗？从前容成氏、大庭氏、伯皇氏、中央氏、栗陆氏、骊畜氏、轩辕氏、赫胥氏、尊卢氏、祝融氏、伏牺氏、神农氏，在那个时代，人民靠结绳的办法记事，把粗疏的饭菜认作美味，把朴素的衣衫认作美服，把淳厚的风俗认作欢乐，把简陋的居所认作安适，邻近的国家相互观望，鸡狗之声相互听闻，百姓直至老死也互不往来。像这样的时代，就可说是真正的太平治世了。可是当今竟然达到使百姓伸长脖颈踮起脚跟说，"某个地方出了圣人"，于是带着干粮急趋而去，家里抛弃了双亲，外边离开了主上的事业，足迹交接于诸侯的国境，车轮印迹往来交错于千里之外，而这就是统治者追求圣智的过错。统治者一心追求圣智而不遵从大道，那么天下必定会大乱啊！

怎么知道是这样的呢？弓弩、鸟网、弋箭、机关之类的智巧多了，那么鸟儿就只会在空中乱飞；钩饵、鱼网、鱼笼之类的智巧多了，那么鱼儿就只会在水里乱游；木栅、兽栏、兽网之类的智巧多了，那么野兽就只会在草泽里乱窜；伪骗欺诈、奸黠狡猾、言词诡曲、坚白之辩、同异之谈等等权变多了，那么世俗的人就只会被诡辩所迷惑。所以天下昏昏大乱，罪过就在于喜好智巧。所以天下人都只知道追求他所不知道的，却不知道探索他所已经知道的；都知道非难他所认为不好的，却不知道否定他所已经赞同的，因此天下大乱。所以对上而言遮掩了日月的光辉，对下而言销解了山川的精华，居中而言损毁了四时的交替，就连附生地上蠕动的小虫，飞在空中的蛾蝶，没有不丧失原有真性的。追求智巧扰乱天下，竟然达到如此地步！自夏、商、周三代以来的情况就是这样啊，抛弃那众多淳朴的百姓，而喜好那钻营狡诈的谄佞小人；废置那恬淡无为的自然风尚，喜好那喋喋不休的说教，喋喋不休的说教已经搞乱了天下啊！

在宥

【题解】"在"是自在的意思,"宥"是宽容的意思。反对人为,提倡自然,阐述无为而治的主张是本篇的主旨。

全篇大体分为六个部分。第一部分指出一切有为之治都会使天下之人"淫其性"而"迁其德",因此"君子不得已而临莅天下"就应当"莫若无为"。一开始就推出了"无为而治"的主张,而开篇的两句话便是提挈全文的总纲。第二部分借老聃对崔瞿的谈话说明推行仁义扰乱人心是天下越治越坏的原因,极力主张"绝圣去知"。第三部分通过广成子对黄帝的谈话,阐明治天下者必须先治身的道理,并详细说明了治身、体道的方法和途径。第四部分用鸿蒙与云将的对话,进一步阐明无为与养心的关系,指出无为的要害就在于"心养"。第五部分着力说明拥有土地的统治者一心贪求私利必定留下祸患,从而进一步阐明了"养心"和"忘物"的关系,做到了"无己"也就能忘形、忘物。第六部分概括了治理天下时遇到的十种情况,指出对待这些情况都只能听之任之,随顺应合,并就此提出了君主无为,臣下有为的主张。不过,本篇所反映的庄子思想与庄子在前几篇中抨击仁义,绝圣弃智的思想似有偏离之嫌。

闻在宥①天下，不闻治天下也。在之②也者，恐天下之淫③其性也；宥之也者，恐天下之迁其德④也。天下不淫其性，不迁其德，有治天下者哉？昔尧之治天下也，使天下欣欣焉人乐其性，是不恬也；桀之治天下也，使天下瘁瘁⑤焉人苦其性⑥，是不愉也。夫不恬不愉，非德也；非德也而可长久者，天下无之。

人大喜邪，毗⑦于阳；大怒邪，毗于阴。阴阳并毗，四时不至，寒暑之和不成，其反伤人之形乎！使人喜怒失位，居处无常，思虑不自得，中道不成章⑧，于是乎天下始乔诘⑨卓鸷，而后有盗跖曾史之行。故举天下以赏其善者不足，举天下以罚其恶者不给。故天下之大不足以赏罚。自三代以下者，匈匈⑩焉终以赏罚为事，彼何暇安其性命之情哉！

而且说⑪明邪，是淫⑫于色也；说聪邪，是淫于声也；说仁邪，是乱于德也；说义邪，是悖⑬于理也；说礼邪，是相⑭于技也；说乐邪，是相于淫也；说圣邪，是相与艺⑮也；说知邪，是相于疵⑯也。天下将安其性命之情，之八者，存可也，亡可也。天下将不安其性命之情，之八者，乃始脔⑰卷獊囊而乱天下也。而天下乃始尊之惜之。甚矣，天下之惑也！岂直⑱过也而去之邪！乃斋戒以言之，跪坐以进之，鼓歌以儛⑲之。吾若是何哉！

【注释】①在宥天下：听任天下自在宽容的发展。即"无为而治"。②在之：使之自在。③淫：超过。④德：指自然的常态。⑤瘁瘁：忧愁。⑥苦其性：为其性而苦，为保有真性而苦恼。⑦毗：损伤。阳：与下句的"阴"本指日光的向背，引申指气候上的冷暖，中国古代哲学著作中又借此解释事物对立对应的正反两个侧面。⑧章：章法，法度。⑨乔诘：意不平。卓鸷：行不平。"乔诘"和"卓鸷"泛指世上出现的种种不平之事。一说"乔诘"是狡黠诈伪之意，"卓鸷"是卓尔不群之意，可备参考。⑩匈匈：即"讻讻"，喧嚣吵嚷的样子。⑪说：喜悦，这个意思后代写作"悦"。⑫淫：沉溺，为之所迷乱。⑬悖：违背。⑭相：助。技：技巧，这里指熟悉礼仪。⑮艺：才能。⑯疵：毛病，这里指辨别细小的是非。⑰脔〔luán〕卷：拳曲而不舒展的样子。㺑〔cāng〕囊：扰攘纷争的样子。⑱直：止，仅仅。过：经过。"过也而去之"意思是一代一代地流传下去。⑲儛〔wǔ〕：舞。

【译文】只听说过让天下自然而然地发展，没有听说过要控制天下。让天下人安然自在，唯恐天下人超越了自身的本性。让天下人安然自适，唯恐天下人改变自身的自然常态。哪里用得着去治理天下呢？过去尧治理天下，让天下人欣喜而使之天性快乐，这是不宁静的表现。桀治理天下，让天下人忧愁而使之天性苦闷，这是不欢愉的表现。不宁静不欢愉，这都不是人恒常的性情。违逆了人恒常的性情还能够长治久安的，恐怕天下没有这种情况。

人们过度欢欣，定会损伤阳气；人们过度愤怒，定会损伤阴气。阴与阳相互侵害，四时就不会顺应而至，寒暑也就不会调和形成，这恐怕反倒会伤害自身吧！使人喜怒失却常态，居处没有定规，考虑问题不得要领，办什么事都半途失去章法，于是天下就开始出现种种不平，而后便产生盗跖、曾参、史鰌等各个不同的做法。所以，动员天下所有力量来奖励人们行善也嫌不够，动员天下所有力量来惩戒劣迹也嫌不足，因此天下虽很大仍不足以用来赏善罚恶。自夏、商、周三代以来，始终是喋喋不休地把赏善罚恶当作当政之急务，他们又哪里有心思去安定人的自然本性和真情呢！

而且，喜好目明，这是沉溺于五彩；喜好耳聪，这是沉溺于声乐；喜好仁爱，这是扰乱人的自然常态；喜好道义，这是违反事物的常理；喜好礼仪，这就助长了烦琐的技巧；喜好音乐，这就助长了淫乐；喜好圣智，这就助长了技艺；喜好智巧，这就助长了琐细之差的争辩。天下人想要安定自然赋予的真情和本性，这八种作法，存留可以，丢弃也可以；天下人不想安定自然赋予的真情和本性，这八种作法，就会成为拳曲不伸、扰攘纷争的因素而迷乱天下了。可是，天下人竟然会尊崇它，珍惜它，天下人为其所迷惑竟达到如此地步！这种种现象岂止是一代一代地流传下来呀！人们还虔诚地谈论它，恭敬地传颂它，欢欣地供奉它，对此我将能够怎么样呢！

故君子不得已而临莅①天下，莫若无为②。无为也，而后安其性命之情，故曰："贵以身于为天下，则可以托天下；爱以身为天下，则可以寄天下。"故君子苟能无解③其五藏，无擢④其聪明，尸居而龙见⑤，渊默而雷声⑥，神动而天随，从容无为而万物炊累焉。吾又何暇治天下哉！

【注释】①临莅：统管，治理。②无为：顺任自然。③解：敞开。④擢：提升，引申为有意显露。⑤尸居而龙见：像受祭的活人那样安然不动地坐着，精神去像腾龙显现一般。⑥渊默而雷动：像深渊一样深沉默默，像雷声一样在震动。

【译文】所以君子是迫不得已才治理天下，最好的办法就是顺任自然。顺任自然之后才能使天下人的本性和真情得到稳定的保持。所以说，把自身看得比天下还重要的人，才可以把天下托付给他。把爱护自身看得比爱护天下还重要的人，才可以把天下寄付于他。因此，君子若不去敞开他的五藏欲望，不有意显露聪明，安居不动而神采奕奕，沉静缄默而感人深切，精神活动都合于自然，从容无为而万物的蕃殖就像炊气积累而升。我又何必多此一举去治理天下呢?

崔瞿①问于老聃曰:"不治天下,安藏②人心?"老聃曰:"女慎,无撄③人心。人心排④下而进上,上下囚⑤杀,淖约⑥柔乎刚强。廉⑦刿雕琢,其热⑧焦火,其寒凝冰。其疾⑨俯仰之间而再抚四海之外。其居也,渊⑩而静;其动也,县而天。偾⑪骄而不可系者,其唯人心乎!

昔者黄帝始以仁义撄人之心,尧舜于是乎股⑫无胈,胫⑬无毛,以养天下之形。愁其五藏⑭以为仁义,矜⑮其血气以规法度,然犹有不胜也。尧于是放讙⑯兜于崇山,投三苗⑰于三峗,流共工⑱于幽都,此不胜天下也。夫施⑲及三王而天下大骇矣,下有桀、跖,上有曾、史,而儒墨毕起。于是乎喜怒相疑,愚知相欺,善否相非,诞信相讥,而天下衰矣;大德⑳不同,而性命烂漫矣;天下好知,而百姓求竭㉑矣。于是乎斤㉒锯制焉,绳墨杀㉓焉,椎凿㉔决焉。天下脊脊㉕大乱,罪在撄人心。故贤者伏处㉖太山嵁岩之下,而万乘㉗之君忧栗乎庙堂之上。今世殊㉘死者相枕也,桁㉙杨者相推也,刑戮者相望也,而儒墨乃始离跂㉚攘臂乎桎梏之间。意,甚矣哉!其无愧而不知耻也甚矣!吾未知圣知之不为桁杨椄槢㉛也,仁义之不为桎梏凿㉜枘也,曾史之不为桀跖嚆㉝矢也!故曰:绝圣弃知而天下大治。"

【注释】①崔瞿:虚拟的人名。②藏:乃,"臧"字之讹。"臧"是善的意思。③撄:纠缠,扰乱。④排:排斥,压抑。进:推进,提升。"排"和"进"分别喻指不得志之时和得志之时;"下"和"上"则分别指两种心态,即颓丧、消沉和欢欣、气盛。⑤囚:拘禁。⑥婥约:柔弱美好的样子。彊:"强"字之古体。⑦廉:方正,有棱角,比喻品行端正,不随合世事。刿:割伤。雕琢:犹言刻削。⑧"热"与下句的"寒"分别形容两种截然的心态:情感激动和情绪低落。⑨疾:快速,这里指心境变化迅速。俛:同"俯"。"俛仰之间"比喻时间短暂。抚:临。⑩渊:这里是深沉的意思。⑪偾骄:骄矜而不可禁。系:缀连,这里含有拘绊的意思。⑫股:大腿。胈:白肉。⑬胫:小腿。联系上一句,"股无胈"与"胫无毛"都是用来形容劳累奔波的。⑭五藏:即五脏,这里泛指心胸和思想。⑮矜:苦。"矜其血气"就是说耗费了无数心血。⑯驩:"欢"字的异体,今简化为"欢"。驩兜:人名,传说跟尧作对,被尧放逐。崇山:地名,传说在当时中原之地的南陲。⑰三苗:帝尧时代的古国名,地处南方。三峗:又作"三危",山名,地处西北。⑱共工:帝尧的水官。幽都:即幽州,地处北方。⑲施〔yì〕:延续。三王:即夏、商、周三代。骇:惊骇。⑳大德:指人的基本观念和生活态度。㉑竭:尽;"求竭"指永远不能满足。一说"求竭"即"纠葛",与上句之"烂漫"对文。姑备参考。㉒斤:"斤"字之异体,即横口之斧。㉓杀:疑为"设"字之误,处置的意思。"杀",繁体写作"殺"。㉔椎凿:穿孔的工具。决:打穿,引申指刑戮、处决。以上"斩锯"、"绳墨"、"椎凿"都是木匠的工具,借指伤害人和约束人的刑法和礼义。㉕脊脊:相互践踏的样子。一说是淆乱的意思。㉖伏处:隐居。嵁〔kān〕岩:深谷。㉗乘〔shèng〕:古代一车四马为一乘。"万乘之君"指能统驭上万辆战车的国君,即大国的国君;这里泛指居于统治地位的诸侯。㉘殊:断。"殊死"也就是斩首。㉙桁〔háng〕杨:加在被囚禁者颈上和脚上的刑具。相推:一个挨着一个。㉚离跂:奋力的样子。攘臂:举臂。桎梏〔zhì gù〕:脚镣手铐,用于拘系罪犯刑具,这里喻指用来束缚人的真情本性的工具。㉛接槢〔jiē xí〕:"槢"通"楔";"接槢"就是连接脚镣或手铐左右两部分的插木。㉜凿:孔。枘〔ruì〕:榫头,即插入孔中的木栓。㉝嚆〔hāo〕:吼。"嚆矢"即响箭,有导向、先导的意思。

【译文】 崔瞿子向老聃请教:"不治理天下,怎么能使人心向善?"

老聃回答说:"你应谨慎而不要随意扰乱人心。人们的心情总是压抑便消沉颓丧,而得志便趾高气扬,不过消沉颓丧或者趾高气扬都像是受到拘禁和伤害一样自累自苦,唯有柔弱顺应能软化刚强。端方而棱角外露容易受到挫折和伤害,情绪激烈时像熊熊大火,情绪低落时像凛凛寒冰。内心变化格外迅速,转眼间再次巡游四海之外,静处时深幽宁寂,活动时腾跃高天。骄矜不禁而无所拘系的,恐怕就只是人的内心活动吧!

当年黄帝开始用仁义来扰乱人心,尧和舜于是疲于奔波而腿上无肉、胫上秃毛,用以养育天下众多的形体,满心焦虑地推行仁义,并耗费心血来制定法度,然而他还是未能治理好天下。此后尧将欢兜放逐到南方的崇山,将三苗放逐到西北的三峗,将共工放逐到北方的幽都,这些就是没能治理好天下的明证。延续到夏、商、周三代更是多方面地惊扰了天下的人民,下有夏桀、盗跖之流,上有曾参、史䲡之流,而儒家和墨家的争辩又全面展开。这样一来或喜或怒相互猜疑,或愚或智相互欺诈,或善或恶相互责难,或妄或信相互讥刺,因而天下也就逐渐衰败了;基本观念和生活态度如此不同,人类的自然本性散乱了,天下都追求智巧,百姓中便纷争迭起。于是用斧锯之类的刑具来制裁他们,用绳墨之类的法度来规范他们,用椎凿之类的肉刑来惩处他们。天下相互践踏而大乱,罪过在于扰乱了人心。因此贤能的人隐居于高山深谷之下,而帝王诸侯忧心如焚战栗在朝堂之上。当今之世,遭受杀害的人尸体一个压着一个,戴着脚镣手铐而坐大牢的人一个挨着一个,受到刑具伤害的人更是举目皆然,而儒家墨家竟然在枷锁和羁绊中挥手舞臂地奋力争辩。唉,真是太过分了!他们不知心愧、不识羞耻竟然达到这等地步!我不知道那所谓的圣智不是脚镣手铐上用作连接左右两部分的插木,我也不明白那所谓的仁义不是枷锁上用作加固的孔穴和木栓,又怎么知道曾参和史䲡之流不是夏桀和盗跖的先导!所以说,'灭绝圣人,抛弃智慧,天下就会得到治理而太平无事'。"

黄帝①立为天子十九年,令行天下,闻广成子②在于空同之山,故往见之。曰:"我闻吾子达于至道,敢问至道之精。吾欲取天地之精,以佐③五谷,以养民人。吾又欲官④阴阳以遂⑤群生,为之奈何?"广成子曰:"而所欲问者,物之质⑥也;而所欲官者,物之残⑦也。自而治天下,云气不待族⑧而雨,草木不待黄而落,日月之光益⑨以荒矣,而佞人⑩之心翦翦者,又奚足以语至道!"

黄帝退,捐⑪天下,筑特室⑫,席⑬白茅,闲居⑭三月,复往邀之。

【注释】①黄帝:轩辕氏,相传为中原部族的祖先。②广成子:传说即老子,实为虚构的人物。空同:亦作崆峒,神话中的山名。③佐:辅助。"佐五谷"即帮助五谷生长。④官:用如动词,主宰的意思。⑤遂:顺应,顺着。⑥质:本质。⑦残:余剩,残损。⑧族:聚集。雨:用如动词,指下雨。⑨益:渐渐。荒:迷乱,晦暗。⑩佞人:谗谄的小人。翦翦:心地狭劣。⑪捐:弃置。⑫筑特室:指为了避喧嚣而另辟静室。⑬席:铺。白茅:古代祭祀时用于缩酒,这里取其洁白的特点,用以表示洁身自好。⑭闲居:犹言独处;清心养性,因而杜绝与他人来往。

【译文】黄帝做了十九年天子后,诏令通行天下,听说广成子居住在空同山上,特意前往拜见他,说:"我听说先生已经通晓至道,冒昧地请教至道的精华。我一心想获取天地的灵气，用来帮助五谷生长，用来养育百姓。我又希望能主宰阴阳，从而使众多生灵遂心地成长，对此我将怎么办？"广成子回答说："你所想问的，是万事万物的根本；你所想主宰的，是万事万物的残留。自从你治理天下，天上的云气不等到聚集就下起雨来，地上的草木不等到枯黄就飘落凋零，太阳和月亮的光亮也渐渐地晦暗下来。然而你像谄谀的小人一样心地偏狭恶劣，又怎么能够谈论大道！"

黄帝听了这一席话便退了回来，弃置朝政，筑起清心寂智的静室，铺着洁白的茅草，谢绝交往独居三月，再次前往求教。

广成子南首而卧①，黄帝顺下风②膝行而进，再拜稽首③而问曰："闻吾子达于至道，敢问：治身奈何而可以长久？"广成子蹶然④而起，曰："善哉问乎！来，吾语女至道：至道之精，窈窈冥冥⑤；至道之极，昏昏默默。无视无听，抱神以静，形将自正。必静必清，无劳女形，无摇女精，乃可以长生。目无所见，耳无所闻，心无所知，女神将守形，形乃长生。慎女内⑥，闭女外，多知为败。我为女遂于大明之上矣，至彼至阳之原⑦也，为女入于窈冥之门矣，至彼至阴之原也。天地有官，阴阳有藏；慎守女身，物将自壮。我守其一以处其和。故我修身千二百岁矣，吾形未常衰。"黄帝再拜稽首曰："广成子之谓天⑧矣！"

【注释】①南首而卧：头朝南躺着。②顺下风：从下方。③稽首：叩头至地。④蹶然：非常迅疾的样子。⑤冥冥：昏暗。⑥内：内心世界。⑦原：本原。⑧天：与自然浑然一体。

【译文】广成子头朝南躺着,黄帝跪着进来,叩头触地行完大礼后说:"我听说您精通大道,请问怎样修身才能长久?"广成子迅速地起身,说;"问得好啊!过来!我告诉你大道。大道的核心,昏昏暗暗;大道的极尽,晦涩沉寂。什么都不看,什么都不听,持守着精神的安宁,你的躯体自然健康。一定要宁寂,一定要清静,不要劳累你的身体,不要动摇你的精神,你才会生长。眼睛不要看什么东西,耳朵不要听什么东西,内心不要有什么智巧,让你的精神守护你的形体,这样你才会长生。坚守你的内心世界,排斥外物的干扰,智巧多会败坏你的修为。我帮助你达到光明的境界,使你达到'至阳'的本原。我帮助你进入到深远的境界,使你达到'至阴'的本原。天地都有所主宰,阳和阴各有其居所,慎重地持守你的身躯,万物会自然地生长繁盛起来。我执守'至道'的纯一,把握'至道'的和谐,所以我修身至今已有一千二百多年,而我的身躯却没有衰老。"黄帝再次叩头行礼说:"广成子真可谓是与自然浑然为一体了。"

广成子曰:"来,余语女:彼其物无穷,而人皆以为有终;彼其物无测,而人皆以为有极。得吾道者,上为皇而下为王;失吾道者,上见光而下为土。今夫百昌①皆生于土而反②于土。故余将去女,入无穷之门,以游无极之野。吾与日月参③光,吾与天地为常。当我缗乎④,远我昏⑤乎!人其尽死,而我独存乎!"

云将⑥东游,过扶摇⑦之枝而适遭鸿蒙⑧。鸿蒙方将拊脾⑨雀跃而游。云将见之,倘然止,贽然⑩立,曰:"叟何人邪?叟何为此?"鸿蒙拊脾雀跃不辍⑪,对云将曰:"游!"云将曰:"朕愿有问也。"鸿蒙仰而视云将曰:"吁!"云将曰:"天气不和,地气郁结,六气不调,四时不节。今我愿合六气之精以育群生,为之奈何?"鸿蒙拊髀雀跃掉头曰:"吾弗知!吾弗知!"云将不得问。

【注释】①百昌:百物昌盛。②反:通"返"。③参:同辉。④缗:不在意,无所察觉。⑤昏:同缗。⑥云将:云的主帅。庄子虚构的人物。⑦扶摇:一种神树。⑧鸿蒙:自然的元气。庄子虚构的人物。⑨拊脾:拍击大腿。⑩贽然:站立不动的样子。⑪辍:停止。

【译文】广成子说:"过来!我告诉你。宇宙间的事物是无穷无尽的,而人们都认为会有尽头。宇宙间的事物是高深莫测的,而人们都认为有极限。领悟我的道的人,上可以成为皇,下可以成为王。丧失了我的道,上只能见到日月之光,在下则化为尘土。如今百物昌盛都生长于大地而复归于大地,所以我将离开你,进入到无穷的境界,遨游于没有边际的旷野。我将与日月同辉,我将与天地并寿。迎我而来,我不在意,离我而去,我也不在意。人不免于死去,我会独立存在!"

云将去东方游历,经过扶摇神树的枝旁时正好遇到鸿蒙。鸿蒙正在拍着大腿跳跃着游玩。云将见到他,惊疑地停下来,一动不动地站着问:"老先生是什么人?怎么会这样?"鸿蒙拍着大腿跳跃不停,对云将说:"游玩啊!"云将又说:"我想向您请教。"鸿蒙抬头看看云将说:"啊!"云将说:"上天之气不和谐,地上之气有郁结。六气不顺畅,四季变化不合节时。如今我想融合六气的精华去养护群生灵,怎么样去做呢?"鸿蒙拍着腿跳跃着回过头来答:"我不知道!我不知道!"云将没有得到答案。

又三年,东游,过有宋之野,而适遭鸿蒙。云将大喜,行趋而进曰:"天①忘朕邪?天忘朕邪?"再拜稽首,愿闻于鸿蒙。鸿蒙曰:"浮游不知所求,猖狂②不知所往。游者鞅掌③,以观无妄。朕又何知!"云将曰:"朕也自以为猖狂,而民随予所往;朕也不得已于民,今则民之放④也!愿闻一言。"

鸿蒙曰"乱天之经⑤,逆物之情,玄天弗成,解兽之群而鸟皆夜鸣,灾及草木,祸及止虫⑥。噫!治人之过也。"云将曰:"然则吾奈何?"鸿蒙曰:"噫!毒哉!仙仙乎归矣。"云将曰:"吾遇天难,愿闻一言"。

【注释】①天:指鸿蒙。云将将其尊如上天。②猖狂:漫不经心,随意活动。③鞅掌:众多,纷扰。④放:仿效。⑤经:纺织物上的纵线,引申为常规。⑥止虫:止同豸,无脚的虫子。

【译文】又过了三年,云将再次巡游东方,路经宋国的郊外恰好遇到鸿蒙。云将非常高兴,赶忙上前说:"你忘记我了吗?你忘记我了吗?"再次叩头行礼,希望鸿蒙教导。鸿蒙说:"随便游巡,不知道求取什么。散散漫漫,不知道去往哪里。游于纷纷扰扰之中,去体察宇宙的本真,我又知道什么。"云将说;"我也自认为无所用心,可百姓们却追随在我身后,我不得已同人民联系,现在又被人民仿效。想听听您的见解。"

鸿蒙说:"扰乱了自然的常规,违背了事物的本性,自然的原貌被破坏了。野兽离散,鸟儿夜啼,草木遭灾,虫子遭难。噫!这是治理人民的罪过啊!"云将说:"但是我该怎么办?"鸿蒙说:"噫!你中毒太深了,快点就这样回去吧!"云将说:"我遇到你很不容易,想听听您的见解。"

鸿蒙曰："噫！心养①！汝徒处无为②，而物自化。堕尔形体，吐尔聪明③，伦与物忘，大同乎涬溟④，解心释神，莫然无魂。万物云云，各复其根，各复其根而不知。浑浑沌沌，终身不离⑤。若彼知之，乃是离之。无问其名，无阚⑥其情，物固自生。"云将曰："天降朕以德，示朕以默。躬身求之，乃今也得。"再拜稽首，起辞而行。

世俗之人，皆喜人之同乎己而恶人之异于己也。同于己而欲之，异于己而不欲者，以出乎众为心也。夫以出乎众为心者，曷常⑦出乎众哉？因众以宁所闻，不知众技⑧众矣。而欲为人之国者，此揽⑨乎三王之利而不见其患者也，此以人之国侥幸也，几何侥幸而不丧人之国乎？其存人之国也，无万分之一；而丧人之国也，一不成而万有余丧矣！悲夫，有土者之⑩不知也！

【注释】①心养：养心。即凝神清心，摒除杂念。②女徒处无为：你只要处心任顺。③吐尔聪明：吐当作"杜"，杜塞听觉视觉。④涬溟：自然之气。⑤离：违背。⑥阚：窥视。⑦曷常：何尝。⑧众技：众人的智慧。⑨揽：把持。⑩有士者：指拥有国土的君王。

【译文】鸿蒙说；"噫！你去养心吧！你只要顺应自然无所作为，万物就会自生自灭。毁掉你的形体，堵塞你的听觉、视觉，常规和万物一起被忘记，与自然之气相融通，解除你的心虑，释放你的精神，无所用心而内心混沌。万物纷纭复杂，各自返归它的根本，各自返回根本而不带智巧，混混沌沌保持真性，终身不相违背。假如使用智巧，就会违背本真。不要询问它的名称，不要窥探它的实情，万物本来是会自然生长。"云将说："你把道理传授给了我，告诉我要持守虚静，亲自去追求,今天才得到这个道理。"再次叩头行礼,起身告辞而去。

世俗的人,都喜欢别人与自己相同,不喜欢别人与自己不同。希望别人与自己相同而不希望别人与自己不同的人,是想出人头地。以出人头地为目的人,何尝又能超越众人呢?因为得到大家的认同而心安,但并不如大家的智慧多。想要成为别人君王的人,他们是求取三代帝王的利益而看不到他们的祸患,这样做是凭借国家的权力来侥幸谋取个人的利益,而这种侥幸谋利又不丧失国家的人又有多少呢?他们中能保持住国家权力的人,还不到万分之一,而丧失掉国家权力的人,自己一无所成还留下了万般祸患,可悲啊!拥有国土的君王们实在不明智啊!

夫有土者,有大物①也。有大物者,不可以物②物而不物③,故能物物④。明乎物物者之非物也,岂独治天下百姓而已哉!出入六合,游乎九州⑤,独往独来,是谓独有⑥。独有之人,是谓至贵。

大人⑦之教,若形之于影,声之于响⑧。有问而应之,尽其所怀,为天下配⑨。处乎无响,行乎无方。挈⑩汝适复之挠挠,以游无端,出入无旁⑪,与日无始。颂⑫论形躯,合乎大同。大同而无己。无己,恶乎得有有⑬。睹有者,昔之君子;睹无者,天地之友。

【注释】①大物:旧注指至高无上的人物,联系下一句,当从字面讲,"有大物"即拥有万物。②这句之"物"字用表被动,即"为物所用"。③这句里有两个"物"字,前一个表主动,后一个表被动,"物而不物"是说用物而又不为外物所用。④物物:物使天下之物;前一"物"字用如动词。⑤九州:所指历来含义不定,可以理解为当时中原一带人们熟悉的地域。⑥独有:指不为外物所拘滞。⑦大人：即上句"至贵"的人。⑧响：回声。⑨配：匹对，这里指应答；问话者为主，应答者则为匹对。⑩挈：提。适复：往返。挠挠：纷纷。⑪旁：依。⑫颂：容。论：语。"颂论"犹言容颜、谈吐。⑬这句里有两个"有"字，其中前一"有"字是动词，据有、持有的意思；后一"有"字用如名词，指存在着的各种物象，包括自身的形躯。下一句之"有"字则同于本句后一"有"字的用法。

【译文】拥有土地的国君，必然拥有众多的物品。拥有众多的物品却不可以受外物所役使，使用外物而不为外物所役使，所以能够主宰天下万物。明白了拥有外物又能主宰外物的人本身就不是物，岂止是治理天下百姓而已啊！这样的人已经能往来于天地四方，游乐于整个世界，独自无拘无束地去，又自由自在地来，这样的人就叫做拥有万物而又超脱于万物。拥有万物而又超脱于万物的人，这就称得上是至高无上的贵人。

至贵之人的教诲，就好像形躯对于身影，传声对于回响。有提问就有应答，竭尽自己所能，为天下人的提问做出应答。处心于没有声响的境界，活动在变化不定的地方，引领着人们往返于纷扰的世界，从而遨游在无始无终的浩渺之境，或出或进都无须依傍，像跟随太阳那样周而复始地没有尽头。容颜、谈吐和身形躯体均和众人一样，大家都是一样也就无所谓自身，无所谓自身，哪里用得着具有各种物象！看到自身和各种物象的存在，这是过去的君子；看不到自身的各种物象的存在，这就跟永恒的天地结成了朋友。

贱而不可任者，物也；卑而不可不因①者，民也；匿而不可不为者，事也；粗而不可不陈者②，法也；远而不可不居③者，义也；亲而不可不广④者，仁也；节而不可不积者，礼也；中而不可不高⑤者，德也；一而不可不易者，道也；神而不可不为者，天也。故圣人观于天而不助，成于德而不累⑥，出于道而不谋，会于仁而不恃，薄于义而不积，应于礼而不讳，接于事而不辞，齐⑦于法而不乱，恃于是民而不轻⑧，因于物而不去。物者莫足为也，而不可不为。不明于天者，不纯于德；不通于道者，无自而可；⑨不明于道者，悲夫！

【注释】①因：顺应。②粗而不可不陈者：粗，不周全。③居：恪守。④广：推广。⑤高：尊崇。⑥累：受拘束。⑦齐：取齐。⑧轻：随意役使。⑨无自大则可：没有什么事情可以办成。

【译文】低贱但不可不凭借的是万物；卑下但不可不顺应的是百姓；隐藏但不可不做的是事情；粗略但不可不说的是法度；遥远但不可不恪守的是道义；亲近但不可不推广的是仁爱；小节但不可不增多的是礼仪；顺从而不可不尊崇的是道德，同一而不可不变化的是大道；玄妙而不可不顺从的是自然。所以，圣人体察自然但不去扶助，行为出于道而不受拘束，行为出于道而不去思考。符合于仁义但不去依靠它；靠拢了道义但不去保留它；应合了礼仪但又不回避什么；接触了外物又不离弃什么。取齐了法度而不妄为；凭借了百姓而不随意役使；遵从了事物而不离弃。不懂得道的人，没有什么事情可以办成。不通晓道的人，真是可悲啊！

天地

【题解】"天"和"地"在庄子哲学体系中乃是元气之所生,万物之所祖,一高远在上,一浊重在下,故而以"天地"开篇。本篇的主旨仍在于阐述无为而治的主张,跟《在宥》的主旨大体相同,表述的是庄子的政治思想。

全文可以大体分成十四个部分。第一部分阐述无为而治的思想基于"道"。事物是同一的,事物的发展变化是自然的,因此治理天下就应当是无为的。这一部分是全篇的中心所在。第二部分通过"夫子"之口,阐明大道深奥玄妙的含义,并借此指出居于统治地位的人要得无为而治就得通晓大道。第三部分写一寓言小故事,说明无为才能求得大道。第四部分通过隐士许由之口,说明聪慧和才智以及一切人为的作法都不足以治天下,并直接指出"治"的危害就是乱的先导。第五部分说明统治者也要随遇而安,不要留下什么踪迹。第六部分对比无为和有为,说明有为而治必然留下祸患。第七部分论述宇宙万物的产生,寓指无为而治就是返归本真。第八部分指出治世者必当"忘己"。第九部分指出从政的要领是纵任民心,促进自我教化,而有为之治不过是螳臂挡车,自处高危。第十部分借种菜老人之口反对机巧之事和机巧之心,提倡素朴和返归本真。第十一部分描述了"圣治""德人"和"神人"。第十二部分进一步称誉所谓盛德时代的无为而治。第十三部分借"忠臣""孝子"作譬,哀叹世人的愚昧和迷惑。第十四部分指出追逐功名利禄和声色,貌似有所得,其实是为自己设下了绳索,无论"得"和"失"都丧失了人的真性。

天地虽大,其化均也①;万物虽多,其治②一也;人卒③虽众,其主君也。君原于德而成于天④,故曰:玄古之君天下,天为也,天德而已矣。

以道观言⑤而天下之君正,以道观分而君臣之义明⑥,以道观能而天下之官治,以道泛观⑦而万物之应备。故通于天地者,德也;行于万物者,道也;上治人者,事也⑧;能有所艺者,技也,技兼于事,事兼于义,义兼于德,德兼于道,道兼于天,故曰:古人畜天下者,无欲而天下足,无为而万物化,渊静而百姓定。《记》曰:"通于一而万事毕,无心得而鬼神服。"

【注释】①其化均也:它的变化是均衡的。②治:指条理。③人卒:指百姓。④原于德而成于天:原,本原。德,自德。天:自然。⑤以道观言:言,称谓。从道的观点来看称谓。⑥而君臣之义明:义,道义。明,分明。⑦汜观:汜,'泛'的异体字,遍观。⑧事也:各司其事。

【译文】天地虽然大,但它们的运动变化却是均匀平衡的。万物虽然众多,它们的条理却是一致的。百姓虽然多,但他们的主宰是君王。国君要顺应事物的本源而成事于自然,所以说,远古的君主统治天下,一切自然无为,任其变化罢了。

从道的观点来看待称谓,天下的名称都合理;用道的观点来看待职分,君臣各自的道义就分明;用道的观点来看待才能,天下的官员都会尽职;用道的观点来遍观事物,则万物自得又自足,所以通达于天的是道;顺应于地的是德;周行于万物的是义;在职位上百姓的是各司其职;才能可以充分发挥的是技巧。技艺合于事体,事体合于义理,义理合于德,德合于道,道合于自然。所以说,古代养育天下的人,没有什么奢求却能使天下富足,无所作为而任万物自然变化,深沉虚静而使百姓安定。《记》中记载;"通晓大道则万事可成,无心获取则鬼神折服。"

夫子曰:"夫道,覆载万物者也,洋洋②乎大哉,君子不可以不刳心③焉。无为为之④之谓天,无为言之之谓德,爱人利物之谓仁,不同同之⑤之谓大,行不崖异⑥之谓宽,有万不同⑦之谓富。故执德之谓纪,德成之谓立,循于道之谓备,不以物挫志之谓完⑧。君子明于此十者,则韬⑨乎其事心之大也,沛⑩乎其为万物逝也。若然者,藏金于山,藏珠于渊;不利货财,不近贵富;不乐寿,不哀夭;不荣通,不丑穷⑪。不拘一世之利以为己私分⑫,不以王天下为已处显。显则明。万物一府,死生同状。"

夫子曰:"夫道,渊乎其民也,漻⑬乎其清也,金石不得无以鸣。故金石有声,不考⑭不鸣。万物孰能定之⑮!"。

【注释】①夫子:指庄子。②洋洋:盛大的样子。③刳〔kū〕心:刳,剖开挖心。剔去其知觉之心、排除杂念。④无为为之:以"无为"态度"为之"。⑤不同同之:使不同的事物回归于同一的本性。⑥崖异:伟岸,奇异,指与众不同。⑦有万不同:内心包含万种差异。⑧完:完美无缺。⑨韬：容藏。⑩沛：充沛，充盛。⑪不丑穷：不以困乏为耻辱。⑫私分：个人分内的。⑬漻〔liáo〕：清澈的样子。⑭考：敲打。⑮万物孰能定之：万物的感应谁能够确定。

【译文】先生说："覆盖和托载万物的道，是多么广阔而盛大啊！君子不能不弃除成心、排除杂念。以无为的态度去做，叫做自然；无所作为地表达叫做德；给人带来慈爱，给万物带来利益叫做仁；使不同的事物归于同一的本性叫做大；行为与众不同叫做宽容；内心包含了万种差异叫做丰富，所以，执守自然的禀赋叫做纲纪；以道德去实践就是立身社会建功立业；遵循于道就是完备；不因外物而挫伤志向是完美无缺。君子若是理解了这十个方面，也就包含建功立业的远大心志，像充沛的流水一样汇集一处成为万物的归向。像这样，就会隐藏金子于深山，沉溺珠宝于深渊，不贪图财物，不趋求贵富，不以长寿为乐，不以短寿为悲，不以通达为荣耀，不以困乏为耻辱，不谋取天下的利益作为个人的私利，不以称王于天下作为显赫的资本。显耀就是向外彰明，但世上万物终会归于一体，生与死同一，并无差别。"先生说："道，居住如深渊，清澈而又清流。钟磬之类的乐器，不合于道，就无法发出声响。所以钟磬不敲击，它便不会作响，万物的感应，谁能够准确把握呢！"

"夫王德①之人，素逝而耻通于事②，立之本原而知通于神③，故其德广。其心之出，有物采之④。故形非道不生，生非德不明，存形穷生⑤，立德明道，非王德者邪？荡荡乎⑥！忽然出，勃然动，而万物从之乎！此谓王德之人。视乎冥冥⑦，听乎无声。冥冥之中，独见晓⑧焉；无声之中，独闻和⑨焉。故深之又深，而能物焉⑩，神之又神，而能精焉⑪。故其与万物接也，至无而供其求，时骋⑫而要其宿，大小长短修⑬远。"

【注释】①王德：盛德。②素逝而耻通于事：素，虚怀。逝，游。指虚怀而游，以通晓细琐之事为耻。③神：神秘之境。④有物采之：有外物感应它。⑤存形穷生：保全形体延续生命。⑥荡荡乎：浩渺盛大的样子。⑦冥冥：幽暗、深渺的样子。⑧晓：明晓。⑨和：唱和，应合。⑩能物焉：能够从中产生万物。⑪能精焉：即能够从中产生出精神。⑫骋：驰骋，纵放。要：总，求。宿：会聚，归宿。⑬修：高、长的意思。

【译文】"盛德的人，虚怀而游，以沉溺于俗务为耻辱，立身于本原而智慧通达在神秘之境。他德行宽广，心思外露，有外物感应他。所以没有道就不能产生形体，德行彰明不能产生生命。保全形体、延续生命、培养德行、宣扬大道，这不就是盛德之人吗？浩渺盛大啊！突然出现，突然运行，万物都在追随，这就是具有盛德的人。"道，看上去是那么幽暗深渺，听起来又是那么寂然无声。然而幽暗深渺之中却能见到光明的真迹，寂然无声之中却能听到万窍唱和的共鸣。幽深而又幽深能够从中产生万物，玄妙而又玄妙能够从中产生精神。所以道与万物相接，虚寂却能满足万物的需求，时时驰骋纵放却能总合万物成其归宿，无论是大还是小，是长还是短，是高还是远。"

黄帝游乎赤水①之北，登乎昆仑之丘而南望。还②归，遗其玄珠③。使知④索之而不得，使离朱⑤索之而不得，使喫诟⑥索之而不得也，乃使象罔⑦，象罔得之。黄帝曰："异哉！象罔乃可以得之乎？"

【注释】①赤水：虚拟的水名。②还：通"旋"，随即、不久的意思。③玄珠：喻指道。④知：杜撰的人名，寓含才智、智慧的意思。索：求，找。⑤离朱：人名，寓含善于明察的意思。⑥喫〔kài〕诟：杜撰的人名，寓含善于闻声辩言的意思。⑦象罔：杜撰的人名。"象"指形，"罔"则指"无"或"忘"，因而"象罔"之名寓含无智、无视、无闻的意思。

【译文】黄帝在赤水的北岸游玩，登上昆仑山巅向南观望，不久返回而失落玄珠。派才智超群的知去寻找未能找到，派善于明察的离朱去寻找未能找到，派善于闻声辩言的喫诟去寻找也未能找到。于是让无智、无视、无闻的象罔去寻找，而象罔找回了玄珠。黄帝说："奇怪啊！只有象罔才能找到玄珠吗？"

尧之师曰许由①，许由之师曰啮缺，啮缺之师曰王倪，王倪之师曰被衣。

尧问于许由曰："啮缺可以配天②乎？吾藉③王倪以要之"。许由曰："殆哉，圾④乎天下！啮缺之为人也，聪明叡⑤知，给⑥数以敏，其性过人，而又乃⑦以人受天。彼审⑧乎禁过，而不知过之所由生。与之配天乎？彼且乘⑨人而无天。方且本身⑩而异形，方且尊知⑪而火驰，方且为绪⑫使，方且为物絯⑬，方且四顾而物应⑭，方且应众宜⑮，方且与⑯物化而未始有恒。夫何足以配天乎！虽然，有族有祖⑰，可以为众父⑱而不可以为众父父⑲。治，乱之率⑳也，北面之祸也㉑，南面之贼㉒也。"

【注释】①许由连同以下数句中的啮缺、王倪和被衣均为人名，除许由曾见于其他典籍外，其余三人都是作者杜撰的隐士，他们清廉洁己，不同于世俗。②配天：做天子。③藉：借助。要：通"邀"，请的意思。④圾：通"岌"，危险的意思。⑤叡："睿"字之异体，聪慧的意思。⑥给：捷。数〔shuò〕：频繁，引申为快捷的意思。⑦乃：竟。人：指人为。受：相应，调合，"受天"是说对应或调合自然的禀赋。⑧审：明瞭。⑨乘：趁，引申为借助。"乘人"即借助于人为。无天：抛弃自然的秉性。⑩本身：以自身为本，把自我当作万物归向的中心。异形：改变万物固有的形迹。⑪尊知：尊崇才智。火驰：像大火蔓延似的快速急骤，指急急忙忙地为求知和驭物而奔逐。⑫绪：端，这里喻指细末的小事。使：役使。⑬絯〔gāi〕：拘束。⑭物应：为外物而应接，即应接外物的意思。⑮应众宜：应接众多的外物而奢求处处适宜。⑯与物外：指参预外物的变化。恒：固定不变，"未始有恒"指从不曾有过定准。⑰祖：初始之人。⑱父：这里指同族人中的首领，也可以理解为统领一方的官长。⑲前一"父"字同于前一注，后一"父"字指统领众多首领或地方长官的国君，即前面所说的"天子"。⑳率：先导。㉑古代帝王座位坐向南，臣子面见国君时则面朝北方，因此"北面"乃是臣下和百姓的代称，而下句的"南面"则是国君的代称。㉒贼：这里指像《胠箧》中田成子那样杀死国君而自立为诸侯的窃国大盗。

【译文】尧的老师叫许由，许由的老师叫啮缺，啮缺的老师叫王倪，王倪的老师叫被衣。

尧问许由说："啮缺可以做天子吗？我想借助于他的老师来请他做天子。"许由说："恐怕天下也就危险了！啮缺这个人，耳聪目明智慧超群，行动办事快捷机敏，他天赋过人，而且竟然用人为的心智去对应并调和自然的禀赋。他明了该怎样禁止过失，不过他并不知晓过失产生的原因。可以让他做天子吗？他将借助于人为而抛弃天然，将会把自身看作万物归向的中心而着意改变万物固有的形迹，将会尊崇才智而急急忙忙地为求知和驭物奔走驰逐，将会被细末的琐事所役使，将会被外物所拘束，将会环顾四方，目不暇接地跟外物应接，将会应接万物而又奢求处处合宜，将会参与万物的变化而从不曾有什么定准。那样的人怎么能够做天子呢？即使这样，有了同族人的聚集，就会有一个全族的先祖；可以成为一方百姓的统领，却不能成为诸方统领的君主。治理天下，必将是天下大乱的先导，这就是臣子的灾害，国君的祸根。"

尧观乎①华。华封②人曰："嘻，圣人！请祝圣人，使圣人寿。"尧曰："辞③。""使圣人富。"尧曰："辞。""使圣人多男子④。"尧曰："辞。"封人曰："寿、富、多男子，人之所欲也。汝独不欲，何邪？"尧曰："多男子则多惧，富则多事，寿则多辱。是三者，非所以养德⑤也，故辞。"封人曰："始也我以女为圣人邪，今然⑥君子也。天生万民，必授之职。多男子而授之职，则何惧之有？富而使人分之，则何事之有？夫圣人鹑居而鷇⑦食，鸟行而无彰⑧。天下有道，则与物皆昌；天下无道，则修德就闲；千岁厌世，去而上僊⑨；乘彼白云，至于帝乡⑩；三患⑪莫至，身常无殃，则何辱之有？"封人去之尧随之曰："请问。"封人曰："退已！"

【注释】①乎：于。华：地名。②封：守护疆界的人。③辞：谢绝，推辞。④男子：男孩子。⑤所以养德：修养无为之德的办法。⑥然：通"乃"，竟然的意思。⑦鹑：鹌鹑，一种无固定居巢的小鸟，"鹑居"意思就是像鹌鹑那样没有固定的居所。鷇〔kòu〕：初生待哺的小鸟，"食"意思是像初生待哺的小鸟那样无心觅求食物，这里喻指圣人随物而安。⑧无彰：不留下踪迹。⑨僊："仙"字的异体字。⑩帝乡：旧注指天和地交接的地方。⑪三患：即前面谈到的寿、富、多男子所导致的多辱、多事和多惧。

【译文】尧在华巡视。华地守护封疆的人说："啊，圣人！请让我为圣人祝愿吧。""祝愿圣人长寿。"尧说:"用不着。""祝愿圣人富有。"尧说:"用不着。""祝愿圣人多男儿。"尧说:"用不着。"守护封疆的人说:"寿诞、富有和多男儿,这是人们都想得到的。你偏偏不希望得到,是为什么呢?"尧说:"多个男孩子就多了一层忧惧,多财物就多出了麻烦,寿命长就会多受些困辱。这三个方面都无助于培养无为的观念和德行,所以我谢绝你对我的祝愿。"

守护封疆的人说:"起初我把你看作圣人呢,如今竟然是个君子。苍天让万民降生人间,必定会授给他一定的差事。男孩子多而授给他们的差事也就一定很多,有什么可忧惧的!富有了就把财物分给众人,有什么麻烦的!圣人总是像鹌鹑一样随遇而安、居无常处,像待哺的雏鸟一样觅食无心,就像鸟儿在空中飞行不留下一点踪迹。天下太平,就跟万物一同昌盛;天下纷乱,就修身养性趋就闲暇。寿诞千年而厌恶活在世上,便离开人世而升天成仙,驾驭那朵朵白云,去到天与地交接的地方。寿诞、富有、多男孩子所导致的多辱、多事、多惧都不会降临于我,身体也不会遭殃,那么还会有什么屈辱呢!"守护封疆的人离开了尧,尧却跟在他的后面,说:"希望能得到你的指教。"守护封疆的人说:"你还是回去吧!"

尧治天下,伯成子高①立为诸侯。尧授舜,舜授禹,伯成子高辞为诸侯而耕。禹往见之,则耕在野。禹趋就下风②,立而问焉③,曰:"昔尧治天下,吾子立为诸侯;尧授舜,舜授予,而吾子辞为诸侯而耕。敢问其故何也?"子高曰:"昔尧治天下,不赏而民劝④,不罚而民畏;今子赏罚而民且不仁;德自此衰,刑自此立,后世之乱自此始矣!夫子阖⑤行邪,无⑥落吾事。"俋俋⑦乎耕而不顾。

【注释】①伯成子高：杜撰的人名。②下风：下方。③焉：用法同于"之"。④劝：劝勉。⑤阖〔hé〕：通"盍"。怎么不。⑥无：毋，不要的意思。落：荒废。⑦佁佁〔yì〕：用力耕地的样子。

【译文】唐尧统治天下，伯成子高立做诸侯。尧把帝位让给了舜，舜又把帝位让给了禹，伯成子高便辞去诸侯的职位而去从事耕作。夏禹前去拜见他，伯成子高正在地里耕作。夏禹快步上前居于下方，恭敬地站着问伯成子高道："当年尧统治天下，先生立为诸侯。尧把帝位让给了舜，舜又把帝位让给了我，可是先生却辞去了诸侯的职位而来从事耕作。我冒昧地请问，这是为什么呢？"伯成子高说："当年帝尧统治天下，不须奖励而百姓自然勤勉，不须惩罚而人民自然敬畏。如今你施行赏罚的办法而百姓还是不仁不爱，德行从此衰败，刑罚从此建立，后世之乱也就从此开始了。先生你怎么不走开呢？不要耽误我的事情！"于是低下头去用力耕地而不再理睬。

泰①初有无，无有无名；一②之所起，有一而未形③。物得④以生谓之德；未形者⑤有分，且然无间⑥谓之命；留⑦动而生物，物成生理⑧谓之形；形体保神，各有仪则⑨谓之性。性修⑩反德，德至同于初。同乃虚，虚乃大。合喙⑪鸣。喙鸣合，与天地为合。其合缗缗⑫，若愚若昏，是谓玄德，同乎大顺⑬。

【注释】①泰：同"太"。初：始。在庄子的哲学观念中，宇宙产生于元气，元气萌动之初就叫做太初，泰初也就是宇宙的初始。②一：混一的状态，指出现存在的初始形态。③未形：没有形成形体。④得：自得。"物得以生"，万物从浑一的状态中产生，即所谓自得而生，外不借助于他物，内不借助于自我，不知所以产生而产生。⑤未形者：没有形成形体时。分：区别,指所禀受的阴阳之气不尽相同。⑥间:指两物之间的缝隙。⑦留:滞静,与"动"相对应。阴气静,阳气动,阴阳二气之滞留和运动便产生物。一说"留"讲作"流","留动"亦即运动。⑧生理:生命和机理。⑨仪则:轨迹和准则。⑩修:修养。⑪喙〔huì〕:鸟口。⑫缗缗〔mín〕:混合无迹的样子。⑬大顺:指天下回返本真之后的自然情态。

【译文】元气萌动宇宙源起的太初一切只存在于"无",而没有存在也就没有称谓;混一的状态就是宇宙的初始,不过混一之时,还远未形成个别的形体。万物从混一的状态中产生,这就叫做自得;未形成形体时禀受的阴阳之气已经有了区别,不过阴阳的交合却是如此吻合而无缝隙,这就叫做天命;阴气滞留阳气运动而后生成万物,万物生成生命的机理,这就叫做形体;形体守护精神,各有轨迹与法则,这就叫做本性。善于修身养性就会返归自得,自得的程度达到完美的境界就同于太初之时。同于太初之时心胸就会无比虚旷,心胸无比虚旷就能包容广大。混同合一之时说起话来就跟鸟鸣一样无心于是非和爱憎,说话跟鸟一样无别,则与天地融合而共存。混同合一是那么不露踪迹,好像蒙昧又好像是昏暗,这就叫深奥玄妙的大道,也就如同返回本真而一切归于自然。

夫子问于老聃曰:"有人治道若相放①,可不可,然不然。辩者有言曰:'离坚白,若县寓②。'若是则可谓圣人乎?"

老聃曰:"是胥易技系③、劳形怵心者也。执理之狗成田④,猿狙之便自山林来。丘,予告若,而所不能闻与而所不能言:凡有首有趾⑤、无心无耳⑥者众;有形者与无形无状而皆存者尽无。其动止也,其死生也,其废起也⑦,此又非其所以也,有治在人。忘乎物,忘乎天,其名为忘己。忘己之人,是之谓入于天。"

将间葂见季彻曰⑧："鲁君谓葂也曰：'请授教。'辞不获命，既已告矣，未知中否⑨，请尝荐之。吾谓鲁君曰：'必服恭俭，拔出公忠之属而无阿私，民孰敢不辑⑩！'"

【注释】①放：悖逆。②离坚白若县寓：离折。寓，"宇"的异体字。县寓，高悬于天空，清楚醒目。③胥易技系：胥通"谞"，有智巧的小吏。技系：为技能所累。④执狸狗成田：善于捕捉狐狸的狗被人所猎取。⑤有首有趾：有头有脚，指业已成形。⑥无心无耳：指无知无闻。⑦其动止也，其死生也，其废起也：动止，运动、静止。废起，衰败、兴盛。⑧将间葂见季彻曰：将间葂、季彻，均为人名。⑨未知中否：不知道行还是不行。⑩辑：和睦。

【译文】孔子问老聃说："有人修道却与大道相违背，承认那些不能认可的，把不正确的当作正确的。善于辩论的人说：'离析石头的质坚和色白，好像高悬于天空一样清楚醒目。'这样的人可以称为圣人吗？"

老聃说："这如同有智巧的小官吏被技能所累，形体困顿而扰乱心神。善于捕捉狐狸的狗被人所猎取，猿猴行动敏捷却被人从山林中捕来。孔丘，我告诉你，你所不能听到和不能讲出的道理，凡是业已成形而无知无闻的多，有形的事物和无形的大道是不可能共同存在的。运动、静止、生存、死亡、衰败、兴盛，全都出于自然，却不知为何会这样，对人真的进行治理的话，就要忘掉外物，忘掉天命，这就叫忘己。忘掉自己的人。才叫做与自然浑为一体。"

将间葂见季彻说："鲁国国君对我说：'请指教'。我推辞不掉告诉了他，不知道对还是不对，让我说给你听听。我对鲁国国君说：'为政必须做到恭敬节俭，选拔公正忠直的人而没有偏私，百姓岂敢不和睦！'"

季彻局局①然笑曰:"若夫子之言,于帝王之德,犹螳螂之怒臂以当车轶②,则必不胜任矣!且若是,则其自为处危,其观台多物,将往,投迹者③众。"

将闾葂觋觋然④惊曰:"葂也汒⑤若于夫子之所言矣,虽然,愿先生之言其风也。"

季彻曰:"大圣之治天下也,摇荡民心,使之成教易俗,举灭其贼心⑥而皆进其独志,若性之自为,而民不知其所由然。若然者,岂兄⑦尧舜之教民溟涬然⑧弟⑨之哉!欲同乎德而心居矣。"

子贡南游于楚,反⑩于晋,过汉阴,见一丈人方将为圃畦⑪,凿隧而入井,抱瓮⑫而出灌,搰搰然⑬用力甚多而见功寡。子贡曰:"有械于此,一日浸百畦,用力甚寡而见功多,夫子不欲乎?"

【注释】①局局:俯身而笑。②螳螂之怒臂以当车轶:怒臂,奋臂。当,阻挡。车轶,原指车轮的印迹,引申为车轮。③投迹者:投向那里的人。④觋觋〔xì〕:吃惊的样子。⑤汒〔máng〕:同"茫"。⑥贼心:伤害他人之心。⑦兄:看重、尊崇。⑧溟涬然:混沌不分。⑨弟:轻视。⑩反:通"返"。⑪将为圃畦:圃,菜园。畦,开畦种菜。⑫瓮:素瓦罐。⑬搰〔hú〕:用力的样子。一说:灌水声。

【译文】季彻听后俯身大笑道:"像您说的这些话,对于帝王的德性,如同螳螂奋臂挡车,必然失败。如果真是这样,就会身处高危,在高楼看台上,众多的事物必将归往,奔向那里的人必定很多。"

将闾葂吃惊地说:"我对您的话感到迷茫。尽管如此,也请您讲一个大概。"

季彻说:"伟大的圣人治理天下,让百姓的性情自然生发,使他们受到教化,改变陋习,消除掉伤害别人的用心,而增进他们自我的性情修养,就像发自内心自然而然的去做,而百姓却不知道为什么这样去做。如果这样,难道要去推崇尧舜教化百姓的做法,低头甘心跟随他呢?希望顺应自然的本性而心安。"

子贡向南巡游到楚国。返回晋国时,在汉水的南岸,遇到一位开畦种菜的老翁,挖了一条水渠通往水井,抱着瓦罐取水浇地,费力很多但功效甚微。子贡说:"这里有一种器械,一天可以浇灌百畦菜地,用力少而功效大,您不想试试吗?"

为圃者仰而视之,曰:"奈何?"曰:"凿木为机,后重前轻,挈①水若抽,数如泆汤②,其名为槔③。"为圃者忿然作色笑曰:"吾闻之吾师,有机械者必有机事④,有机事者必有机心⑤。机心存于胸中,则纯白不备。纯白不备,则神生不定。神生不定者,道之所不载也。吾非不知,羞而不为也。"

子贡瞒然⑥惭,俯而不对。有间,为圃者曰:"子奚为者邪?"

曰:"孔丘之徒也。"

为圃者曰:"子非夫博学以拟⑦圣,於于⑧以盖众,独弦哀歌以卖名声于天下者乎?汝方将忘汝神气,堕⑨汝形骸,而庶几乎!而身之不能治,而何暇治天下者乎!子往矣,无乏吾事⑩。"

子贡卑陬⑪失色,顼顼然⑫不自得,行三十里而后愈⑬。

【注释】①挈〔qiè〕:提。②数如泆汤:数,频繁,引申为快速。泆,溢。③槔〔gāo〕:桔槔,原始的提水工具。④机事:机巧的事情。⑤机心:机巧的心思。⑥瞒然：羞愧样子。⑦拟圣：依次圣人。⑧於〔wū〕于：夸诞。⑨堕：毁坏。⑩无乏吾事；不要耽误我的事情。⑪卑陬：惭愧的样子。⑫项项〔xū〕然：怅然若失的样子。⑬愈：恢复常态。

【译文】灌园的老人仰首望着子贡说："应该如何做呢？"子贡说："用木材加工成机械，后重前轻，提水就像从井中抽水似的，迅速犹如沸腾的水向外溢出，其名叫桔槔。"灌园的老人面带怒色讥笑道："我听我的老师说，有了机械之类的东西必定会出现机巧之类的事情，有了机巧之类的事情，必定会出现机变之类的心思。机变的心思存在胸中，便不能保全纯洁空明；不能保全纯洁空明，便心神不定；心神不宁，便不能载负大道。我不是不知道，只不过是感到羞耻而不愿去做。"

子贡羞愧满面，低下头去不作回答。

过了一会儿，灌园的老人说；"你是干什么的？"

子贡说："我是孔丘的弟子。"

灌园的老人说："你不就是以博学仿效圣人，以夸矜来超群出众，自唱自和哀叹世事之歌以周游天下卖弄名声的人吗？你遗忘精神，不执守形骸，恐怕就可以渐渐接近于道吧！你自身都不善于修养与护理，哪里还有空闲时间去治理天下呢！你走吧，不要耽误了我的耕作。"

子贡惭愧失色，怅然若失而难以自持，走出三十里外，才渐渐恢复常态。

其弟子曰："向之人何为者邪？夫子何故见之变容失色，终日不自反邪？"

曰："始吾以为天下一人耳，不知复有夫人也。吾闻之夫子，事求可,功求成,用力少,见功多者,圣人之道。今徒不然。执道者德全,德全者形全,形全者神①全。神全者圣人之道也。托生与民并行而不知其所之,汒乎淳备哉!②功利机巧必忘夫人之心。若夫人者,非其志不之,非其心不为。虽以天下誉之,得其所谓,謷然③不顾;以天下非之,失其所谓,傥然④不受。天下之非誉无益损焉,是谓全德之人哉!我之谓风波之民⑤。"

反于鲁,以告孔子。孔子曰:"彼假修⑥浑沌氏⑦之术者也。识其一,不知其二;治其内,而不治其外。夫明白入素⑧,无为复朴,体性抱神,以游世俗之间者,汝将固惊邪?且浑沌氏之术,予与汝何足以识之哉!"

【注释】①神全:精神世界完备。②汒乎淳备:汒通"茫"。汒乎,深远不可测。淳备,淳和,完备。③謷〔áo〕然:謷通"傲",孤高的样子。④傥然:无动于衷的样子。⑤风波之民:风波,随波逐流。喻指心神不定,为世俗牵动的人。⑥假修:借助于修养。⑦浑沌氏:庄子虚构的人名。⑧入素:归于质朴。

【译文】子贡的弟子说:"刚才的那个人是干什么的?您见到他为何会颜色突变,整天都恢复不了常态呢?"

子贡说:"起初我认为我的老师是天下的圣人,不知道还有刚才那个人。我听老师说:事情要考虑可行性,功业要追求成功,用力少而成效大的,才是圣人之道。如今才知道并非这样。领悟大道的人德性完备,德性完备的人形体健全,形体健全的人精神完备。精神完备,才是圣人之道。寄托于身形与世人同行,却不知道往哪里,深远不可测而淳和完备,功利机巧不会放在他的心上。像这样的人，不符合他心志的就不去追求，不符合他本性的不去作为。即使天下人都赞赏他，只要他认为可以，便会傲然不顾；即使天下人都指责他，只要认为不可以的，便会无动于衷。天下人的指责和赞赏，对他而言，没有增益，也没有损伤，这才叫德行完备的人啊！我只是所谓的心神不定、为世俗牵动的人啊！"

子贡返回鲁国，把这事告诉孔子。孔子说："他是修炼浑沌氏的主张的人，只知其一而不知其二。只顾及内在的修养，却忘记外在的修为，那些明澈素洁，真朴无为，体悟本性，护持精神并悠闲自在地遨游于世俗之间的人，你当然会感到惊讶。而且浑沌氏的主张，你我怎么能够认识呢？"

谆芒①将东之大壑，适遇苑风②于东海之滨。苑风曰："子将奚之？"曰："将之大壑。"曰："奚为焉？"曰："夫大壑之为物也，注③焉而不满，酌④焉而不竭，吾将游焉！"

苑风曰："夫子无意于横目之民⑤乎？愿闻圣治。"谆芒曰："圣治乎？官⑥施而不失其宜，拔举而不失其能，毕见其情事而行其所为⑦，行言自为⑧而天下化。手挠⑨顾指，四方之民莫不俱至，此之谓圣治。"

"愿闻德人⑩。"曰："德人者，居无思，行无虑，不藏是非美恶。四海之内共利之⑪之为悦，共给之⑫之为安；怊乎⑬若婴儿之失其母也，傥乎若行而失其道也。财用有余而不知其所自来，饮食取足而不知其所从，此谓德人之容⑭。""愿闻神人。"曰："上⑮神乘光，与形灭亡，此谓照旷⑯。致命尽情，天地乐⑰而万事销亡，万物复情，此之谓混冥⑱。"

【注释】①谆芒：虚拟的寓言人物，并寓含谆和、迷茫的意思。东之向东去到。大壑〔hè〕：深深的沟谷，这里指大海。②苑风：小风，这里拟人化而成为一人名。③注：注入，流入。④酌：舀取。⑤横目之民：亦即人民。人的双目横生于面部，故"横目"成为"人"的代称。⑥官：用如动词，指设置官吏。施：施布政令。⑦行其所为：做自己应做之事。⑧自为：自动地去做，自己管束自己。⑨挠：动，"手挠"即用手指挥。顾指：用眼示意。⑩德人：德行充实的人，这里指体察于道，顺应外物而居安自得的人。⑪共利之：共同以之为利，是说恩泽施及广众，人人都共有好处。谓：通作"为"，"之谓"即"之为"。⑫共给之：共同资给财货。⑬怊乎：怅然有所失的样子。⑭容：容迹、举止。⑮上：至高无上。乘光：驾驭光亮。⑯旷：广远。"照旷"犹如普照万物。⑰天地乐：与天地同乐。⑱混冥：混同玄合没有差别。

【译文】谆芒向东到大海去，正巧在东海之滨遇到苑风。苑风问道："你打算去哪儿呢？"谆芒说："打算去大海。"苑风又问："去做什么呢？"谆芒说："大海作为一种物象，江河注入它不会满溢，不停地舀取它不会枯竭，因而我将到大海游乐。"

苑风说："那么，先生无意关心庶民百姓吗？希望能听到圣人之治。"谆芒说："圣人之治吗？设置官吏施布政令但处处合宜得体；举贤任才而不遗忘一个能人，让每个人都能看清事情的真情实况去做自己应该做的事，行为和谈吐人人都能自觉自动而自然顺化，挥挥手示示意，四方的百姓没有谁不汇聚而来，这就叫圣人之治。"

苑风说："希望再能听到关于顺应外物凝神自得的人。"谆芒说："顺应外物凝神自得的人，居处时没有思索，行动时没有谋虑，心里不留存是非美丑。四海之内人人共得其利就是喜悦，人人共享财货便是安定。那悲伤的样子像婴儿失去了母亲，那怅然若失的样子又像行路时迷失了方向。财货使用有余却不知道自哪里来，饮食取用充足却不知道从哪儿出。这就是顺应外物凝神自得的人的仪态举止。"苑风说:"希望再能听到什么是神人。"谆芒说:"精神超脱物外的神人驾驭着光亮,跟所有事物的形迹一道消失,这就叫普照万物。穷尽天命和变化的真情,与天地同乐因而万事都自然消亡,万物也就自然回复真情,这就叫混同玄合没有差异。"

门无鬼与赤张满稽①观于武王之师,赤张满稽曰:"不及有虞氏乎!故离②此患也。"

门无鬼曰:"天下均治③而有虞氏治之邪?其乱而后治之与?"

赤张满稽曰:"天下均治之为愿,而何计以有虞氏为?有虞氏之药疡④也,秃而施髢⑤,病而求医。孝子操药以修慈父,其色燋然⑥,圣人羞之。"

"至德之世,不尚贤,不使能⑦,上如标枝⑧,民如野鹿,端正而不知以为义,相爱而不知以为仁,实而不知以为忠,当而不知以为信,蠢动而相使,不以为赐。是故行而无迹,事而无传。"

【注释】①门无鬼与赤张满稽:均为虚构人名。②离:通"罹",遭受。③均治:太平无事。④药疡〔yáng〕:用药治疗头疮。⑤施髢〔dì〕:戴假发。⑥燋然:憔悴的样子。⑦使能:任使能人。⑧标枝:自然长于树顶的树枝。

【译文】门无鬼和赤张满稽看见武王的军队,赤张满稽说:"周武王的确比不上虞舜啊!所以天下遭受这么大的祸患。"

门无鬼说:"天下太平无事时虞舜才去治理呢,还是天下动乱他才去治理呢?"

赤张满稽说:"天下安定是人们的心愿,还需要虞舜干什么?虞舜治疗头疮，秃了才装假发，有了病才去求医。孝子拿着药去医治父亲，面色憔悴，而圣人以此为羞。"

"大德盛行时代，不崇尚贤才，不任用能人，帝王如同自然生长于树顶的枝条，百姓如同野鹿一样自在。百姓行为端正却也不知道什么是道义，相互友爱却不知道什么是仁爱，真诚不伪却不知道什么是忠诚，外事妥帖却不知道什么是诚信，随意行动而相互帮助，却不知道什么是恩赐，因此做了之后却不留下痕迹，有了事迹也不流传下去。"

孝子不谀其亲，忠臣不谄其君，臣子之盛也。亲之所言而然，所行而善，则世俗谓之不肖子；君之所言而然，所行而善，则世俗谓之不肖臣。而未之此其必然①邪？世俗之所谓然而然之，所谓善而善之，则不谓之导谀②之人也！然则俗故严③于亲而尊于君邪？谓己道人，则勃然作色；谓己谀人，则怫然作色。而终身导人也，终身谀人也，合譬饰辞聚众也，是终始本末不相坐④。垂⑤衣裳，设采色，动容貌，以媚一世，而不自谓导谀；与夫人之为徒，通是非，而不自谓众人，愚之至也。知其愚者，非大愚也；知其惑者，非大惑也。大惑者，终身不解；大愚者，终身不灵⑥。三人行而一人惑，所适者犹可致也，惑者少也；二人惑则劳而不至，惑者胜也；而今也以天下惑，予虽有祈向，不可得也⑦，不亦悲乎！大声不入于里耳，折杨皇华，则嗑然而笑。是故高言不止于众人之心；至言不出，俗言胜也。以二垂踵惑，而所适不得矣。而今也以天下惑，予虽有祈向，其庸可得邪？知其不可得也而强之，又一惑也，故莫若释之而不推，不推谁其比忧！厉之人夜半生其子，遽取火而视之，汲汲然唯恐其似己也。

【注释】①必然：正确。②道谀：道，谄。道谀同"谄谀"。③严：尊敬。④是终始本末不相罪坐：始终不认识自己的过错。⑤垂：穿上。⑥灵：知晓。⑦予虽有祈向：不可得也：祈，疑"所"字之误。

【译文】孝子不奉迎父母，忠臣不诋毁君王，这是为人臣、人子的最好表现。对父母所说的都认可，对他们所做的都称善，世俗便称他是不肖之子。对君王所说的都认可，对君王所做的都称善，世俗便称他是不肖之臣。然而这种行为真的正确吗？世俗上所认为正确的就肯定它，认为好的就推崇它，却不说他们是谄谀之人。然而世俗观念比父母还可敬，比君王还尊贵吗？有的人说他奉承人，就会勃然大怒；说他阿谀人，就登时变色。而终身去奉承别人，终身去阿谀别人，用言辞和神色以博取众人的欢心，却始终认识不到自己的过错。穿上华丽的衣裳，制造各种纹彩，打扮自己的容颜，以献媚于一世，而自己却不认为是阿谀之人。与世俗为伍，以众人的是非为是非，而自认为同众人不一样简直愚蠢到了极点。知道自己是愚昧的人，不是真正的愚昧；知道自己迷惑，不是真正的迷惑。真正迷惑的人，一辈子也找不到答案，真正愚蠢的人一辈子也不能知晓。三个人一起行走，其中一个迷惑，所要去的地方还可以到达，这是因为迷惑的人占少数；如果两个人迷惑，费尽力气也无法到达目的地，这是因为迷惑的人占了优势。如今，天下的人都迷惑了，我虽然有所指导，却没有办法解决。这不是太可悲了吗？

高雅的音乐世俗人不可能欣赏，折杨、皇华之类的民间小曲，世俗人听了都会欣然而笑，所以高雅的谈吐不可能留在世俗人的心里，而至理名言也不能从世俗人的口中说出，因为流俗的言谈占了优势。

让其中两个人迷惑而弄错方向,因而所要去的地方便不可能到达。如今天下人都大惑不解,我即使寻求导向,怎么可能到达呢!明知不可能到达却要勉强去做,这又是一大迷惑,所以不如弃置一旁不予推究。不去寻根究底,还会跟谁一道忧愁!丑陋的人半夜里生下孩子,立即拿过火来照看,心情急切地唯恐生下的孩子像自己一样丑陋。

百年之木,破为牺尊①,青黄而文之,其断在沟中。比牺尊于沟中之断,则美恶有间矣,其于失性一也。跖与曾史,行义有间矣,然其失性均也。且夫失性有五:一曰五色乱目,使目不明;二曰五声乱耳,使耳不聪;三曰五臭②薰鼻,困惾中颡③;四曰五味浊口,使口厉爽④;五曰趣舍滑心⑤,使性飞扬。此五者,皆生之害也。而杨墨乃始离跂⑥自以为得,非吾所谓得也。夫得者困,可以为得乎?则鸠鸮⑦之在于笼也,亦可以为得矣。且夫趣舍声色以柴其内⑧,皮弁鹬冠搢笏绅修⑨以约其外,内支盈于柴栅⑩,外重纆缴⑪,睆睆然⑫在缴之中而自以为得,则是罪人交臂历指⑬而虎豹在于囊槛⑭,亦可以为得矣。

【注释】①牺尊:祭祀用的酒器。②五臭:膻、薰、香、腥、腐称为五臭。③困惾〔zōng〕:冲逆人。中颡:自鼻而通于颡。④厉爽:病伤。⑤趣舍:取舍。滑心:乱心。⑥离跂:翘起足跟。喻用力想出人头地。⑦鸮:小鸠。⑧柴其内:塞在心中。⑨皮弁鹬冠:古时的冠冕。搢笏绅修:古时的朝服。⑩内支盈于柴栅:内心塞满了栅栏。⑪纆缴:绳索。⑫睆〔huǎn〕睆然:极目远望的样子。⑬交臂历指:反受捆缚。⑭囊槛:圈槛。

【译文】百年的大树,伐倒剖开后雕刻成精美的酒器,再用青、黄二色彩绘出美丽的花纹,而余下的断木则弃置在山沟里。雕刻成精美酒器的一段木料比起弃置在山沟里的其余木料,美好的命运和悲惨的遭遇之间就有了差别,不过对于失去了原有的本性来说却是一样的。盗跖与曾参、史鱼,行为和道义上存在着差别,然而他们失却人所固有的真性却也是一样的。大凡丧失真性有五种情况:一是五种颜色扰乱视觉,使得眼睛看不明晰;二是五种乐音扰乱听力,使得耳朵听不真切;三是五种气味薰扰嗅觉,困扰壅塞鼻腔并且直达额顶;四是五种滋味秽浊味觉,使得口舌受到严重伤害;五是取舍的欲念迷乱心神,使得心性驰竞不息、轻浮躁动。这五种情况,都是生命的祸害。可是,杨朱、墨翟竟不停地奋力追求而自以为有所得,不过这却不是我所说的优游自得。得到什么反而为其所困,也可以说是有所得吗?那么,斑鸠鹪鸟关于笼中,也可以算是优游自得了。况且取舍于声色的欲念像柴草一样堆满内心,皮帽羽冠、朝板、宽带和长裙捆束于外,内心里充满柴草栅栏,外表上被绳索捆了一层又一层,却瞪着大眼在绳索束缚中自以为有所得,那么罪犯反绑着双手或者受到挤压五指的酷刑,以及虎豹被关在圈栅、牢笼中,也可以算是优游自得了。

天道

【题解】跟《天地》篇一样，全篇中心还是倡导"无为"。所谓"天道"，也就是自然的规律，不可抗拒，也不可改变。

全文大体分成八个部分。第一部分至"谓之天乐"，指出自然规律不停地运行，万事万物全都自我运动，因而圣明之道只能是宁寂而又无为。第二部分至"以畜天下也"，紧承上段讨论"天乐"，指出要顺应自然而运动，混同万物而变化。第三部分至"非上之所以畜天下也"，提出帝王无为、臣下有为的主张，阐明一切政治活动都应遵从固有的规律，强调事事皆有顺序，而尊卑、男女也都是自然的顺序，这不仅违背了庄子"齐物"的思想，而且还给统治者统治臣民披上了合乎哲理的外衣。第四部分至"天地而已矣"，借尧与舜的对话，说明治理天下应当效法天地的自然。第五部分至"夫子乱人之性也"，写孔子与老聃的对话，指出事事皆应遵循自然规律，指出"仁义"正是"乱人之性"。第六部分至"其名为窃"，写老子顺应外物的态度，同时抨击智巧骄恣之人。第七部分至"至人之心有所定矣"，指出要"退仁义""宾礼乐"，从而做到"守其本"而又"遗万物"，即提倡无为的态度。余下为第八部分，说明事物的真情本不可以言传，所谓圣人之言，乃是古人留下的糟粕。

本篇内容历来非议者颇多，特别是第三部分，背离庄子的思想太远，因而被认为是庄派后学者受儒家思想影响而作。

天道运而无所积①，故万物成；帝道运而无所积②，故天下归；圣道运而无所积③，故海内服。明于天，通于圣，六通四辟④于帝王之德者，其自为也，昧然无不静者矣！圣人之静也，非曰静也善，故静也。万物无足以铙⑤心者，故静也。水静则明烛须眉，平中准⑥，大匠取法焉。水静犹明，而况精神！圣人之心静乎！天地之鉴也，万物之镜也。夫虚静恬淡、寂漠无为者，天地之平而道德之至也，故帝王圣人休⑧焉。休则虚，虚则实，实者伦矣。虚则静，静则动，动则得矣。静则无为，无为也则任事者责矣。无为则俞俞⑨。俞俞者忧患不能处，年寿长矣。夫虚静恬淡、寂漠无为者，万物之本也。明此以南乡⑩，尧之为君也；明此以北面⑪，舜之为臣也。以此处上，帝王天子之德也；以此处下，玄圣素王⑫之道也。以此退居而闲游，江海山林之士服；以此进为而抚世，则功大名显而天下一也。静而圣，动而王，无为也而尊，朴素而天下莫能与之争美。夫明白于天地之德⑬者，此之谓大本大宗⑭，与天和者也。所以均调天下⑮，与人和者也。与人和者谓之人乐，与天和者谓之天乐。

【注释】①天道运而无所积：天道，自然规律。积：积滞，自然规律的运行没有积滞。②帝道运而无所积：帝道，帝王治国的规律。③圣道运而无所积：圣道，圣人对宇宙万物的看法。④六通四辟：上下及东西南北四方相通，四季顺畅。⑤铙〔náo〕：通"挠"，扰乱。⑥平中准：水平面符合水平测定的标准。⑦鉴：镜子。⑧休：休虑息心。⑨俞俞：从容自得的样子。⑩南乡：指面朝南，指居帝王之位。⑪北面：指北面，指位于臣位。⑫玄圣素王：玄圣、素王均指像老聃一样通晓大道,具有帝王无法而不居帝王之位的人。⑬天地之德:天地的规律,即无为为本。⑭大本大宗:真正的根本,真正的宗原。⑮所以均调天下:以此来均衡万物,调理民情。

【译文】天道自然运行没有积滞,所以万物得以生成;帝王治理法则运行没有积滞,所以天下的百姓归顺;圣人对宇宙万物的看法和主张没有积滞,所以四海之内的人都来归顺。了解自然规律,精通圣人之道,六合四时符合帝王之德的人,会让万物自然运行,万物都在寂然地自然生长。圣人内心宁静,并非认为宁静是好的所以才宁静,是因为万物不能扰乱他的内心,所以处于虚寂而宁静的境地。

水平静时可以照见须眉,水平面符合水平的测定标准,所以工匠们前来取法,水宁静而清澈,更何况人的精神!圣人内心宁静,可以比作天地的镜子,可做世间万物的镜子。虚静、恬淡、寂寞,无为是天地的本原和道德修养的最高境界,所以古代的帝王圣人都坚守这个境界。保持这个境界则会内心空明,内心空明才是真正的充实,充实才能做到完备。内心空明才能做到宁静,宁静才能变化,变化才有所得,内心宁静则要无所作为,无所作为才能让做事情的人尽职尽责。无所作为才能从容自得,从容自得的人就没有忧患,因而能延年益寿。那虚静、恬淡、寂寞、无为,是万物的根本。明白这个道理再处于君王之位,所以尧才会成为帝王。明白这个道理再处于臣子之位,所以舜才会成为臣属。凭借这个道理而处于上位,这是君王的常德。凭借这个道理处于下位,这是玄圣素王所持守的大道。凭借这个道理退隐而闲游,江海山林的隐士都会折服。凭借这个道理积极进取安抚天下,就会功勋卓著名声显赫而使天下归一。虚静可以成为圣人,行动可以成为帝王。无为可受万物尊崇,朴素可以与天下争美。领悟了天地的规律,就可以说掌握了根本和宗源,是与自然相和谐的人,并以此来均衡万物,体察民情。与人和谐,叫做人乐,与自然和谐,称为天乐。

庄子曰:"吾师乎!吾师乎!赍万物而不为戾^①,泽及^②万世而不为仁,长于上古而不为寿,覆载天地刻雕众形而不为巧,此之谓天乐。故曰:'知天乐者,其生也天行^③,其死也物化^④。静而与阴同德^⑤,动而与阳同波。'故知天乐者,无天怨,无人非,无物累,无鬼责。故曰:'其动也天,其静也地,一心定而天地正;其魄不祟,其魂不疲^⑥,一心定而万物服。'言以虚静推于天地,通于万物,此之谓天乐。天乐者,圣人之心,以畜天下也。"

【注释】①赍:碎毁。戾:高。②泽及:恩泽及被。③天行:顺应自然地运动。④物化:浑同万物而变化。⑤同德:具有共同的性质和常态。⑥祟:作祟。疲:疲倦。

【译文】庄子说:"我的老师啊!我的老师啊!碎毁万物而不作暴,恩施万世而仁爱,生长于远古而不衰老,覆天载地雕刻各种物形而不算智巧,这就是所说的天乐,所以说:'懂得天乐的人,他顺应自然的运动,死亡混同万物而变化。宁静与阴气是有相同的性质和常态,运动与阳气从属同流。'所以懂得天乐的人,不会受到自然的忌恨,不会受到人们的责难,不会受到外物的牵累,不会受到鬼神的谴责。所以说:'运动时如同自然的运行,宁静时如同大地的沉寂。内心安定而天地正位,形体没有病患,精神不会疲倦,内心安定遂使万物折服。'这就是说把虚静推广到天地,与万物相沟通,这就叫做天乐。所谓天乐,就是圣人的心性,可以以此来养育天下。"

昔者舜问于尧曰："天王①之用心何如？"尧由："吾不敖无告②，不废穷民，苦死者③，嘉孺子而哀妇人④。此吾所以用心已。"舜曰："美则美矣，而未大也⑤。"尧曰："然则何如？"舜曰："天德而出宁⑥，日月照而四时行，若昼夜之有经⑦，云行而雨施矣。"尧曰："胶胶扰扰⑧乎！子，天之合⑨也；我，人之合也。"夫天地者，古之所大也，而黄帝尧舜之所共美也。故古之王天下者，奚为哉？天地而已矣⑩。

【注释】①天王：天子，指尧。因其具有天德，故称为天王。②敖：同傲，侮慢。无告：有苦无处诉、处境极为悲惨之人，或指鳏寡孤独者。③废：抛弃。苦：忧劳。苦死者：对死者表示哀痛和抚慰。④嘉：善，亲爱之意。孺子：小孩。哀：怜悯。⑤未大：不算弘大。因为尧所讲皆有心而为，所及有限，故其心不算弘大。⑥天德：虚静无为也。出：运行。⑦经：不变之常规、常法。⑧胶胶：粘合在一起不能解开。扰扰：纷乱不宁。⑨天之合，与天道相合。⑩天地而已矣：像天地那样虚静无为就是了。

【译文】从前舜问尧说："天王的用心怎样呢？"尧说："我不侮慢求告无门处境悲惨的人，不抛弃贫穷之民，哀怜死者，亲爱孩子又怜悯妇女，这就是我用心之处。"舜说："好却是很好，只是其心还不够弘大。"尧说："那么应该怎样呢？"舜说："天德运行而虚静安宁，日月照耀而四时运行，好像昼夜更替之有常规，云行而雨降一样。"尧说："我真是粘滞纷扰啊！你与天道相合，我只是与人道相合。"天地，自古以来被认为是弘大的，为黄帝尧舜所共同赞美。所以古时为天下之王的人，还要作什么呢？像天地那样虚静无为就是了。

孔子西藏书于周室。子路谋曰："由闻周之征藏史①有老聃者，免而归居,夫子欲藏书,则试往因焉。"孔子曰:"善。"

往见老聃,而老聃不许,于是繙六经②以说。老聃中其说③,曰:"大谩④,愿闻其要。"孔子曰:"要在仁义。"老聃曰:"请问,仁义,人之性邪?"孔子曰:"然。君子不仁则不成,不义则不生。仁义,真人之性也,又将奚为矣?"老聃曰:"请问,何谓仁义?"孔子曰:"中心物恺⑤,兼爱无私,此仁义之情也。"老聃曰:"意,几乎后言⑥!夫兼爱,不亦迂乎!无私焉,乃私也。夫子若欲使天下无失其牧乎?则天地固有常矣,日月固有明矣,星辰固有列矣,禽兽固有群矣,树木固有立矣。夫子亦放德⑦而行,循道而趋,已至矣;又何偈偈乎⑧揭仁义,若击鼓而求亡子⑨焉?意,夫子乱人之性也!"

【注释】①征藏史:掌管储藏典籍的史官。②繙〔fān〕:反复。六经:原作:"十二经",根据严灵峰说改。③中其说:半中间插断他的话。④大谩:太冗长。⑤中心物恺:恺:乐。物:和,易之误。物恺:和乐。⑥几乎后言:几:危殆。后言:后面说的这些话。后:一说为"复"。⑦放德:依放自然之德。放:依。⑧偈〔jié〕偈乎:形容有力的样子。⑨亡子:逃亡的人。

【译文】孔子想把书保藏到西边的周王室去。子路出主意说:"我听说周王室管理文典的史官老聃,已经引退回到家乡隐居,先生想要藏书,不妨暂且经过他家问问意见。"孔子说:"好。"

孔子前往拜见老聃,老聃对孔子的要求并不答应,孔子于是引述《六经》加以解释。老聃中途打断了孔子的解释,说:"你说得太冗繁,希望能够听到有关这些书的内容大要。"孔子说:"要旨就在于仁义。"老聃说:"请问,仁义是人的本性吗?"孔子说:"是的。君子如果不仁就不能成其名声,如果不义就不能立身社会。仁义的确是人的本性，离开了仁义又能干些什么呢？"老聃说："再请问，什么叫做仁义？"孔子说："中正和乐，兼爱无私，这就是仁义的实情。"老聃说："噫，危险啊，你后面所说的这些话！兼爱天下，这不是太迂腐了吗？说无私，正是希望获得更多的人对自己的爱。先生你是想让天下的人都不失去养育自身的条件吗？那么，天地原本就有自己的运动规律，日月原本就存在光亮，星辰原本就有各自的序列，禽兽原本就有各自的群体，树木原本就直立于地面。先生你还是仿依自然的状态行事，顺着规律去进取，这就是极好的了。又何必如此急切地标榜仁义，这岂不就像是打着鼓去寻找逃亡的人，鼓声越大跑得越远吗？噫！先生扰乱了人的本性啊！"

士成绮①见老子而问曰："吾闻夫子圣人也，吾固不辞远道而来愿见，百舍重趼②而不敢息。今吾观子，非圣人也。鼠壤有余蔬而弃妹③，不仁也！生熟④不尽于前，而积敛无崖。"老子漠然不应。士成绮明日复见，曰："昔者吾有刺于子，今吾心正却矣⑤，何故也？"老子曰："夫巧知神圣之人，吾自以为脱焉。昔者子呼我牛也而谓之牛，呼我马也而谓之马。苟有其实，人与之名而弗受，再受其殃。吾服也恒服，吾非以服有服⑥。"士成绮雁行避影⑦，履行遂进⑧，而问修身若何？老子曰："而容崖然，而目冲然，而颡頯然，而口阚然，而状义然⑨，似系马而止也⑩，动而持⑪，发也机⑫，察而审⑬，知巧而睹于泰⑭，凡以为不信⑮，边竟⑯有人焉，其名为窃。"

【注释】①士成绮：庄子虚拟的人名。②舍：古时行军以三十里为一舍。

百舍：旅途百日。重趼〔jiǎn〕：长途跋涉，脚掌上磨出层层厚茧。趼：同"茧"，脚跟厚皮。③壤：齐鲁之间谓凿地出土、鼠作穴出土，皆曰壤。蔬：谷类。弃妹：不知惜物而弃之。妹：通"昧"。④生熟：生谓粟帛，熟谓饮食。⑤吾心正却矣：正，谓有所悟。却：谓有所除。⑥吾服也恒服，吾非以服有服：我接受（别人给予的名称）常常是顺其自然地接受，并不是有心的接受才去接受。服：服从，接受。⑦雁行避影：斜行，像大雁排成人字形、之字形飞行一样，人在同尊者一起走路，让尊者在前，自己在斜后方随行，走成斜列。避影：避开尊者的影子，以免被脚踏到。表示对尊者的礼敬。⑧履行遂进：蹑足渐行渐远的样子。⑨而：同"汝"。崖然：自命不凡的样子。冲然：鼓目突视的样子。颒〔kuí〕然：宽大高亢。阚〔hǎn〕然：张口自辩。义然：巍峨高大的样子。⑩似系马而止：如同奔马被系缚才停止下来，而其心仍在躁动不安，难以掩饰。⑪动而持：欲动而强持。⑫发也机：发动时如扣动扳机一般疾速。⑬察而审：对事物明察而又精审。⑭泰：骄泰。睹：外现。⑮凡以为不信：这些都不是真实的本性。⑯竟：同"境"。

【译文】 士成绮见老子问道："我听说先生是圣人，所以我不辞路远而来，期望见到您，走了百日路程，脚上磨出层层老茧也不敢停下。现在我看您不是圣人，您家鼠洞口有剩余谷物，不爱惜东西，可以说不仁！生物熟品摆在面前，还屯积聚敛不止。"老子表情默然不回应。士成绮第二天又来相见，说："上次我曾讽刺过您，现在我心里觉悟了，这是什么原因呢？"老子说："巧智神圣那样的人，我自以为不是。先前你称呼我为牛，我便称为牛；称呼我为马，我便称为马。假如我确有那样的事实，别人加给名称（来讥讽）而我又不肯接受，这是两重罪过。我接受（别人给予的名称）常常是顺其自然的接受，并不是（有心）接受才去接受。"士成绮在斜后方跟随，避开老子的身影，蹑步向前，问道："怎样修身呢？"老子说："你的容态高傲，你的眼睛鼓目突出，你的前额高亢，你的言论夸张，你的体貌巍峨，就像奔马被系缚（心还在驰骛），蠢蠢欲动而强自抑制，一旦发动就象扣动弯机一般疾速，对事物明察而又精细，智巧过人而表现骄泰神色，以上都不是真实的本性。边境上如果有这样有意造作之人，就称之为窃贼。"

夫子曰："夫道于大不终①，于小不遗②，故万物备。广广乎③其无不容也，渊渊乎其不可测也。形德仁义，神之末也④，非至人孰能定之！夫至人有世，不亦大⑤乎，而不足以为之累；天下奋棅而不与之偕⑥；审乎无假而不与利迁；极⑦物之真，能守其本。故外天地⑧，遗万物⑨，而神未尝有所困也。通乎道，合乎德，退仁义，宾礼乐，至人之心有所定矣！"

世之所贵道者，书也，书不过语，语有贵也。语之所贵者，意也，意有所随。意之所随者，不可言传也，而世因贵言传书。世虽贵之，我犹不足贵也，为其贵非其贵也。故视而可见者，形与色也；听而可闻者，名与声也。悲夫！世人以形色名声为足以得彼之情。夫形色名声，果不足以得彼之情，则知者不言，言者不知，而世岂识之哉！

【注释】①大而不终：从大的方面看，没有终结。②广广乎：广阔无垠的样子。③形德仁义，神之末也：形通"刑"。末，衰败。④大：指责任大。⑤棅：同"柄"。奋棅：争夺权柄。偕：同"道"。⑥外天地：无视天地。⑦遗万物：弃置万物。⑧宾礼乐：摈弃礼乐。⑨为其贵非其贵也：因为它所看重的并不是真正重要的东西。

【译文】先生说："道，从大处看没有完结，从小处看没有遗失，所以在万物之中完备。它广阔而无所不包，深远而无法探测。

刑、赏、仁、义，是精神的末迹啊！若不是至人，谁又能确定！至人统治天下，责任不是很大吗？但却不足以成为他的负担。天下人争夺权柄，他不与其同道，他内心清醒，无所凭借而不为利益所动。深究事物的本真，并能保持根本，所以无视天地，弃置万物，而精神不曾受到困扰。融通于道，合乎于德，辞却仁义，摒弃礼乐，至人的内心恬淡安静。"

世人所推崇和称道的是书籍。而书籍没有超越语言，语言自有它的可贵之处，比如它所表达的意义，而意义的指向只可意会不可言传。世人因尊崇语言而流传书籍，无论世人如何尊崇，而我却不看重它，因为他们所看重的并不是真正本质的东西。所以可以看到的是形和色，可以听到的是名和声，可悲啊！世人以为从形色名声中可以探求事物的本质。如果形色名声不足以表明事物的本质，知道的人就不会去说，说的人就一定不知道，而世上的人又怎能认识到这一点呢？

桓公①读书于堂上，轮扁斫于堂下②，释③椎凿而上，问桓公曰："敢问公之所读者，何言邪？"公曰："圣人之言也。"曰："圣人在乎？"公曰："已死矣。"曰："然则君之所读者，古人之糟魄已夫④！"桓公曰："寡人读书，轮人安得议乎？有说⑤则可，无说则死！"轮扁曰："臣也以臣之事观之，斫轮徐则甘而不固⑥，疾则苦⑦而不入，不徐不疾，得之于手而应于心，口不能言，有数存焉于其间⑧。臣不能以喻臣之子⑨，臣之子亦不能受之于臣，是以行年七十而老斫轮。古之人与其不可传也死矣，然而君之所读者，古人之糟魄已夫！"

【注释】①桓公：齐桓公。②轮扁：制作车轮的工匠，名扁。斫[zhuó]：砍削。③释：放下。④糟魄：魄，"粕"字的借字。⑤有说：有说得出来的道理。⑥徐：运作慢。甘：松缓。固：坚固。⑦苦：涩滞。⑧数：指掌握快慢的限度。⑨喻臣之子：喻，告诉。

【译文】齐桓公在堂上读书，轮扁在堂下砍削车轮。他放下锥凿走到堂上，向齐桓公问道："请问您读的是什么书？"齐桓公说："是记载圣人之言的。"轮扁又问："圣人还在吗？"齐桓公说："已经去世。"轮扁说："如果这样，您所读的书，都是古人的糟粕啊！"齐桓公说："我在读书，制作车轮的人怎能随便议论呢！若能说出道理还可以，若说不出道理，就要被处死。"轮扁说："我就从我所做的工的角度来观察。斫削车轮，慢了就会松缓而不牢固，快了就会涩滞而难以削入。不快不慢，手中做到了却在心中想到，嘴里说不出来，这个快与慢的限度就存在于其间。我无法把这个技巧告诉给我的儿子，而我的儿子也无法从我这里接受这个奥秘。因此，我都快七十岁了，还在砍削车轮。古时候的人和他们那些不可言传的东西都已经消失了，那么您所读到的不过是古人的糟粕罢了！"

天运

【题解】"天运"的内容跟《天地》、《天道》差不多,仍是主要讨论无为而治。所谓"天运",即各种自然现象无心运行而自动。

全文大体可以分为七个部分,第一部分至"此谓上皇",就日、月、云、雨等自然现象提出疑问,这一切都是自身运动的结果,因而"顺之则治"、"逆之则凶"。第二部分至"是以道不渝",写太宰荡向庄子请教,说明"至仁无亲"的启发。第三部分至"道可载而与之俱也",写黄帝对音乐的谈论,"至乐"听之不闻其声,但却能"充满天地,苞裹六极",因而给人以迷惑之感,但正是这种无知无识的浑厚心态接近于大道,保持了本真。第四部分至"而夫子其穷哉",写师金对孔子周游列国推行礼制的评价,指出古今变异因而古法不可效法,必须"应时而变"。第五部分至"天门弗开矣",借老聃对孔子的谈话来谈论道,指出名声和仁义都是身外的器物与馆舍,可以止宿而不可以久处,真正需要的则是"无为"。第六部分至"子贡蹴蹴然立不安",写老聃对仁义和三皇五帝之治的批判,指出仁义对人的本性和真情的扰乱毒害至深,以至使人昏愦糊涂,而三皇五帝之治天下,实则是"乱莫甚焉",其毒害胜于蛇蝎之尾。余下为第七部分,写孔子得道,进一步批判先王之治,指出唯有顺应自然变化方才能够教化他人。

"天其运乎?地其处乎①?日月其争于所乎?孰主张是?孰维纲是②?孰居无事推而行是?意者③其有机缄而不得已邪?意者其运转而不能自止邪?云者为雨乎?雨者为云乎?孰隆施是④?孰居无事淫乐而劝是⑤?风起北方,一西一东,有上彷徨,孰嘘吸是?孰居无事而披拂是?敢问何故?"

巫咸袑曰⑥:"来!吾语汝。天有六极五常⑦,帝王顺之则治,逆之则凶。九洛⑧之事,治成德备,监照下土⑨,天下戴之,此谓上皇。"

【注释】①天其运乎,地其处乎:运,运行。处,静止。②孰维纲是:维,维系。纲,统领。是,这些。③意者:与"或者"同义。④孰隆施是:隆,兴,指形成云。施,指布雨。⑤劝是:促成这种现象。⑥巫咸袑:商代神巫,名袑。⑦六极五常:六极,上下及东西南北四方。五常:即五行,金、木、水、火、土。⑧九洛:九州聚落。一说:《洛书》九畴之事。一、五行,二、五事,三、八政,四、五纪,五、皇极,六、三德,七、稽疑,八、庶征,九、五福六极。⑨临照下土:光照人间。

【译文】"天在运转吗?地在静止吗?日月交替升空是在争夺居所吗?是谁在主宰维系这些现象?是谁安居无事而推动这些现象的运行?恐怕有什么机关主宰着而不得已吧?恐怕是自行运转而无法停止吧?云层是为了降雨吗?雨水是在云层吗?是谁在兴云布雨呢?是谁在安居无事,过分求乐而促成这些现象?风从北方吹起,一会向西一会向东,在天空中来回彷徨,是谁吐纳气流造成了这种现象?是谁在安居无事吹动它而形成这些现象?请问是什么原因?"巫咸袑说:"来！我告诉你。大自然存在着六极和五常。帝王顺应它则天下太平,违背它则天下大乱。九州的事务,应该使天下得到治理而道德完备,光照人间,天下的人都拥戴他,这就叫做上皇的治理。"

商太宰荡①问仁于庄子,庄子曰:"虎狼,仁也。"曰:"何谓也？"庄子曰:"父子相亲,何为不仁？"曰:"请问至仁。"庄子曰:"至仁无亲。"大宰曰:"荡闻之,无亲则不爱,不爱则不孝。谓至仁不孝,可乎？"

庄子曰:"不然,夫至仁尚矣,孝固不足以言之②。此非过孝之言也,不及孝之言也。夫南行者至于郢③,北面而不见冥山④,是何也？则去之远也。故曰:以敬孝易,以爱孝难；以爱孝易,以忘亲难；忘亲易,使亲忘我难；使亲忘我易,兼忘天下难；兼忘天下易,使天下兼忘我难。夫德遗尧舜而不为也⑤,利泽施于万世,天下莫知也,岂直太息⑥而言仁孝乎哉！夫孝悌仁义,忠信贞廉,此皆自勉以役其德者也,不足多也。故曰:至贵,国爵并⑦焉；至富,国财并焉；至愿⑧,名誉并焉。是以道不渝。"

【注释】①商大宰荡:商,指宋国。宋乃殷商的后裔,所以称为商。大宰:官职名。荡,大宰的名字。②不足以言之:不足以说明它。③郢:楚国的都城。④冥山:北边的山名,地处北极。⑤遗,蔑视。不为:无为,顺应自然。德遗尧舜而不为也:指蔑视尧舜之德而顺应自然。⑥大息:深深地叹息。⑦并:弃除。⑧愿:应作"显",意为显荣。

【译文】宋国的大宰荡问仁于庄子。庄子说:"虎和狼也有仁爱。"荡又问:"这如何解释？"庄子说:"虎狼父子相互亲爱,为什么不是仁?"荡又说:"请问什么是最高境界的仁。"庄子说:"最高境界的仁就是没有亲情。"太宰荡说:"我听说过,没有亲情就不会有爱,没有爱就不会有孝。说最高境界的仁是没有孝心,这样可以吗?"

庄子说:"不是这样,至高境界的仁是值得尊崇的,孝本来就不足以说明它。这并不是非孝的议论,而是与孝并无关联。向南行走的人到了楚国的都城郢,向北看则看不见冥山。这是什么原因呢?是因为相距太远。所以说,用尊重来尽孝容易,用爱来尽孝就困难。用爱来尽孝容易,用无我淡泊的态度对待双亲就难。用淡泊的态度对待父母容易,使双亲用淡泊的态度对待我则难。使双亲用淡泊的态度对待我容易,而用淡泊的态度去对待天下人则难。用淡泊的态度对待天下人容易,而让天下人都忘却自身则难,遗忘尧舜之德而顺从自然,利益恩泽被及万世,而天下人却并不知晓。难道还要叹息着去谈论仁和孝吗?孝悌仁义,忠信贞廉,这些都是用来劝勉自身而劳苦真性的,不足以刻意标榜。所以说,最为珍贵的是一国的帝位可以弃之不顾;最大的显荣是任何名誉可以弃之不顾。所以大道是永恒不变的。"

北门成[①]问于黄帝曰:"帝张咸池之乐于洞庭之野[②],吾始闻之惧,复闻之怠[③],卒闻之而惑,荡荡默默[④],乃不自得[⑤]。"

帝曰:"汝殆其然哉[⑥]!吾奏之以人[⑦],徵征[⑧]之以天,行之以礼义,建之以太清[⑨]。四时迭起,万物循生;一盛一衰,文武伦经[⑩];一清一浊,阴阳调和,流光其声;蛰虫始作,吾惊之以雷霆;其足无尾,其始无首;一死一生,一偾[⑫]一起;所常无穷,而一不可待[⑬]。汝故惧也。

吾又奏之以阴阳之和,烛之以日月之明;其声能短能长,能柔能刚,变化齐一⑭,不主故常⑮;在谷满谷,在阬满阬⑯;涂郤⑰守神,以物为量。其声挥绰,其名高明。是故鬼神守其幽,日月星辰行其纪⑱。吾止之于有穷,流之于无止。予欲虑之而不能知也,望之而不能见也,遂之而不能及也;傥然立于四虚之道⑲,倚于槁梧而吟。目知穷乎所欲见,力屈⑳乎所欲逐,吾既不及,已夫!形充空虚,乃至委蛇㉑。汝委蛇故怠。

【注释】①北门成:人名,复姓北门,传说为黄帝之臣。②张:演奏。《咸池》:古代乐曲名。③怠:松弛。④荡荡默默:心神不定而缄口无言。⑤不自得:不能把握自己。⑥汝殆其然哉:殆,恐怕,大概。其,会。你恐怕会这样吧。⑦人:指人情。⑧徵:取法。⑨大清:即太清,天道。⑩伦经:秩序更迭。⑪蛰虫始作:在泥土中冬眠的虫子。作:起。⑫偾〔fèn〕:仆倒。⑬一不可待:全不可期待。⑭齐一:道循一定的规律。⑮不主故常:不拘泥于旧规。⑯在阬满阬:阬〔kēng〕,同"坑"。⑰涂郤:郤,堵塞。⑱纪:轨迹。⑲傥然:无心的样子。四虚之道:四方没有边际的大道。⑳屈:竭尽。㉑委蛇〔yí〕:随机应变,随顺应化。

【译文】北门成向黄帝问道:"您在广漠的原野上演奏《咸池》乐曲,我初听时感到惊惧,再听时感到松弛。听到最后却感到迷惑了。心神不定而缄口不言,以至于无法把握自身了。"

黄帝说:"你恐怕会这样。我依照人情来弹奏,取法于自然,运行以礼义,确立于天道,乐声犹如四季相交而起,万物应顺而生。忽盛忽衰,春季的生长和秋季的肃杀,秩序更迭。忽轻忽重,阴阳和谐，声光交错流溢。蛰虫从冬眠中开始活动，我用雷霆之声惊动它们。乐声终结时没有结尾，乐声初起时没有前奏。忽而消失忽而迭起，忽而低沉忽而高亢，变化无穷而无所期待，所以你感到惊惧。

"我又演奏起阴阳调和的乐声，用日光来烛照，乐声能短能长，能柔能刚，变化遵循一定的节律，不拘泥于旧规常态。传入山谷，山谷充盈，传入大坑，大坑充盈，杜绝纷扰而凝守心神，顺其自然以为衡量。乐声悠扬，称之为高亢明快。所以连鬼神也能守其幽隐，日月星辰按自己的轨迹运行。我把乐声停留在一定的境界中，而它的余韵却流播于无穷的天地。我想研究它，却无法弄明白，我想审视它却看不见，想要抓住它，却无法赶上，茫然置身在没有边际的大道上，靠在槁梧木制成的几案上吟咏。内心穷竭于所想了解的真理，目光穷竭于所想见到的事物，精力穷竭于所要追求的大道。我已经赶不上了啊！形体充盈而内心虚静，才能随机应变。你能做到随机应变，所以感到松弛。

吾又奏之以无怠之声①，调之以自然之命，故若混逐丛生，林乐而无形②；布挥③而不曳，幽昏而无声。动于无方④，居于窈冥⑤；或谓之死，或谓之生；或谓之实，或谓之荣；行流散徙⑥，不主常声。世疑之，稽于圣人。⑦圣也者，达于情而遂于命也。天机不张而五官皆备，此之谓天乐，无言而心说⑧。故有焱氏⑨为之颂曰：'听之不闻其声，视之不见其形，充满天地，苞裹六极。'汝欲听之而无接⑩焉，而故惑也。乐也者，始于惧，惧故祟⑪。吾又次之以怠，怠故遁⑫；卒之于惑，惑故愚；愚故道，道可载而与之俱也⑬。"

【注释】①无怠：不存在感情上的恐惧和松弛，即忘情忘我的境界。②林乐而无形：林乐，众乐齐奏。③布挥：乐声播散震扬。④方：所在。⑤窈冥：深远幽暗之境。⑥行流散徙：像行云流水飘散流徙。⑦稽于圣人：稽，查询。⑧说〔yuè〕：喜悦、高兴。⑨有焱氏：即神农氏。⑩无接：无法衔接连贯。⑪崇：祸患。⑫遁：心情松弛，恐惧消除。⑬道可载而与之俱也：接近大道，就可凭此而与道共存了。

【译文】此后，我又用忘情忘我的境界来演奏，以自然的节奏来调和，所以乐声混同驰逐丛然并生，如同众乐齐奏而没有痕迹。乐声传播震扬而无外力牵引，昏暗幽昧而无声响。乐声源于深不可测的境界，萦绕在深远晦暗之中；忽而可以说它消逝了。忽而又可以说它兴起了；忽而有好结果，忽而有如开花；像行云流水一般飘散流徙，不限于平常的乐声。世人迷惑不解，向圣人探询。所谓圣，就是通达本性而顺应天命。自然的枢机没有开启而五官俱全，不能说出来但心中却十分欢喜，这就叫做天乐。所以神农氏称颂它说："听不到声音，看不到形迹，充满于天地，包容了六极，你想听到它，却又无法将之连贯起来，所以感到迷惑。这样的音乐，开始听时让人惊惧，惊惧便认为它是祸患。我再演奏松弛的音乐，使人消除恐惧。最终让人感到迷惑，觉得迷惑就会淳和无知，淳和无知才接近于道。接近大道，就可以凭此与大道融合。"

孔子西游于卫①，颜渊问师金②曰："以夫子之行为奚如？"师金曰："惜乎，而夫子其穷哉！"颜渊曰："何也？"

师金曰："夫刍狗③之未陈也，盛以箧衍④，巾以文绣⑤，尸祝⑥斋戒以将之。及其已陈也，行者践其首脊，苏者取而爨⑦之而已。将复取而盛以箧衍，巾以文绣，游居寝卧其下，彼不得梦，必且数眯⑧焉。今而夫子亦取先王已陈刍狗，聚弟子游居寝卧其下。故伐树于宋，削迹⑨于卫，穷于商周，是非其梦邪？围于陈蔡之间，七日不火食，死生相与邻，是非其眯邪？夫水行莫如用舟，而陆行莫如用车。以舟之可行于水也，而求推之于陆，则没世不行寻常⑩。古今非水陆与？周鲁非舟车与？今蕲⑪行周于鲁，是犹推舟于陆也。劳而无功，身必有殃。彼未知夫无方之传⑫，应物而不穷者也。且子独不见夫桔槔者乎？引之则俯，舍之则仰。彼，人之所引，非引人也，故俯仰而不得罪于人。故夫三皇⑬五帝之礼义法度，不矜于同而矜⑭于治。故譬三皇五帝之礼义法度，其犹柤梨橘柚邪！其味相反而皆可于口。故礼义法度者，应时而变者也。今取猨狙而衣以周公之服，彼必龁啮⑮挽裂，尽去而后慊⑯。观古今之异，犹猨狙之异乎周公也。故西施病心而矉⑰其里，其里之丑人见之而美之。归亦捧心而矉其里。其里之富人见之，坚闭门而不出；贫人见之，挈妻子而去走。彼知矉美而不知矉之所以美。惜乎，而夫子其穷哉！"

孔子行年五十有一而不闻道，乃南之沛⑱见老聃。老聃曰："子来乎？吾闻子，北方之贤者也，子亦得道乎？"孔子曰："未得也。"老子曰："子恶乎求之哉？"曰："吾求之于度数⑲，五年而未得也。"老子曰："子又恶乎求之哉？"曰："吾求之于阴阳，十有二年而未得。"

老子曰："然使道而可献，则人莫不献之于其君；使道而可进⑳，则人莫不进之于其亲；使道而可以告人，则人莫不告其兄弟；使道而可以与人，则人莫不与其子孙。然而不可者，无佗㉑也，中无主而不止，外无正㉒而不行。由中出者不受于外，圣人不出；由外入者无主于中，圣人不隐。名，公器㉓也，不可多取；仁义，先王之蘧庐㉔也，止可以一宿而不可久处。觏而多责。"

【注释】①卫：春秋时期的诸侯国，在今天河南省境内。②师金：人名。③刍狗：古代祭祀时用茅草扎成的狗。④篋衍：这里泛指箱子。⑤文绣：绣有纹饰的盖巾。⑥祝：祭祀时对"尸"祝祷的人。⑦爨〔cuàn〕：烧火做饭。⑧眯〔mì〕：梦魇。⑨削迹：绝迹，表示不允许再进入某地。⑩寻常：古代的计量单位，八尺为一寻，二寻为一常。⑪蕲：通"祈"，祈求，希望。⑫传：传车，用于快速传递公文。⑬三皇：伏羲、神农、黄帝。五帝：少昊、颛顼、高辛、尧、舜。此为普遍的说法。⑭称：尊重，推崇。⑮龁啮：用牙齿咬。⑯慊〔qiè〕：满意，满足。⑰矉：通"颦"，皱眉的意思。⑱沛：地名。⑲度数：规范，法度。⑳进：进献，献给。㉑佗：同"他"。㉒正：匹配，相合，验证。㉓公器：公共使用的物品。㉔蘧庐：茅草搭成的简陋房子。

【译文】孔子向西边游历到卫国。颜渊问师金道："你认为夫子此次卫国之行会怎么样？"师金说："可惜呀，你的先生一定会遭遇困厄啊！"颜渊说："为什么呢？"

师金说："用草扎成的狗还没有用于祭祀，一定会用竹箱子装起来，用文饰的盖巾覆盖着，祭祀主持人斋戒后迎送着。等到它已用于祭祀，行路人踩踏它的头颅和脊背，打柴的人捡回去用于烧火煮饭而已；如果有人又把它取回来，用竹箱装起，用绣有文饰的盖巾覆盖，游乐居处于主人的身旁，即使它不做噩梦，也会一次又一次地感受到梦魇困扰。现在你的先生，也是在取法先王已经用于祭祀的草扎之狗，并聚集众多弟子游乐居处于他的身边。所以在宋国大树下讲习礼法而大树被砍伐,在卫国游说而被铲掉了所有的足迹,在宋国与东周遭到困穷,这不就是那样的噩梦吗?被乱兵围困在陈国和蔡国之间,整整七天没有能生火就食,已临近死亡边缘,这又不就是那压得喘不过气来的梦魇吗?在水上通行没有什么比得上用船,在陆地上通行没有什么比得上用车,因为船可以通行于水上,而要求在陆上推行它,那么终身也不能行走多远。古代与今天的不同不就像是水面和陆地的差异吗?周鲁治道的区别不就像是船和车的不同吗?现今一心想在鲁国推行周王室的治理办法,这就像是在陆地上推船而行,徒劳而无功,自身也难免遭受祸殃。他们全不懂得运动变化并无限定,只能顺应事物于无穷的道理。况且,您难道没见过那吊杆汲水的情景吗?用手去拉它就落下来,松开手它就仰起去。那吊杆,由人牵引的,不是牵引了人,所以或俯或仰均不得罪人。所以三皇五帝的礼义法度,不在于相同而为人顾惜,在于治理而为人看重。拿三皇五帝时代的礼义法度来打比方,恐怕就像柤、梨、橘、柚四种酸甜不一的水果,它们的味道彼此不同而都能合乎人的口味。所以作为礼义法度,都是顺应时代而有所变化的东西。现在如果把猴子抓来给它穿上周公的衣服,它必定会咬碎或撕裂,直到全部剥光身上的衣服方才满足。观察古与今的差异,就像猴子不同于周公。从前西施心口疼痛而皱着眉头在邻里间行走,邻里中一位相貌丑陋女人看了觉得很美,回去也模仿西施,双手抚着胸口对邻里人皱起眉头。邻里的有钱人看见了,紧闭家门不出;穷人看见了,带着妻儿子女跑开了。那个丑女人只知道皱眉好看却不知道皱眉好看的原因。可惜呀,你的先生一定会遭遇厄运啊!"

孔子五十一岁还没有领悟大道,于是就往南方沛地去见老聃。老聃说:"您来了吗?我听说您是北方的贤者,您已经获得大道了吗?"孔子说:"还未得道。"老子说:"您是怎样寻求大道的?"孔子说:"我在规范、法度方面寻求大道,五年还未得到。"老子说:"你又怎样寻求大道呢?"孔子说:"我于阴阳变化中求道,十二年而没有得到。"老子说:"会是这样的。假使道可以献给人,则人无不把它献给自己的国君;假使道可以奉送,则人无不把它奉送给自己的父母;假使道可以告诉给人,则人无不把它告诉给自己的兄弟;假使道可以传给人,则人无不把它传给子孙。然而这是不可能的,没有其他原因,心中不自悟则道不停留,向外不能印证则道不能推行。道由心中发出,不为外界接受,圣人也就不会有所告示;由外面进入,而心中不能领受时,圣人便不留存。名誉,是众人共用之物,不可过多取。仁义,乃是先王的馆舍,只可以停留一宿,不可以久居。形迹昭彰便多责难。

"古人至人,假道于仁,托宿于义,以游逍遥之墟①,食于苟简②之田;立于不贷之圃。逍遥,无为也;苟简,易养也;不贷,无出③也。古者谓是采真之游。"

"以富为是者,不能主禄;以显为是者,不能让名;亲权者,不能与人柄。操之则慄,舍之则悲,而一无所鉴,以窥其所不休者④,是天之戮民也。怨、恩、取、与、谏、教、生、杀八者,正之器也⑤,唯循大变无所湮⑥者为能用之。故曰:正者,正也。其心以为不然者,天门弗开矣⑦。守故不变则失正矣。"

孔子见老聃而语仁义,老聃曰:"夫播穅眯目⑧,则天地四方易位矣;蚊虻噆肤⑨,则通昔不寐矣⑩。夫仁义憯然,乃愦吾心⑪,乱莫大焉。吾子使天下无失其朴,吾子亦放风而动、总德而立矣,又奚杰杰然若负建鼓而求亡子者邪⑫!夫鹄不日浴而白,乌不日黔而黑。黑白之朴不足以为辩，名誉之观不足以为广。泉涸鱼相与处于陆，相呴以湿，相濡以沫，不若相忘于江湖。"

【注释】①虚：同"墟"，境域。②苟简：简朴。③无出：没有耗费。④以窥其所不休者：窥，窥视，指反省。不休者：指无休止地追逐名利权势的人。⑤正之器也：是端正人的手段。⑥湮：寒滞。⑦天门弗开矣：天门，犹言"灵府"。⑧播穅眯目：飞扬的穅皮迷住眼睛。⑨蚊虻噆肤：噆，叮咬。⑩则通昔不寐矣：昔通"夕"。⑪仁义憯然乃愤吾心：憯〔cǎn〕，同"惨"。愤昏聩糊涂。⑫杰杰然若负建鼓而求亡子者：杰杰然，用力的样子。建鼓：大鼓。

【译文】"古代的圣人，把仁看作是借路，把义看作是暂住。他悠游于逍遥自在的境地，生活在简朴的田野，立身于不施给的园圃之中。这样便能逍遥无为。简朴，容易满足；不施，也就没有耗费。古代的人把它称作是探求本真的遨游。"

"看重财富，就不会让利于人。看重显赫，就不会让名于人。看重权力，就不会放权于人。这种人操持着这些，因唯恐失去，而提心吊胆。一旦丧失这些，就会心中苦悲。他们从没有鉴别，反省自己，而无休止地追逐名利权势。从自然的道理来看，他们像受着刑戮的人。怨恨、恩惠、获取、施予、谏诤、教化、生存、杀戮，这八种方法是端正人的手段，只有顺应自然的变化而无所塞滞的人才能使用。所以说，自正者才能正人。如果内心认为这不对，心灵的门户是不会打开的！"

孔子见到老聃后谈论仁义。老聃说："飞扬的穅皮挡住了眼睛，天地四方看起来变换了方位，蚊虻叮咬皮肤，就会通宵睡不着觉。仁义毒害人心，天下没有比这更严重的祸害了。如果您使天下人保持质朴，如果您也顺应自然而行动，执德而立了。又为什么要奋力地背着大鼓，敲击着我去寻找迷失的孩子呢？白鹤并不是天天沐浴才显出白色，乌鸦并不是天天染黑才显出黑色。黑与白的本质，不值得分辨。名声和荣誉等外在的东西不值得张扬。泉水干涸了，鱼相互困在陆地上，它们相互吐着湿气来湿润，相互用口沫来沾湿，其实倒不如彼此相忘于江湖。"

孔子见老聃归，三日不谈。弟子问曰："夫子见老聃，亦将何规①哉？"孔子曰："吾乃今于是乎见龙，龙合而成体，散而成章②，乘云气而养乎阴阳。予口张而不能噈③，予又何规老聃哉？"子贡曰："然则人固有尸居而龙见、雷声而渊默、发动如天地者乎？赐亦可得而观乎？"遂以孔子声④见老聃。

老聃方将倨⑤堂而应，微曰："予年运而往⑥矣，子将何以戒我乎？"子贡曰："夫三王五帝之治天下不同，其系声名一也。而先生独以为非圣人，如何哉？"

老聃曰："小子⑦少进！子何以谓不同？"对曰："尧授舜，舜授禹，禹用力而汤用兵，文王顺纣而不敢逆，武王逆纣而不肯顺，故曰不同。"

老聃曰："小子少进，余语汝三皇五帝之治天下。黄帝之治天下，使民心一⑧。民有其亲死不哭，而民不非⑨也。尧之治天下使民心亲，民有为其亲杀其杀⑩而民不非也。舜之治天下使民心竞⑪，民孕妇十月生子，子生五月而能言，不至乎孩⑫而始谁。则人始有夭矣。禹之治天下使民心变，人有心而兵有顺⑬，杀盗非杀；人自为种而'天下耳',是以天下大骇,儒墨皆起。其作始有伦⑭,而今乎妇女⑮,何言哉！余语汝三皇五帝之治天下,名曰治之,而乱莫甚焉。三皇之知,上悖日月之明,下睽⑯山川之精,中墮四时之施。其知憯于蛎虿⑰之尾,鲜规之兽,莫得安其性命之情者,而犹自以为圣人,不可耻乎？其无耻也！"子贡蹴蹴然⑱立不安。

孔子谓老聃曰："丘治《诗》《书》《礼》《乐》《易》《春秋》六经,自以为久矣,孰⑲知其故矣,以奸⑳者七十二君,论先王之道而明周召㉑之迹,一君无所钩用㉒。甚矣！夫人之难说也,道之难明邪？"

老子曰："幸矣,子之不遇治世之君也！夫六经,先王之陈迹也,岂其所以迹哉！今子之所言,犹迹也。夫迹,履之所出,而迹岂履哉！夫白鶂㉓之相视,眸子不运㉔而风化；虫雄鸣于上风,雌应于下风而风化。类㉕自为雌雄,故风化。性不可易,命不可变,时不可止,道不可壅。苟得于道,无自而不可。失焉者,无自而可。"

孔子不出三月,复见曰："丘得之矣,乌鹊孺,鱼傅沫㉖,细要者化,有弟而兄啼。久矣,夫丘不与化㉗为人。不与化为人,安能化人！"老子曰："可,丘得之矣！"

【注释】①规：规劝,劝说。②章：华美的文采。③嚍〔xié〕：闭上嘴。④以孔子声：用孔子的名声作为引介。⑤倨：通"踞",伸开腿坐。⑥年运而往：年纪大了。⑦小子：长者对年轻人的称呼。⑧一：专一,同一。⑨非：指责,责备。⑩杀有杀：按亲疏程度依次降低。⑪竟：争斗。⑫孩：婴儿的笑声。⑬顺：正当,合理。⑭伦：伦理。⑮今乎妇女：

像女人般矫揉造作。⑯睽〔kuí〕：违背。⑰虿虫：蝎子之类的毒虫。⑱蹴蹴〔cù〕然：惊恐不安的样子。⑲孰：通"熟"，熟悉。⑳奸：通"干"，干谒：有所求而拜访。㉑周、召：指周公和召公，都是周武王的弟弟。㉒钩用：取用的意思。㉓白鹍：一种水鸟。㉔眸子不运：眼珠不转动，这里指互相注视。㉕类：同类。㉖傅沫：通过口沫相交而交配。㉗与化：随自然变化而变化。

【译文】 孔子拜见老聃回来，整整三天不讲话。弟子问道："先生见到老聃，对他作了什么诲劝吗？"孔子说："我竟然见到了真正的龙！龙，合在一起便成为一个整体，分散开来又成为华美的文采，乘驾云气而养息于阴阳之间。我大张着口久久不能合拢，我又哪能对老聃作出诲劝呢！"子贡说："那么人固然会安稳不动而神采奕奕，沉静缄默而感人至深，运动犹如天地吗？我也能见到他并亲自加以体察吗？"于是借助孔子的名义前去拜见老聃。

老聃正伸腿坐在堂上，轻声地应答说："我年岁老迈，你将用什么来告诫我呢？"子贡说："远古时代三皇五帝治理天下各不相同，然而却都有好的名声，唯独先生您不认为他们是圣人，这是为什么呢？"

老聃说："年轻人，你稍稍近前些！你凭什么说他们各自有所不同？"子贡回答："尧让位给舜，舜让位给禹，禹用力治水而汤用力征伐，文王顺从商纣不敢有所背逆，武王背逆商纣而不顺服，所以说各不相同。"

老聃说："年轻人，你再稍微靠前些！我对你说说三皇五帝治理天下的事。黄帝治理天下，使人民心地淳厚保持本真，百姓有谁死了双亲并不哭泣，人们也不会加以非议。唐尧治理天下，使百姓敬重双亲，百姓有谁为了亲近亲人减去一些礼数，人们同样也不会非议。虞舜治理天下，使百姓心存竞争，怀孕的妇女十个月生下孩子，孩子生下五个月就张口学话，不等长到两三岁就开始识人问事，于是开始出现夭折短命的现象。夏禹治理天下，使百姓心怀变诈，人人存有机变之心因而动刀动枪成了理所当然之事，杀死盗贼不算杀人，人们各自结成团伙而肆意于天下，所以天下大受惊扰，儒家、墨家都纷纷而起。他们初始时也还有伦有理，可是时至今日却像女人般矫揉造作，还有什么可言呢！我告诉你。三皇五帝治理天下，名义上叫做治理，而扰乱人性和真情没有什么比他们更严重的了。三皇的心智，对上而言遮掩了日月的光明，对下而言违背了山川的精粹，对中而言毁坏了四时的推移。他们的心智比蛇蝎之尾还惨毒，就连小小的兽类，也不可能使本性和真情获得安宁，可是还自以为是圣人。是不认为可耻吗，还是不知道可耻呢？"子贡听了惊惶不定，心神不安地站着。

　　孔子对老聃说："我研修《诗》《书》《礼》《乐》《易》《春秋》六部经书，自认为很久很久了，熟悉了旧时的各种典章制度；用违反先王之制的七十二个国君为例，论述先王（治世）的方略和彰明周公、召公的政绩，可是一个国君也没有取用我的主张。实在难啊！是人难以规劝，还是大道难以彰明呢？"

　　老子说："幸运啊，你不曾遇到过治世的国君！六经，乃是先王留下的陈旧遗迹，哪里是先王遗迹的本原！如今你所谈论的东西，就好像是足迹；足迹是脚踩出来的，然而足迹难道就是脚吗！白鶂相互而视，眼珠子一动也不动便相诱而孕；虫，雄的在上方鸣叫，雌的在下方相应而诱发生子；同一种类而自身具备雌雄两性，不待交合而生子。本性不可改变，天命不可变更，时光不可停留，大道不可壅塞。假如真正得道，无论去到哪里都不会受到阻遏；失道的人，无论去到哪里都是此路不通。"

　　孔子三月闭门不出，再次见到老聃说："我终于得道了。乌鸦喜鹊在巢里交尾孵化，鱼儿借助水里的泡沫生育，蜜蜂自化而生，生下弟弟，哥哥失爱就会啼哭。很长时间了，我没有能跟万物的自然变化相识为友！不能跟自然的变化相识为友，又怎么能教化他人！"老子听了后说："好。孔丘得道了！"

刻意

【题解】以篇首两字作为篇名,"刻意"的意思就是磨砺自己的心志。本篇内容是讨论修养的,不同的人有不同的修养要求,只有"虚无恬淡"才合于"天德",因而也才是修养的最高境域。

全文较短,大体分成三个部分,第一部分从开头至"圣人之德也",分析了六种不同的修养态度,唯有第六种才值得称道,"澹然无极"才是"天地之道"、"圣人之德"。第二部分至"此养神之道也",讨论修养的方法,中心就是"无为"。余下为第三部分,提出"贵精"的主张,所谓"贵精"即不丧"纯""素",这样的人就可叫做"真人"。

刻意^①尚行,离世异俗,高论怨诽,为亢而已矣。此山谷之士、非世之人,枯槁赴渊者之所好也。语仁义忠信,恭俭推让,为修而已矣。此平世之士、教诲之人,游居学者之所好也。语大功,立大名,礼君臣,正上下,为治而已矣。此朝廷之士、尊主强国之人,致功并兼者之所好也。就薮泽,处闲旷,钓鱼闲处,无为而已矣。此江海之士,避世之人,闲暇者之所好也。吹呴呼吸,吐故纳新,熊经鸟申，为寿而已矣。此道引之士、养形之人，彭祖寿考者之所好也。若夫不刻意而高，无仁义而修，无功名而治，无江海而闲，不导引而寿，无不忘也，无不有也。澹然无极而众美从之。此天地之道、圣人之德也。

故曰：夫恬惔寂漠②，虚无无为，此天地之平而道德之质也。故曰：圣人休休焉，则平易矣。平易则恬惔矣。平易恬惔，则忧患不能入，邪气不能袭，故其德全而神不亏。故曰：圣人之生也天行，其死也物化。静而与阴同德，动而与阳同波。不为福先，不为祸始。感而后应，迫而后动，不得已而后起。去知与故，循天之理。故无天灾，无物累，无人非，无鬼责。其生若浮，其死若休。不思虑，不豫谋。光矣而不耀，信矣而不期。其寝不梦，其觉无忧。其神纯粹，其魂不罢③。虚无恬惔，乃合天德。故曰：悲乐者，德之邪；喜怒者，道之过；好恶者，德之失。故心不忧乐，德之至也；一而不变，静之至也；无所于忤，虚之至也；不与物交，惔之至也；无所于逆，粹之至也。故曰：形劳而不休则弊，精用而不已则劳，劳则竭。水之性，不杂则清，莫动则平；郁闭而不流，亦不能清，天德之象也。故曰：纯粹而不杂，静一而不变，淡而无为，动而以天行，此养神之道也。

夫有干④越之剑者，柙⑤而藏之，不敢用也，宝之至也。精神四达并流，无所不极，上际于天，下蟠于地，化育万物，不可为象，其名为同帝。纯素之道，唯神是守。守而勿失，与神为一。一之精通，合于天伦。野语有之曰："众人重利，廉士重名，贤士尚志，圣人贵精。"故素也者，谓其无所与杂也；纯也者，谓其不亏其神也。能体纯素，谓之真人。

【注释】①刻意：刻，借为高，提高。刻意即提高意志，力求恬淡无为，臻真人境界。②恬惔寂漠：惔，通淡。漠通寞。③罢：通疲。④干：吴国溪名，产剑。借指吴。⑤柙：通匣。

【译文】磨砺心志推崇品行，脱离世俗与众不同，发表高论批评时俗，只是为了清高罢了。这是隐居山谷的士子，对抗社会的人和自戕自沉的人所奉行的法则。谈论仁义忠信，恭良俭让，只是为了修身罢了，这是治理世务的人教育学生的人和边游说边讲学的人所奉行的。谈论功业，传播名声，规定君臣礼仪，维护上下等级，只是为了治理天下罢了。这是朝庭的官员推崇君主壮大国家的人和致力于兼并诸侯的人所奉行的。躲在湖泽居天旷野，钓鱼消闲，只是无所作业罢了。这是隐居江海的人，躲避世扰的人和有闲阶层所奉行的。呼吸运气，吐故纳新，如熊似地悬吊和如鸟似地伸展，只是延长寿命罢了。这是导通气脉的方士，颐养身体的人和祈求有如彭祖寿命的人所奉行的。至于无须提高意志就清高了，无须推行仁义就修身了，无须隐居江海就闲适了，无须导通气脉就长寿了，就无所忘怀，无所拥有了。心境淡漠没有极限，所有美好的东西都随之而来。这才是天地之道，圣人之德呢。

所以说，恬淡寂寞，虚静无为，这是天地的准则和道的本质。所以说，圣人从从容容就心平气和了。平和恬淡，忧患就不能侵入，邪气不能侵袭，因而德性完备则精神不亏损。所以说，圣人的生存是自然的运行，他的死亡是物理的变化。静止时跟阴气共存，运动时跟阳气同流。既不成为福祉的引导，也不成为祸害的根由。受到触发然后回应，受到逼迫然后启动，出于不得已然后反抗。抛弃智慧和习惯，遵循自然的道理。所以不遭受天灾，没有外物牵累，没有外人非议,没有鬼神的责罚。他活着如同浮游,他死去如同休息。不思虑事物,不预测未来,虽然光亮却不闪耀,虽然守信却不求兑现。他就寝时没有梦想,他清醒时没有忧虑。他的精神纯粹,他的魂魄永不疲劳。虚无恬淡,符合自然。所以说:悲伤和欢乐,是天性的偏邪;喜悦和愤怒,是天性的过失;喜好和厌恶,是天性的迷失。内心不怀忧乐是天性的最高境界;执守纯一不变不动,是宁静的最高境界;不会与万物发生抵触,是虚空的最高境界;不跟外物发生关系,是恬淡的最高境界;不跟外物产生对抗,是纯粹的最高境界。所以说,形体工作不停就会疲惫,精神消耗不断就会困顿,劳累就会生命竭衰。水的天性,不掺杂就清澈,不搅乱就平静,积郁闭塞不流动的话,也就不会清澈了,这是天性的表象。所以说,纯粹不混杂,宁静纯一不变不动,按自然规律来行动,这就是颐养心神的道理了。

　　拥有吴越宝剑的人,把剑放在匣里藏起来,舍不得用,珍贵极了。精神四处横流,没有不到的地方,上会合天,下遍及地,化育万物,不可捉摸,它的名字等同天地。维持纯朴的方式,唯有守护精神。守护不致丧失,就能和神明合为一体。精通了合一,也就符合了自然法则。民间有句俗语:"普通的人看重利益,廉洁之士看重名声,贤明之士崇尚意志,圣人推崇精神。"所以朴素呢,是指它没有任何掺杂;纯粹呢,是指它没有亏损。能够表现纯粹朴素,就是真人。

缮性

【题解】本篇的中心仍是讨论如何养性。所谓"缮性"就是修治本性,取篇首二字为篇名。

本篇开头批评俗学俗思蒙蔽性灵。提出"以恬养知"的方法——透过内心的恬静以涵养生命的智慧。本篇后段,勉人"不为轩冕肆志,不为穷约趋俗",揭露了求荣华者"丧己于物",对于当世"文灭质"的景况,作了有力的批判。

缮性①于俗学②以求复其初;滑欲于俗思③,以求致其明,谓之蔽蒙之民。

古之治道者,以恬养知。生而无以知为也,谓之以知养恬。知与恬交相养,而和理出其性。夫德,和也;道,理也。德无不容,仁也;道无不理,义也;义明而物亲,忠也;中纯实而反乎情,乐也;信行容体而顺乎文,礼也。礼乐遍行,则天下乱矣。彼正而蒙己德,德则不冒,冒则物必失其性也。

古之人,在混芒之中,与一世而和澹漠焉。当是时也,阴阳和静,鬼神不扰,四时得节,万物不伤,群生不夭,人虽有知,无所用之,此之谓至一。当是时也,莫之为而常自然。

逮德下衰,及燧人④、伏羲始为天下,是故顺而不一。德又下衰,及神农⑤、黄帝始为天下,是故安而不顺。德又下衰,及唐虞始为天下,兴治化之流,澆⑥淳散朴,离道以善,险德以行,然后去性而从于心。心与心识,知而不足以定天下,然后附之以文,益之以博。文灭质,博溺心,然后民始惑乱,无以反其性情而复其初。由是观之,世丧道矣,道丧世矣,世与道交相丧也。道之人何由兴乎世,世亦何由兴乎道哉!道无以兴乎世,世无以兴乎道,虽圣人不在山林之中,其德隐矣。隐故不自隐。

古之所谓隐士者,非伏其身而弗见也,非闭其言而不出也,非藏其知而不发也,时命大谬也。当时命而大行乎天下,则反一无迹;不当时命而大穷乎天下,则深根宁极而待:此存身之道也。

古之行身者,不以辩饰知,不以知穷天下,不以知穷德,危然处其所而反其性,己又何为哉!道固不小行,德固不小识。小识伤德,小行伤道。故曰:正己而已矣。

乐业全之谓得志。古之所谓得志者,非轩冕之谓也,谓其无以益其乐而已矣。今之所谓得志者,轩冕之谓也。轩冕在身,非性命也,物之傥来,寄者也。寄之,其来不可圉⑦,其去不可止。故不为轩冕肆志,不为穷约趋俗,其乐彼与此同,故无忧而已矣!今寄去而不乐。由是观之,虽乐,未尝不荒⑧也。故曰:丧己于物,失性于俗者,谓之倒置之民。

【注释】①缮性：修身养性。本篇中庄子追踵淳朴古风，反对附时趋俗。②俗学：指当时流行的儒、墨等。③滑欲于俗思：滑〔gǔ〕，治。欲，情。滑欲望也是修养性情。俗思，追求名位的世俗观念。④燧人：远古帝王，发明钻木取火熟食。⑤神农：远古帝王，发明耕种。⑥㴊〔jiāo〕：通"浇"，扰乱。⑦围：借为御，抵挡。⑧荒：通慌，迷乱。

【译文】用世俗之道理来修身养性企图回归本真，用世俗观念陶冶性情企图明理求知，这是闭塞被蒙蔽的一类人。

古来修道的人，以恬淡颐养智慧。活着无须靠智慧行事，只是用智慧颐养恬淡。智慧和恬淡互相颐养，道德也就从中产生出来。所谓德，就是和；所谓有道，就是理；德无所不包，就是仁；道无所不合，就是义；义理明白和与物相亲，就是忠；心中朴实又返归到情，就是乐；行为忠信宽容仁爱又合站自然文理，就是礼。礼乐盛行，天下就大乱了。那纯正还要加上自己的德性，有了德性就不受蒙蔽，蒙蔽的事物就必然失去它本性。在这个时代里，阴阳之气和顺宁静，鬼神从不干扰，四季按节令运行，万物都不受伤害，各类生物不会夭折，人虽然有智慧，却毫无用处，这就是最纯粹的时代。在这个时代里，毫无作为却永远合乎自然。

等到道德中落以后，轮到燧人氏、伏羲氏来掌控天下，于是只有顺却不纯粹了。道德一天天衰落，轮到神农氏、黄帝来掌管天下，于是只有安定却不和顺了。道德又逐渐地衰落，轮到唐尧、虞舜来治理天下，兴起统治教化的风气，消解淳厚支离质朴，用善的准则来背离道德，用品行的要求来包容天性，这样就舍弃了天性却有了私欲。彼此间用心智探察，已经不能够稳定天下了。这样还攀附文采，增加博识。一旦文采毁灭本质，博识淹没心性，那么就使人出现迷惑混乱，再也无法返回他的性情和复归他的本初了。由此看来，世俗使道德败坏，道也败坏了世俗，世俗和道相互败坏了。有道的人凭什么复兴世道，世俗又凭什么复兴道呢？只要道无法复兴于世，世俗也就无法复兴道，即使圣人不躲在山林之中，他的德性也会隐蔽了。隐匿并非自己隐藏的。

古时的所谓隐士，并非藏起身子不再出现，并非闭塞言论不再作声，并非埋没才智不再表达，只因时运谬乱。适合时运大道盛行天下，就反归纯一了无痕迹；不合时运大道困于天下，就深藏静处地等待；这就是保全自身的方法了。

古时保全自身的人，不用诡辩文饰智慧，不用智慧困扰天下，更不用智慧来困扰道德，秉正地处在自己的位置和回发自己的本性。自己还有什么可做的呢？道本来就不是小品行，德本来就不是小见识。小见识有伤于德，小品行有伤于道。所以说：端正自身就是了。

致力全真就叫做得志。古时所谓得志，不是说得了高官厚禄，而是说它再也无法增加它的快乐罢了。如今所谓得志，是说高官厚禄。高官厚禄沾在身上，不是性命原有的。外物偶尔到来，只是寄存。寄存的东西，它要来时难以抗拒，它要去时也难以遏止。所以不因为得到官禄得意忘形，不因为穷困受阻趋炎附势，做到喜欢那个跟喜欢这个一样，因此可以无忧无虑。如今是寄存物失去就怏怏不乐。由此可见，即使快乐，也未尝不会陷入心慌意乱。所以说，由于追逐外物而失自我，由于趋会时俗而迷失本性的人，被称作本末倒置一类。

秋水

【题解】《秋水》是《庄子》中的又一长篇,用篇首的两个字作为篇名,中心是讨论人应怎样去认识外物。

本篇以河伯与海若的对话为主要部分,河伯与海若共七问七答。第一番问答,写河伯的自我中心心境——"欣然自喜,以天下之美为尽在己"。河伯的自以为多,和海若的未尝自多,恰成一鲜明的对比。由海若描述海的大与天地的无穷,舒展思想的视野,使人心胸为之开阔。

第二番对话,述时空的无穷性与事物变化的不定性,指出认知与确切判断的不易。第三番对话,指出宇宙间有许多事物是"言之所不能论,意之所不能察致"的。第四番对话,进一步申论大小贵贱的无常性。第五番对话,要突破主观的局限性与执着性,以开阔的心灵观照万物。第六番对话,河伯问:"道有什么可贵?"海若回说,认识"道",就是认识自然的规律,认识自然的规律,便可明了事物变化的真相。第七番对话,河伯最后问:"什么是天?什么是人?"这里"天"即自然,"人"指人为,含有妄为的意思。海若认为顺真性,便是自然("天"),违逆常性便是妄为("人")。本篇到此,文意完足,其余数章,疑是散段羼入。最末,庄子与惠子游于濠梁之上辩论鱼乐一章,写出庄子观赏事物的艺术心态与惠子分析事物的认知心态。

秋水时至，百川灌河，泾流之大，两涘渚崖之间①，不辨牛马。于是焉河伯欣然自喜，以天下之美为尽在己。顺流而东行，至于北海，东面而视，不见水端，于是焉河伯始旋其面目②，望洋向若而叹曰③："野语有之，曰'闻道百，以为莫己若者'。我之谓也。且夫我尝闻少仲尼之闻而轻伯夷之义者，始吾弗信。今我睹子之难穷也，吾非至于子之门则殆矣，吾长见笑于大方之家。"北海若曰："井蛙不可以语于海者，拘于墟也；夏虫不可以语于冰者，笃于时也；曲士不可以语于道者，束于教也。今尔出于崖涘，观于大海，乃知尔丑，尔将可以语大理矣。天下之水，莫大于海，万川归之，不知何时止而不盈；尾闾泄之，不知何时已而不虚；春秋不变，水旱不知。此其过江河之流，不可为量数。而吾未尝以此自多者，自以比形于天地，而受气于阴阳，吾在天地之间，犹小石小木之在大山也。方存乎见少，又奚以自多！计四海之在天地之间也，不似礨空之在大泽乎④？计中国之在海内，不似稊米之在大仓乎⑤？号物之数谓之万，人处一焉；人卒九州⑥，谷食之所生，舟车之所通，人处一焉；此其比万物也，不似毫末之在于马体乎？五帝之所连，三王之所争，仁人之所忧，任士之所劳，尽此矣！伯夷辞之以为名，仲尼语之以为博，此其自多也，不似尔向之自多于水乎？"

【注释】①涘〔sì〕：河岸。②河伯：黄河之神。③若：海神之名。④礨〔lěi〕空：石块的小孔。⑤稊〔tí〕：一种形似稗的草，果实像小米。⑥卒：

借为"萃"聚集。

【译文】 秋雨绵延不绝,河水按时上涨,千百条河流都灌注到黄河,使黄河干流大大加宽,两岸之间,河中小洲之上,望过去分辨不清是牛是马,于是河神洋洋自得,以为天下壮美尽在自身了。顺河流向东走,到达北海,向东面望去,看不到水的边界。这时候河伯才收敛了自满自得的神态,望着浩瀚无边的大海对海神感叹:"俗话说:'听了很多道理,总觉得没有人能赶得上自己。'我就是这样的人啊。我曾听说有人小看孔子的学识,轻视伯夷的信义,起初我不相信,现在我看到你的浩瀚无边,才发现我如果不到你这里来,就糟了,我将长久地被懂得大道的人笑话。"海神说:"对于井底之蛙,不可以和它谈论大海,因为它受到季居所的限制;对于夏天的虫子,不能和它谈论冰,因为它受到季节的限制;对于孤陋寡闻的人,不可以同他谈论大道,因为他受到所学的限制。现在你走出河流两岸,看见无边的大海,于是知道自己的鄙陋,这样就可以同你讨论大道了。天下的水,没有比海再大的了,千万条河都流向它,没有停止的时候,海也不会溢满;尾闾不停排放,海也永不枯竭;不论是春天还是秋天,大海都没有什么变化;不论是水涝还是干旱,大海都没有改变。大海超过江河的容量是没有办法估量的,而我从来没有因此而自满,因为我从天地那里继承了形体,从阴阳变化中秉受了生气,我在天地之间,如同小砖块、小树木在大山之中,我只觉得自己很渺小,又哪里会自满呢?算起来中国在四海之内,不也就像一粒米在大谷仓之中吗?事物数量以万计,人只是其中之一;人聚居在九州中,谷物生长的地,舟车可以通行的地方,而个体只是众人中之一,个人与万物相比,不也就像马身上的一根汗毛一样微乎其微?五帝以禅让相传承的,三王以武力相争夺的,仁人所担忧的,贤能之士所操劳的,都是这样的一根汗毛啊。伯夷辞让以博得好名声,仲尼谈论以彰显博学,这是他们自以为是,不就像刚才自夸黄河之水壮观一样吗?

河伯曰:"然则吾大天地而小毫末,可乎?"北海若曰:"否。夫物,量无穷,时无止,分无常,终始无故①。是故大知观于远近,故小而不寡,大而不多,知量无穷。证曏②今故,故遥而不闷,掇而不跂,知时无止,察乎盈虚,故得而不喜,失而不忧,知分之无常也。明乎坦塗③,故生而不说,死而不祸,知终始之不可故也。计人之所知,不若其所不知;其生之时,不若未生之时;以其至小,穷其至大之域,是故迷乱而不能自得也。由此观之,又何以知毫末之足以定至细之倪?又何以知天地之足以穷至大之域!"

【注释】①故:通"固"。②证曏今故:曏〔xiàng〕,明。今故,犹古今。③塗:通"途"。

【译文】河伯说:"既然这样,那么我以天地为大,以毫末为小,可以吗?"北海神说:"不可以。物的数量是无穷尽的,时间是不会停止的,得失不是恒常不变的,终始也不是固定不变的。所以大智之人能够观察远处和近处的一切事物,因而小的东西不觉得小,大的东西也不觉得大,这就是他深知物量是没有穷尽的;考察古今变化无穷的情形,所以对遥远的古事不感厌倦,对于伸手可触的未来也没有期待,这就是他通晓时间是没有止境的,看清事物盈满和空虚的相转化,所以得到了并不感到欣喜,失去了也不会悲伤,这是因为他知道得失是没有一定的。明白死生是人生走过的一条坦途,所以对生不感到欣喜,对死也不看作灾祸,这就是他知道死生往复的道理。算起来，人所知道的，不如他所不知道的多；拥有生命的时间，远不如他失去生命的时间长；以极其有限的智慧和极其短暂的生命去穷尽宇宙的知识，因此陷入迷惑而无所得。由此看来，又怎么知道毫末可以确定最小的限度？怎么知道天地足以穷尽最大的领域呢！"

河伯曰："世之议者皆曰：'至精无形，至大不可围。'是信情乎？"北海若曰："夫自细视大者不尽，自大视细者不明。夫精，小之微也；垺①，大之殷也；故异便。此势之有也。夫精粗者，期于有形者也；无形者，数之所不能分也；不可围者，数之所不能穷也。可以言论者，物之粗也；可以意致者，物之精也；言之所不能论，意之所不能察致者，不期精粗焉。是故大人之行，不出乎害人，不多仁恩；动不为利，不贱门隶；贷财弗争，不多辞让；事焉不借人，不多食乎力，不贱贪污；行殊乎俗，不多辟异；为在从众，不贱佞谄；世之爵禄不足以为劝，戮辱不足以为辱；知是非之不可为分，细大之不可为倪。闻曰：'道人不闻，至德不得，大人无己，'约分之至也。"

【注释】①垺〔fú〕：通"郛"，外城。

【译文】河神说："世间议论说：'最细小之物没有形体，最庞大之物是无法度量其外围的。'这话真实可靠吗？"北海神说："从细小的角度看待庞大的事物总看不全面，从宏大的角度看细小的事物总看不清楚。所说的'精'，是指小事物中最微小的；所说的'垺'，是大事物之外更为庞大的，所以事物小大不同，却有各自的自然本性，这是事物自身发展的趋势。这里所说的精和粗，都是限于有形迹的东西，至于至精无形之物，是度数所不能计量、划分的；至大不可规定范围之物，是用度数所不能穷尽的。可以言说议论的是事物中的粗的部分，只能用心去体会的是事物中精致的部分，那些言语所不能谈论，意识所不能领会的，就超出精的范围了。因此，大人行事，不会有意害人，也不会夸耀对他人的仁爱和恩惠；行动不为牟取利益，也不看轻守门之奴，不与别人争夺财物，也不推崇辞让财物的举动，行事不借助他人之力，也不夸赞自食其力，不鄙视贪财污浊的行为。行事与世俗不同，却不是故意标新立异；顺从众人，却不鄙视谄媚讨好；世间的高爵位厚俸禄不足以鼓励他，刑罚和耻辱也不足以羞辱他，因为他深知是非是不可分辨的，精细与庞大同样无法分辨。听说过这样说法：'得道之人不闻名于世，大德之人不期望有所得，大人忘却自己。'这样就消灭万物的差别达到了极致了。"

河伯曰："若物之外，若物之内，恶至而倪贵贱？恶至而倪小大？"北海若曰："以道观之，物无贵贱；以物观之，自贵而相贱；以俗观之，贵贱不在己。以差观之，因其所大而大之，则万物莫不大；因其所小而小之，则万物莫不小。知天地之为稊米也，知毫末之为丘山也，则差数睹矣。以功观之，因其所有而有之，则万物莫不有；因其所无而无之，则万物莫不无。知东西之相反而不可以相无，则功分定矣。以趣观之，因其所然而然之，则万物莫不然；因其所非而非之，则万物莫不非。知尧桀之自然而相非，则趣操睹矣。昔者尧舜让而帝，之哙让而绝[①]；汤武争而王，白公争而灭[②]。由此观之，争让之礼,尧桀之行,贵贱有时,未可以为常也。梁丽可以冲城③,而不可以窒穴,言殊器也;骐骥骅骝④,一日而驰千里,捕鼠不如狸狌,言殊技也;鸱鸺夜撮蚤⑤,察毫末,昼出瞋目⑥而不见丘山,言殊性也。故曰:盖⑦师是而无非,师治而无乱乎?是未明天地之理,万物之情者也。是犹师天而无地,师阴而无阳,其不可行明矣!然且语而不舍,非愚则诬也!帝王殊禅,三代殊继。差其时,逆其俗者,谓之篡夫;当其时,顺其俗者,谓之义徒。默默乎河伯!汝恶知贵贱之门,小大之家!"

【注释】①之:指燕国宰相子之。哙〔kuài〕:指燕国国君哙。燕王哙将王位禅让给宰相子之,后来齐宣王兴师伐燕,杀死哙与子之,燕国几乎亡国。②白公:楚平王之孙,因起兵叛逆被镇压。③丽:通"欐"。梁欐即屋栋。④骅骝〔huá liú〕:古代良马。⑤鸱鸺〔chī xiū〕:即猫头鹰。⑥瞋目:张目,瞪大眼睛。⑦盖:同"盍",何不。

【译文】河伯说:"是从物性之外还是从物性之内来区分它们的贵贱?怎么区分它们的大小呢?"北海神说:"从大道来看,万物没有贵贱之分。从万物自身角度来看,万物各自为贵,而以对方为贱。从世俗观念来看,事物之贵贱不是自身所固有的。从万物的差别来看,如果顺着万物大的方面视其为大,那么万物没有不是大的;如果顺着万物小的方面视其为小,那么万物没有不是小的,天地既可看作像一粒细米那般小,一根毫毛末梢也可看作丘山那般大,那么万物大小的相对性很明白了。从事物的功用来看,顺着其有用的一面看,万物没有不具功用的;顺着其不具功用的一面看,则万物没有具备功用的;明白东与西虽然方向相反却又相互依存的道理,则万物的功用职分就确定下来了。从万物的趋向来看，顺其值得肯定的一面把它视为对的，则万物没有不是对的；顺其否定的一面把它看成错的，那么万物没有不是错的；明白尧与桀的自以为是，而互以对方为非，那么观点与操守的不同就很明白了。从前尧、舜由禅让而成为帝，燕王哙与子之却因禅让而遭灭绝；商汤与周武王以武力相争而为王，白公胜却因为争夺而灭亡。由此看来，争夺与禅让的礼法，尧与桀的行为，他们的贵贱是因时而异的，没有一定的常规。栋梁可用来冲撞城门，而不可用来堵塞老鼠洞，这就是说器用的大小不同。骐骥、骅骝一类良马可日行千里，而捕捉老鼠则不如野猫和黄鼠狼，这就是说技能的不同。猫头鹰夜里可以抓住跳蚤，明察秋毫，白天出来瞪大眼睛也看不见丘山，这就是说物性的不同。俗语说，何不只学习对的而抛弃错的，学习好的而抛弃混乱的？这种说法实在是不了解天地间事物变化的实情。这就如同师法天而抛弃地，师法阴而抛弃阳一样，此路行不通。然而还是有人说个不停，这样做不是愚昧无知便是存心骗人！五帝三王禅让的方式不同，夏商周三代王位继承方法也不一样。不合时宜，违背世道人心的，被称为篡逆的人；合乎时宜，顺应世道人心的，被称为高尚的人。沉默吧，河伯！你哪里能明白贵贱的门径、大小的区别呢？"

河伯曰："然则我何为乎，何不为乎？吾辞受趣舍①去，吾终奈何？"北海若曰："以道观之，何贵何贱，是谓反衍②；无拘而志，与道大蹇。何少何多，是谓谢施③；无一而行，与道参差。严乎若国之有君，其无私德；繇繇乎若祭之有社，其无私福；泛泛乎其若四方之无穷，其无所畛域④。兼怀万物，其孰承翼？是谓无方。万物一齐，孰短孰长？道无终始，物有死生，不恃其成。一虚一满，不位乎其形。年不可举，时不可止；消息盈虚，终则有始。是所以语大之方，论万物之理也。物之生也，若骤若驰，无动而不变，无时而不移。何为乎，何不为乎？夫固将自化。"

【注释】①趣：通"趋"，趋就。②反衍：反复。向相反的方向发展，即转化。③谢施〔yì〕：谢，代谢。施，延伸。谢施，犹交替。④畛〔zhěn〕：界线。

【译文】河伯说："既然如此，那么我应该做什么？不该做什么？对于事物的辞让、受纳、趋就、舍弃，我究竟应该采取什么标准呢？"海神说："从道的角度来看，什么是贵什么是贱呢？可以说贵、贱都是可以向反方向转化的；不要用传统成见去束缚你的心志，使它与大道相违背。什么是少和什么是多呢？可以说多少是相互转化的；做事不要拘执一得之见，免得与大道相违背。庄重威严的像国君一样，对待人民没有偏爱；悠闲自得像受祭的社神一样，对参与祭祀的人没有偏袒；要像四面延伸的平地一样宽广，没有彼此的边界。对万物兼容并包，有谁能受到特殊庇护？这就是不偏向任何一方。万物原本是一样的，谁为短谁为长呢？大道是无始无终的，而万物有生有死，但其生死不是固定不变，所以不足以依赖。大道空虚盈满时时转化，并没有固定不变的状态。岁月不能留存，时间不能停止。天地万物的生息、消亡、盈满、空虚都在终而复始运转不停。这就是讲说大道的法则，论述万物的道理。万物之生长，如同马儿疾驰车儿疾行，一举一动都在变化，无时无刻不在变化。什么是该做的？什么是不该做的？万物本来就是遵循自己的本性而变化的。"

河伯曰："然则何贵于道邪？"北海若曰："知道者必达于理，

达于理者必明于权,明于权者不以物害己。至德者,火弗能热,水弗能溺,寒暑弗能害,禽兽弗能贼。非谓其薄之①也,言察乎安危,宁于祸福,谨于去就,莫之能害也。故曰:'天在内,人在外,德在乎天。'知天人之行,本乎天,位乎得,蹢躅②而屈伸,反要而语极。"曰:"何谓天?何谓人?"北海若曰:"牛马四足,是谓天;落马首,穿牛鼻,是谓人。故曰:'无以人灭天,无以故灭命,无以得殉名③。谨守勿失,是谓反其真。'"

【注释】①薄之:迫近,引申为触犯。②蹢躅〔zhí zhú〕:通"踯躅",进退两难。③殉名:为追求虚名而丧生。

【译文】河神说:"既然如此,那么道还有什么可贵之处呢?"海神说:"明白大道的人必能通达事理,通达事理的人必能明白权变,明白权变的人不会让外物损害自己。真正懂得大道的人,火不能烧伤他,水不能淹死他,严寒酷暑不能侵害他,凶禽猛兽不能伤害他。不是说至德的人迫近、触犯这些而不受伤害,而是说他能明察安全与危险的情况,能看透祸福之间的转化关系,能谨慎地对待进退去留,所以没有什么外物能损害他。因此说:'天机藏在人心内,人事露在身外,至德合于自然。'知道天性与人为两方面,以天性为根本,处于自得的位置上,或进退或屈伸,返回道中心,而谈论道的极致。"河神说:"什么是天性?什么是人为?"海神说:"牛马长有四足,就是天性;给马带上笼头,给牛穿上鼻绳,就是人为。所以说,不要以人为来破坏天然,不要用造作来损害性命,不要为追求名声而戕害本性,执守本性而不丧失,就是复归天真的本性。"

夔怜蚿①,蚿怜蛇,蛇怜风,风怜目,目怜心。夔谓蚿曰:"吾以一足趻踔而行②,予无知矣。今子之使万足,独奈何?"蚿曰:"不然。子不见夫唾者乎?喷则大者如珠,小者如雾,杂而下者不可胜数也。今予动吾天机,而不知其所以然"。蚿谓蛇曰:"吾以众足行,而不及子之无足,何也?"蛇曰:"夫天机之所动,何可易邪?吾安用足哉!"蛇谓风曰:"予动吾脊胁而行,则有似也。今子蓬蓬然起于北海,蓬蓬然入于南海,而似无有,何也?"风曰:"然。予蓬蓬然起于北海而入于南海也,然而指我则胜我,鰌我亦胜我③。虽然,夫折大木、蜚大屋者④,唯我能也,故以众小不胜为大胜也。为大胜者,唯圣人能之。"

【注释】①夔〔kuí〕:古代神话中的一足兽。蚿〔xián〕:百足虫。②趻踔〔chěn chuō〕:跳着行走。③鰌〔qiū〕:本亦作"蹴〔cù〕"踢踏。④蜚:通"飞"。

【译文】独脚的夔羡慕多足的蚿,多足的蚿羡慕无足的蛇,无足的蛇羡慕无形的风,无形的风羡慕明察秋毫的眼睛,能明察的眼睛羡慕能隐藏的心。夔对蚿说:"我用一只脚面跳着走路,我不如你。现在你用万只脚走路,究竟怎样使用这些脚呢?"蚿说:"你说的不对,你没有看见打喷嚏的人吗?喷出的唾沫大的如水珠,小的如雾气,混杂着落下来,数都数不清。现在我只是顺着天性而行,而不知道它究竟为什么是这样。"蚿对蛇说:"我用那么足行走却不及你没有脚走得快,这是为什么呢?"蛇说:"我依靠天然的本能行走,怎么可以改变呢?我哪里用得着脚啊?"蛇对风说:"我运动脊背和肋部而爬行,这是有形可循的;现在你呼呼地由北海刮起,又呼呼地吹入南海，好像完全没有形迹似的，这是为什么呢？"风说："是的。我呼呼地从北海刮起然而吹入南海。可是，人们用手指来指我，就能胜过我，用足踏我也能胜过我；即使如此，那折断大树、吹起房屋的，也只有我能办得到。这是不求小的胜利而求大的胜利。取得大的胜利，只有圣人才能办得到。"

孔子游于匡①，宋人围之数匝②，而弦歌不惙③。子路入见曰："何夫子之娱④也？"孔子曰："来，吾语女。我讳穷⑤久矣，而不免，命也；求通久矣，而不得，时⑥也。当尧舜而天下无穷人⑦，非知得也；当桀纣而天下无通人，非知失也：时势适然⑧。夫水行不避蛟龙者，渔父之勇也；陆行不避兕⑨虎者，猎夫之勇也；白刃交于前，视死若生者，烈⑩士之勇也；知穷之有命，知通之有时，临大难而不惧者，圣人之勇也。由，处矣⑪！吾命有所制⑫矣！"无几何，将甲者⑬进，辞曰："以为阳虎⑭也，故围之；今非也，请辞而退。"

【注释】①匡：春秋时卫国邑名，在今河南睢县西。②匝：环绕一周。宋："卫"之误。据《史记·孔子世家》载，孔子由卫去陈，路经匡邑。因以前阳虎侵暴过匡邑，孔子长得很象阳虎，又因孔子弟子颜刻也曾与阳虎一起凌犯匡人，此次又恰好是他为孔子御车，匡人误以为阳虎重来，便出兵把他们包围起来。③惙：通辍，止也。弦歌：弦指琴瑟之类乐器，歌为诵诗、唱诗，指孔子和弟子们虽被包围，仍在行礼作乐，唱诗并以琴瑟等乐器伴奏。④娱：快乐。孔子一行为匡人包围，处境十分危险，孔子不忧惧，反而让弟子唱诗奏乐，子路不理解，而有此问。⑤讳穷：忌讳困穷。⑥时：机遇，时势，时运之意。⑦穷人：困穷不通达之人。⑧时势适然：时势、时运造成这样的。⑨兕：犀牛一类猛兽,独角,青色,体重可达三千斤。⑩烈士:古代泛指有志于功业或重义轻生的人,此指后者。⑪处矣:安心吧,指让子路不用担心,顺天安命而已。⑫制:分限、限定。孔子意为,我的命运是由上天安排确定的,只须顺时安命就是了,不必担心什么。⑬将甲者:统帅甲士的长官,将,统帅也,甲,指甲士,即着盔甲之兵士。⑭阳虎:又名阳货,本为鲁国季孙氏家臣,后篡夺鲁国政权,把持大权达三年之久。在鲁定公六年,他带兵侵略匡邑,与匡人结仇。

【译文】孔子师徒游经匡邑,卫国军人把他们层层包围起来,孔子和弟子们唱诗奏乐之声并未因此而停下。子路进来见孔子说:"为什么先生还这样快乐呢?"孔子说:"来吧,我讲给你!我忌讳困穷很久了,而摆脱不掉,这是命该如此啊!我渴求通达很久了,而不能得到,这是时运不佳啊!处在尧舜时代,天下没有困穷之人,不是因为他们有智慧;处在桀纣时代,天下没有通达之人,不是因为他们没有智慧,一切都是时运造成的呀。那些在水底通行不躲避蛟龙的人,是渔夫的勇敢。在陆上行走不躲避犀牛老虎的人,是猎人的勇敢。闪光的刀剑横在面前,把死看得如生一样平常,是烈士的勇敢。知道困穷是由于命运,知道通达是由于时机,遭逢大危难而不畏惧的,这是圣人的勇敢。仲由,你安心吧!我的命运是由老天安排定的。"没过多久,统领甲士的长官进来道歉说:"以为你们是阳虎一伙,所以把你们包围起来,现在知道不是,请让我表示致歉而退兵。"

公孙龙①问于魏牟曰:"龙少学先王之道,长而明仁义之行;合同异②,离坚白;然不然③,可不可;困百家之知④,穷众口之辩;吾自以为至达⑤矣。今吾闻庄子之言,汒焉⑥异之。不知论⑦之不及与? 知之弗若与? 今吾无所开吾喙⑧,敢问其方⑨。"公子牟⑩隐机太息,仰天而笑曰:"子独不闻夫坎井⑪之蛙乎? 谓东海之鳖曰:'吾乐与! 吾跳梁⑫乎井干之上,入休乎缺甃之崖⑬。赴水则接腋⑭持颐,蹶⑮泥则没足灭跗。还⑯虷蟹与科斗,莫吾能若⑰也。且夫⑱擅一壑之水,而跨跱⑲坎井之乐,此亦至矣。夫子⑳奚不时来入观乎?'东海之鳖左足未入,而右膝已絷㉑矣。于是逡巡㉒而却。告之海曰:'夫千里之远,不足以举㉓其大;千仞之高,不足以极其深。禹之时,十年九潦㉔,而水弗为加益;汤之时,八年七旱,而崖㉕不为加损。夫不为顷㉖久推移,不以多少进退者㉗,此亦东海之大乐也。'于是坎井之蛙闻之,适适然㉘惊,规规然㉙自失也。且夫知不知是非之竟㉚,而犹欲观㉛于庄子之言,是犹使蚊虻负山、商蚷㉜驰河也,必不胜任矣。且夫知不知论极妙之言㉝,而自适一时之利者,是非坎井之蛙与? 且彼方跐黄泉而登大皇㉞,无南无北,奭然㉟四解,沦于不测㊱;无东无西,始于玄冥㊲,反于大通㊳。子乃规规然而求之以察,索之以辩,是直用管窥天㊴、用锥指地也,不亦小乎? 子往矣! 且子独不闻夫寿陵㊵余子之学行于邯郸与? 未得国能㊶,又失其故行矣,直㊷匍匐而归耳。今子不去,将忘子之故,失子之业。"公孙龙口呿㊸而不合,舌举而不下,乃逸㊹而走。

【注释】①公孙龙:战国时赵国人,曾作过平原君的门客,名家的主要代表人物。②合同异:名家惠施一派的典型命题,强调事物的同一性。③然不然,可不可:以不然为然,以不可为可。就是在辩论中,把别人认为不对的论说成对,把别人认为不可以的论说成可以。④知:知识、见解。辩:口才。⑤至达:极为通达事理。⑥汒焉：同"茫然"，迷惘不清。"汒"同"茫"。⑦论：指口才、辩才。知：知识、智力。⑧喙：鸟兽的嘴，此指人之口。因庄子之言奇异虚玄，公孙龙无从理解，虽善辩亦不知从何开口。⑨方：方法、方术、道理。⑩公子牟：即魏牟。隐机大息：公子牟是位得道者，体道清高，超然物外，对公孙龙热衷于世间的是非之争，以能言善辩自许、不明大道的浅薄无知，而深深叹息。隐机，背靠小几。古人席地而坐，靠小几以减轻疲劳。机，同"几"。⑪坎井：浅井。独：唯独、只有。⑫跳梁：又作跳踉，跳跃。井干：井上之围栏。⑬缺甃之崖：井壁缺口靠水之处，井蛙在这里休息。甃〔zhòu〕，井壁。崖，水边。⑭腋，腋窝。颐：两腮下面。这句指井蛙入水时，水托在前肢和两腮下面。⑮蹶〔jué〕：践踏。没灭：埋到、埋没之意。⑯还：环视，向周围看。虷〔hán〕：井中赤虫，又说为蚊子幼虫。蟹：小螃蟹。科斗，蝌蚪，蛙类幼虫。⑰莫吾能若："莫能若吾"的宾语提前，表示强调。没有能像我这样的。⑱且夫：递进连词，表句子或段落意义的连接和加深，与况且、再说意思接近。擅：独占。壑：深沟，此指土井。⑲跨跱：形容蛙在井中跳跃、蹲踞的神态，跱〔zhì〕，蹲着。⑳夫子：井蛙对东海之鳖的尊称。奚，何。时来：时常前来，经常前来。㉑絷〔zhí〕：绊住。东海之鳖身躯巨大，而坎井空间狭小，所以左足未踏到井底，右膝就被绊住了。㉒逡〔qún〕巡：犹豫徘徊，迟疑不决。㉓举：称说，形容。㉔潦：同"涝"，雨水过多，发生水灾。㉕崖：同"涯"，水边，此指海水边缘。句意为虽多年干旱水少，海水也不会因而减少，使海水边界向内缩小。㉖顷：短暂。久：长久。推移：改变。㉗不以多少进退者：不会因雨水之多少而使海水有所进退。㉘适适然：惊骇恐怖的样子。㉙规规然：惊视自失的样子。形容井蛙听到关于大海的议论，惊怖不已，茫然自失的神态。㉚知不知：智慧不能通晓。前一知，通智，指人的智能、智慧，后一知，当通晓讲。竟：同"境"。㉛观：观察领会。㉜商蚷〔jù〕：又名马蚿、马陆，一种暗褐色小虫，栖息于湿地和石堆下，能在陆地爬行，不会游水。㉝极妙之言：指庄子讲论大道极其玄虚微妙的言论。适：快意、满足。句意为况且智慧不足以理解和论述极微妙玄虚之言，而自满自足于一时口舌相争之胜利。㉞彼：指庄子。跐〔cǐ〕：履也。黄泉：地底深处之泉水，此泛指地下极深处。大皇：指天之极高处，大，同"太"。句意为庄子之言，神妙无方，变幻莫测，就像刚刚踏在地之极深处，忽而又升至天的极高处。㉟奭〔shì〕然：释然，逍遥自在，无拘无束的样子。四解：四面八方无不通达理解。㊱沦于不测：深入于不可测知的境界。㊲玄冥：幽远暗昧不可测知的玄妙境界。㊳大通：于万事万物之道无不通达。㊴规规然：琐细分辨的样子。用管窥天：从管子里去看天，比喻听见极小。㊵寿陵：燕邑名。余子：少年。邯郸：赵国都城。㊶国能：赵人走路的本领。㊷直：竟然。匍匐：爬行。㊸呿〔qū〕：张开口。㊹逸：逃走。走：奔跑。

【译文】公孙龙问魏牟说："我少年时就学习先王大道，年长后通晓仁义的行为，能把相同相异的事物论证为无差别的同一，能把坚白等属性论证为与物体相分离；能在辩论中把别人认为不对的论说成对，把别人认为不可以的论说成可以；能困窘百家之见解，使众多善辩者理屈词穷；我自以为已经是极力通达事理了。现在我听了庄子的言论，深感迷惘不解，不知是我的辩才不及他高呢，还是知识不如他博？现在我都不知道从哪里开口了，请问这是什么道理呢？"魏牟靠着小几深深叹息，又仰天而笑说："唯独你没有听说浅井之蛙的故事吗？井蛙对东海之鳖说：'我多么快乐呀！我跳到井栏上，又蹦回到井中，在井壁缺口水边休息，游水则井水托住腋窝和两腮之下，践踏淤泥则没过脚背；环视周围的小红虫，小螃蟹、小蝌蚪，没有能像我这样自如的！况且独占一井之水，在其中跳跃蹲踞的乐趣，这也就算达到极点了，你先生何不时常进来观光呢？'东海之鳖左足还没有踏到井底，右膝就被绊住了。于是，迟疑一会就退出来了，并告诉井蛙关于大海的样子说：'用千里的遥远，不足以形容海之大；用八千尺的高度，不足以穷尽海之深。大禹的时代，十年有九年发生水灾，而海水并不因此而增加；商汤时代，八年有七年闹旱灾，海水边沿也不因此而向后退缩。它不为时间的短暂和长久而有所改变，不因雨水多少而有所进退，这也就是东海之最大乐趣啊！'浅井之蛙听了这些，惊怖不已，现出茫然自失的样子。再说，你的智慧还未能通晓是非之究竟，就要观察领会庄子的言论，这就如同让蚊子背大山，让商蚷在河中游一样，必定不能胜任。况且你的智慧不足以理解和论述极微妙之言论，而自满自足于一时口舌相争之胜利，这不是和浅井蛙一样吗？再说庄子之言玄妙莫测，就像刚刚站在地下极深处，又忽而上升天之极高处，不分南北，四面畅通无滞碍，深入于不可知之境；不分东西，从幽远暗昧之境开始，再返回于无不通达之大道。你就只知琐细分辨，想用明察和辩论去求索其理，这简直是从管子里看天，用锥子尖指地一样，不是所见大小了吗？你去吧，唯独你没有听过寿陵少年去邯郸学习走步的故事吗？没有学会赵国人走路的技艺，反而把自己原来的走法也忘记了，只好爬着回去！现在你要不离开，将会忘记原来的本事，失掉固有的事业。"公孙龙听了这套高论，惊异得合不拢嘴，说不出话，就匆忙逃离了。

庄子钓于濮水①，楚王使大夫二人往先焉，曰："愿以境内累矣！"庄子持竿不顾，曰："吾闻楚有神龟，死已三千岁矣。王巾笥而藏之庙堂之上②。此龟者，宁其死为留骨而贵乎？宁其生而曳尾于涂中乎？"二大夫曰："宁生而曳尾涂中。"庄子曰："往矣！吾将曳尾于涂中。"

【注释】①濮水：水名，在今安徽芡河上游。②笥〔sì〕：盛衣服的方形竹箱。

【译文】庄子在濮水边钓鱼，楚威王派二位大夫前来邀请他出会仕，说："愿意把国事委托给先生！"庄子手持钓竿，头也不回地说："我听说楚国有只神龟，已经死去三千年了。楚王将它的骨甲蒙上罩巾装在竹箱里,供奉在太庙明堂之上。对于这只龟来说,它是愿意死后留下骨甲而尊贵呢?还是宁愿活着在泥里拖着尾巴爬行呢?"两位大夫回答说:"宁愿活着拖着尾巴在泥里爬行。"庄子说:"你们请回吧!我将照旧拖着尾巴在泥里爬行。"

惠子相梁①,庄子往见之。或谓惠子曰:"庄子来,欲代子相。"于是惠子恐,搜于国中三日三夜。庄子往见之,曰:"南方有鸟,其名曰鹓鶵②,子知之乎?夫鹓鶵发于南海而飞于北海,非梧桐不止,非练实不食,非醴泉不饮③。于是鸱得腐鼠,鹓鶵过之,仰而视之曰'吓!'今子欲以子之梁国而吓我耶?"

【注释】①惠子:惠施,名家代表人物,庄子的辩友。②鹓鶵〔yuān chú〕:传说中与鸾凤同类的鸟。③醴〔lǐ〕:甜酒。

【译文】惠施做了梁国的相,庄子前去拜访他。有人对惠施说:"庄子前来,打算夺取你的相位。"于是惠施十分惊恐,派人在都城内搜索庄子,搜了三天三夜。庄子前去见惠施说:"南方有一种鸟,名叫鹓鶵,你知道吗?这种鸟从南海出发,飞往北海;不是梧桐树不肯停息,不是竹子的果实不肯食用,不是甘美的泉水,不肯取饮。在这时猫头鹰得到一只腐烂的老鼠,见鹓鶵飞过,仰头看着发出一声威吓:'吓!'今天,你也想用你的梁国来吓我吗?"

庄子与惠子游于濠梁之上①。庄子曰:"鯈鱼出游从容②,是鱼之乐也。"惠子曰:"子非鱼,安知鱼之乐?"庄子曰:"子非我,安知我不知鱼之乐?"惠子曰:"我非子,固不知子矣;子固非鱼也,子之不知鱼之乐,全矣!"庄子曰:"请循其本。子曰'汝安知鱼乐'云者,既已知吾知之而问我。我知之濠上也。"

【注释】①濠:水名,在今安徽凤阳县境内。②鯈:通"鲦",白条鱼。

【译文】庄子与惠施在濠水桥上游玩。庄子说:"白条鱼悠闲自在地游水,真是快乐呀。"惠施说:"你又不是鱼,怎么知道鱼的乐趣?"庄子说:"你不是我,怎么知道我不知道鱼的乐趣?"惠施说:"我不是你,本来就不知道你;你本不是鱼,你也不知鱼的乐趣,完全可以肯定。"庄子说:"请循着我们争论的起点说起,你所说的'你怎么知道鱼的乐趣'这句话,表明已经肯定我知道鱼的乐趣之后向我发问的。只不过问我从哪里知道的罢了,告诉你我是在濠水桥上知道鱼的乐趣呀!"

至乐

【题解】"至乐"是首句中的两个字,意思是最大的快乐。人生在世什么是最大的快乐呢?人应怎样对待生和死呢?本篇讨论,回答了这些问题。

全文自然分成七个部分。第一部分至"人也孰能得无为哉",连续五句提问后,列举并逐一批评了世人对苦和乐的看法,指出从来就没有什么真正的快乐,所谓"至乐"也就是"无乐"。第二部分至"故止也",写庄子妻子死时鼓盆而歌的故事,借庄子的口指出人的死生乃是气的聚合与流散,犹如四季的更替。第三部分至"我又何恶焉",指出"死生如昼夜",人只能顺应这一自然变化。第四部分至"复为人间之劳乎",借髑髅之口写出人生在世的拘累和劳苦。第五部分至"是之谓条达而福持",借孔子之口讲述一个寓言故事,指出人为的强求只能造下灾祸,一切都得任其自然。第六部分至"予果欢乎",指出人的死生都不足以忧愁与欢乐。余下为第七部分,写物种的演变,这一演变的过程当然是不科学的,没有根据的,其目的在于说明万物从"机"产生,又回到"机",人也不例外,从而照应了首段,人生在世无所谓"至乐",人的死与生也只是一种自然的变化。

天下有至乐无有哉?有可以活身者①无有哉?今奚为奚据?奚避奚处?奚就奚云?奚乐奚恶?

夫天下之所尊者,富贵寿善也;所乐者,身安厚味美服好色音声也;所下②者,贫贱夭恶也;所苦者,身不得安逸,口不得厚味,形不得美服,目不得好色,耳不得音声。若不得者,则大忧以惧,其为形③也亦愚哉④!

夫富者,苦身疾作,多积财而不得尽用,其为形也亦外⑤矣!夫贵者,夜以继日,思虑善否⑥,其为形也亦疏⑦矣!人之生也,与忧俱生。寿者惛惛⑧,久忧不死,何苦也!其为形也亦远⑨矣!烈士⑩为天下见善矣,未足以活身。吾未知善之诚善邪?诚不善邪?⑪若以为善矣,不足活身;以为不善矣,足以活人。故曰:"忠谏不听,蹲循⑫勿争。"故夫子胥争之,以残其形⑬;不争,名亦不成。诚有善无有哉?

今俗之所为与其所乐,吾又未知乐之果乐邪?果不乐邪?吾观夫俗之所乐,举群趣者⑭,誙誙然⑮如将不得已,而皆曰乐者,吾未之乐也,亦未之不乐也⑯。果有乐无有哉?吾以无为诚乐矣,又俗之所大苦也。故曰:"至乐无乐,至誉无誉⑰。"

天下是非果未定也。虽然,无为可以定是非⑱。至乐活身,唯无为几存⑲。请尝试言之:天无为以之清,地无为以之宁,故两无为相合,万物皆化。芒乎芴乎⑳,而无从出乎!芴乎芒乎,而无有象乎!

万物职职㉑,皆从无为殖。故曰:天地无为也而无不为也。人也孰能得无为哉!

【注释】①活身者:全生保身的方法。②下:与"尊"相对,尊为所追求的价值,下即否定性价值。③为形:保养身体。④愚:不得"所尊"即忧而惧,此为"所苦"之事,对保养身体无益,所以说愚蠢的。⑤外:苦身疾作的目的是为了富积财物,还是为了保养身体,如果为了保养身体,苦身疾作本身就是在伤害身体,不是与目的正好相反吗?所以说"外",即目的和手段是相反的。⑥否〔pǐ〕:不善。⑦疏:疏远。言"贵者"的夜以继日,思虑善与不善,也离保养身体的目标更远了。⑧惽惽〔hūn〕:糊涂,神志不清。长寿和"与忧俱生"的人生是矛盾的,"久忧不死"是一件痛苦的事,所以说是糊涂。⑨远:求寿就久忧,所以也是自相矛盾,目的和手段越来越远。⑩烈士:即儒家所讲的杀身成仁舍生取义的人。⑪吾未知善之诚善邪?诚不善邪:善有两意,前一个"善"字指儒家的"善",后两个"善"字指价值。⑫蹲循:如逡巡,退却之意。⑬子胥争之以残其形:吴王夫差接受越王勾践的求和请求,伍子胥认为勾践的求和是越国的阴谋,苦谏夫差,因而被赐死。⑭举群趣者:举,都。趣,同"趋"。世俗生活中所有的人都奔往所乐之处。⑮誙誙〔jìng〕然:坚定的样子。⑯未之乐也,亦未之不乐也:既不以为乐也不以为不乐。⑰至乐无乐,至誉无誉:有乐则有忧,乐与忧共存,如东西之相反而不可以相无。所以,乐之极至为无乐,因为只有无乐才能无忧,这样就可以达于至乐之境。⑱无为可以定是非:是非并没有同一的客观标准,"彼亦一是非,此亦一是非",随人所命,既然如此,就不如以"无为"的态度,任万物自行去区别是非。⑲唯无为几存:几,近似,差不多。即只有无为近似于至乐活身之道。⑳芒乎芴乎:即老子的"恍兮忽兮",形容无形无象的大道。㉑职职:繁多。

【译文】世上到底有没有"至乐"境界呢?有全生保身的办法

还是没有呢？现在应当有何作为？以何为依据？回避什么？定位在哪里？趋就什么？舍弃什么？喜好什么？厌恶什么？

天下人最崇尚的就是富有、尊贵、长寿、声誉；最喜爱的就是身体安逸，美味佳肴，服饰漂亮，色彩艳丽，音乐动听；人在价值上所否定的是生活贫穷，地位低下，夭折和坏名声；最苦恼的是身不能安逸，口不得美味，没有漂亮的衣服，看不到艳丽的色彩，听不到悦耳的音乐。如果不能得到这些，就大为恐惧，这样的养身方法岂不是太愚蠢了吗？

富有的人，为了财富而劳心劳力抓紧做事，但聚积财富却不能尽数享用，这是求养身于外了！高贵的人，夜以继日，费心劳神地分辨善与不善的界限，这和养身也根本不沾边！人一生下来，就和忧虑同在。长寿的人稀里糊涂，长久地处于忧愁之中而等死，何等苦恼啊！这样地养身健体，与原初的设定，相距更远了！殉名之士为天下人所称道，却不能保全自身的性命。我真不知道这种所谓的善到底是善呢，还是不善？如果认为是善，却连自身都不能保全；如果认为不善，它的确是又成全了他人。所以说，忠诚劝谏人不听，那就退身不强争。伍子胥因为强谏而遭受残害，然而如果不谏争，他也不会赢得声名。这样说来，这善到底是有还是没有呢？

现如今世俗所以为快乐的，我也不知那是不是快乐。我观察那些世俗所认为快乐的事情，大家似乎都在成群结队地追逐，一个个坚定果敢的样子，好像无法停止似的，而他们都以为乐不可支的事情，我却认为并没有什么可乐的，然而也没有什么不可乐的。到底这快乐是有还是没有呢？我认为"无为"才确实是可乐的，可是流行的观念却又认为那是大大的痛苦。我认为："最高的快乐就是无忧无乐，最高的赞誉就是不褒不贬。"

天下的是非确实是难以确定的。即使这样说，"无为"却可以决定是非。最高的快乐是让自己活下来，也只有"无为"才能勉强可以达到这一目的。我们不妨试着讨论一下：天正是由于它的无为才得以清虚，地正是由于无为才得以安宁；所以天和地二者的无为结合起来，万物才都得以生发出来。恍惚暧昧，我们不知道它们究竟是从何而来！暧昧恍惚，它们似乎没有一定的形象！然而万物是如此众多繁杂，它们都在"无为"中生长出来。所以说，天地是无为，又是无不为的。人啊，谁能得到这"无为"的真谛啊！

庄子妻死，惠子吊之，庄子则方箕踞①鼓盆②而歌。

惠子曰："与人居，长子老身③死，不哭，亦足矣，又鼓盆而歌，不亦甚乎！"

庄子曰："不然。是其始死也，我独何能无概然④？察其始而本无生⑤；非徒无生也，而本无形⑥；非徒无形也，而本无气。杂乎芒芴⑦之间，变而有气，气变而有形，形变而有生。今又变而之死。是相与为春秋冬夏四时行也。人且偃然⑧寝于巨室，而我噭噭然随而哭之，自以为不通乎命，故止也。"

【注释】①方箕箕踞：叉开双腿坐着，其形如簸箕。②鼓盆：敲击瓦盆。③长子老身：为你养大了孩子，自己的身体却老了。④概然：慨然，慨叹哀伤。⑤无生：未曾生下来时候。⑥形：形质，人没有生命之前当儋也没有形质。⑦芒芴〔hū〕：恍惚迷离，亦真亦幻的神秘状态，是从无到有转化的中间环节。⑧偃然：安息的样子。

【译文】庄子的妻子死了，惠子来吊，庄子正叉着腿坐在地上敲击瓦盆唱歌。

惠子说:"你和老伴过一辈子,她为你养大了孩子,自己却衰老了,现在人家死了,你不哭也就够了,却在这里敲着瓦盆唱歌,这不是太过分了吗!"

庄子说:"不是这样的呀。她刚死的时候我岂能不悲伤!然而推究起来,她最初本来是未曾有生命的,不但没有生命,而且本来也没有什么形质可寻;不但没有形质,而且怕是连精气也没有。她在那恍惚迷离的状态中,一变就有了气,气再变就有了形,形再变才有了生命。现在又由生而变成了死,这就像春夏秋冬四季运行一样。现在她还安安稳稳地睡在天地之间,而我在旁边嗷嗷地哭不停,自以为这是对不懂天命的表现,所以就不哭了。"

支离叔与滑介叔①观于冥伯之丘,昆仑之虚②,黄帝之所休。

俄而柳③生其左肘,其意蹶蹶然④恶之。支离叔曰:"子恶之乎?"

滑介叔曰:"亡,予何恶!生者,假借也。假之而生生者⑤,尘垢也。死生为昼夜。且吾与子观化而化及我⑥,我又何恶焉!"

【注释】①支离叔与滑介叔:虚拟人名。支离表示忘形,滑介表示忘智。②冥伯之丘,昆仑之虚:虚,同"墟",土丘。冥伯之丘喻杳冥之境。昆仑之虚喻遥远渺茫之处。③柳:通"瘤"。④蹶蹶然:惊恐而耿耿于怀的样子。⑤假之而生生者:指生于左肘之瘤。生生,指人借物而生,而瘤子又借人体而生。⑥观化而化及我:观化是一种超越的说法,因为只有超越出这个世界,才可以观这个世界之"化"。化及我即长了瘤子是一种在我身上体现出来的"化"。

【译文】支离叔和滑介叔在冥伯之丘和昆仑之墟"观化",这都是黄帝曾经休息过的地方。

突然,滑介叔的左肘上长出来一个瘤子,他显得非常惊惧不安,好像很厌恶这个瘤子。

支离叔说:"你厌恶它吗?"

滑介叔说:"不,我为什么要厌恶它!人的身体不过是假借众物合成而已。假借而生之身体又生出瘤子,不过是尘垢罢了。死生好比是昼夜交替。况且,我和你来这里是要观察造化的运行,化到了我的身上,正好借机仔细看看,我为什么会要厌恶它呀!"

庄子之楚,见空髑髅①,髐然有形②。

撽以马捶③,因而问之,曰:"夫子贪生失理而为此乎?将子有亡国之事,斧钺之诛,而为此乎?将子有不善之行,愧遗父母妻子之丑而为此乎?将子有冻馁之患而为此乎?将子之春秋故及此乎?

于是语卒,援④髑髅,枕而卧。

夜半,髑髅见梦曰:"子之谈者似辩士,视子所言,皆生人之累⑤也,死则无此矣。子欲闻死之说⑥乎?"

庄子曰:"然"。

髑髅曰:"死,无君于上,无臣于下,亦无四时之事,从然⑦以天地为春秋,虽南面王乐,不能过也。"

庄子不信,曰:"吾使司命⑧复生子形,为子骨肉肌肤,反⑨子父母、妻子、闾里、知识,子欲之乎?"

髑髅深矉蹙頞⑩曰:"吾安能弃南面王乐而复为人间之劳乎!"

【注释】①髑髅：死人的头骨。②髐然有形：髐然，头骨干枯的样子；有形，有似生人形貌。③撽以马捶：用马鞭敲打。撽，敲打。捶同"箠"，马箠即马鞭。④援：牵，拉过来。⑤累：牵累、负担。⑥说：同"悦"，愉悦、快乐。⑦从然：随便自如的样子。⑧司命：主管人生死的神。⑨反：通"返"，归还。⑩深矉〔pín〕蹙頞：矉通颦，皱眉头。頞同额。蹙为皱，皱着眉头，愁眉苦脸的样子。

【译文】庄子到楚国去的路上，看到一颗人头骨，虽干枯却仍有如活人的一般形貌。

庄子用马鞭敲打着骷髅，盯着它问道："先生是由于贪图享乐，放纵情欲，做了违法乱纪的事情才导致了这样的结果呢，还是遭遇亡国之战，被斧钺诛杀而变为现在这个样子？或者你是做了坏事，怕给父母妻子留下耻辱而羞愧自杀在此地？还是你因为不堪挨饿受冻的折磨而变成这样的呢？也许是你年事已寿终正寝，也许遇到什么变故才身首异处来到这里的吧！"

就这样说完了话，庄子拉过骷髅，枕着躺下睡了。

半夜时分，骷髅给庄子托梦，对他说："听您的言谈好像是位辩士，看你所说的事儿，也都是活人的负担，死人哪有这么多的事儿啊。您愿意听听死人的快乐吗？"

庄子说："可以。"

骷髅说："人一死，上面没有君主，下面没有臣属，也没有一年四季的操劳，自由自在地和天地同存，即使是南面为王的乐事，也比不过死人啊。"

庄子不相信，说："我让主管生死的神恢复你的形体，配上你的骨肉肌肤，归还你父母妻子，住在原来的村落房舍，并且恢复你生前的记忆，你愿意吗？"

骷髅深深皱起眉头，表现出愁苦的样子："我怎能舍弃南面为王的快乐而再去受人间的劳苦呢？"

颜渊东之齐，孔子有忧色。子贡下席①而问曰："小子敢问，回东之齐，夫子有忧色，何邪？"

孔子曰："善哉汝问。昔者管子有言，丘甚善之，曰：'褚小者不可以怀大②，绠③短者不可以汲深。'夫若是者，以为命有所成而形有所适也④，夫不可损益。吾恐回与齐侯言黄帝尧舜之道，而重以燧人神农之言。彼将内求于己而不得，不得则惑，人惑则死。且汝独不闻邪？昔者海鸟止于鲁郊，鲁侯御而觞⑤之于庙，奏九韶以为乐，具太牢⑥以为膳。鸟乃眩视忧悲，不敢食一脔，不敢饮一杯，三日而死。此以己养养鸟也，非以鸟养养鸟也。夫以鸟养养鸟者，宜栖之深林，游之坛陆⑦，浮之江湖，食之鳅鲦⑧，随行列而止，委蛇而处⑨。彼唯人言之恶闻，奚以夫饶饶⑩为乎！《咸池》《九韶》之乐，张之洞庭之野⑪，鸟闻之而飞，兽闻之而走，鱼闻之而下入，人卒⑫闻之，相与还而观之。鱼处水而生，人处水而死。彼必相与异，其好恶故异也，故先圣不一其能，不同其事。名止于实，义设于适⑬，是之谓条达而福持⑭。"

【注释】①下席：又称避席。古人席地而坐，在问话时，为了表示敬意，离座站立，称下席。②褚〔zhǔ〕：盛衣物的袋子。怀：包藏。③绠〔gěng〕：汲水时，系吊桶的绳子，俗称井绳。汲深：从深井中汲水。④命有所成：命运各有所定，不可改变。形有所适：形体各有适宜之处。⑤御：迎。觞：宴饮。⑥太牢：牛羊猪三牲皆备的最隆重的祭祀规格。膳：饭食。⑦坛陆：坛又作澶，水回流形成之沙洲。坛陆当指水中荒岛沙洲之属。⑧鳅：泥鳅之类。鲦：

白条鱼,生活在中上层水域的小型鱼类。⑨委蛇〔wēi yī〕:从容自如的样子。⑩譊譊〔náo〕:喧闹。⑪洞庭之野:即广漠之野。⑫人卒:众人。⑬义设于适:事理的设施在于适性。⑭条达:条理通达。福持:福分常在。

【译文】颜渊东去齐国,孔子面有忧愁之色。子贡离开席位问道:"学生请问老师,颜回东去齐国,先生面有忧色,这是为何呢?"

孔子说:"你问的很好。从前管子有句话,我认为讲得很好,他说:'小袋子不可包藏大物件,短绳索不能汲出深井水。'之所以是这样,因为命运各有所定,形体各有所适宜,是不能增加和减少的,我恐怕颜回和齐侯讲说尧舜、黄帝之道,又加上燧人、神农之主张,齐侯听了将会内求于心而不能理解,不能理解就要产生惶惑,人惶惑于心忧思不解,就要遭殃了。况且,你难道没有听说过吗?从前有一只海鸟飞落在鲁国都城的郊外,鲁侯把它迎进太庙,用酒宴招待,演奏九韶之乐去娱乐它,设太牢之宴为膳食。而鸟却头晕目眩忧愁悲苦,不敢吃一块肉,不敢饮一杯酒,三天就死了。这是用养己的方式去养鸟,不是用养鸟的方式去养鸟。用养鸟的方式养鸟,应该让它栖息在深林中,漫游在沙洲荒岛,浮沉于江湖水面,捕食泥鳅白鲦等小鱼,随鸟群行列飞行与留止,从容自如地生活着。鸟最厌恶听到人的声音,何以还要作这些喧闹吵杂之事啊!《咸池》《九韶》一类的乐曲,演奏在广漠的旷野,鸟听了要飞去,兽听了要逃跑,鱼听了要潜入水底,人众听了,相互环绕观看。鱼在水里而得生,人在水里就要死。它们必定是相互各异的,故而它们的好恶也各异。所以上古圣人依据人不同能力,让他们做不同的事情。名只限于与实相符,事理之设要适宜于各自的性情,这就叫条理通达而又福分常在。"

列子行,食于道,从见百岁髑髅,攓蓬①而指之曰:"唯予与汝知而未尝死,未尝生也。汝果养②乎?予果欢乎?"

种有几③,得水则为继④,得水土之际则为蛙蠙之衣⑤,生于陵屯⑥则为陵舄⑦,陵舄得郁栖⑧则为乌足⑨,乌足之根为蛴螬⑩,其叶为胡蝶。胡蝶胥也化而为虫,生于灶下,其状若脱⑪,其名为鸲掇⑫。鸲掇千日为鸟,其名为乾馀骨⑬。乾馀骨之沫为斯弥⑭,斯弥为食醯⑮。颐辂⑯生乎食醯,黄軦⑰生乎九猷⑱,瞀芮⑲生乎腐蠸⑳。羊奚比乎不笋㉑,久竹㉒生青宁㉓。青宁生程㉔,程生马,马生人,人又反入于机㉕。万物皆出于机,皆入于机。

【注释】①攓〔qiān〕:"搴",拔取。蓬:蒿草。②恙:读为"恙",忧。③几:几微。指物种包含的精微本质,潜存着物种的基因之类。④继:水中断续如丝的低级生物。⑤蛙蠙之衣:生长在水边,覆盖在水面上的水藻、浮萍之类。因蛙常隐蔽于其下,故名蛙之衣。⑥陵屯:高爽之地。⑦陵舄〔xì〕:车前草。⑧郁栖:栖息于粪土之中。⑨乌足:草名。⑩蛴〔qí〕:俗称地蚕,金龟子幼虫粪壤中,并由乌足根所化而来。⑪脱:同"蜕",蜕皮。⑫鸲掇〔qú duō〕:虫名,其状柔嫩,像刚刚脱皮的样子。⑬乾余骨:鸟名,不知何鸟。⑭斯弥:虫名,未详。⑮食醯〔xī〕:食醋。⑯颐辂〔lù〕:醋放久了,孳生出的一种小飞虫,称蠛蠓,与蚋相似。故《荀子·劝学》篇有"醯酸而蚋聚焉"。⑰黄軦〔kuàng〕:虫名。⑱九猷:虫名。⑲瞀芮〔mào ruì〕:蠓虫之类。⑳腐蠸〔quán〕:瓜中黄甲虫。一说为萤火虫。㉑羊奚:竹荪,一名竹筑。㉒不笋:不生笋之竹。㉓久竹:老竹。㉔青宁:竹根虫。㉕程:赤虫名。殷敬顺《列子释文》引《尸子》:"程,中国谓之豹,越人谓之模。"聊备一说。

【译文】列子出行,在道路旁吃饭,见到一具百年骷髅,他拔去骷髅身边的蒿草指着它说:"只有我和你知道,你其实是既不曾生,也不曾死。你果真忧愁吗?我果真欢乐吗?"

　　物种中有一种极微小的生物叫几,它得到水后就变成断续如丝的继草,到水土交汇之处,便成为青苔。生于高土之地为车前草,车前草栖息在粪上就成乌足,乌足的根变成地蚕,叶变成蝴蝶。蝴蝶很已快又变化成虫,生活在灶下,样子像蜕了皮似的,名叫鸲掇。鸲掇过一千天变为鸟,它的名字叫乾余骨。乾余骨的吐沫变为斯弥虫,斯虫造出食醋。蠛蠓生在食醋中,黄軦虫从九猷虫生出,蠑虫生于黄甲虫,竹蓐与不生笋的老竹并连一起,老竹生出竹根虫,竹根虫生赤虫,赤虫生马,马生人,人又复归于自然。总之万物都从自然中生出,又回归于自然。

达生

【题解】"达"畅达,"生"指生命,"达生",就是养神。怎样才能"达生"呢？篇文明确提出要摒除各种外欲,要心神宁寂释然。

第一部分至"反以相天",是全篇主旨所在,"弃世"就能"无累","无累"就能"形全精复""与天为一",这就是养神的要领。以下分别写了十二个小故事,寓意都是围绕这一中心来展开的。

第二部分至"民几乎以其真",写关尹对列子的谈话,说明持守纯和元气是至关重要的,进一步才是使精神凝聚。第三部分至"其疴偻丈人之谓乎",借"疴偻""承蜩"的故事,说明养神的基本方法,这就是使神思高度凝聚专一。第四部分至"凡外重者内拙",借善游者"忘水"来说明,忘却外物才能真正凝神。第五部分至"过也",写田开之与周成公的对话和孔子的谈话,指出养神还得"养其内"与"养其外"并重,即处处顺应适宜而不过,取其折中。第六部分至"所异鬣者何也"借祭祀人对猪的说话,讽喻争名逐利的行为。第七部分至"不终日而不知病之去也",以桓公生病为例,说明心神宁静释然才是养神的基础。第八部分至"反走矣",借养斗鸡的故事比喻说明凝神养气的方法。第九部分至"命也",写孔子观人游水,体察安于环境、习以性成的道理。第十部分至"其是与",写能工巧匠梓庆削木为鐻的故事,借以说明集思凝神的重要,把自我与外界高度融为一体，也就会有鬼使神工之妙。第十一部分至"故曰败"，说明自恃轻用、耗神竭劳，终究要失败的，而这与养神的要求也正好相反。第十二部分至"忘适之适也"，直接指出养神须得"不内变"，"不外从"，忘却自我，也忘却外物，从而达到无所不适的境界。

余下为第十三部分，写孙休与扁子对话，篇幅较长，内容也有繁复之处，不像前面各段那么紧凑，但目的仍在于说明"忘"，忘身便能无为而自适，而无为自适才是养神的真谛。

达生之情者①，不务生之所无以为②；达命之情者，不务命之所无奈何③。养形必先之先物④，物有余而形不养者有之矣。有生必先无离形，形不离而生亡者有之矣。生之来不能却，其去不能止。悲夫！世之人以为养形足以存生，而养形果不足以存生，则世奚足为哉！虽不足为而不可不为者，其为不免矣。

夫欲免为形者，莫如弃世⑤。弃世则无累，无累则正平⑥，正平则与彼更生⑦，更生则几矣！事奚足弃而生奚足遗？弃事则形不劳，遗生则精不亏。夫形全精复⑧，与天为一。天地者，万物之父母也。合则成体，散则成始⑨。形精复亏，是谓能移⑩。精而又精，反以相天。

【注释】①达：通达，通晓。情：实，实情。②务：求，务求。无以为：无以为用，无所用。③命：原误作"知"，依武延绪、马叙伦、刘文典诸家之说及本文文义改。④形：形体，身体。物：物质，如衣食住行等物质条件。⑤弃世：谓抛弃世间繁杂之事而心超世外。⑥正平：心正气平。⑦彼：指大自然，造化。⑧精复：精神康复不亏。⑨"合则"二句：谓天地阴阳二气相结合就会生成某一物体，如若阴阳二气离散就会复归于物之初。⑩能移：能够与自然一起变化迁移。

【译文】 通晓生命真实情形的人，不去追求生命所不必要的东西；通晓寿命实情的人，不去做对寿命无能为力的事情。保养身体，一定先要具备物质条件，物资充足而不能保养身体的人也是有的；保住生命，必须先保证形体不离开，形体不离而生命已经消亡的人也是有的。生命的降临是无法拒绝的，它的离去也是无法阻止的。可悲啊！世俗之人认为保养身体就完全可以保全生命，然而是保养身体果不足以保存生命，那么世人还有什么事情可做呢！虽然不值得去做，却也不得不去做，这样的作为便难免操劳了！

要想避免为了养身而操劳，便不如抛弃世俗之事。抛弃了世俗之事就没有拖累，没有拖累就会心正气平，心正气平就能和大自然一同变化发展而生生不息，生生不息就接近大道了！为什么世事值得抛弃，而生命值得遗忘呢？因为抛弃世事就能让身体不操劳，遗忘生命就能让精神不亏损。形体得到保全，精神复归凝聚，就能与自然融为一体。天地，是万物的父母；阴阳二气的相合就形成万物之体，阴阳二气的离散就又复归于物的原初。形体与精神都不亏损，这叫做能够随着自然变化而更新。精神修养到了极高处，反过来可以辅助大自然的化育。

子列子①问关尹曰："至人潜行不窒②，蹈火不热，行乎万物之上而不栗③，请问何以至于此？"关尹曰："是纯气之守④也，非知巧果敢之列。居⑤，予语汝。凡有貌象声色者，皆物也。物与物何以相远？夫奚⑥足以至乎先？是色而已！则物之造乎不形⑦而止乎无所化，夫得是⑧而穷之者，物焉得而止⑨焉！彼⑩将处乎不淫之度，而藏⑪乎无端之纪，游乎万物之所终始。壹⑫其性，养其气，合其德，以通乎物之所造⑬。未若是者，其天守全⑭，其神无郤，物奚自入⑮焉！夫醉者之坠车，虽疾⑯不死。骨节与人同，而犯害⑰与人异，其神全⑱也。乘亦不知也，坠亦不知也，死生惊惧不入乎其胸中，是故逆物而不慴⑲。彼得全于酒而犹若是，而况得全于天⑳乎！圣人藏于天㉑，故莫之能伤也！复仇者，不折㉒镆干；虽有忮心㉓者不怨飘瓦，是以天下平均㉔。故无攻战之乱、无杀戮之刑者，由此道也。不开人之天，而开天之天㉕。开天者德生㉖，开人者贼生㉗。不厌㉘其天，不忽于人，民几乎以其真㉙。"

【注释】①子列子：即列子，名御寇。见《逍遥游》《列御寇》诸篇，古人称谓老师时，在姓氏前加子，如子墨子、子华子之类，以表示恭敬。关尹：为春秋时函谷关令，以官职为姓，称关尹，又称关令尹。据《史记》载，老子西去至关，关令尹让其著书上下篇五千言。在本书《天下》篇，将关尹、老聃列为同一学派，对其思想理论有所评介，可参看。②潜行不窒：潜入水底行走而不窒塞。③栗：恐惧。④纯气之守：保守纯和之气，使心志专一。⑤居：坐下。⑥奚：何。至乎先：在他物之先、之上。凡有形象声色之物，都是同等的，谁有资格处先居上呢？⑦不形：无形，指道。无所化：虚静无为之道体。万物都复归于它，终止于它。⑧是：此，指万物生化之理，穷：穷尽，穷深研几之意。⑨止：限定，留止。通达万物生化之理，就不会以具体事物为意，不会受其限定。⑩彼：指得道之至人。不淫之度，无过无不及，恰到好处的界限。淫为过，超过之意。⑪藏：冥合，暗中相合之意。无端之纪：指大道循环无穷而又推移日新之纲纪。纪，纲纪。⑫壹：专一执守。养其气：涵养存养其精神。⑬物之所造：物之创造者，指自然。因万物皆由天地自然所创生。⑭天守全：持守自然之道完备无亏缺。⑮物奚自入：世俗事物从何处能入侵于心。⑯疾：快。言其快速从车上摔下来。⑰犯害：受害、受伤。⑱神全：精神凝聚完备、不分散。⑲逆〔è〕：同"遻"，碰撞。慑〔shè〕：惊惧。⑳得全于天：与天守全意同，持守完备之自然之道。㉑藏于天：持守自性与天道冥合。㉒折：折断、损坏。镆干：干将、镆邪之简称。传说为楚国一对善于铸剑的夫妻，男名干将，女名镆邪。后来变为宝剑的代名。此句意思是说，仇人用宝剑伤我，我只找仇人报仇，不会罪及宝剑，要把它折断，因为剑是无意的。㉓忮心：忌恨之心。飘瓦：被风吹落的瓦片。这句的意思是，即使忌恨报复心极重的人，被风吹落的瓦片砸伤，他也不会报怨瓦片，因为瓦片是无心的。㉔平均：平等无争心。无心故不相怨而无争。㉕开人之天：开启人之智慧，运用智巧去处理事务。开天之天：开启自性，不运用思虑智巧，循性而动，顺乎自然而无心。㉖德生：循性而动，则能培养出好道德。㉗贼生：运用智巧，则生贼害之心。㉘厌：满足。不满足于对自性的修养，还要坚持不懈。不忽于人：不忽略人对天理之认识，忽，忽略、忽视。㉙以其真：按本性行事。几，近。真，自性、本性。

【译文】列子问关尹说："修养极高的人在水下潜行而不窒息，踩在火上也不觉得热，在万物之巅峰上行走也不恐惧。请问为什么能达到这样？"关尹说："这是持守纯和之气的结果，不属于智巧果敢之列。坐下吧，我讲给你。凡是有形象声音色彩的，都是物，物与物何以差别甚远？都是物哪个又有资格先居上？这些都是形色之物而已。而物是由无形之道创生出来，又复归于虚静无为之道体。得此万物生化之理而又能穷尽之人，世俗之物哪能限定他呀！他将处在无过无不及的恰到好处的限度，而又冥合于循环无穷推陈出新之大道纲纪，逍遥于万物之终始。专一持守其自性，存养其精神，使德性与天道相合，以与创生万物之自然相通。如果能做到这样，他持守自然之道就完备无缺，其精神没有空隙，外物又从何处入侵心灵呢！喝醉酒的人从车上摔下来，即使摔得很快也不会死，他的骨节与别人相同而所受伤害与人不同，就因为他精神凝聚而完备。他乘车时不知，坠车时也不知，死生惊惧这些念头没有进入他的心中，所以与物碰撞而不惊惧。他靠酒使精神凝聚完备还能做到这样，更何况得全于自然之道呢！圣人与天道冥合，所以不能使他受到伤害。报仇的人，不去折断宝剑；即使忌恨心极重的人，也不怨恨风吹落砸了自己的瓦片，因此天下才平等无争心。所以没有相互攻战之动乱，没有杀戮之刑罚，都是由于这无为无心之道。不去开启人的智巧，而去开启人的自性。开启人的自性就能培养好的道德，开启人的智巧就会产生贼害之心。不满足于对自性的修养并且持之以恒，也不忽略人对天理的认识，这样的人就近于按本性行事了。"

仲尼适楚，出于林中，见痀偻者承蜩①，犹掇之也②。

仲尼曰："子巧乎！有道邪？"

曰："我有道也，五六月累丸二而不坠，则失者锱铢③；累三而不坠，则失者十一；累五而不坠，犹掇之也。吾处身也，若厥株拘④；吾执臂也，若槁木之枝。虽天地之大，万物之多，而唯蜩翼之知，吾不反不侧⑤，不以万物易蜩之翼，何为而不得！"

孔子顾谓弟子曰："用志不分，乃凝于神⑥。其痀偻丈人之谓乎⑦！"

【注释】①痀〔jǔ〕偻：驼背。承：用杆去粘。蜩〔tiáo〕：蝉。②掇〔duō〕：拾取。③失：失误。锱铢〔zī zhū〕：古代重量单位，六铢为一锱，四锱为一两。此喻极少。④厥：通"橛"，竖。株拘：即"株枸"，树根盘错处。⑤不反不侧：指身心都不变化。反、侧，均指活动。⑥凝于神：精神凝聚专一。⑦丈人：对老人的尊称。

【译文】孔子到楚国去,经过树林中,看见一位驼背教老人用竹竿粘蝉,就像用手拾取那样简单容易。

孔子说:"你的手真灵巧啊,这里有什么门道吗?"

驼背老人回答说:"是的,我有门道。我在竹竿上垒放两个弹丸,经过五六个月的练习就不会掉不下来,那么粘蝉失误的概率就只有十分之一了;如果再继续练习到垒放五个弹丸也掉不下来,那么粘蝉就如随手拾取那样容易了。当我粘蝉时,身体站在那里一动不动,就像一个竖立的木桩;我伸臂执竿,如同枯槁的树枝。虽然天地无限广大,万物纷纭繁杂,而我眼中只有蝉翼。我身心不动不变,不因纷杂的万物改变我对蝉翼的关注,如此怎么能得不到蝉呢!"

孔子回头对弟子们说:"用心专一,精神凝聚,不就是说的这位驼背老人嘛!"

颜渊问仲尼曰:"吾尝济①乎觞深之渊,津人②操舟若神。吾问焉③曰:'操舟可学邪?'曰:'可。善游者④数能。若乃⑤夫没人,则未尝见舟而便操之也⑥。'吾问焉而不吾告⑦,敢问何谓也?"仲尼曰:"善游者数能,忘水⑧也;若乃夫没人之未尝见舟而便操之也,彼视渊若陵⑨,视之覆犹其车却⑩也。覆却万方陈乎前而不得入其舍⑪,恶往而不暇⑫!以瓦注⑬者巧,以钩⑭注者惮,以黄金注者殙⑮。其巧一也⑯,而有所矜则重外也⑰。凡外重者内拙⑱。

【注释】①济:渡。觞深:渊名,水深而形似酒杯,故名。地在宋国。②津人:在渡口上撑船之人。③焉:于此,指"操舟若神"之事。④善游者:擅长游水的人。数能,多次练习则可学会。⑤若乃:至于。没人:能长时间潜入水中,精通水性之人。⑥则未尝见舟而便操之也:因为没人深通水性,虽未见过舟,未经训练,也能操纵自如。⑦吾告:告诉我。⑧忘水:忘记对水的恐惧。⑨视渊若陵:把水上看成同陆上一样。陵,丘陵、高地。⑩却:退却。⑪万方陈乎前而不得入其舍:对各种事端都不在意,处之泰然,没有紧张恐惧感,不会因外物扰乱心之平静淡漠。万方,万端。指变化无穷的各种事端。舍,指心。⑫暇:闲暇,悠闲,从容不迫。⑬注:赌注。巧:碰巧、恰巧,瓦片为轻贱之物,输赢皆不在意,没有思想负担,听其自然,反而常常碰巧命中。⑭钩:腰带环,以银或铜制,比瓦稍贵重。惮:担心害怕,这句的意思是,以钩为赌注,想胜怕负而又心中无底,故心虚气馁,反而易负。⑮殙:同"惛"心绪昏乱。黄金贵重之物,胜负非同小可,故而思想负担极重,举措失常,以这种心绪去赌很少有不输掉的。⑯其巧一也:碰巧得胜的机会都是一样的。矜:危惧。⑰外:身外之物,如带环、黄金之类。⑱拙:笨拙。

【译文】颜渊问孔子说:"我曾经渡过觞深之渊,船夫驾船的技艺奇异莫测,我问及此事说:'驾船的技艺可以学会吗?'回答说:'可以。善于游水的人经过多次练习能学会。至于会潜水之人,他们即便未曾见过船,也能操纵自如。'我问及于此,他不肯告诉我,请问这是何意呢?"孔子说:"善于游水的人经多次训练而能,是因为他们遗忘了对水的恐惧心理;至于会潜水之人,他们即使未见船也能操纵自如,是因为他们把水上和陆上同样看待,把船之覆看成如同车退坡一样。翻船退车等变化无穷的各种事端摆在面前,他们也毫不在意、处之泰然,这样何往而不悠闲从容!以瓦片为赌注而常常碰巧得胜,以衣带环为赌注则害怕心虚,以黄金为赌注则心绪混乱。他们碰巧得胜的机会都一样,而因为有所危惧就注重身外之物。凡是注重身外之物,内心必然笨拙。"

田开之①见周威公,威公曰:"吾闻祝肾②学生,吾子与祝肾游,亦何闻焉?"田开之曰:"开之操拔篲③以侍门庭,亦何闻于夫子!"威公曰:"田子无让④,寡人愿闻之。"开之曰:"闻之夫子曰:善养生者,若牧羊然,视其后者而鞭之。"威公曰:"何谓也?"田开之曰:"鲁有单豹⑤者,严居而水饮,不与民共利⑥,行年七十而犹有婴儿之色,不幸遇饿虎,饿虎杀而食之。有张毅⑦者,高门县薄,无不走也。行年四十,而有内热之病以死。豹养其内而虎食其外,毅养其外而病攻其内⑧,此二子者,皆不鞭其后⑨者也。"仲尼曰:"无入而藏⑩,无出而阳⑪,柴⑫立其中央。三者若得,其名必极。夫畏涂⑬者,十杀一人⑭则父子兄弟相戒也,必盛卒徒⑮而后敢出焉,不亦知乎!人之所取畏⑯者,衽席⑰之上,饮食之间,而不知为之戒者,过也!"祝宗人⑱玄端以临牢策说彘,曰:"汝奚恶死?吾将三月豢⑲汝,十日戒,三日斋⑳,藉白茅㉑,加汝肩尻㉒乎雕俎之上,则汝为之乎?为彘谋,曰不如食以糠糟而错㉓之牢荚之中;自为谋,则苟生有轩冕之尊,死得于腞楯㉔之上、聚偻之中则为之。为彘谋则去之,自为谋则取之,所异彘者何也㉕?"

【注释】①田开之:人名,田姓,开之名,事迹不详。周威公:《史记·周本纪》:"考王封其弟于河南,是为桓公,以续周公之官职。桓公卒,子威公代立。"当即指此人。考王在位时间是公元前440~前426年,为战国初期。②祝肾:人名。学生,学练养生之道。③操拔篲:作洒扫之杂务。④让:推辞、谦让。⑤单豹:人名,鲁国隐者。⑥共利:同利。利同则相争,不同利则无争。⑦张毅:人名,鲁人。高门:富贵之家。县薄:悬垂帘以代门,为贫寒之家。县:同

"悬",薄:垂帘。⑧内:精神心性。外:形体。庄子认为,这两个人各有一偏,单豹注重修养内心精神,不注重使形体远害,而为老虎吃掉。张毅广交富贵与贫寒之家,可使身体远害,却又用心太过而病故。⑨鞭其后:如对二人不足的方面加以鞭策,则有助于养生。⑩入而藏:进入而又深藏,则是过分注重隐藏。⑪出而阳:出外而又显露,则过分张扬。⑫柴:枯木,比喻无心无欲之物。像枯木一般无知无欲地立于中道。⑬畏涂:路上有强盗杀人越货,人不敢行。⑭十杀一人:指从此路经过,十人中就有一人被杀。⑮盛卒徒:聚集众人一块,方敢通行。卒徒,徒众、众人。⑯取畏:自取祸患。⑰衽〔rén〕席:卧席。衽席之上男女色欲过度足以害身。⑱祝宗人,掌管祭祀祝祷之官。玄端:掌管祭祀之官穿的斋服,黑色,端正。牢策:猪栏,猪圈。彘〔zhì〕:猪。⑲豢〔huàn〕:同"豢",用谷物饲养。⑳齐戒:祭前洁净身心的仪式。齐,同"斋"。㉑藉白茅:如《在宥》篇的"席白茅",把白茅草铺在神座和祭物下面,以示洁净。㉒尻:臀部,即猪后臀肉。雕俎:在俎上雕有图案花纹之类。俎:祭祀时盛肉的礼器,有青铜制和木制漆饰两种。㉓错:放置。㉔腞楯〔zhuàn shǔn〕:送葬载灵柩之车。聚偻:棺椁上面放的众多装饰物。㉕所异彘者何也:与猪不同处又在哪里呢?

【译文】田开之见周威公,威公说:"我听说祝肾学习养生之道,先生与祝肾交往,也曾听到一些什么吗?"田开之说:"开之在那里只是扫扫院子,在门房侍候,又能从先生那里听到什么呢?"威公说:"田先生不必谦让,寡人愿意听一听。"开之说:"听先生讲,善于养生的人,如同牧羊一样,看那落在后面的,就用鞭子抽打它。"威公问:"这是什么意思呢?"田开之说:"鲁国有个叫单豹的人,住在山洞里喝泉水,不与世人争利,年纪已七十多脸色还和婴儿相似,不幸遇到饿虎,饿虎将其捕杀吃掉了。有个叫张毅的人,不管富贵人家还是贫寒人家，无不交往走动，四十岁时患有内热之病而死。单豹保养其精神心性而老虎吃掉其身体，张毅保养其身体而疾病攻其内心。这两个人，都不懂得鞭策其不足的一面。"孔子说："不要过分深藏，不要过分显露，像枯木一样立于中道。这三点都能做到，他的名声必然极高。一条凶险之路，十个人走过就有一个被杀，则父子兄弟相互警告，一定要聚集许多人才敢行走，不也是很明智么！人之所自取灾祸的，是在卧席之上，饮食之间，对这些反而不引以为戒，真是过错啊！"掌管祭祀祝祷之官穿着黑色的斋服，来到猪圈旁对猪说："你为何要厌恶死！我将要用三个月时间用精料饲养你，还要为你作十日戒，三日斋，铺上白茅草，把你的前槽和后鞯放在雕花的俎上，你愿意这样做吗？"如果真是为猪谋划，就不如放置在猪圈里以糟糠为食更好，为自己谋划，如果活着有高官厚禄之尊贵，死后能有装饰华美的棺椁枢车送葬，就可以去做。为猪谋划而要抛弃的，自己为自己谋划反而要取用，与猪所不同之处在哪里呢？

桓公①田于泽，管仲御②。见鬼焉，公抚管仲之手曰："仲父③何见？"对曰："臣无所见。"公反④，俟诒为病，数日不出。齐士有皇子告敖⑤者，曰："公则自伤，鬼恶能伤公！夫忿滀⑥之气，散而不反，则为不足⑦；上⑧面不下，则使人善怒；下而不上，则使人善忘；不上不下，中身当心⑨则为病。"桓公曰："然则有鬼乎？"曰："有，沉⑩有履，灶有髻⑪。户内之烦壤⑫，雷霆⑬处之；东北方之下⑭者，倍阿⑮鲑蠪跃之；西北方之下者，则泆阳⑯处之。水有罔象⑰，丘有峷⑱，山有夔⑲，野有彷徨⑳，泽有委蛇。"公曰："请问委蛇之状何如？"皇子曰："委蛇，其大如毂㉑，其长如辕㉒，紫衣而朱冠㉓。其为物也，恶㉔闻雷车㉕之声，则捧其首而立,见之者殆㉖乎霸!"桓公辴㉗然而笑曰:"此寡人之所见者也!"于是正衣冠,与之坐。不终日㉘,而不知病之去也。

【注释】①桓公:齐桓公,春秋时第一位霸主。田:田猎。泽:薮泽,低洼积水,草木丛生的沼泽荒地。②御:驾车。鬼:指沼泽中怪异之兽,桓公不识,疑为鬼物。③仲父:桓公对管仲的尊称。④反:同"返",返回。诶诒〔xī yí〕:因惊吓失魂出吃语,自言自笑。⑤皇子告敖:皇姓,名告敖,子为尊称,齐之贤士。⑥忿滀:怒气郁结。滀为水停聚的样子,引申为蓄愤,郁结。⑦这句的意思是:喜怒哀乐为人之自然情感,怒气亦人所不可或缺,如果当怒而不怒,则是没有血性,故称不足。⑧上:怒气滞留在身体上部,不能上下贯通。⑨中身当心:古人认为心是人之主宰,心在人身之中部,如果怒气郁结在身体中间,与心的部分相合,则会使心受扰乱而得病。⑩沉:污水聚积之处。履:污水聚集处之鬼名。⑪灶有髻:这句的意思是,灶神穿红衣,梳如髻,状如美女。⑫烦壤、烦攘。⑬雷霆:鬼名。⑭东北方之下:住宅东北墙下面。⑮倍阿:神名,有说指蜥蜴类。鲑〔guī〕:鬼名。传说状如小儿,长一尺四寸,着黑衣,戴红头巾,带剑持戟。有说指蛙类。⑯泆阳:神名,豹头马尾。⑰罔象:又作无伤,水神名,状如小儿,黑色、赤衣,大耳、长臂。⑱莘〔shēn〕:怪兽,状如狗,有角,身上有五彩花纹。⑲夔:一足兽,见《秋水》注。⑳彷徨:又作方皇,状如蛇,两头,身有五彩花纹。㉑毂:车轮中心套轴的圆木,又代表车轮。㉒辕:车辕。指怪兽体长如车辕。因桓公在乘车时见此兽,故以车作比。㉓紫衣朱冠:或指此兽身体为紫色,头为红色。言紫衣朱冠,更增加神秘性。㉔恶:丑陋。㉕雷车:田猎之战车奔跑轰鸣,响声如雷,故名雷车。㉖殆:近,殆乎霸:近于成为霸主。㉗辴〔zhěn〕然:欢笑之态。㉘不终日:不满一日。

【译文】齐桓公在沼泽中打猎,管仲为他驾车,忽然见到一个鬼物。桓公按住管仲之手说:"仲父你看见什么没有?"对答说:"臣下没见什么。"桓公返回后，失魂呓语而得病，几天不出门。齐国有位贤士叫皇告敖的，说："您是自己伤害自己，鬼哪能伤害您呢！愤怒之气郁结起来，如果散掉不返回，就会变得血气不足；如果滞留在身体上部而不能贯通于下，就会使人好发怒；如果滞留在下体而不能上，就会使人好遗忘；如果滞留中间与心的部位相当，就会使人得病。"桓公说："那么有没有鬼呢？"回答说："有。污水聚积处有履鬼，灶有带髻的灶神，户内扰攘处，雷霆之鬼住在那里；住宅东北面墙下，有倍阿、鲑鬼在那里跳跃；西北面墙下，则有泆阳鬼停留。水中之鬼叫罔象，土丘之鬼叫峷，山中之鬼叫夔，旷野之鬼叫彷徨，沼泽之鬼叫委蛇。"桓公说："请问委蛇的样子如何？"皇先生回答说："委蛇有车轮一般粗细，有车辕一般长短，身体紫色头是红色。这种怪物形象丑陋，听到战车轰鸣就捧着头立在那里。见到这种怪物的人差不多可以做霸主了。"桓公欢颜而笑说："这就是寡人所见到的鬼。"于是整理一下衣冠坐起来和皇子谈话，不满一天工夫，病就不知不觉消失了。

纪渻子①为王养斗鸡，十日而问："鸡已乎②？"曰："未也，方虚憍③而恃气。"十日又问，曰："未也，犹应向景④。"十日又问，曰："未也，犹疾视而盛气。"十日又问，曰："几矣，鸡虽有鸣者，已无变⑤矣，望之似木鸡矣！其德全⑥矣！异鸡⑦无敢应，者反走矣。"

孔子观于吕梁⑧，县水⑨三十仞，流沫⑩四十里，鼋⑪鼍鱼鳖之所不能游也。见一丈夫游之，以为有苦而欲死也。使弟子并⑫流而拯之，数百步而出，被发⑬行歌而游于塘下。孔子从而问焉，曰："吾以子为鬼⑭，察子则人也。请问蹈水⑮有道乎？"曰："亡，吾无道。吾始乎故⑯，长乎性，成乎命，与齐俱入⑰，与汩⑱偕出，从水之道而不为私⑲焉，此吾所以蹈之也。"孔子曰："何谓始乎故、长乎性、成乎命？"曰："吾生于陵而安于陵⑳，故也；长于水而安于水，性也㉑；不知吾所以然而然㉒，命也。"

梓庆㉓削木为鐻，鐻成，见者惊犹鬼神㉔。鲁侯见而问焉，曰："子何术㉕以为焉？"对曰："臣工人，何木之有？虽然，有一焉：臣将为鐻，未尝敢以耗气㉖也，必齐㉗以静心。齐三日，而不敢怀㉘庆赏爵禄；齐五日，不敢怀非誉㉙巧拙；齐七日，辄然㉚忘吾有四枝形体也。当是时也，无公朝㉛，其巧专而外骨消㉜。然后入山林，观天性㉝，形躯至矣，然后成见鐻，然后加手焉，不然则已。则以天合天㉞，器之所以疑神者㉟，其是与！"

【注释】①纪渻〔shěng〕子：纪姓，渻子名。王：指齐王。纪渻子当为纪国后代，纪为齐所灭，纪渻子即在齐国供职。而斗鸡之戏也是春秋战国时齐国最为盛行。据此，文中"王"，当为齐王，而不是周宣王。②已乎：练成了吗。问其是否已将斗鸡练成。③虚：内心空虚而神态高傲，色厉内荏的样子。憍，同骄。恃气：昂头鼓翅挟气以威吓对方。④向景：向同"响"，景同"影"。发觉鸡的声音影子就有所反映。⑤无变：没有反映。⑥德全：精神安定专一，不动不惊。⑦异鸡：其他的鸡。应：应战，对敌。⑧吕梁：究指何处，说法不一。钟泰《庄子发微》："吕梁在今江苏铜山县东南，所谓吕梁洪者，是也。郦道元《水经注》云：'泗水过吕县南，水上有石梁，谓之吕梁'。"其地当时属宋国，距孔子故里曲阜不远。孔子曾游历宋，过吕梁指此比较可信。他说不足取。⑨县水：瀑布。县。同"悬"。仞：古代长度单位，周制八尺为仞，汉制七尺为仞。⑩流沫：瀑布泻下溅起的水沫。⑪鼋：鳖中之大者为鼋。鼍〔tuò〕，鳄鱼类，俗称猪婆龙，有说即扬子鳄。⑫并：傍。拯：援救。⑬被发：披散着头发。行歌，边走边哼着歌谣，显出潇洒悠闲的样子。塘下：岸边。⑭以子为鬼，孔子以为那个人一定淹死了，故而把他当成鬼。⑮蹈水：踩水、游水。⑯故：习惯。⑰与齐俱入：与漩涡中心一起入水。齐，同"脐"。石磨中央上下扇连接之处称脐，水流旋转如磨，旋涡中央即是脐。⑱汩：涌出之旋涡。⑲不为私：顺水之性，不按己之私意妄动。⑳陵：高地。㉑句的意思是：在水边长大，安于水上生活，久习而成性。㉒句的意思是：自然而然就那样作了，不知为什么要那样，其中还有什么道理。㉓梓庆：人名。梓：梓匠，指木工，此人以职为姓，称梓庆。鐻〔jù〕：悬挂钟鼓之木架，形似虎，上面雕刻有精美生动的图案。㉔惊为鬼神：制作雕饰极尽精妙，不类人工所为，见者惊叹不已，以为鬼斧神工。㉕术：技艺、方法。㉖耗气：气指精神心神，耗气就是精神分散，心神不能凝注专一。㉗齐：同"斋"，斋戒。静心：使心志安静专一。㉘怀：思。庆赏：奖赏。㉙非誉：非为非难指责，誉为赞誉。巧拙：精巧与笨拙。㉚辄然：不动的样子。枝：同"肢"。㉛无公朝：心中不存朝见君主之念。㉜外骨消：外界之扰乱完全排除。骨，同"滑"，乱之意。㉝观天性：观察木料之自然性能。形躯至矣：木料之自然形态完全符合标准。㉞以天合天：以己之自然天性与木之自然天性相合。㉟疑神：比如鬼神所造。疑，同"拟"。

【译文】纪渻子为齐王驯养斗鸡。十天后齐王派人来问："驯练成了吗？"回答说："还没有，现正表现为内心空虚而神态高傲，盛气凌人的样子。"十天后又来问，回答说："还没有，听到鸡的声音，看到鸡的影子就有反应。"十天后又问，回答说："还没有，现在还视物敏锐而充满怒气。"十天后再来问，回答说："差不多了，鸡虽有鸣叫挑战者，也没有什么反映，看上去像个木鸡了，它已精神安定专一，不动不惊了。其他的鸡没有敢与应战者，都退走了。"

孔子在吕梁观光，见到瀑布从二十多丈高处泻下，水沫流至四十里外，鱼鳖鼋鼍也无法游过。看见一个男人在那里游水，以为是有困苦想投水而死的人，于是命令弟子们傍水流而下去援救他。数百步以外那个人从水中浮出上岸，披散着头发，边走路边哼着歌在岸边闲游。孔子跟过去问道:"我以为你是鬼,仔细观察你才知是人呐。请问,游水有什么技巧吗?"回答说:"没有,我没有什么技巧。我开始于习惯,长大了变成习性,成年后就顺其自然。我与旋涡中心一同入水,又随涌出的旋涡浮出,顺从水之性而不按己私意妄动。这就是我游水之方法。"孔子说:"什么叫做开始于习惯,长大了成为习性,成年后顺其自然?"回答说:"我生在高地而安于高地生活,这就叫开始于习惯;在水边长大,安于水上生活而久习成性,这就叫长大了成为习性;自然而然就那样做了,而不知为什么要那样做,就是成年后顺其自然。"

梓庆刻削木料做成鐻,鐻做成后,见到的人都惊叹为鬼斧神工。鲁侯见了之后对梓庆说:"你用什么技艺方法做出来的呀?"回答说:"臣是一名工匠,哪有什么技艺!即使如此,有一点可以讲一讲。臣将要作鐻时,不敢有一点分散精神,一定要斋戒使心志安静专一。斋戒三日,不敢有思得奖赏官爵俸禄的念头;斋戒五日,不敢想及别人是非难作品笨拙或是赞誉作品精巧;斋戒七日,则木然不动忘记我有四肢和形体的存在。在这个时候,心中不存在朝见君主的想法,专心致志于制作技巧而外界的扰乱全部排除。然后进入山林中,观察木料的自然性能,选取那些自然形态完全合乎标准的,然后一个现成的鐻如同就在眼前了,然后才动手去做,没有这些条件就不去做。这是以己之天性与木之天性相合,器物之所以如同鬼神所造,大概就是这个原因吧!"

东野稷①以御见庄公,进退中②绳,左右旋中规。庄公以为文③弗过也,使之钩百④而反。颜阖⑤遇之,入见曰:"稷之马将败⑥。"公密⑦而不应。少焉,果败而反。公曰:"子何以知之?"曰:"其马力竭矣,而犹求⑧焉,故曰败。"工倕⑨旋而盖规矩,指与物化而不以心稽⑩,故其灵台⑪一而不桎。忘足,履之适也;忘要⑫，带之适也；知忘是非，心之适也；不内变⑬，不外从，事会之适也；始乎适⑭而未尝不适者，忘适之适也。

【注释】①东野稷：人名，姓东野名稷。御，驾驭车马。庄公：鲁庄公，为春秋前期鲁国君主。②中：合于。绳为直线，规为弧线。言东野稷驾车前进后退，左右转弯，都能合于标准。③文：《太平御览》引作"造父"。清人吴汝纶认为文当为父之误，前脱"造"字。其说颇近理。传说造父为周穆王御车，日驰千里，为古代最出名的善御者。④钩百：驾驭车马兜一百个圈子。⑤颜阖：鲁之贤人。遇之：遇见东野稷驾车表演。⑥败：仆倒。⑦密：默。⑧求：驱赶不停。⑨倕：传说为尧时之能工巧匠。盖：胜过。这句说，倕以手旋物即能测定其方圆，胜过圆规与矩尺。⑩稽：存留。言手指随物测定，不须存留于心，再去有言度量。⑪灵台：心。桎：通"窒"，滞塞。⑫要：同"腰"。忘记腰的粗细，带子就都合适。⑬不内变：持守自性，虚静淡漠。不外从：不随外物迁变。事会：与外界了物交接。⑭始乎适：庄子认为，本来自性与外物是相适应的，如心存适应观念，还是把己与物分开，还不是真正的相适应，只有忘记适应，消除物我界线，才是真正无所不适。

【译文】东野稷以御车之术去见鲁庄公，驾车前进后退像绳子一般笔直，左右转弯像圆规一样圆，庄公以为造父的驾车技艺也不能超过他，命他驾车兜一百个圈子而返回。颜阖遇见此事，入见庄公说："东野稷的马就要仆倒了。"庄公默不作声。

一会儿，果然因马仆倒而回。庄公说："您怎么知道马要仆倒呢？"回答说："他的马气力已经用尽了，还驱赶不停，所以说要仆倒。"工匠用手旋转目测胜过规矩，他的手指随物而变化，不须存留于心，所以他的心志专一而没有滞碍。忘掉脚的大小，什么鞋子都合适；忘记腰的粗细，什么带子都合适；忘记了是非，心无所不适；持守自性，不迁变，与外物交接无不适应。本来自性与外物是相适应的，而要达到无所不适应，就忘记为了适应而适应。

有孙休①者，踵门②而诧子扁庆子曰："休居乡不见谓③不修，临难④不见谓不勇。然而田原⑤不遇岁，事君不遇世⑥，宾⑦于乡里，逐⑧于州部，则胡⑨罪乎天哉？休恶⑩遇此命也？"扁子曰："子独不闻夫至人之自行邪？忘其肝胆⑪，遗其耳目，芒然彷徨乎尘垢之外，逍遥乎无事之业，是谓'为而不恃⑫，长而不宰。'今汝饰知⑬以惊愚，修身以明污，昭昭乎⑭若揭日月而行也。汝得全而形躯⑮，具而九窍⑯，无中道夭⑰于聋盲跛蹇而比于人数亦幸矣，又何暇乎天之怨哉？子往矣！"孙子出，扁子入。坐有间，仰天而叹。弟子问曰："先生何为叹乎？"扁子曰："向者休来，吾告之以至人之德，吾恐其惊而遂⑱至于惑也"弟子曰："不然。孙子之所言是邪，先生之所言非邪，非固不能惑是；孙子所言非邪，先生所言是邪，彼固惑而来⑲矣，又奚罪焉！"扁子曰："不然。昔者有鸟止于鲁郊⑳，鲁君悦之，为具太牢以飨之，奏九韶以乐之。鸟乃始忧悲眩视，不敢饮食，此之谓以己养养鸟也。若夫以鸟养养鸟者，宜栖之深林，浮之江湖，食之以委蛇㉑，则平陆㉒而已矣。今休，颛启㉓寡闻之民也，吾告以至人之德，譬之若载鼷㉔以车马，乐鴳㉕以钟鼓也，彼又恶能无惊乎哉！"

【注释】①孙休：人名，鲁国人。②踵门：亲至其门，不经人引见。诧：诧异而发问。子扁庆子：鲁之贤人。子为弟子对老师的尊称，如子列子之例。扁为姓，庆子为字。另一说，扁庆为复姓。未知孰是。③谓：说。不修：没有修养，品格不高。④临难：面临危难。下勇：不勇敢，不能见义勇为。⑤田原：田地，指在田间耕作。岁：好年景。⑥世：好世道，君主圣明之朝代。⑦宾：同摈，摈弃、抛弃。⑧逐：放逐，驱逐。州部：州县官吏。⑨胡：何。⑩恶：怎么。⑪忘肝胆，遗耳目：如《大宗师》"堕肢体，黜聪明，离形去知，同于大通。"就是要抛弃形体和知识智慧，与大道融合为一。肝胆、耳目，代表形体和聪明。芒然，茫然，迷惘无知的样子。彷徨：徘徊游移的样子。尘垢：比喻世俗社会生活。⑫为而不恃，长而下宰：语出《老子》。施助万物而不自恃其功，作万物之长，又不支配和主宰万物，任其自然。⑬饰知：修饰自己的智慧。惊愚：惊醒愚昧之人。⑭昭昭乎：光明、明亮的样子。揭：举。⑮全而形躯：保全你的身体，使不遭杀害。而，同尔，你。⑯九窍：指人体的九个穴窍，即眼二、鼻二、耳二、口、肛门、尿道。⑰夭：夭折。跛蹇〔jiǎn〕：瘸腿。比，列。幸：侥幸；⑱遂：因。惑：迷惑。担心孙休听了关于至人的议论而震惊，因而更迷惑。⑲固惑而来：本来就是带着迷惑而来的。固，本来。⑳以下所讲故事与《至乐》篇相同，可参看彼处。㉑此处似有缺文。《至乐》篇作："浮之江湖，食之鳅，随行列而止，委蛇而处"。可能此处复述时，丢掉一些内容，而使语义不通。俞樾以为应作"食之以鳅鳅，委蛇而处"。此说可从。㉒平陆：平地，荒野。㉓款启：仅仅开一个孔，言其为一孔之见，所见甚。小款同窾，中空、空处。㉔鼷〔xī〕：鼷鼠，为鼠类中最小的一种。李时珍《本草纲目》引陈藏器的说法："雇鼠极细，卒不可见，食人及牛马皮肤成疮，至死下觉。"㉕鷃〔yàn〕：一种小鸟。

【译文】有一位叫孙休的人，亲自来到扁庆子的门上诧异地发问道："我孙休住在乡间没见有人说我没有修养，面临危难时没见有人说我不勇敢。然而我种田碰不到好年景，事君碰不到好世道，为乡里人所抛弃，为州县官吏所放逐，我孙休何罪于老天？怎么遇到这样命运呀？"

扁子说："你难道没有听说至人的所行吗？忘掉了他的肝胆，忘掉了他的耳目，迷惘无知徘徊游移于世俗生活之外，逍遥自在于无为之中，这就叫施助万物而不自恃其功。作万物之长而又不加主宰。现在你修饰己智以惊醒愚昧，修养自身以显示别人卑污，光明煊赫的样子就像举着日月行走一样。像你这样的人能得以保全身躯，身体器官完备，没有中途毁损成为聋子瞎子和瘸腿，与众人并列一起已属侥幸，又哪有闲工夫来报怨老天啊！你走吧！"孙休离去，扁子进来。坐了一会儿，仰天叹息。弟子问道："先生为什么叹息呀？"扁子说："刚才孙休来，我告诉他关于至人之德行，我担心他受到震惊因而至于更加迷惑。"弟子说："不能这样。如果孙先生所说是对的，先生所说是错的，那么错的本不能使对的迷惑；如果孙先生所说是错的，先生所说是对的，那么他来时本来就是迷惑的，又何能归罪于先生呢！"扁子说："不是这样，从前有只鸟停在鲁国都城郊外，鲁君很喜爱它，设置太牢那样的宴席来招待它，奏九韶之乐来使它高兴。鸟就开始忧愁而头晕目眩，不敢吃喝，这就叫以己之养来养鸟。至于用养鸟的方式来养鸟，应当让它栖息在深林中，浮游在江湖之上，让它吃泥鳅之类，把它放回野地就是了。现今这位孙休，是位只有一孔之见孤陋寡闻之人，我告诉给他至人之德，就好像用马车去装载鼷鼠，用钟鼓去娱乐小鸟一样，他又怎么能不受惊吓呢！"

山木①

【题解】本篇仍主要是讨论处世之道。篇内写了许多处世不易和世事多患的故事,希望找到一条最佳途径,而其主要精神仍是虚己、无为。全文分为九个部分。第一部分至"其为道德之乡乎",写山木无用却能保全以及雁因不能鸣而被杀,说明很难找到一条万全的路,最好的办法也只能是役使外物而不被外物所役使,浮游于"万物之祖"和"道德之乡",这一部分对于揭示篇文题旨最为重要。第二部分至"其孰能害之",指出贪图权位必然引起争端,必然带来祸患,唯有"虚己"才能除患避祸。第三部分至"而况有大塗者乎",通过赋敛以造钟的故事讽喻不应拘滞于物,真正需要的是顺任自然。第四部分至"而况人乎",写孔子在陈、蔡之间被围,说明世途多艰,"削迹捐势""不为功名"才是处世之道。第五部分至"固不待物",通过孔子和桑雽的对话,进一步提出缘形、率情的主张,即顺应自然去行动,遵从本性去纵情。第六部分至"此比干之见剖心征也夫",写庄子的贫困,原因却在于"今处昏上乱相之间"。第七部分至"圣人晏然体逝而终矣,"通过孔子被围时的态度,说明圣人身处逆境也能安然顺应。第八部分至"吾所以不庭也",借庄子一系列所见喻指人世间总是在不停地争斗中。余下为第九部分,通过一个有趣的小故事,说明忘形的重要。

庄子行于山中，见大木枝叶盛茂。伐木者止其旁而不取也。问其故，曰："无所可用。"庄子曰："此木以不材得终其天年。"

夫子出于山，舍于故人之家。故人喜，命竖子杀雁而烹之。竖子请曰："其一能鸣，其一不能鸣，请奚杀？"主人曰："杀不能鸣者。"

明日弟子问于庄子曰："昨日山中之木以不材得终其天年，今主人之雁以不材死，先生将何处？"庄子笑曰："周将处夫材与不材之间。材与不材之间，似之而非也，故未免乎累。若夫乘道德而浮游则不然。无誉无訾，一龙一蛇，与时俱化，而无肯专为。一上一下，以和为量，浮游乎万物之祖。物物而不物于物，则胡可得而累邪！此神农黄帝之法则也。若夫万物之情，人伦之传则不然，合则离，成则毁，廉则挫，尊则议，有为则亏，贤则谋，不肖则欺，胡可得而必乎哉！悲夫！弟子志之，其唯道德之乡乎！"

市南宜僚②见鲁侯，鲁侯有忧色。市南子曰："君有忧色，何也？"鲁侯曰："吾学先王之道，修先君之业。吾敬鬼尊贤，亲而行之，无须臾离居。然不免于患，吾是以忧。"市南子曰："君之除患之术浅矣！夫丰狐文豹，栖于山林，伏于岩穴，静也；夜行昼居，戒也；虽饥渴隐约，犹且胥疏③于江湖之上而求食焉，定也。然且不免于罔罗机辟之患，是何罪之有哉？其皮为之灾也。今鲁国独非君之皮邪？吾愿君刳形去皮，洒心去欲，而游于无人之野。南越有邑焉，名为建德之国。其民愚而朴，少私而寡欲；知作而不知藏，与而不求其报；不知义之所适，不知礼之所将；猖狂妄行，乃蹈乎大方。其生可乐,其死可葬。吾愿君去国捐俗,与道相辅而行。"君曰:"彼其道远而险,又有江山,我无舟车,奈何?"市南子曰:"君无形倨,无留居,以为君车。"君曰:"彼其道幽远而无人,吾谁与为邻?吾无粮,我无食,安得而至焉?"市南子曰:"少君之费,寡君之欲,虽无粮而乃足。君其涉于江而浮于海,望之而不见其崖,愈往而不知其所穷。送君者皆自崖而反。君自此远矣!故有人者累,见有于人者忧。故尧非有人,非见有于人也。吾愿去君之累,除君之忧,而独与道游于大莫之国。方舟而济于河,有虚船来触舟,虽有惼心之人不怒;有一人在其上,则呼张歙之,一呼而不闻,再呼而不闻,于是三呼邪,则必有恶声随之。向也不怒而今也怒,向也虚而今也实。人能虚己以游世,其孰能害之!"

北宫奢④为卫灵公赋敛以为钟,为坛乎郭门之外,三月而成上下之县。王子庆忌⑤见而问焉,曰:"子何术之设?"奢曰:"一之间,无敢设也。奢闻之:'既雕既琢,复归于朴。'侗⑥乎其无识,傥乎其怠疑⑦。萃乎芒乎,其送往而迎来,来者勿禁,往者勿止。从其强梁,随其曲傅⑧,因其自穷。故朝夕赋敛而毫毛不挫,而况有大涂者乎!"

【注释】①山木:山中之木,这是隐喻世上之人。山木成材者取伐,不材者幸免,人生世上只可处于材与不材之间,才得幸存,但最终还得归顺自然。②市南宜僚:姓熊名宜僚,因居市南,故称。楚国人。③胥:缓慢走动的样子。④北宫奢:奢是名,因居北宫,故称。卫国大夫。⑤王子庆忌:王子,王族之子。庆忌是名,周代大夫,来卫国任职。⑥侗〔tóng〕:无知的样子。⑦傥〔tǎng〕：通"惝"，无所追求的样子。怠疑，通"怡儗"，停滞不前的样子。⑧曲傅：傅通"附"，追随依附。

【译文】庄子经过一座山中间，看见一棵枝叶繁茂的大树。伐木工人停在它旁边并不砍伐它。庄子问其中缘由，伐木工人说："没有什么用途。"庄子说："这棵树因为不成材才能够享尽天年。"庄子走出山中，住在老朋友的家。老朋友高兴，叫童仆宰鹅来招待客人。童仆请示说："有一只会叫，有一只不会叫，请问宰哪一只？"主人说："宰不会叫的。"第二天，学生问庄子说："昨天山中那棵大树，因为不成材才能够享尽天年；如今主人的鹅，因为不成材死去。先生站在什么立场呢？"庄子笑着回答说："我庄周会站在成材和不成材之间。在成材和不成材之间，似乎可以了但还不是根本，所以没能免除牵累。要是把握了道德就不会这样，无所谓赞誉无所谓诋毁，时隐时现如龙蛇一般，随时运共同变化，不愿意固执一端。一时在上一时在下，以和顺为标准，遨游在万物的本元。把握外物却不被外物所化，那样哪里会有牵累呀？这是神农、黄帝的法则。至于万事的情状，人类的习俗就不是这样了。你要合人家就要离，你想成人家就想毁，你越穷人家就越压，你尊贵人家就谤诽，你做事人家就破坏，你贤明人家就谋算，你无能人家就欺负。哪有可能是一定如此呀？可悲啊，弟子们可要记住，只有道德的境界才是根本啊！"

市南宜僚拜见鲁国君侯，见鲁侯面有忧色。市南宜僚就问："君上面有忧色，为什么呢？"鲁侯说："我学习前代君王的道义，继承前代君主的功业；我敬奉鬼神尊重贤良，身体力行，没有片刻失职。然而还是不免出现差错，我正为此担忧。"市南宜僚说："君上解决问题的方法太少了。毛色丰厚的狐狸和纹色斑驳的豹子，栖息在山林，潜伏在岩洞，够沉静的了；夜晚出来白天不动，够警戒的了；尽管饥渴困苦，还是坚忍地漫步在江湖之上来觅食，够镇定的了。然而还是难免陷入网罗机关的祸害,它们有什么罪过呀?是它们的皮毛招惹了灾难啊。如今鲁国不正是君上的皮毛吗?我希望君上割弃形体剪掉皮毛,洗净内心的欲念,遨游在无人的原野。南越地域有个城邑,名叫建德国。它的人民愚钝浑朴,少私寡欲;只知道耕作不知道私藏;施舍东西不求回报,不知道义往哪去,不知道礼往哪方用。随心所欲为所欲为,可谓踏上了大道。活着得到快乐,死去得到安葬。我真希望君上抛开国家摒弃世俗,跟随天道相辅相成。"鲁侯说:"那里道远路险,还有江山阻隔,我没有船和车,怎么办?"市南宜僚说:"君上不要贪恋君王的傲慢,不要留恋眼下的王位,这样就成了君上的车了。"鲁侯说:"那条道路幽深空寂,我跟谁做伴呢?我没有食粮,缺乏饭菜,怎能达到那里呢?"市南宜僚说:"减少君上的耗费,清减君上的欲望,尽管没有食粮也就足够了。君上一旦涉水过江浮游过海,眺望它时已经不见它的岸边,越往前走更不知道它的尽头。护送君上的人都从岸边回去了。君上从此就远逝了!所以拥有臣民的人就劳累,受制于臣民者就担忧。所以尧既不拥有臣民,也不受制于臣民。我希望除去君上的劳累,解除君上的担忧,唯独跟道周游在大漠的境域。合并两船渡河,其中不载人的一艘撞过来,虽然是狭隘心肠的人也不会发怒。要是有一个人在撞过来的船上,这边船上的人就会喊他撑开或者靠拢。喊一次他没听见,再喊他还是没听见,因此就要喊第三遍了,同时肯定有粗言滥语随之出现。刚才不发怒的可现在发怒了,因为刚才是艘空船可现在是有人的。人要是能够淡忘自己周游世上,又有谁能伤害他呢?"

　　北宫奢替卫灵公征集捐款铸造钟器,在外城门设下祭坛,三个月就造好了钟并编组在上下两层钟架上。王子庆忌见到这种情况便向他问道:"你用的是什么样的方法呀?"

　　北宫奢说:"精诚专一的铸钟,并没有其他的方法。我曾听说,

'既然已细细雕刻细细琢磨,而又要返归事物的本真。'纯朴无心是那样无知无识,忘却心智是那样从容不疑;财物汇聚而自己却茫然无知,或者分发而去或者收聚而来;送来的不去禁绝,分发的不去阻留;愿意捐献的加以随应,不赞助的就从其自便,依照各自的情况而竭尽力量,所以早晚征集捐款而丝毫不损伤他人,何况是遵循大道的人呢!"

孔子围于陈蔡之间①,七日不火食。大公任往吊之②,曰:"子几死乎?"曰:"然。""子恶死乎?"曰:"然。"任曰:"予尝言不死之道。东海有鸟焉,其名曰意怠③。其为鸟也,翂翂翐翐④,而似无能;引援而飞⑤,迫胁而栖⑥;进不敢为前,退不敢为后;食不敢先尝,必取其绪⑦。是故其行列不斥⑧,而外人卒不得害,是以免于患。直木先伐,甘井先竭。子其意者饰知以惊愚⑨修身以明污,昭昭乎如揭日月而行,故不免也。昔吾闻之大成之人曰⑩:'自伐者无功,功成者堕⑪,名成者亏。'孰能去功与名而还与众人⑫!道流而不明居⑬,得行而不名处⑭;纯纯常常⑮,乃比于狂⑯;削迹捐势⑰,不为功名。是故无责于人,人亦无责焉。至人不闻,子何喜哉⑱!"孔子曰:"善哉!"辞其交游,去其弟子,逃于大泽,衣裘褐,食杼栗⑲。入兽不乱群⑳,入鸟不乱行。鸟兽不恶,而况人乎!

孔子问子桑雽曰㉑:"吾再逐于鲁㉒,伐树于宋㉓,削迹于卫,穷于商周,围于陈蔡之间。吾犯此数患,亲交益疏,徒友益散,何与?"子桑雽曰:"子独不闻假人之亡与㉔?林回弃千金之璧㉕,负赤子而趋㉖。或曰:'为其布与㉗?赤子之布寡矣;为其累与㉘?赤子之累多矣；弃千金之璧，负赤子而趋，何也? 林回曰：'彼以利合，此以天属也㉙。'夫以利合者，迫穷祸患害相弃也㉚；以天属者，迫穷祸患害相收也㉛。夫相收之与相弃亦远矣! 且君子之交淡若水，小人之交甘若醴㉜。君子淡以亲，小人甘以绝㉝。彼无故以合者，则无故以离。"孔子曰："敬闻命矣!"徐行翔佯而归㉞，绝学捐书，弟子无挹于前㉟，其爱益加进。异日，桑雽又曰："舜之将死，真命禹曰㊱：'汝戒之哉! 形莫若缘㊲，情莫若率㊳。缘则不离㊴，率则不劳㊵，不离不劳，则不求文以待形㊶。不求文以待形，固不待物㊷。"

【注释】①孔子陈蔡被围前已见《天运》篇。②大公任：大公即太公，对老者的尊称，任为其名，有放任逍遥之义，虚拟人名。吊：慰问。③意：通"鷾"，指海燕之类。怠：鸵鸟之名，因其怠慢笨拙而得名。④翂翂翐〔fēn zhì〕翐：形容鸟飞又低又慢的样子。⑤引援，引导协助。⑥迫胁：偎依在一起。⑦绪：残余。⑧斥：排斥。⑨饰知以惊愚以下三句，与《达生》篇相重，见《达生》。⑩大成之人：道德至高之人，相当于至人。又说指老子一类得道者。⑪伐：夸耀。堕同"隳"，毁败。⑫还与众人：还和普通人相同。⑬道流，道之变化流行。不明居：不是明白可见的居留。⑭得：与"德"通。不名处：不可用名言概念表述之存在。⑮纯：纯一不杂。常常：恒常不变。⑯狂：循性无心而行。⑰削迹：消除一切形迹，捐势：抛弃一切权势。⑱子何喜哉：反问孔子，既然至人不喜闻名于世，你又何必喜欢呢？子：孔子。⑲裘褐〔qiú hè〕：裘为皮衣，褐为用兽毛或粗麻制成之短衣，贫贱之人所服。裘褐泛指粗陋之服。杼：通"芧"，橡实。⑳乱群，淡漠无心，与物无害，故虽入兽群，野兽不受惊吓。㉑子桑雽〔yú〕人名，得道者。或以为即《大宗师》篇子桑户。㉒再逐于鲁：鲁昭公时，季氏势力大增，危及公室，昭公想除掉季孙而失败，被迫逃亡国外，客死他乡，孔子因鲁乱而去齐，此为第一次被逐。后在定公时，孔子为鲁大司寇，摄行相事。齐国馈送女乐，季桓子接受而不朝，孔子为此而离去，开始漫长的周游列国的流浪生活。再逐于鲁即指此事。㉓伐树于宋以下数事，皆见《天运》注。㉔假：国名，为晋之属国，后为晋所灭。亡：逃亡。㉕林回：人名，为假国逃亡之民。㉖负：背负着。趋：小步疾走。㉗布："镈"的同声假借字，镈为一种像铲子样的农具，古人仿照其形状制成钱币，镈就成了古钱币之代称，假借为布。㉘累：重。为其累：因为它重吗。㉙天属：以天性相连属。㉚迫：迫近遭遇之意。穷祸患害：困穷灾祸危难。㉛收：收留、容纳。㉜醴〔lǐ〕：甜酒。㉝绝：断绝。这句的意思是，小人相交以利，有利可图则甘美，无利可图则断绝，故虽甘美而易断绝。㉞翔佯：与"徜徉"义近，逍遥自在的样子。㉟绝学捐书：绝有为之学，弃圣贤之书。无揖于前：弟子们不须在老师面前鞠躬作揖，过分讲求礼仪。揖，同"揖"。㊱真伶：据王引之说，应作"迺令"，为传抄中造成之错误，此说可从。㊲形：仪容举止。缘：随顺物性。㊳率，直率，真诚。㊴缘则不离：随顺物性则与物不离异。㊵率则不劳：任真情自然坦率表露，不加文饰，故不须劳神。㊶文：文饰。不须对仪容举止进行文饰。㊷固：通"故"。物，衣冠、礼品、祭品之类，这句的意思是说：只要心地真诚，就无须文饰，更下要外物相辅助。

【译文】孔子一行被围困在陈国与蔡国之间某地，七天没有生火做饭，大公任前往慰问，说："先生快要饿死了吧？"回答说："是啊。"又问："您厌恶死吗？"回答说："是的。"大公任说："我尝试着说不死之道。东海上有一种鸟，它的名字叫意怠。这种鸟飞得又低又慢,好像无能的样子;要别的鸟引导协助而后起飞,与众鸟偎依在一起栖息;前进时不敢在前面,后退时不敢殿后;吃东西不敢先尝,一定要吃剩余的。因此在行列中不被排斥,而外人终不能相害,所以得免于患难。直的树木先被砍伐,甘美的水井先枯竭。您用心于修饰己智以惊醒愚昧,修养自身以显示别人卑污,光明显赫的样子像举着日月行走,所以不免于患难。以前我听道德至高的人说:'自我夸耀的人没有功绩,功成者必然毁败,名成者必然亏缺。'谁能舍弃功名而与众人相同呢!道变化流行不是明白可见的,德成于身是不可言说的;纯一而恒常,比之于循性无心而行之人;除去形迹抛弃权势,不追求功名。因而无求于人,人亦无求于我。至人不求闻名于世,您又何必喜好闻名于世啊!"孔子说:"说得好啊!"于是辞别朋友,离开弟子,逃往旷野之中,穿粗陋之衣,食橡栗野果,入兽群不被惊扰乱群,入鸟群不被惊扰乱行列。鸟兽都不厌恶他,何况是人呐!

孔子问子桑雽说:"我两次被鲁国驱逐,在宋国遭逢伐树之险,在卫国被拒绝入境,困穷于宋国和成周,在陈蔡之间受围困。我遭遇这么多次患难,亲朋老友愈加疏远,学生和朋友不断散去,为什么呢?"子桑雽说:"您难道没有听说假国人逃亡之事吗?其逃亡之民放弃价值千金的玉璧,而背负着婴儿逃走。有人说:'是为钱吧?小孩子值钱很少;为了怕沉重吗?小孩子又比玉璧重得多。舍弃价值千金的玉璧,背负婴儿逃难,为什么呢?'林回说:'那是与利相合,这是与天性相合。'以利相合,遭遇困穷灾祸危难则相互抛弃;以天性相合,遭遇困穷灾祸危难则相互容纳。相互容纳与相互遗弃相差甚远,而且君子之交淡如水,小人之交甘美如甜酒。君子淡漠而相亲,小人甘美而易断绝,那些无故相合的,也就无故相离。"孔子说:"敬听您的教诲!"缓慢而自由自在地归去,绝有为之学,弃圣贤之书,弟子也无须对老师作揖鞠躬,而相互敬爱之情日有增进。又有一天，桑雩又说："舜在要死时，就对禹说：'你要当心！仪容举止莫如随顺物性，情感莫如坦率。随顺物性则与物不离异，情感坦诚则不劳心神。不离物不劳心神，则不追求对仪容举止加以文饰。不追求对仪容举止的文饰，更不待外物来加以辅助了。'"

庄子衣大布而补之①，正𫄧系履而过魏王②。魏王曰："何先生之惫邪③？"

庄子曰："贫也，非惫也。士有道德不能行，惫也；衣弊履穿，贫也，非惫也，此所谓非遭时也④。王独不见夫腾猿乎⑤？其得枏梓豫章也⑥，揽蔓其枝而王长其间⑦，虽羿蓬蒙不能眄睨也⑧；及其得柘棘枳枸之间也⑨，危行侧视⑩，振动悼慄⑪，此筋骨非有加急而不柔也⑫，处势不便，未足以逞其能也。今处昏上乱相之间，而欲无惫⑬，奚可得邪？此比干之见剖心，征也夫⑭！"

【注释】①大布，粗布。穿粗布制作又带补丁衣服。②𫄧〔xié〕：通"絜"。带子。正𫄧，整理扎束好腰带。系履：鞋子已磨穿，用麻绳扎牢。魏王，魏惠王。过：至，去。③惫〔bèi〕：疲乏困顿。④非遭时：生不逢时，没有遇见好世道。⑤腾猿：善于腾跃之猿猴。⑥枏〔nán〕：通"楠"，产于四川云贵各省的常绿乔木。梓：梓树，又称揪树，生长于长江以北的落叶乔木。豫章：即樟树，亦为高大乔木。⑦揽蔓：把捉牵扯。王长：怡然自得的样子。⑧羿：古代传说中善射的英雄。曾协助尧上射九日，下射凿齿、九婴、封豨、修蛇等害兽。蓬蒙：羿之弟子，亦是善射之人。眄睨〔miǎn nì〕：斜视瞄准。言腾猿善跃，羿与蓬蒙也难于瞄准射中。⑨柘〔zhè〕：桑科灌木。棘：带刺的小型枣树。枳枸：桔科带刺小灌木。⑩危行：心存畏惧，行动谨慎。⑪悼慄：畏惧战栗。⑫加急：过分紧张。⑬昏上乱相：对当权君臣之责骂。⑭比干：殷纣王之臣，因忠谏不听，被剖心而死。见：先见。征：征兆。言比干已先见将被剖心之征兆。

【译文】庄子穿着带补丁的粗布衣，扎好腰带系好鞋子去魏王处。魏王说："先生为何这样疲困呀？"庄子说："是贫穷啊，不是疲困。志士有道德不得施行，是疲困；衣服破烂，鞋子磨穿，是贫穷，不是疲困，这是所谓没遭遇好世道。王难道未曾见过善于腾跃的猿猴吗？它们在柟梓豫章之类高大树林中，拉扯着树枝而怡然自得于其间，就是羿与蓬蒙之类善射者也不能瞄准射中它们。等到在拓棘枳枸之类带刺的灌木丛中，行动谨慎而左顾右盼，内心震惊畏惧战栗，此时并非由于过度紧张而筋骨不柔软灵活，而是所处形势不利，不足以施展其本领啊。现在处于昏君与乱相之时而想要不疲困，怎么可能呀？像比干被剖心，不就是个显明的例证吗？"

孔子穷于陈蔡之间，七日不火食，左据槁木，右击槁枝①而歌猋②氏之风。有其具③而无其数，有其声而无宫角④，木声与人声，犁然⑤有当于人之心。

颜回端拱⑥还目而窥之。仲尼恐其广己而造大⑦也，爱己而造哀⑧也，曰："回，无受天损⑨易，无受人益难。无始而非卒⑩也，人与天一也。夫今之歌者其谁乎？"

回曰："敢问无受天损易。"仲尼曰："饥渴寒暑，穷桎不行⑪，天地之行也，运物之泄⑫也，言与之偕⑬逝之谓也。为人臣者，不敢去之。执臣之道犹若是，而况乎所以待天⑭乎？"

"何谓无受人益难？"仲尼曰，"始用四达⑮，爵禄并至而不穷。物之所利,乃非己⑯也,吾命其在外者⑰也。君子不为盗,贤人不为窃,吾若取之何哉⑱?故曰:"鸟莫知⑲于鹢鸸,目之⑳所不宜处不给视,虽落其实㉑,弃之而走。其畏人也而袭㉒诸人间。社稷㉓存焉尔!""何谓无始而非卒?"仲尼曰:"化其万物㉔而不知其禅之者,焉知其所终?焉知其所始?正而待之㉕而已耳!""何谓人与天一邪?"仲尼曰:"有人,天也㉖;有天,亦天也。人之不能有天㉗,性也。圣人晏然㉘体逝而终矣!"

【注释】①据槁木:执持木杖。槁枝:以枯枝为击节之策。②猋〔yàn〕:古通"焱"。焱氏即神农氏,传说为教民稼穑的上古帝王。风:歌谣。③具:敲击拍节之木棍等。无其数:作为乐器用的各种器具都有一定规格尺寸,即为数。此时只是信手取来,不合规格,故称无其数。④宫角:官商角徵羽五声之代称。⑤犁然:犹厘然,条理分明。⑥端拱:端立拱手。还目:转眼。⑦广己:扩大己之德。造大:造作夸大。⑧造哀:超乎自然,过分造作之哀痛。整个句意为,孔子担心颜回把自己的道德看得过高而有所造作夸大,由于爱己过深而哀痛过度。⑨天损:自然带来的损害。人益:别人加给的超出自性的东西。如权势利禄名誉之类。⑩无始而非卒:没有哪个起点不同时又是终点的。卒,终。庄子认为终与始是相对的、转化的。如晨是昼之始,夜之终,即是始,也是终。始终又在相互转化。自然如此,人亦如此。⑪穷桎不行:困穷滞碍不能通达。桎,通"窒",滞碍。⑫运物之泄:万物运动过程之发泄。⑬与之偕逝:与天地万物一起变化流行。⑭待无:对待天道,对君命尚能执守勿违,何况是对待天道呢。⑮始用四达:开始见用于世,即能四面八方无不通达。⑯非己:物之所利,非关于己,乃是本性之外的附带之物。⑰命其在外者:命运操纵在外,非由自己所主宰。⑱句意为:非性分之所有,取之则为盗窃,故君子贤人不妄取。

⑲知:同"智"。鷾鸸〔yìér〕:燕子。⑳目之:看一眼。不宜处:不适宜停留。不给看:不再多看即离去。㉑落其实:布下网络和诱饵想逮住燕子。落与"络"通,网络。实即"食",诱饵。㉒袭:入。这句的意思是,燕子畏惧于人,而又入于人宅筑巢以免害。㉓社稷:指代国家,此处是燕子的巢。㉔化其万物:万物生灭变化无穷。禅:相互更代。㉕正而待之:持守正道以待其变化。㉖有人,天也:人事变化莫下受天道支配。㉗不能有天:指人不能支配天道。㉘晏然:安然。体逝而终:体悟天道常行不息之性而终其天命。

【译文】孔子一行困在陈国和蔡国之间,七天没有生火做饭。孔子左手拄着木杖,右手以枯枝击节,唱起神农氏时代的歌谣,虽有击节之具但不合标准,有声音但不合音律。敲木之声与歌唱之声,却条理分明而与人心相合。

颜回端正拱手而立,转眼看着孔子。孔子担心他把自己的道德看得过高而有所造作夸大,由于爱己过深而哀痛过度,就说:"颜回呀,不受自然加给的损害容易,不受外人加给的利誉难。没有哪个起点不是终点的,人和自然是同一的。既然一切都是变化不息的,谁知今日唱歌者又是谁呢?"颜回说:"请问什么叫做不受自然加给的损害容易?"孔子说:"饥渴寒暑侵袭,困穷滞碍不能通达,这是天地之运行,万物运动无穷之发泄,就是说与天地万物运动变化相和谐就是了。作为人之臣,不敢违背君命。执守臣之道尚且能如此,而何况以对待天道呢!"颜回又问:"什么叫不受人加给之利誉难?"

孔子说:"开始见用于世,四面八方无不通达,官爵俸禄并至而不穷尽。这些外物带来的利益,并非关乎己之本性,乃是性外之物,外利得失之命运操纵于外。君子不作强盗,贤人不作窃贼,我要取这些性外之物算是什么人呢?所以说,鸟没有比燕子更聪明的了,看一眼不适宜停留,不再多看即飞去,虽有网络诱饵,弃之而去。它们害怕人又入人之宅筑巢以免害。不过只是将它们的巢窠寄于人的房舍罢了。"颜回又问:"什么叫没有哪个起点不是终点?"孔子说:"万物生灭变化无穷而不知如何相互更代,哪里知道它的终点?哪里知道它的起点?持守正道以待其变化就是了。"颜回又问:"什么叫人与天是同一的?"孔子说:"有人事之变化,又无不受天支配;有天道变化,亦出于自然。人不能支配天道,这是其本性决定的,圣人安然体悟天道常行不息之性而终其天命。"

庄子游乎雕陵之樊①,睹一异鹊②自南方来者。翼广七尺,目大运寸,感③周之颡而集④于栗林。庄周曰:"此何鸟哉!翼殷⑤不逝,目大不睹⑥。"蹇裳⑦躩步,执弹而留之⑧。睹一蝉,方得美荫而忘其身;螳螂执翳⑨而搏之,见得而忘其形;异鹊从而利之⑩,见利而忘其真⑪。庄周怵然曰⑫:"噫!物固相累⑬,二类相召也。"捐弹而反走⑭,虞人⑮逐而谇之。

庄周反入,三月⑯不庭。蔺且⑰从而问之:"夫子何为顷间⑱甚不庭乎?"庄子曰:"吾守形而忘身⑲,观于浊水而迷于清渊⑳。且吾闻诸夫子曰:'入其俗,从其俗。'今吾游于雕陵而忘吾身,异鹊感吾颡,游于栗林而忘真。栗林虞人以吾为戮㉑,吾所以不庭也。"

【注释】①雕陵之樊:陵园内植栗树,外有篱笆围护。雕陵为陵园名,樊与"藩"通,藩篱之类。②异鹊:异乎寻常之鹊。广:长。运寸:径寸,指鸟眼睛很大,直径有一寸。③感:触碰。颡〔sǎng〕:额头。④集:群鸟栖于树上。泛指鸟儿落下。⑤殷:大。逝:往,飞走。⑥不睹:看不见人,以至触碰庄周额头。⑦蹇〔qiān〕裳:提起裤角。躩〔jué〕步:蹑足而行,生怕惊动鸟儿。⑧留之:伫立伺便发弹而射之。⑨执翳〔yì〕:用树叶遮蔽自身,以便偷袭猎物。翳，遮蔽。⑩从而利之：指随之从中得利，可趁机捕到螳螂。⑪真：真性，本性。忘其真：忘掉自己的本性，如鸟目大能视而下见，翼长能飞而不逃，不知避险保身，即是忘其真。⑫怵然：惊惧警惕的样子。⑬相累：相互牵累。蝉为美荫所累，螳螂为蝉所累，异鹊为螳螂所累。万物皆为利累而忘害。二类相召：不同物类相互召致。利与害、祸与福、忧与乐、得与失等等相与为类，相互对立，又是召致对方的条件。如螳螂之利在捕蝉，专注此利忘记异鹊在后；异鹊之利在螳螂，专注于此而忘记乎持弹弓藏在树下的庄周。此利便成为召致彼害的条件，只有无求才能远害。⑭反走：返身跑回去。⑮虞人：看管陵园之人。逐：追赶。谇〔suì〕：责骂。以其为偷粟之人。⑯三月：应作"三日"。不庭：不快意，下开心之意，庭，"庭"读为"逞"。⑰蔺且：庄子弟子。⑱顷间：近来，近期。⑲形与身：指人自身，庄子言己虚静时知守形，动作时则忘身。如蝉、螳螂、异鹊在没有外利引诱而静处时知警觉，一旦专注外利而动作时，警觉便消失，从而忘记自身之危险。⑳此为庄子自喻。言其能冷眼旁观世人追名逐利之危险，却不懂自己应当避开之道理。㉑戮：辱。

【译文】庄子在雕陵里面游玩，看见一只奇异的鹊鸟从南边飞来，翅膀长有七尺，眼睛的直径有一寸长，触碰庄周之额头，而落在栗树林中，庄周说："这是什么鸟啊！翅膀长而不飞去，眼睛大而不见人。"便提起裤角蹑步而行，拿着弹弓伫立伺机发弹击之。看到一只蝉正在浓密树荫下而忘记自身的危险，螳螂躲在树叶后伺机偷袭，见得而忘记自身的危险；奇异之鹊随之而从中得利，见利而忘记其真性。庄周警惕说："唉！物类本来是相互牵累，二类对立而又相互召致。"丢下弹弓返身跑回去，看管陵园的人以为他偷了东西，在后面追赶责骂。庄周返回家中，接连三日不快意，学生蔺且因而问道："先生近来为何很不快活呀？"庄周说："我静能守形，动却忘身，我能看破世人追名逐利之危险，自己却不知躲避。而且我听先生说：'入乡随俗，服从禁令。'现在我在雕陵中游玩却忘了自身，奇异之鹊触碰我的额头，游于栗林而忘记真性；栗林的看守人因而责骂我，我所以不快意呀。"

阳子^①之宋，宿于逆旅^②。逆旅人有妾二人：其一人美，其一人恶^③。恶者贵而美者贱。阳子问其故，逆旅小子^④对曰："其美者自美^⑤，吾不知其美也；其恶者自恶，吾不知其恶也。"

阳子曰："弟子记之，行贤而去自贤^⑥之行，安往而不爱哉！"

【注释】①阳子：阳朱，见《应帝王》篇注。②逆旅：旅店。③恶：丑。④小子：年轻人，指旅店主人。⑤自美：自以为美。⑥自贤：自以为贤。

【译文】阳朱去宋国，寄宿在旅店里。旅店主人有两个小妾，其中一个漂亮，一个丑陋，丑陋的被尊宠，漂亮的被轻贱。阳朱问这是什么缘故，店主人回答说："那个漂亮的自以为很漂亮，我却不知她哪儿漂亮；那个丑陋的自以为丑陋，我却不知她哪儿丑陋。"阳朱说："弟子们记住，品行贤德而又能丢掉自以为贤的想法，哪里会不受爱戴呢！"

田子方

【题解】田子方是篇首的人名。全篇内容比较杂,具有随笔、杂记的特点,不过从一些重要章节看,主要还是表现虚怀无为、随应自然、不受外物束缚的思想。

全文自然分成长短不一、各不相连的十一个部分,第一部分至"夫魏真为我累耳",通过田子方与魏文侯的对话,称赞东郭顺子处处循"真"的处世态度。第二部分至"亦不可以容声矣",批评"明乎礼而陋乎知人心"的作法,提倡体道无言的无为态度。第三部分至"吾有不忘者存",写孔子对颜渊的谈话,指出"哀莫大于心死,而人死亦次之",要得不至于"心死",就得像"日出于东方而入于西极"那样地"日徂"。所谓"日徂"即每日都随着变化而推移。第四部分至"吾不知天地之大全也",借老聃的口表达"至美至乐"的主张,能够"至美至乐"的人就是"至人",怎样才能"至美至乐"呢?那就得"喜怒哀乐不入胸次"而"游心于物之初"。第五部分至"可谓多乎",写了一个小寓言,说明有其形不一定有其真,有其真也就不一定拘其形。第六部分至"故足以动人",指出应当爵禄和死生都"不入于心"。第七部分至"是真画者也",写画画并非一定要有画画的架势。第八部分至"彼直以循斯须也",写臧丈人无为而治的主张。第九部分至"尔于中也殆矣夫",以伯昏无人凝神而射作比喻，说明寂志凝神的重要。第十部分至"己愈有"，写孙叔敖对官爵的得失无动于衷；余下为第十一部分，写凡君外在得失无变于己。

田子方①侍坐于魏文侯②，数称谿工③。

文侯曰："谿工子之师邪？"

子方曰："非也，无择之里人也。称道数当④，故无择称之。"

文侯曰："然则子无师邪？"

子方曰："有。"

曰："子之师谁邪？"

子方曰："东郭顺子⑤。"

文侯曰："然则夫子何故未尝称之？"

子方曰："其为人也真，人貌而天，虚⑥缘而葆真⑦，清而容物⑧。物无道，正容以悟之⑨，使人之意也消。无择何足以称之！"

子方出，文侯傥然⑩，终日不言。召前立臣而语之曰："远矣！全德之君子。始吾以圣知之言、仁义之行为至矣。吾闻子方之师，吾形解⑪而不欲动，口钳⑫而不欲言。吾所学者直土梗⑬耳！夫魏真为我累耳！"

【注释】①田子方：姓田字子方，名无择，魏文侯之师，魏之贤者。②魏文侯：名斯，战国初年魏国君主。③谿工：人名，魏之贤者。④称道数当：讲说大道。数当，常常恰当，合乎道理。⑤东郭顺子：魏之得道真人。东郭为其住地，以住地为号。顺为其名，子是尊称。⑥天虚：心像天一样空虚。⑦缘而葆真:缘,随顺物性。葆真:保持真性不失。⑧清而容物:心性高洁而又能容人容物。⑨物无道,正容以悟之:人与事不合于道。正容,端正己之仪态。悟之,使人自悟其失而改之,不加辞色。⑩傥然:若有所失的样子。⑪形解:身体松弛懒散。⑫钳:钳住。口钳:口像被钳住一样,懒于开口讲话。⑬土梗:由土木做成的偶像,无生命之物。

【译文】田子方陪坐在魏文侯旁边,多次称赞谿工这个人。

文侯说:"谿工是先生的老师吗?"

子方说:"不是,只是我的同乡。谈论大道有理有据,所以我称赞他。"

文侯说:"那么先生没有老师吗?"

子方说:"有。"

又问:"先生的老师是谁呢?"

子方说:"是东郭顺子。"

文侯说:"可是,先生为什么从来没有称赞过呢?"

子方说:"他为人真诚,具有人的体貌和天一样空虚的心,顺应自然而保持本性,心性高洁又能容纳万物。人与事不合正道,他端下自己的仪态使人自悟其过而改之。我哪里配得上去称赞他呀!"

子方出去后,文侯表现出若有所失的神态,整天不言语,召来站在面前的侍臣对他说:"太深远玄妙了,真是一位德行完备的君子!起先我认为仁义的行为、圣智的言论是至高无上的。听到子方老师的情况后,身体松散不愿动,口像被钳住一样不能开口,反过来看我所学的东西,只是没有生命的土偶而已!魏国真成了我的累赘啊!"

温伯雪子①适齐,舍于鲁。鲁人有请见之者,温伯雪子曰:"不可,吾闻中国之君子,明乎礼义而陋②于知人心,吾不欲见也。"至于齐，反舍于鲁，是人也又请见。温伯雪子曰："往也蕲见我，今也又蕲③见我，是必有以振④我也。"出而见客，入而叹；明日见客，又入而叹。其仆曰："每见之客也，必入而叹，何邪？"曰："吾固告子矣，中国之民，明乎礼义而陋乎知人心。昔之见我者，进退一成规一成矩⑤，从容一若龙一若虎⑥，其谏我也似子⑦，其道⑧我也似父，是以叹也！"仲尼见之而不言。子路曰："吾子欲见温伯雪子久矣，见之而不言，何邪？"仲尼曰："若⑨夫人者，目击而道存⑩矣！亦不可以容声矣！"

【注释】①温伯雪子：人名，楚国之得道者，或为庄子虚拟之人名。②陋：浅陋。③蕲：通祈，请求。④振：启发，或作救解，救己之失。⑤这句意思是见客时行礼无不合乎规矩。⑥若龙若虎：形容动作仪态蕴含不可抵御的威武气势。⑦似子：如同儿子对待父亲，形容宣言规劝时态度之恭顺。⑧道：同"导"，引导、指导。⑨若：如。夫人：此人，这个人。⑩目击而道存：用眼睛一看而知大道存之于身，无须言说。

【译文】温伯雪子往齐国去，途中寄宿于鲁国。鲁国有个人请求见他，温伯雪子说："不可以。我听说中原的君子，明于礼义而浅于知人心，我不想见他。"到齐国后，返回时又住宿鲁国，那个人又请求相见。温伯雪子说："往日请求见我，今天又请求见我，此人必定有启示于我。"出去见客，回来就慨叹一番，明天又见客，回来又慨叹不已。他的仆人问："每次见此客人，必定回来慨叹，为何呢？"回答说："我本来已告诉过你，中原之人明于知礼义而浅于知人心，刚刚见我的这个人，出入进退一一合乎礼仪，动作举止蕴含龙虎般不可抵御之气势。他对我直言规劝像儿子对待父亲般恭顺，他对我指导又像父亲对儿子般严厉,所以我才慨叹。"孔子见到温伯雪子一句话也不说,子路问:"先生想见温伯雪子很久了,见了面却不说话,为何呀?"孔子说:"像这样的人,用眼睛一看而知大道存之于身,也不需再用语言了。"

颜渊问于仲尼曰:"夫子步亦步,夫之趋亦趋①,夫子驰亦驰,夫子奔逸绝尘②,而回瞠若乎后矣!"

夫子曰:"回,何谓邪?"

曰:"夫子步亦步也,夫子言亦言也;夫子趋亦趋也,夫子辩亦辩也;夫子驰亦驰也;夫子言道,回亦言道也;及奔逸绝尘而回瞠若乎后者,夫子不言而信,不比而周③,无器而民滔乎前④,而不知所以然而已矣!"

仲尼曰:"恶!可不察与?夫哀莫大于心死,而人死亦次之。日出东方而入于西极,万物莫不比方⑤。有目有趾者,待是而后成功,是出则存,是入则亡⑥。万物亦然,有待也而死,有待也而生⑦。吾一受其成形⑧而不化以待尽⑨,效物而动,日夜无隙⑩,而不知其所终⑪;薰然其成形,知命不能规乎其前⑫,丘以是日徂⑬。

"吾终身与汝交一臂而失之,可不哀与⑭?汝殆著乎吾所以著也。彼已尽矣⑮,而汝求之以为有,是求马于唐肆⑯也。吾服⑰,汝也甚忘;汝服,吾也亦甚忘。虽然,汝奚患焉!虽忘乎故吾,吾有不忘者⑱存。"

【注释】①趋:小步疾行。趋亦趋和驰亦驰:你怎么样,我也跟着怎么样。②奔逸绝尘：跑得极快，好像脚掌与地面没挨着一样，即跳跃性奔跑的意思。③比：私意亲近。周：周遍相亲。不比而周：即使不是亲友，你也能对人关怀考虑得十分周到。④无器而民滔乎前：器，名位、权势利禄。滔：人多汇聚的样子。这句话是说孔子没有地位名分，却有很多人在追随着他。⑤比方：言人顺从太阳的方向动作。比：顺从。方：方向。⑥是：此，指日，太阳。存：有。亡：无。是出则存，是入则亡：太阳出来就工作，太阳落山就无事可做而休息。⑦有待也而死，有待也而生：万物皆待造化而有生死转化，就像人随日出没而作息一样。⑧一受其成形：人一生下来具有了人的形体，即秉受了天赋的形体。⑨不化以待尽：不会化作他物，只能等待穷尽其天年。⑩效：感。隙：间隙，空闲，休息。效物而动，日夜无隙：人一生本能反应性地忙忙碌碌，日夜操劳，得不到休息。⑪不知其所终：人生对命运的不可抗拒，不知道自己将来会是什么样子。⑫薰然：形容气自动聚合为形的情况。规：同"窥"，预知。⑬日徂〔cú〕：徂，往，但似乎蕴涵着沮，即沮丧之意蕴。⑭吾终身与汝交一臂而失之，可不哀与：字面意思是比喻机会极好却当面错过，即失之交臂。实际上是指人与人之间相互理解的困难，所以说这是一种让人悲哀的事情。⑮女殆著乎，吾所以著也，彼已尽矣：女，你。殆，仅，只。著，明白，表面现象。彼，大道。⑯唐：空。肆：集市。唐肆：空荡荡无人的集市。⑰服：可理解为用语言表达出来的道理。⑱不忘者：指与化俱往，日日更新的大道。

【译文】颜渊问孔子说："先生慢走我也慢走，先生快走我也快走，先生快跑我也快跑，先生快速奔跑，脚掌好像离开地而向前跳跃一样，这时，我就只能睁大眼睛在后面看，而不知道如何学了。"

孔子说："颜回，你说的是什么意思？"

颜回说："先生慢走我也慢走，是说先生怎样讲我也跟着怎样说；先生快走我也快走，是说先生辨析事理我也跟着辨析事理；先生跑我也跑，是说先生谈论大道我也跟着谈论大道；及至先生好像脚掌离开地面跳跃般地跑，我就只能睁大眼睛在后面看着，不知道该怎么学了,是说先生不言说时也能让人们信服,不私意亲近也能全面地获得拥戴,没有地位名分还是让人群聚集在您的身边。对这种现象,我不明白其中缘由。"

孔子说:"怎么能不明察呀!最悲哀的莫过于心灵的死亡,身体的死亡还在其次。太阳从东方出来而落于西天尽头,万物莫不顺从太阳的起落升降而运行;凡有眼有脚的,一定要等到太阳出来后才能做事,方有所作为。太阳出来就工作,太阳落山就休息。万物也都是这样的,要随着造化而死,随着造化而生。我们作为人,一旦生下来秉受了天赋的形体,就不可能转化为他物了,而只能等待着穷尽天年,面对死亡而生。随着外物而作反应性的运动,日夜操劳,没有空闲,而下场如何却不得而知。阴阳二气自动地聚合,就成为我们的形体,懂得命运的人也不能测度自己将来的命运。我只是天天地在不得已与化俱往,随物应酬罢了。

"我这一辈子都和你在一起,你却还是不能够理解我,这就好像有个极好的机会我们却当面错过了,这不是万分悲哀的事情吗?你怎么能仅仅关注我借用语言表述的方面呢?我所说过的话,我其实也不尽理解,并不懂得它的深层含义,因为那深层的含义早已时过境迁而消失殆尽了;你还要着意地追求那之所以如此说的原因,以为它是真实的存在,这就如同在空荡无人的市场上想要寻购一匹马一样,那是不可能的呀。你不要只看到我用语言表达出来的道理,由于不理解它深层的原因很快就会全都忘记了;其实你用语言表达出来的意思,我不是也因为同样的道理而全都忘了吗?即使这样,你又何必忧患不已呢?虽然你忘记了过去的我,我现在不是不活在人面前吗,这中间不就有重要的道的永存性吗?"

孔子见老聃,老聃新沐[1],方将[2]被发而乾,慹然[3]似非人。孔子便[4]

而待之。少焉见，曰："丘也眩与？其信然与？向者先生形体掘⑤若槁木，似遗物离人而立于独也。"

老聃曰："吾游心于物之初⑥。"

孔子曰，"何谓邪？"

曰："心困焉而不能知，口辟⑦焉而不能言。尝为汝议乎其将⑧：至阴肃肃⑨，至阳赫赫⑩。肃肃出乎天，赫赫发乎地⑪。两者交通成和⑫而物生焉，或为之纪⑬而莫见其形。消息满虚⑭，一晦一明，日改月化，日有所为，而莫见其功。生有所乎萌，死有所乎归，始终相反乎无端，而莫知其所穷。非是也，且孰为之宗⑮！"

孔子曰："请问游是⑯？"

老聃曰："夫得是至美至乐⑰也。得至美而游乎至乐，谓之至人。"

孔子曰："愿闻其方？"

曰："草食之兽，不疾易薮⑱；水生之虫，不疾易水。行小变而不失其大常⑲也，喜怒哀乐不入于胸次。夫天下也者，万物之所一⑳也。得其所一而同焉，则四支百体将为尘垢㉑，而死生终始将为昼，夜而莫之能滑㉒，而况得丧祸福之所介乎！弃隶者若弃泥涂㉓，知身贵于隶也，贵在于我而不失于变。且万化而未始有极也，夫孰足以患心㉔！已为道者解乎此。"

孔子曰："夫子德配天地，而犹假至言㉕以修心，古之君子孰能脱焉？"

老聃曰："不然。夫水之于汋㉖也，无为而才自然㉗矣。至人之于德也，不修而物不能离㉘焉，若天之自高，地之自厚，日月之自明，夫何修焉！"

孔子出，以告颜回，曰："丘之于道也，其犹醯鸡㉙与！微夫子之发吾覆㉚也，吾不知天地之大全也。"

【注释】①沐：洗头。②方将：正在。③慹〔zhé〕：假借为"蛰"。慹然：蛰伏不动，木然不动，形体僵直的样子。④㡓：借为"屏"，屏蔽之意，指孔子见老聃新沐后之神态，觉得直接去见不妥，蔽于隐处等待。⑤掘：同"倔"，独立的样子。⑥物之初：物初生之混沌空虚之境，即指大道。即是正在思考宇宙和人类的起源问题。⑦口辟：口开而不能合，大道是不可知不可言的。能心知、言说之道即不是真正的真。⑧将：粗略，大略，庄子认为道不可言，又不得不借助语言表述，语言所表述之道，只是大略而已，并非道之大全。⑨到阴肃肃：至阴，阴之极致，代表地之精粹。肃肃，阴冷之气。⑩至阳赫赫：至阳，阳之极致，阳之极致，代表天之精粹。赫赫，炎热之气。⑪这句的意思是阴冷之气出自于地，而其根在于天；炎热之气出自天，而根在于在。⑫交通成和：天地阴阳二气相互交通，胜负屈伸，絪缊相荡，和合而生成万物。⑬或为之纪：或，或许。纪，纲纪。⑭消息满虚：消息，消为消亡，息为生息，指大地万物不断消亡和生息的无穷过程。满虚，即盈虚，指盈满空虚的对应转化过程，与消息义同。⑮非是也，且孰为之宗：是，指自然或天道。宗，主，主宰。⑯游是：即老聃所说的"物之初"，指空虚之道。孔子问游心于此之义。⑰至美至乐：即是与道是与首玄同之境界。⑱不疾易薮〔sǒu〕：疾，担忧、害怕。易，改变，改换。薮，水草丛生之沼泽地。⑲大常：基本生存条件，如水草之类。与小变相对。⑳所一：万物共同生息之所。㉑四支百体将为尘垢：支，同"肢"。百体，全身各器官各部分。尘垢，比喻无用之废物。㉒滑〔gǔ〕：乱。㉓弃隶者若弃泥塗：隶，指隶同于己之物，如官爵俸禄、财产之类。泥塗，泥土，比喻轻贱之物。㉔孰足以患心：孰，何。患心，使心忧。㉕假至言：假，借助。至言，至道之言。㉖汋〔zhuó〕：水澄澈透明。㉗无为而才自然：只能通过无为的途径，才能是真正的自然之道。㉘物不能离：天道无为而又无所不在，它不靠修习而自成，天地万物都不得不遵循，所以说物不能离。㉙醯〔xī〕鸡：醋变质生出的小飞虫，为蠓之类，用以比喻极端渺小。㉚发吾覆：启发开我被蒙蔽而不知之处。

【译文】孔子去见老子，老子刚洗了头，正披散着头发晾干，那木然的样子，简直不像是一个活着的人。孔子躲在一个地方耐心地等待着，过了一会儿，二人会面，孔子说："是我眼花，还是真的呢？刚才先生的身体，挺立着一动不动的样子简直就像是一段干木头似的，那全神贯注的样子，好像是把天地万物都忘得一干二净，只剩下了您所思考的问题。"

老聃说："我在天地万物的起源问题神游，进入了深沌虚无的境界。"

孔子说："这是什么意思呢？"

老聃说："心里对这个问题感到十分的困惑，发现它不是人所能理解的，嘴张开想说点什么，却不知道从何说起。试着给你谈一下它的大略吧！地之极致为阴冷之气，天之极致是炎热之气，阴冷之气虽在地上却植根于天上，炎热之气虽在天上却植根于地上，两者相互交流贯通和合，这就生成了万物，或许有某个统领这一切的纲纪存在，但我们却看不到它的形体。消亡又生息，盈满又空虚，一暗一明，日变月化，每时每刻都有所作为，我们却不知道它是怎么样起作用的。万物的出生应该有一个萌发的地方，万物死亡也应该有一个归宿，开始和终结是相反的，我们却不知道它们的开端在哪里，也不知道它们结束在什么地方。可是如果没有这样的事物存在，那么这个世界该是由谁来作为它的主宰呢？"

孔子说："请问，您神游大道的情形是什么样的呢？"

老聃说："如果到了这样的境界，那真是无比的美妙和无比的快乐。在无比美妙的境界中享受最伟大的快乐，这就可以称之为最崇高的人了。"

孔子说:"请问,怎么样才能达到最美妙最快乐的境界呢?"

老聃说:"食草的兽类,不担忧更换沼泽地;水生的虫类,不担忧变换水的位置。因为那都是些小的变化而并没有失去基本的生活条件,所以,喜怒哀乐的心情就不会随着小的变化而在心中引起激荡。天下这块地方,是万物共同生息的场所。既然万事万物都有着共同的生存背景,那么我们的四肢百体早晚将成为一堆垃圾,这由于生和死、终和始也将和昼夜交替一样地循环不止,谁也无法打乱这一循环性的自然秩序,我们也就不和对它太介意。如果连生死都能不介意,何况人生那一点得和失、祸和福之间的斤斤计较呢!所有隶属于自己的身外之物都和得失祸福连在一起,所以对于它们,完全可以像丢弃泥土一样弃之不顾,因为我们懂得我们的身体比那些隶属于此身的东西要更加珍贵些。如果懂得了自身存在的珍贵,也就不会为一些小的变故而患失了。而且世界的千变万化是无穷无尽的,又何必这么一个无限性的问题而弄得自己心神不宁呢!已经明白了大道的这种属性的人是可以对这个问题释怀的。"

孔子说:"先生对天地万物已以有了如此高明的理解,而且还借助最准确的言说来提高自己的修养和心理素质。古来的君子,谁又能超过您呢!"

老聃说:"话不能这样说。水的清明澄澈,是在无所作为的情况下才会如此;最高境界的人的德行,并不是修养得来的,因为万事万物事实上根本无法也不可能离开道的范围。就像天自然就高,地自然就厚,日月自然就明亮一样,哪里需要像我这般来修养啊!"

孔子出来,把这些告诉了颜回,他说:"我对于道的认识,就如同醋坛中的飞虫一样,太渺小了!如果没有先生启发我,抹掉我蒙蔽在心头的糊涂想法,我就不会知道天地全备的道理!"

庄子见鲁哀公①，哀公曰："鲁多儒士，少为先生方②者。"庄子曰："鲁少儒。"哀公曰："举③鲁国而儒服，何谓少乎？"庄子曰："周闻之，儒者冠圜冠者知天时，履④句屦者知地形，缓⑤佩玦者事至而断。君子有其道者，未必为其服⑥也；为其服者，未必知其道也。公固以为不然，何不号于国中曰：'无此道而为此服者，其罪死！'"于是哀公号之，五日而鲁国无敢儒服者。独有一丈夫，儒服而立乎公门。公即召而问以国事，千转万变而不穷。庄子曰："以鲁国而儒者一人耳，可谓多乎？"

百里奚⑦爵禄不入于心，故饭牛⑧而牛肥，使秦穆公忘其贱，与之政也。有虞氏⑨死生不入于心，故足以动人。

宋元君⑩将画图，众史⑪皆至，受揖而立，舐笔⑫和墨，在外者半。有一史后至者，儃儃⑬然不趋，受揖不立，因之舍⑭。公使人视之，则解衣槃礴羸⑮。君曰："可矣，是真画者也！"

【注释】①鲁哀公：春秋末鲁国国君，名蒋，一作将，定公子，鲁国第二十六任君主，在位27年。庄子为战国中期人，二人相距一百多年。此为寓言。②先生方：指庄子道家方术。③举：全。④履：作动词，穿。句：音矩，方形。屦：葛、麻制成之单底鞋，泛指鞋子。地形，地理。⑤缓：用五彩丝编成的带子，用以系玦。佩玦：环状带有缺口的玉饰品，玦与"决"同音，寓有能决断之义。⑥为其服：穿戴同样服饰。⑦百里奚：春秋时秦国大夫。原为虞国大夫，晋灭虞后被俘，作为陪嫁之臣送往秦国。后又出走楚国，为楚所执。后被秦穆公用五张羊皮赎回，称五羖大夫，为秦穆公所重用，与蹇叔、由余等贤臣协助秦穆公建立霸业。不入心：不放在心上。⑧饭牛：养牛。与之政：委以国政。⑨有虞氏：虞舜。舜一心只想尽孝，不把生死放在心上，虽然他的父亲和弟弟想方设法谋害他，想把他烧死在屋顶，压死在井底，他都不忌恨。⑩宋元君：即宋元公，名佐，春秋末期末君。画图：画国中山川大地之图画。⑪史：指画师。受揖而立：受君命拜揖而立。⑫舐〔shì〕笔：用唾润笔。舐，以舌舔物。在外者半：指画师甚多，屋里已满，外面还有一半。⑬儃儃〔tǎn〕：舒缓闲适的样子。趋：小步疾行。⑭之舍：向馆舍走去。⑮解衣：脱掉上衣，槃礴：盘腿而坐。赢：同"裸"，赤着上身。

【译文】庄子拜见鲁哀公，哀公说："鲁国多儒学之士，很少有从事先生之道术的。"庄子说："鲁国儒学之士很少。"哀公说："全鲁国的人都穿儒者服装，怎么说少呢？"庄子说："我听说，儒者中戴圆帽的通晓天时，穿方形鞋子的懂得地理，佩戴五彩丝带穿系玉块的，事至而能决断。君子怀有其道术的，未必穿戴那样的服饰；穿戴那样服饰的，未必真有道术。公一定以为不是这样，何不号令于国中说：'不懂此种道术而穿戴此种服饰的，要处以死罪！'"于是哀公发布这样命令，五天以后鲁国没有敢穿儒服的人。唯独有一位男子，身穿儒服立在哀公门外。哀公即刻召见他以国事相问，千转万变发问也不能难住他。庄子说："以鲁国之大只有一个儒者，可以说多吗？"

百里奚不把官爵俸禄放在心上，所以养牛而牛肥，使秦穆公忘记了他出身低贱，而委之以国事。虞舜不把生死放在心上，所以能感动他人。

宋元君要画画，众位画师都来了，受君命拜揖而立，润笔调墨准备着，门外面还有一大半。有一位后到的画师，舒缓闲适不慌不忙地走着，受命拜揖后也不在那站着，而往馆舍走去。元公派人去看，见他脱掉上衣赤着上身盘腿而坐。元公说："可以了，这位就是真正画师。"

文王①观于臧，见一丈夫钓，而其钓莫钓②。非持其钓③有钓者也，常钓也。文王欲举而授之政，而恐大臣父兄之弗安也；欲终而释之④，而不忍百姓之无天⑤也。于是旦⑥而属之大夫曰："昔者⑦寡人梦见良人，黑色而髯⑧，乘驳马⑨而偏朱蹄，号⑩曰：'寓而政于臧丈人，庶几⑪乎民有瘳乎！'"诸大夫蹴然⑫曰："先君王⑬也。"文王曰："然则卜之。"诸大夫曰："先君之命，王其无它⑭，又何卜焉！"遂迎臧丈人而授之政。典法无更，偏令无出⑮。三年，文王观于国，则列士⑯坏植散群，长官者不成德⑰，斔⑱斛不敢入于四境。列士坏植散群，则尚同⑲也；长官者不成德，则同务⑳也；斔斛不敢入于四境，则诸侯无二心也。文王于是焉以为大师㉑，北面而问㉒曰："政可以及天下乎？"臧丈人昧然㉓而不应，泛然㉔而辞，朝令而夜遁㉕，终身无闻。颜渊问于仲尼曰："文王其犹未㉖邪？又何以梦为㉗乎？"仲尼曰："默，汝无言！夫文王尽之㉘也，而又何论刺㉙焉！彼直以循斯㉚须也。"

【注释】①文王：周文王。臧：地名，在渭水边。观：巡察。此段寓言采取姜尚事迹加以改写。②钓莫钓：身子在钓鱼，心不在钓鱼上面。或言钓钩上不放鱼饵，意不在得鱼。寓力无为之义。③非持其钓：并非以持竿钓鱼为事。有钓者：别有所钓，不在鱼也。常钓：经常是这样钓法，寓持守无为之常道。④释之：舍弃不举用。⑤无天：失去荫庇、保护之意。文王把那个人看得德高如天，让他掌政，就会使百姓得到荫庇、保护。⑥旦：早晨。属：集合。⑦昔者：夜里。良人：善人，君子。⑧髯：两颊上的长须。⑨驳马：杂色的马。偏朱蹄：一蹄赤色。⑩号：号令、命令。寓：托付。臧丈人：臧地之老者，即文王所遇之钓者。⑪庶几:差不多,大概。民与癙:民可以解除病痛了。⑫蹴〔cù〕然:惊惧不安的样子。⑬先君王:指文王的父亲季历,季历生时面黑而两颊多须,喜乘杂色马。经文王一说,众人皆以为先王托梦。这样举用臧丈人,即渭水边的垂钓人,就是祖宗之意,不可违背。⑭无它:没有其他可疑之处,不必占卜。⑮偏令无出:行无为而治,一篇政令也未发出。偏:通"篇"。⑯列士:各种各样的士,如文士、武士等。坏植散群:植为培植朋党之植,植又作"主"解,指朋党之核心人物,文士、武士都依附于他,形成私人势力,与国家作对。坏植散群即是使结党营私之群体都解散,让国家更统一。⑰不成德:不建立个人之功德。⑱斞〔yǔ〕:又作"庾",量器单位,六斛四斗为庾。斛〔hú〕:量器单位十斗为斛。竟:同"境"。这句是说,各诸侯国所用量器标准不一,如果任各国商人带不同量器入境,就会造成混乱和欺骗,故必使其不敢入境。⑲尚同:境内无私党,皆上同一于君主。⑳同务:同以国事为务。㉑大师:尊敬的老师。㉒北面而向:古代君主坐北面南,臣立在君对面,现在文王站南面北,是对臧丈人的尊重。㉓昧然:犹默然,沉默不语。㉔泛然:淡漠无心的样子。㉕朝令夜遁:早上还接受文王指令,晚上就逃走了。㉖犹未:还未足以取信。㉗伺以梦为:何必要假托于梦呢。㉘尽之:做得很完善。㉙刺:讥刺。㉚斯须:顷刻之间。循斯惭:在短暂时间内顺应众心罢了。

【译文】周文王去臧地巡视,看见一位钓鱼的老者,身在钓鱼,心不在钓鱼上。他并非以持竿钓鱼为事,而是别有所钓,他经常就是这样钓法。文王想举用他,把国事交他治理,又担心大臣和父兄辈族人不肯相安;想最后舍弃此人,又不忍心让百姓们得不到善人的庇荫。于是就在清晨集合他的大夫们说:"昨天夜里我梦见一位好人,面黑两颊长满长须,骑的杂色马,马蹄的半边是赤色的,命令我说:'托付你的国事给臧地老者,差不多民众就可以解除病痛了!'"诸位大夫惊惧不安地说:"这是先君王季历啊!"文王说:"让我们占卜一下吧。"诸位大夫说："先君之命令，王无可怀疑，又何必占卜。"于是就迎接臧地老者，授给国事。这个人掌政，以往典章法令没有更改，一篇新政令也未发出。三年之后，文王巡视国内，则见各种文士武士结成的私党都散掉了，官长们也不建立个人功德，标准不一的量器也不敢进入国境之内。文士武士们的私党散掉，则上同于君主；官长不建立个人功德，则能同以国事为务；标准不一的量器不入境，则诸侯们也就没有二心了。文王于是把臧丈人当作师者，北面而立请教说："这样的政事可以推行于天下吗？"臧丈人默然不回答，淡漠无心地告辞而去，早晨还接受文王指令，晚上就逃走了，终身没有消息。颜渊问孔子说："文王还不足以取信于人吗？何必要假托于梦呢？"孔子说："别作声，你不要说了！文王已经作得很完美了，你又何必议论讥刺呢！他只是在短暂时刻顺应众人罢了。"

列御寇为伯昏无人①射，引之盈贯②，措杯水其肘上，发之适矢复沓④，方矢复寓。当是时，犹象人⑤也。

伯昏无人曰："是射之射，非不射之射⑥也。尝与汝登高山，履危石，临百仞之渊，若能射乎？"

于是无人遂登高山，履危石，临危百仞之渊，背逡巡⑦，足二分垂⑧在外，揖⑨御寇而进之。御寇伏地，汗流至踵。

伯昏无人曰："夫至人者，上窥青天，下潜黄泉⑩，挥斥八极⑪，神气不变。今汝怵然⑫有恂目⑬之志，尔于中也殆⑭矣夫！"

【注释】①伯昏无人：庄子虚拟的人名。②引：拉。之：弦。贯：弓拉满的状态。③适：去。沓：合。适矢复沓：箭出后，紧接着将第二只箭搭在了弦上。④方矢复寓：刚刚发射一箭，复有一矢搭在弦上。一只接一只，连续发射。⑤象人：木雕泥塑之人，形容其精神高度集中，身体纹丝不动的样子。⑥射之射：有心于射的射法。无射之射：无心于射的射法。⑦背逡巡：逡巡，却退，背对深渊往后退。⑧垂：悬空。后退至悬崖深渊边，脚已悬空于石崖之外二分。⑨揖：请。即请列御寇也退到相同位置表演射箭。⑩窥、潜：皆为探测之意。黄泉：地下之泉水，比喻地底深处。⑪挥斥：纵放自如。八极：八方。⑫怵然：惊惧的样子。⑬恂目：心惊目眩。⑭中：心，即精神。殆：疲困。中也殆：精神上已经垮了。

【译文】列御寇为伯昏无人表演射箭，把弓拉得满满的，把一杯水放在左肘上，射出一箭，又有一支扣在弦上，刚刚射出，又一支搭在弦上，连续不停。在那个时候，他就像一个木偶一般纹丝不动。

伯昏无人说："这是有心于射的射法，不是无心于射的射法。试与你登上高山，踏着险石，对着百仞深渊，你能射吗？"

于是伯昏无人就登上高山，脚踏险石，背对着百仞深渊向后退，直到脚下有二分悬空在外，他站在那里请列御寇过来作射箭表演。列御寇吓得伏在地上，冷汗流到脚跟。

伯昏无人说："作为至人，上可探测青天，下可潜察黄泉，纵放自如于八极之外，而神情上仍然可以不动声色。现在你心中发慌，目眩头晕的样子，你在精神上就已经垮了呀！"

肩吾问于孙叔敖①曰："子三为令尹②而不荣华③，三去之而无忧色。吾始也疑子④，今视子之鼻间栩栩然⑤，子之用心独奈何？"

孙步敖曰："吾何以过人哉！吾以其来不可却⑥也，其去不可止也，吾以为得失非我也⑦，而无忧色而已矣，我何以过人哉！且不知其在彼乎？其在我乎⑧？其在彼邪亡⑨乎我，在我邪亡乎彼。方将踌躇⑩,方将四顾⑪,何暇至乎人贵人贱哉!"

仲尼闻之曰:"古之真人,知者不得说⑫,美人不得滥⑬,盗人不得窃,伏戏⑭黄帝不得友。死生亦大矣,而无变乎已,况爵禄乎!若然者,其神经乎大山而无介⑮,入乎渊泉而不濡⑯,处卑细而不惫⑰,充满天地,既以与人己愈有。"

楚王与凡⑱君坐,少焉,楚王左右曰:"凡亡"者三⑲。凡君曰:"凡之亡也,不足以丧吾存。夫凡之亡不足以丧吾存,则楚之存不足以存存⑳。由是观之,则凡未始亡,而楚未始存也。"

【注释】①孙叔敖:春秋时楚国令尹,著名政治家。②令尹:楚国最高的军事行政长官,相当于中原各国的执政和后来的宰相。③荣华:这里指显达,自得的神情。④疑子:对孙叔敖是否真能做到宠辱不惊有怀疑。⑤鼻间栩栩然:人的表绪变化可从鼻孔呼吸是否均匀畅顺看出端倪。栩栩然:轻松欢畅的样子。⑥却:推辞。⑦得失之非我也:官职俸禄荣华富贵之得失,皆为身外之物,非我所有,故不喜不忧,不以得失为意。⑧其:指令尹。彼:别人。我:孙叔敖本人。⑨亡:无。⑩方将踌躇:正在考虑如何做好令尹。⑪方将四顾:正在顾四方之事,以求做好职分内之事,无暇他顾。⑫不得说:言其信念坚定,不为言辞所动。⑬不得滥:不能使之淫乱。清心寡欲,不为声色所移。⑭伏戏:即伏羲氏。⑮介:通"界",界限,障碍。⑯濡〔rú〕:沾湿。⑰卑细:贫贱;惫:疲困。⑱凡:国名,周公之后。《春秋》隐公七年:"王使凡伯来聘。"说明当时凡国尚存,后来被灭。故址在今河南辉县西南。凡亡后,凡君流亡至楚,作寓公。⑲三:三次或屡次之意。这句意思是楚上左右之臣见王与亡国之君共坐,以为不妥,多次提请王注意。⑳不足以存存:不足以现实之存在为存。言存亡以道不以国，国亡而道存，未尝亡也；国存而道亡，未尝存也。

【译文】肩吾问孙叔敖说："您三次当令尹而无炫耀自得之意，三次被免职也没有忧戚不快之色。我开始时对此怀疑，现在见您呼吸匀畅，和颜悦色，您心里到底是怎样想的呢？"

孙叔敖说："我哪有什么过人之处啊！让我当令尹我无法拒绝，不让我当我也挡不住。我认识到官位的得与失并不是由我作主，这才不再忧戚不快而已。我哪有什么过人之处啊！况且不知道可贵之处的是在令尹呢，还是在我呢？如果在于令尹，就和我无关；如果在于我，就和令尹无关。我正在驻足沉思，只顾考虑各种各样的政事了，哪有工夫顾及到什么富贵贫贱呢？"

孔子听后说："古时候的真人，智者不能说服他，美色不能淫乱他，强盗不能强制他，伏羲、黄帝这样的帝王也不能笼络亲近他。死生算得上是大事了，也不能使他有所改变，更何况是官爵俸禄的得失呢！这样的人，他的精神况即使经过大山时山峰也不能障挡他，进入深渊时水也无法沾湿他，身处贫贱也不会感到困乏，他的精神充满大地之间，尽数地施予别人，自己反而会更加富有。"

楚王和凡国之君一起坐着，过一会儿，楚王左右之臣多次来讲凡国已经灭亡了。凡国之君说："凡国灭亡，不足以丧失我之存在。而凡国之灭亡既不足以丧失我之存，而楚国之存在也不足以存在为存。由此看来，则凡国未曾灭亡而楚国未曾存在。"

知北游

【题解】本篇是"外篇"的最后一篇,以篇首的三个字作为篇名。"知"是寓托的人名,"北游"指向北方游历。在传统的哲学体系中,北方被叫做"玄","玄"指昏暗、幽远,因此北方就是所谓不可知的地方。篇文认为"道"是不可知的,因此开篇便预示了主题。本篇内容主要是在讨论"道",一方面指出了宇宙的本原和本性,另一方面也论述了人对于宇宙和外在事物应该有的认识与态度。

《知北游》在"外篇"中具有重要地位,对于了解《庄子》的哲学思想体系也较为重要。篇文所说的"道",是指对于宇宙万物的本原和本性的基本认识。篇文认为宇宙万物源于"气",包括人的生死也是出于气的聚散。篇文还认为"道"具有整体性,无处不在但又不存在具体形象,贯穿于万物变化的始终。篇文看到了生与死、长寿与短命、光明与幽暗……都具有相对性,既是对立的,又是相生、相互转化的,这无疑具有朴素的唯物辩证观。但基于宇宙万物的整体性和同一性认识,篇文又认为"道"是不可知的,"知"反而不成其为"道",于是又滑向了不可知论,主张无为,顺其自然,一切都有其自身的规律,不可改变,也不必去加以改变,这显然又是唯心的了。

知①北游于玄水②之上,登隐弅③之丘,而适遭无为谓④焉。知谓无为谓曰:"予欲有问乎若:何思何虑则知道?何处何服则安道?何从何道则得道⑤?"三问而无为谓不答也,非不答,不知答⑥也。

知不得问,反于白水⑦之南,登狐阕⑧之上而睹狂屈⑨焉。知以之言也问乎狂屈。狂屈曰:"唉!予知之,将语若。"中欲言⑩而忘其所欲言。

知不得问,反于帝宫,见黄帝而问焉。黄帝曰:"无思无虑始知道,无处无服始安道,无从无道始得道。"

知问黄帝曰:"我与若知之,彼与彼⑪不知也,其孰是耶?"

黄帝曰:"彼无为谓真是也,狂屈似之,我与汝终不近⑫也,夫知者不言,言者不知,故圣人行不言之教⑬。道不可致,德不可至⑭,仁可为也,义可亏也,礼相伪也。故曰:'失道而后德,失德而后仁,失仁而后义,失义而后礼。礼者,道之华而乱之首也。'故曰:'为道者日损,损之又损,以至于无为,无为而无不为也。'今已为物也,欲复归根,不亦难乎!⑮其易也,其唯大人乎⑯!

"生也死之徒⑰,死也生之始,孰知其纪!人之生,气之聚也。聚则为生,散则为死。若死生为徒,吾又何患!故万物一⑱也。是其所美者为神奇,其所恶者为臭腐⑲;臭腐复化为神奇,神奇复化为臭腐,故曰,'通天下一气耳⑳。'圣人故贵一。"

知谓黄帝曰:"吾问无为谓,无为谓不应我,非不我应,不知应我也；吾问狂屈，狂屈中欲告我而不我告㉑，非不我告，中欲告而忘之也；今予问乎若，若知之，奚故不近㉒？"

黄帝曰："彼其真是也，以其不知也；此其似之也，以其忘之也；予与若终不近也，以其知之也。"

狂屈闻之，以黄帝为知言㉓。

【注释】①知〔zhì〕：虚拟人名。本篇所举之人名、地名、河流名多为虚拟，并含有寓义。②玄水：虚拟河流名。③隐弅〔fèn〕：弅，通"溢"假设之地名。④无为谓：虚拟之得道者，与自然合一无为不言之人。⑤何思何虑则知道？何处何服则安道？何从何道则得道：这三问是从思维方式、生活方式，求教方式三个方面求问认识道，持守道，掌握道的方法和途径。⑥非不答，不知答：无为谓视天地万物为一体，故对所问不知回答，而并不是不回答。⑦白水：传说中的河流名，与玄水相对。⑧狐阕：虚拟的山名。⑨狂屈：虚拟人名。⑩中欲言：正想说的时候。⑪彼与彼：指无为谓和狂屈。⑫不近：与道不相近。⑬不言之教：不用语言的教化。⑭致：招致，取得。至：达到。道不可致，德不可至：道和德是自然存在的一与多，不能靠人为求得，越是刻意地追求，越不自然，也就离道德越远；无为无求，与天地处于自然的同一体中，无所不在的道就会在你身上体现为德。⑮今已为物也，欲复归根，不亦难乎：现已成有形之物，即由虚无之道取聚而成体，再复归虚无则难。⑯其易也，其唯大人乎：至人与天道为一，故复归大道则易。⑰徒：类，同类。生也死之徒：生和死是一物向另一物的转化，就物的角度看，它们是同类的。就一物说有生死之别，就万物总体说则无生死之分，此物之生或为彼物之死。⑱万物一也：气之聚散表现为物生死之无穷变化过程，万物统一于气。⑲其所美者为神奇，其所恶者为臭腐：人们把自己认为美好的称为神奇，把自己厌恶的称为臭腐。这是以物观之，如果以道观之神奇与臭腐是

"物无贵贱"的。⑳通天下一气耳：通，贯通。㉑不我告：不告诉我。㉒奚：何。不近：与大道不相近。㉓知言：明白道理的言论。

【译文】知向北到玄水边游玩，登上隐弅山丘，恰巧在那里碰到了无为谓。知对无为谓说："我有个问题问你，怎样思考才能认识大道？如何居处如何行事才能持守大道？以何种途径用何种方法能够获得大道？"问了三次，无为谓都不回答。不是不回答，而是不知道要回答。

知的问题没有得到解答，就返回到白水的南面，登上狐阕山丘，在那里他看见了狂屈，知又把三个问题来问狂屈，狂屈说："噢！我知道，这就告诉你。"正想说的时候，却忘记了要说的话。

知没有得到回答，又返回帝宫，见到黄帝又问及那三个问题，黄帝说："无思无虑才能认识大道，无定处无所行事才能持守大道，无需任何途径和方法就能获得大道。"

知问黄帝说："我和你都知道这些，无为谓和狂屈却不知道，我们双方谁对呢？"

黄帝说："那个无为谓是完全的对，狂屈接近于正确，我和你终究和道不接近，知道的人不谈论道，谈论道的人并不懂得道，所以，圣人推行放弃言说的教化。道是不能获取的，德是不能达到的，仁可以去施行，义可以损弃，礼是相互欺骗的。所以说：'失去道而后才有德，失去德而后才有仁，失去仁而后才有义，失去义而后才有礼。'礼只是道的华丽外表，而它也正是祸乱的开始，所以说：'追求大道的人不是要天天学习，而是要天天减损，减损了再减损，一直达到无为的境界，达到无为的境界之后，才能够做什么都合乎自然。'现在我们面对着一个有形的世界，要想在精神上返回这个世界的虚无的本质，难道不是太难了吗！如果说还有谁能够做到那就只有得道的至人！"

"从道的观点来看,生和死是同一类事物,从元气论出发,死作为生的开始也就是从气开始,谁能够懂得这里面的大道理啊!人的生命只不过是气的一种聚合方式。气聚到一起就得到了生命,气一散开人就死了。如果死生是同类事物的不同表现形式,我们还有什么值的担心的呢!所以说,万物实际上是一体的。人们把自己认为美好的东西称为神奇,而把自己厌恶的东西称之为臭腐。臭腐可转化为神奇,神奇也可以转化臭腐,世间的万事万物都处在一个不断的转化过程中啊。所以说:'贯通天下的只是一气罢了。'因而圣人重视这个'同一性'。"

知对黄帝说:"我问无为谓,无为谓不回答我,不是不回答,而是不知道要回答;我问狂屈,狂屈想告诉我却终究没有告诉我,其实他不是不想告诉我,而是话到嘴边却把要说的给忘了;现在我问你,您知道这么多,为什么又说我们所说的都和大道不相近呢?"

黄帝说:"无为谓是个真正懂得大道的人,之所以这样讲,正是因为他的无知;狂屈接近于懂得大道,因为他忘记了自己所知的内容;我和你终究和道不相干,之所以这样讲,是因为我们都认为自己明白那不可知的大道。

狂屈听到了黄帝所说的话后,认为黄帝的这番话算是对大道理解比较深刻的一句话。

天地有大美而不言,四时有明法而不议,万物有成理而不说。圣人者,原天地之美,而达万物之理,是故至人无为,大圣不作,观于天地之谓也。

合彼神明至精,与彼百化①。物已死生方圆,莫知其根②也。扁然③而万物自古以固存。六合为巨④,未离其⑤内,秋毫为小,待之成体。天下莫不沈浮⑥,终身不故⑦;阴阳四时运行,各得其序。惛然若亡而存⑧,油然不形而神⑨,万物畜而不知⑩。此之谓本根,可以观于天⑪矣!

【注释】①彼神明至精,与彼百化:神明和天地之间的关系因其千变万化的现象而显示出极为精微的神秘性。②死生方圆,莫知其根:物或生或灭,或方或圆,变化无穷,形态各异,但我们只知其然,而不其所以然,这也就是莫知其根。③扁然:犹遍然,普遍,所有的。④六合:指四方加上下的三维性空间。巨:巨大。⑤其:指道。六合的三维空间虽然无限地巨大,它仍然存在于大道之中。⑥沈浮:沈,通"沉"。沉浮即升降往来之变化。⑦终身:指万物的永恒性。故:固定,不故即不曾固定,常新而永葆生机。⑧惛然:黯然暧昧之状。惛然若亡而存:大道虽然不是我们的感官可以感受到事物,它却是一种永恒性的存在,所在说它是似亡而存的。⑨油然:变化万端而无所牵系的样子。不形而神:大道虽然没有形象,是形而上之物,却有神明般的能力。⑩万物畜:万物被大道所蓄养。不知:指人类无法认知大道。⑪本根:大道。本根,可以观于天:它的存在可以通过观察天道的有常来得到明证。

【译文】天地有最大的美德,是沉默无言的;一年四季有明确的规律,然而它却从不议论;万物有它固定的道理,然而它却不加解释。圣人正是通过推究天地的美德而知晓了万物生成的道理。所以,思想境界最高的人,只是模仿天象自然无为,大圣人也从不要创造什么,如此说来他是通过观察天地大道而明白了这一切。

综合起来看,那神明般的大道是极其精微玄妙的,它参与了天地成物的无穷变化。有形的事物总是处于不断地产生和消亡的过程之中,不管它在形态上怎样作有序的变化,我们还是没有办法知道它的根本性质和最终原因,因为天地万物似乎是自古以来原来就如此这般地普遍存在着。四方上下的六合三维空间虽然如此的巨大，还是没有超出大道之外；秋毫虽小，仍然要靠道的作用才能形成自己的形体。天下万事万物无不在升降往来地变化着，但作为整体它却永远是生机勃勃的，不会因固定而衰变；暑往寒来，四时运行，它们都有自己固定的自然秩序；大道虽然无形无象，看起来好像并不存在，实际上却是根本性的存在，只不过它是通过时间性的自然有序的变化来表现自己，它没有形状，因而显得神妙莫测，万事万物都因为它的畜养而存在，但却一概地不自知。我们把大道的这种存在性称为"根本性的存在"，人们可以通过观察天地万物运动变化来证明这种存在。

啮缺问道乎被衣①，被衣曰："若②正汝形，一汝视，天和将至；摄汝知，一汝度，神将来舍③。德将为汝美，道将为汝居④。汝瞳焉⑤如新生之犊而无求其故⑥。"言未卒⑦，啮缺睡寐。被衣大说，行歌而去之，曰："形若槁骸⑧，心若死灰，真其实知⑨，不以故自持⑩。媒媒晦晦⑪，无心而不可与谋，彼何人哉⑫！"

【注释】①被衣：虚拟之人名。据《天地》篇，被衣是王倪的老师，啮缺是王倪的弟子。②若：你。天和将至，天然之和气就会到来。③摄：收敛，一汝度：使思虑专一之意。神：神明之精，即道之功能活力。④居：居处。⑤瞳然：无知直视的样子。犊：小牛。⑥故：缘由。无求其故，不追究事物缘由，漠然置之，听其自然。⑦卒：终。睡寐：睡着了。⑧槁骸：枯骨。心若死灰：形容心枯寂不动，没有生机，象完全死灭之灰。⑨真其实知：真正纯实之知。形如槁木，心如死灰，无知无虑，方是真知道。⑩不以故自持：不固守故见，与变化同步。⑪媒媒晦晦：懵懂无知的样子。媒：作"昧"。⑫彼何人哉：他是个什么人啊！表达惊叹赞许之意。

【译文】啮缺问道于被衣,被衣说:"你要端正你的形体,集中你的视线,天然之和气就会前来;收敛你的智慧,专一你的思虑,神明就会来居留你心;德将表现你之美好,道将留在你的身上。你无知而直视的样子就像初生的小牛犊,你不要去追究事物的缘由。"话未说完,啮缺已经睡着了。被衣特别高兴,一边走一边唱歌而去,还说:"形体如同枯骨,心如同死灰,真正纯实之知,不坚持故见,懵懂暗昧,没有思想,不能和他计议谋划,他是个什么样人啊!"

舜问乎丞①曰:"道可得而有乎?"曰:"汝身非汝有也,汝何得有夫道!"舜曰:"吾身非吾有也,孰有之哉?"曰:"是天地之委形②也;生非汝有,是天地之委和③也;性命非汝有,是天地之委顺④也;子孙非汝有,是天地之委蜕⑤也。故行不知所往,处不知所持⑥,食不知所味。天地之强阳气⑦也,又胡可得而有邪?"

【注释】①丞:古之得道者,舜之师。又说为官名。古代帝王有四辅之官,左辅右弼前疑后丞,丞即四辅之一。②委形:寄托给你一个形体。委,寄托。③和:和气。④委顺:寄托给你顺其自然之性,于是乃有性命。顺:顺其自然。⑤蜕:蜕变,指生物之脱皮生新。此处比喻人的子孙繁衍能力,也是天托寄给人的。⑥持:持守。这句意思是说,人的行、住、食都不属于自己,而受天支配。⑦强阳气:强健运动之气,即天地阴阳二气聚合运动主宰支配一切。

【译文】舜问丞说:"道可以获得和拥有吗?"回答说:"你的身体都不是你所拥有,你怎么能拥有道呢!"舜说:"我的身体非我所有,归谁所有呢?"回答说:"是天地寄托给你一个形体;生命非你所有,是天地寄托给你和气;性命非你所有,是天地寄托给你顺应自然之属性；子孙非你所有，是天地寄托给你繁衍子孙的能力。所以行时不知往哪里去，住时不知持守什么，吃东西不知味道。这一切都受强健运动之气所支配，又怎么能获得和拥有呢！"

孔子问于老聃曰："今日晏闲①，敢问至道。"

老聃曰："汝齐戒②，疏瀹③而心，澡雪④而精神，掊击⑤而知。夫道，窅然⑥难言哉！将为汝言其崖略⑦。

夫昭昭生于冥冥，有伦生于无形，精神生于道，形本生于精，而万物以形相生。故九窍者胎生，八窍者卵生。其来无迹，其往无崖，无门无房，四达之皇皇也。邀于此者，四肢强，思虑恂达，耳目聪明。其用心不劳，其应物无方，天不得不高，地不得不广，日月不得不行，万物不得不昌，此其道与！

且夫博之不必知，辩之不必慧，圣人以断之⑧矣！若夫益之而不加益、损之而不加损者，圣人之所保⑨也。渊渊乎其若海，巍巍乎其若山，终则复始也，运量万物而不匮⑩，则君子之道，彼其处与⑪！万物皆往资焉而不匮，此其道与！

中国有人焉，非阴非阳，处于天地之间，直且为人⑫，将反于宗⑬。自本观之，生者暗醷物⑭也。虽有寿夭，相去几何？须臾之说也，奚足以为尧桀之是非！果蓏⑮有理，人伦虽难，所以相齿⑯。圣人遭之而不违，过之而不守⑰。调而应之，德也；偶而应之，道也⑱。帝之所兴，王之所起也。

"人生天地之间，若白驹之过郤，忽然而已！注然勃然⑲，莫不出焉；油然漻然⑳，莫不入焉。已化而生，又化而死，生物哀之，人类悲之。解其天弢㉑，堕其天袤㉒，纷乎宛乎㉓，魂魄将往，乃身从之，乃大归㉔乎！不形之形，形之不形，是人之所同知也，非将至之所务也，此众人之所同论也。彼至则不论，论则不至。明见无值㉕，辩不若默。道不可闻，闻不若塞。此之谓大得。"

【注释】①晏闲：安闲。②齐戒：齐同"斋"，斋戒为古人祭祀或其他重要典礼前进行的整洁身心的仪式。③疏瀹〔yuè〕：疏通，疏导。④澡雪：清洗干净。⑤掊〔pōu〕击：打破，现在的时髦说法是"解构"。⑥窅〔yǎo〕然：深远莫测。⑦崖略：概要，大致轮廓。⑧断之：断绝抛弃博学善辩的聪明。⑨保：保有，信守。因为道是不能损益的。⑩运量万物而不匮：运量，运用计量。匮，穷。道支配着天地万物的一切却永远不会不够用，因为它就是天地万物背后那种神秘伟大的力量。⑪彼其外与：君子之道不可能自外于大道。⑫直且为人：姑且称之为人。⑬宗：指大道，反于宗即归返本根。⑭喑醷〔yīn yì〕物：喑醷，聚集。生命现象是气所汇聚之物。⑮果蓏〔luǒ〕：瓜果之总称，木本植物的果实称之为果，草本植物的果实叫做白蓏，即瓜。⑯人伦虽难，所以相齿：人间伦理关系虽然很复杂，但如果按长幼顺序安排社会生活，也就没有什么困难了。这里，庄子和儒家的观念是相通的，一致的。⑰遭之而不违，过之而不守：不违，不逃避。不守，不留恋。对迎面而来的事不抱逃避态度，因为躲是躲不过去的；过去的事也不要放在心上，因为那只会成为某种心理负担。⑱调而应之，德也；偶而应之，道也：德有人为性，所以可以调；道若天命，撞到哪里都是不得已，所以称偶。⑲注然勃然：注然，如水之涌流，勃然，如苗之茁壮生长。⑳油然漻然：形容变化消失之状。㉑弢〔tāo〕：弓袋，这里引申为枷锁。㉒袤〔zhì〕：剑袋，这里可以引申为桎梏。㉓纷乎宛乎：纷纭婉转地散失。㉔大归：最大的复归，即死亡。㉕明见无值：值，相遇。用聪明智能去认识大道，就会反而不能和大道相遇，即人的智能无法认识大道，只能靠内在的体悟才能认识大道。

【译文】 孔子问老聃说："今天悠闲自在，请问，至道是什么？"

老聃说："你要先进行斋戒，疏通你的心灵，洗涤你的精神，打破你的成见。道是深远莫测而难以言说的呀！我努力为你说个大概的轮廓吧。

明亮的东西产生于昏暗，具有形体的东西产生于无形，精神产生于道，形质产生于精微之气。万物全都凭借形体而诞生，所以，具有九个孔窍的动物是胎生的，具有八个孔窍的动物是卵生的。它的来临没有踪迹，它的离去没有边界，不知从哪儿进出、在哪儿停留，通向广阔无垠的四面八方。遵循这个道，四肢强健，思虑通达，耳目灵敏，运用心思不会劳顿，顺应外物不拘定规。天不得不高，地不得不广，日月不得不运行，万物不得不昌盛，这就是道啊！

况且，博学的人不一定能认识到大道，善辩的人也不一定称得上有智慧，所以圣人放弃博学和好辩。因为只有那个想增加也无法增加，想减少也不能减少的大道，才是圣人之所乐于坚守的。大道深奥啊，就像大海；大道巍峨啊，终而复始地运行不息，运用它计量万物不会感到不够用。所以，君子们所遵行的道，怎么能外于这样的大道呢？万物都往大道那里索取，大道也不会匮乏，这就是道啊！

中原之国有这样的人，既不偏于阴，也不偏于阳，他们居住在天地之间，只能姑且把他称作人，但他早晚要返回他本根去，从本始观察，所谓生，不过是气聚集的而已。虽然有长寿和夭折，又有多少呢？差别只是片刻之间的一种说法，怎么能够用它来判断尧和桀的是非？瓜果之类的各有自己之所以存在的根据，人间伦理关系虽然复杂，但只要按年龄排列，也还是可以形成社会生活秩序的。圣人碰到此类的事件并不逃避，可过去了也不留恋，能够调和顺应的事，便是德的范畴；偶然撞上而又不得不应付的一切，都属于道的范畴。帝王兴起的道理也都在这里了。

　　人生活在天地之间的时日，如同白驹过隙一样短暂，刹那而已。生长啊兴起，无不由道而生发出来；变化啊消逝，也无不消亡于道体之中。已经变化生出的，又变化而死去，生命为其同类之死而悲哀，人类为其亲人之死而伤悲。打开自然的枷锁吧，毁坏天然的桎梏，纷纭婉转。魂魄将往，身体也随之消亡，死亡就是最大的回归呀！从没有形体到有形体，又从有形体变为没有形体，这是人所共知的常识。常识并不是求道之人所努力追寻的，那是人人明白并共同讨论的话题，那些达于道境的人并不爱议论，爱议论的人也就并没有达到道境。用聪明才智去追求大道恰恰遇不上大道，要想体悟大道，善辩不如沉默。道是不能闻知的，所以闻听不如不听，懂得这些就叫'大得'。"

　　东郭子①问于庄子曰："所谓道，恶乎在？"

　　庄子曰："无所不在。"

　　东郭子曰："期而后可②。"

　　庄子曰："在蝼蚁。"

　　曰："何其下邪？"

　　曰："在稊稗③。"

　　曰："何其愈下邪？"

　　曰："在瓦甓④。"

　　曰："何其愈甚邪？"

　　曰："在屎溺。"

　　东郭子不应。

　　庄子曰："夫子之问也，固不及质⑤。正获之问于监市履狶也⑥，每下愈况⑦。汝唯莫必⑧无乎逃物⑨，至道若是，大言亦然⑩。周、遍、咸⑪三者，异名同实，其指一也。

尝相与游乎无何有之宫，同合而论，无所终穷乎。尝相与无为乎！澹⑫而静乎！漠而清乎！调而闲乎！寥已吾志⑬，无往焉而不知其所至⑭。去而来而不知其所止。吾已往来焉而不知其所终，彷徨乎冯闳⑮，大知入焉而不知其所穷。物物者与物无际，而物有际者，所谓物际者也。不际之际，际之不际者也。谓盈虚衰杀⑯，彼为盈虚非盈虚，彼为衰杀非衰杀，彼为本末非本末，彼为积散非积散也。"

【注释】①东郭子：居住在东边的外城的某先生。②期期：必。而后可：必指出具体所方可。③稊稗〔tí bài〕：稗指稗草，稊与稗相似，有籽而无实。④甓〔pì〕：砖头。⑤固：本来。不及质：未触及到的实质。⑥正：管理市场的官。监市：监管市场的人。履：踩。豨〔xī〕：大猪。正获之问于监市履豨也：名叫获的市场官正问他管理市场的助手，如何通过踩猪腿的方法来检验猪的肥瘦。⑦每下愈况：愈是往猪腿下面踩，愈能比况出猪的肥瘦。猪腿下部难以长膘，如果下腿都很肥，猪的其他部位就更肥了。用以比喻在最卑下处也有道的存在，可见道是无所不在的。⑧汝唯莫必：你不必要我来证实道在哪个物上。⑨无乎逃物：所有的物都无法逃离在道外。⑩至道若是，大言亦然：大道是这样的，抽象得高的概念也是这样的。即不能拿出来给人看。⑪咸：咸，都。⑫澹：淡漠。⑬寥已吾志：有志于空虚寂寥的道境。⑭不知其所至：无心而动，听其自然。⑮彷徨乎冯闳〔hóng〕：彷徨，逍遥自在。冯闳：广阔空虚。⑯衰杀：衰当是"隆"之讹。

【译文】东郭子问这庄子说："所谓'道'，在哪里呢？"

庄子说："无所不在。"

东郭子说:"一定要指出具体的地方才行。"

庄子说:"在蝼蛄蚂蚁之中。"

问说:"为什么在这么卑下的地方呀?"

回答说:"在稊稗里面。"

问说:"怎么更卑下了呢?"

回答说:"在砖头瓦片中。"

问说:"怎么越说越不着边际了?"

回答说:"在屎尿中。"东郭子再也不出声了。

庄子说:"先生提问题的方法,本来就没有触及问题的实质。就好像叫获的市场官正问他的助手,如何通过踩猪腿来检验猪的肥瘦一样,我只能告诉你,越往下踩越看得清楚。你不能要求我来证实'道'在哪个事物上,因为所有的物都在道中,都逃不出去。最高的道是这样,所有抽象的概念都是这样的,就好像周、遍、咸这三个词,名不同而实相同,它们所指称的事实都是一样的。

"我们可以想象着一起去游历一个什么都没有的地方,道是综合起来讲的,所以它不会穷尽!再想象着我们一起顺应自然而什么也不做,你的感觉是淡漠而宁静,寂寞而清虚!道可以调和你的心情而使你的心灵得到安宁和闲适,我的心就常常处于虚无寂寥之中,本来就没有要去的目的地,所以就总是在无意中心动,顺应自然,到了哪里算哪里。我们来来往往地忙着,并不知道哪里是止境,我们往而又来却并不能知道人生的归宿。我逍遥自在地生活在广漠空虚的道境中,即使是有大智慧的人来到这里也弄不明白它的边际。道作为创生万物者,它和物之间是没有界限的,而物与物之间是有分界的,这就是物与物之间的界限。我用没有分界的道来对待有分界的物,就像你用对于有形之物的认识来要求我回答一个没有边界的道一样。人们平常所说的盈虚衰杀之类,都是对于有形之物而言的,这种盈虚并不是道的盈虚，这种衰杀也不是道的衰杀，人们所说的本末也不是道的本末，人们所说的积散也并不是道的积散。"

妸荷甘与神农同学于老龙吉①。神农隐几②，阖户昼瞑，妸荷甘日中㕥③户而入，曰："老龙死矣！"神农隐几拥杖④而起，曝然⑤放杖而笑，曰："天⑥知予僻陋慢訑，故弃予而死。已矣！夫子⑦无所发予之狂言而死矣夫！"弇堈⑧吊闻之，曰："夫体道⑨者，天下之君子所击焉。今于道，秋毫之端万分未得处一焉，而犹知藏其狂言而死，又况夫体道者乎！视之无形，听之无声，于人之论者，谓之冥冥，所以论道而非道也。"于是泰清⑩问乎无穷曰："子知道乎？"无穷曰："吾不知。"又问乎无为，无为曰："吾知道。"曰："子之知道亦有数⑪乎？"曰："有。"曰："其数若何？"无为曰："吾知道之可以贵，可以贱，可以约⑫，可以散，此吾所以知道之数也。"泰清以之言⑬也问乎无始，曰："若是则无穷之弗知，与无为之知，孰是而孰非乎？"无始曰："不知深矣，知之浅矣；弗知内矣⑭，知之外矣。"于是泰清中⑮而叹曰："弗知乃知乎，知乃不知乎，孰知不知之知⑯？"无始曰："道不可闻，闻而非也；道不可见，见而非也；道不可言，言而非也。知形形之不形⑰乎！道不当名⑱。"无始曰："有问道而应之者，不知道也；虽问道者，亦未闻道。道无问，问无应。无问问之⑲，是问穷也；无应应之，是无内⑳也。以无内待问穷，若是者，外不观乎宇宙，内不知乎太初㉑。是以不过乎昆仑㉒，不游乎太虚。"

【注释】①妸〔ē〕荷甘、神农、老龙吉：都是虚拟之人名。②隐几：凭靠小几。阖户：关门。瞑：同"眠"。③㟯〔shē〕：推开。④拥杖：抱持手杖。指因过度震惊，突然抱杖而立。⑤嚗〔bó〕然：手杖掉地发出之声。笑：不哭而笑，言其已悟生死齐一之道。⑥天：指老龙吉，言其有自然之德。僻陋：孤陋寡闻。慢訑〔dàn〕：訑同"诞"，放诞。慢訑：怠慢荒唐。⑦夫子：指老龙吉。发：启发。狂言：至言，常人不能理解，视之为狂妄之言，而不相信。⑧弇堈〔yǎn gāng〕吊：虚拟人名。⑨体道者：与道相合之人，系：凭依、归依。⑩泰清、无穷、无为、无始：皆为虚拟之人名。⑪数：道理，规律。⑫约：收敛。这句的意思是，道可处富贵，可处贫贱，可以收敛，可以分散，是变化不定的。⑬之言：此言，指无为讲说道数之语。⑭弗知内矣，知之外矣：对道无所知，才是真正内心体悟了道；对道有所知，能用语言说出来，这只是见到道的外在形式。⑮中：《释文》引崔譔本作"卬"，同"仰"。⑯不知之知：不用名言相状对道加以表述的知，这种知才是真正知道。⑰形形之不形：使形成为形的那个东西，本身是无形的，即指道。⑱道不当名：道之实与名是不相应的，不相符的。庄子认为，道不可名，如果加给一个名，就被限定，而不同于真正的道。不管给它起个什么名，都不可能达到名实相符。⑲无问问之，是问穷：道是不可问的，不可问而又要问，这种问是空的。穷作"空"。⑳无内：没有内容。㉑太初：天地未分前的混饨状态，万物之本始，即指大道。㉒昆仑：地之极高处，比喻有形与无形的分界处。大虚，广漠的虚空。

【译文】妸荷甘与神农一同跟着老龙吉学习。神农凭靠小几，关起门昼寝。中午时候妸荷甘推门而入说："老龙死了！"神农凭几抱持手杖立起，嚗的一声放下手杖笑着说："先生知道我孤陋寡闻怠慢荒唐，所以弃我而死。完了，先生没有留下启发我的至言而死去了！"弇堈吊听后说："与道相合的人，是天下君子所归依之人。现在他对于大道，连秋毫末端万分之一都未得到，却仍然知道怀藏其至言而死去，又何况那些与道相合的人呐！道看起来无形，听起来无声，人们对它的种种议论，叫做暗昧不明，他们所论述之道并不是真道。"

于是泰清问无穷说："您知道道吗？"无穷说："我不知。"又问于无为，无为说："我知道道。"又问："您所知之道，也有什么道理规律吗？"回答说："有。"又问："它的道理规律是什么？"无为说："我知晓道可处富贵，可处贫贱，可以收敛，可以分散，这就是我所知晓的道的道理规律。"泰清把这话来问无始，说："如果是这样，则无穷之不知道与无为之知道，究竟谁是谁非呢？"无始说："不知是对道知之甚深，知是对道所知极浅；不知是内心悟道，知是只了解一点道的外在形式。"于是泰清仰天而叹说："不知就是知吗？知就是不知吗？谁能知道不用名言相状表述之知是什么？"无始说："道不可闻知，所闻知的都不是道；道不可见，所见者都不是道；道不可言说，被言说出来的都不是道。需知创生有形万物的东西是无形的呀！道与它的名是不相应的。"无始说："有人问道而给予应答的，就是不知道；就是那个问道之人，也是没听说过道。道是不能问的，有问也不应回答。本不可问又要问，这种问是空的；本不应回答而回答，这种回答是没有内容的。以没有真实内容的回答去对空问，如果这样，对外不能观察宇宙之无限，对内不能了解道之根本。因此他不能超越有形之界域，不能逍遥于广漠之虚空。"

光曜问乎无有①曰："夫子有乎？其无有乎？"

光曜不得问而孰视②其状貌，窅然③空然：终日视之而不见，听之而不闻，搏之而不得也。

光曜曰："至矣，其孰能至此乎！予能有无矣，而未能无无也④。及为无有矣，何从至此哉！"大马⑤之捶钩⑥者，年八十矣，而不失豪芒。

大马曰："子巧与！有道与？"

曰："臣有守也。臣之年二十而好捶钩，于物无视也，非钩无察也。是用之者假不用者也，以长得其用，而况乎无不用者乎！物孰不资焉！"

【注释】①光曜、无有：皆虚拟之名，但有一定的寓意。②孰视：孰通熟。熟视即仔细观察。③窅〔yǎo〕然：隐晦不明之状，亦为空寂之意。④予：光曜。有无：指听不到摸不着的光。无无：指无有。予能有无矣，而未能无无也：这是光曜的感叹之词，光虽不能触听，却能视看，所以自称"有无"，而比不上"无有"的无无。⑤大马：楚国官名，即大司马。⑥捶钩：锻造。钩：剑名。

【译文】光曜问无有说："先生，你到底是有呢？还是没有呢？"无有没有回答。

光曜没有得到无有回答，就仔细观察无有形貌，他一副隐晦空寂的样子，整天看他也看不见，整天听他也听不到，想摸他一摸，却怎么也摸不着。

光曜于是感叹道："他真是达到极致了，谁能达到这样高的境界啊！像我，只说能达到了不能听也不能触摸，却未能达到一无所有的无无之境啊。如果能超越了有和无的境界，哪里会是我现在这个样子呢？"

楚国的大司马有一位造剑的人，已经八十岁了，造出的剑仍然锋利无比，光芒四射。

大司马说："你是纯粹技艺高呢，还是有什么别的道行？"

铸剑人回答说："我是个有所持守的人，我从二十岁时就开始喜爱上造剑这一行了，从此之后就对别的事物视而不见，不是和剑有关的事情看都不看一眼。我这种造剑的技艺之所以有所用，完全得益于我平时对于与剑无关的事不加理睬的专注上面,因此使得我造剑的技艺有很大的作用。我因用心于铸剑而不用心在别的地方就能如此有用,何况那些对所有的事物都无所用心的求道者呢?达到至道境界的人,好像是一无所用,实际上是万事万物都要借助于他呀!"

冉求问于仲尼曰:"未有天地可知邪?"

仲尼曰:"可,古犹今也。"

冉求失问①而退。

明日复见,曰:"昔者吾问:'未有天地可知乎?'夫子曰:'可,古犹今也。'昔日吾昭然,今日吾昧然②,敢问何谓也?"

仲尼曰:"昔之昭然也,神者先受之③;今之昧然也,且又为不神者求④邪!无古无今,无始无终,未有子孙而有子孙⑤可乎?"

冉求未对,仲尼曰:"已矣,未应矣!不以生生死,不以死死生。死生有待邪?皆有所一体。有先天地生者物邪?物物者非物,物出不得先物也,犹其有物也,犹其有物也无已!圣人之爱人也终无已者,亦乃取于是者也。"

【注释】①失问:失去问意,即心有所悟,不想再问。②昧然:糊涂,与昭然相对而言。③神者先受之:神者先接受领会。④不神者:指外界事物及道理。不神者求:向外界事物道理去寻求验证,所以变得糊涂了。⑤未有子孙有子孙:如果古时没有子孙,代代繁衍,今天还会有子孙吗?如果古无子孙,今日也不会凭空生出子孙。由此推证,古代和今天相同,今天即是古代的继续。

【译文】冉求问孔子说:"没有天地以前情形是怎样的呢?"

孔子说："古代和现代是一样的。"

冉求觉得答非所问，就不想再问而退了下去。

第二天，冉求又来找孔子，说："昨天我问的问题是'没有天地以前的情形可以知道吗？'先生却回答说：'可以。古代和今天是一样的。'昨天我还明白，今天我又糊涂了。请问，这是为什么呢？"

孔子说："昨天你明白，是用心领悟了它；今天又糊涂，那是你又想通过外界的有形事物来寻求验证。没有古也没有今，没有开始也没有终结。如果说以前从来没有子孙，今天突然就有了子孙，这样讲得通吗？"

冉求没有回答。孔子说："不用胡思乱想就对了，也不会乱问了！不是因有了的新生者才产生了死亡，也不是因为有了死亡就会让死者死而复生。难道死亡和新生是相互依赖的吗？难道可能有什么先于天地就生成的事物吗？生成物的那个东西一定不是物自身，被创生的事物不可能先于生成它的事物，天地是最大之物，你还要在它之上找一个生成物，这就是你所提问题的根结。如果你不断地在生物者前面寻找新生物者，那是永无答案的。圣人热爱人类，也是没有止境的，那也是从这个自然之理中受到的启发。只是爱就是了，不用问为什么。"

颜渊问仲尼曰："回尝闻诸夫子曰，'无有所将，无有所迎①。'回敢问其游。"

仲尼曰："古之人，外化而内不化②；今之人，内化而外不化。与物化者，一不化③者也。安化安不化④，安与之相靡，必与之莫多⑤。

"狶韦氏之囿⑥，黄帝之圃，有虞氏之宫，汤武之室⑦。君子之人，若儒墨者师，故以是非相齑⑧也，而况今之人乎！圣人处物不伤物。不伤物者，物亦不能伤也。唯无所伤者，为能与人相将迎。山与林、皋壤^⑨与，使我欣欣然而乐与！乐未毕也，哀又继之。哀乐之来，吾不能御，其去弗能止。悲夫！世人直为物逆旅^⑩耳！夫知遇而不知所不遇，能能而不能所不能。无知无能者，固人之所不免也。夫务免乎人之所不免者，岂不亦悲哉！至言去言，至为去为，齐知之所知，则浅矣！"

【注释】①将：送。不送不迎：就是听其自然。②外化而内不化：随外物的变化而变化，但内心平静安宁，恒定而不变化。③一不化：恒常保持淡漠无心，即是一还化，有此不化即可与物化。④安化安不化：安，习惯。不管化与不化，皆能习惯自处。⑤莫多：不增益，顺其自然而不增不减。⑥囿〔yòu〕：古代帝王畜养禽兽之园林。⑦圃、宫、室：帝王居处游息之所。室比宫小，宫比圃小，圃比囿小。这里有随着人的游乐场所越来越小，精神也越狭隘，道德也越衰落的意思。⑧相赍〔jī〕：相互攻击。⑨皋壤：平原。⑩直：只。逆旅：旅馆。直为物逆旅：人在这个世界上就好像是住旅馆的过客一样。

【译文】颜渊问孔子："我曾经听老师说，'不要有所送，不要有所迎。'请问如何才能使精神出入自如。"

孔子说："古时候的人，处形随物变化而内心安然不动，现今的人内心游移不定却又沉溺于身外之物而不能随物应化。能随物应化的，一定是内心有信守而不见风使舵的人。这样的人，不管环境变化还是不变化，都能安时处顺，顺其自然，不加增益。

"狶韦氏的园林，黄帝的园圃，虞舜的宫殿，汤武的宫室，游玩居住的地方越来越狭小而道德也越来越低下。即使被称之为君子的人，一旦他们以儒墨为师而陷入是非之中，也不得不相互攻击，何况现在的普通人呢！圣人与物相处而不伤害物。不伤害物的人，物也不能伤害他。只有无所伤害的人，才能与人相交往。山林啊，平原啊，都能使我欣然快乐！快乐还没有完，悲哀就又接着来了，悲哀与快乐的到来，我不能抗拒，它们要离我而去，我也不能阻拦。多么可悲呀，世人只不过是为外物所带来的悲哀与欢乐所提供的旅馆罢了！他们只知自己所遭遇到的，却不知道自己还有很多艰难险阻是他所从来不曾遭遇到的；人只能做力所能及的事却不能做力所不能及的事。有所不知有所不能，本来就是人所不能避免的。有些人非要强求人所不能免的，岂不是十分的可悲么？大道之言不用言说，最好的做法是有所不为。想要让人们认识统一起来，那实在是既浅陋又无知的想法。"

庚桑楚

【题解】"庚桑楚"是首句里的一个人名,这里以人名为篇名。全篇涉及许多方面的内容,有讨论顺应自然倡导无为的,有讨论认知的困难和是非难以认定的,但多数段落还是在讨论养生。

全文大体可以分为五个部分。第一部分至"其必有人与人相食者也",写庚桑楚与弟子的谈话,指出一切都有其自然的规律,为政者只能顺"天道"而行。至于尧舜的作法,只能使民"相轧",社会的动乱也就因此而起。第二部分至"恶有人灾也",通过老聃的谈话说明养生之道,这就是"与物委蛇,而同其波""身若槁木而心若死灰""即随物而应、处之无为"的生活态度。第三部分至"心则使之也",写保持心境安泰,指出不能让外物扰乱自己的"灵台"。第四部分至"是蜩与学鸠同于同也",转而讨论万物的生成与变化,讨论人的认识的局限,说明是与非不是永远不变的,可以转移和变化。余下为第五部分,又转回来讨论修身养性,指出扰乱人心的诸多情况,把养生之道归纳到"平气"、"顺心"的基本要求上来。

老聃之役①有庚桑楚②者,偏③得老聃之道,以北居畏垒④之山,其臣之画然⑤知者去之,其妾之挈然⑥仁者远之。拥肿⑦之与居,鞅掌⑧之为使。居三年,畏垒大壤⑨。畏垒之民相与言曰:"庚桑子之始来，吾洒然⑩异之。今吾日计之而不足⑪，岁计之而有余⑫。庶几⑬其圣人乎！子胡⑭不相与尸而祝之，社而稷之⑮乎！"

庚桑子闻之，南面⑯而不释然。弟子异之⑰。庚桑子曰："弟子何异于予⑱？夫春气发而百草生⑲，正得秋而万宝成⑳。夫春与秋，岂无得㉑而然哉？天道已行矣。吾闻至人，尸居㉒环堵之室，而百姓猖狂㉓不知所如往。今以畏垒之细民㉔而窃㉕窃焉欲俎豆予于贤人之间，我其杌㉖之人邪？吾是以不释㉗于老聃之言。"

弟子曰："不然。夫寻㉘常之沟，巨鱼㉙无所还其体，而鲵鳅㉚为之制；步仞㉛之丘陵，巨兽㉜无所隐其躯，而孽狐㉝为之祥。且夫尊贤授能，先善㉞与利，自古尧舜以然㉟，而况畏垒之民乎㊱！夫子㊲亦听矣。"庚桑子曰："小子来，夫函车之兽㊳，介㊴而离山，则不免于罔㊵罟之患；吞舟之鱼，砀㊶而失水，则蝼蚁能苦之。故鸟兽不厌高㊷，鱼鳖不厌深。夫全其形生㊸之人，藏其身也，不厌深眇㊹而已矣！且夫二子㊺者，又何足以称扬哉！是其于辩㊻也，将妄凿垣墙㊼而殖蓬蒿也。简㊽发而栉，数米而炊，窃窃乎又何足以济世哉！举贤则民相轧㊾，任知则民相盗㊿。之数物(51)者，不足以厚民(52)。民之于利甚勤(53)，子有杀父，臣有杀君；正昼(54)为盗，日中(55)穴阫。吾语汝(56)：大乱之本，必生于尧舜之间，其末存乎千世之后。千世之后，其必有人与人相食者也。"

【注释】①役：门徒，弟子。古代弟子从事洒扫应对的杂活，所以称为"役者"。②庚桑楚：人名，老聃弟子，姓庚桑，名楚。③偏：独。偏得：独得。④畏垒：高峻不平。一说山名。⑤画然：畛域，界限，引申为喜好。⑥挈〔qiè〕然：挈犹揭。挈然，举的样子，引申为标榜。⑦拥肿：糊涂无知的样子。与"画然知者"对文，指非画然而知者。旧注解"淳朴"实误。⑧鞅掌：失容的样子，《诗经·小雅·北山》有"或王事鞅掌"，《毛传》："鞅掌，失容也"，即后世讲的野草不恭的样子。与挈然仁者对文，指非挈然而仁者。为使：为庚桑楚的使役。⑨大壤：即《逍遥游》连叔所说"藐姑射山之神人，其神凝，使物不疵而年熟"，指大丰收。壤，通"穰"，丰收。⑩洒〔xiǎn〕然：指见所未见，耳目一新的样子。洒：作"濯"解。旧注解为吃惊或惊怪皆未尽其意。异之：对他奇异。⑪日计之而不足：指三年之前，每日盼望他有所作为而不去作为，所以说不足。⑫岁计之而有余：指三年后，物不疵疠，而大丰收，无为是异于寻常的，所以说有余。⑬庶几：差不多，近似。⑭胡：何，为何。尸：主，指古代代表死者受祭的活人，犹后来的祖先牌位。祝：祠庙中司祭礼的人。尸而祝之：以他为祖宗。⑮社而稷之：社、稷均作动词，即为他建立社稷，尊奉他为神。社稷：古代帝王所祭的土神和谷神。⑯南面：与北居对立，指老聃居于南面，才面南而坐，非指君主。不释然：不愉快，不高兴。此处"南面而不释然"与《齐物论》中的"南面而不释然"有所不同。⑰弟子异之：弟子对庚桑楚感到奇怪。⑱何异于予：为什么对我感到奇怪。⑲百草生：指包括谷物的自然生长。⑳得：通"德"，指功德。万宝：指各种果实。㉑无得：无故。然：这样。㉒尸居：象祖先牌位的寂静而居。环：周围。堵：一丈长的墙。㉓猖狂：随心所欲。往：适，相忘。㉔细民：小民。㉕窃：私。俎豆：奉祀。予：我。㉖杓：标准。其：岂，难道。㉗不释：不高兴。㉘寻：八尺，倍寻为常。沟：沟洫。寻常之沟：指深八尺，广十六尺的沟洫。㉙巨鱼：大鱼。还〔xuán〕：通旋，旋转。㉚鲵鲕：小鱼。制：折，曲折回旋。㉛步仞：六尺为步，八尺为仞。㉜巨兽：大兽。隐：藏。躯：身躯。㉝孽狐：妖孽的狐狸。祥：祥善。㉞先善与利：先推举善而有利的人。与：给予。㉟以：通"已"。㊱而况畏垒之民乎：这句的意思是，尊贤授能自尧舜起就是"先善与利"，庚桑楚被畏垒之民尊为贤人也是如此。㊲夫子：老师。听：听任，顺从。㊳函车之兽：口能含车的大兽。函：包含，包容。"函车"与"吞舟"对文。㊴介：个，独。扬雄《方言》"兽无耦曰介"，《尚书·秦誓》"如有一介臣"，《礼记·大学》作"若有一个臣。"二意皆为单独、一个的意思。㊵

罔：用绳线织成的捕鱼捉鸟兽的工具。罟：网的总名。《周易·系辞下》："作结绳而为罔罟。"㊶砀〔dàng〕而失水：因潮汐激荡而离水搁浅于岸。砀，同"荡"。㊷鸟兽不厌高：鸟不厌烦山高。㊸生：性。㊹眇〔miǎo〕：通"渺"，高远。㊺二子：指尧、舜。㊻辩：通"辨"，指辨别贤能。㊼垣墙：矮墙。殖：种植。蓬蒿：茼蒿的俗称。㊽简：通"柬"，选择。栉：梳篦的总称。此处指梳头发。㊾轧：倾轧。㊿盗：欺诈。㉑数物：指举贤，任知等事。㉒厚民：利民。㉓勤：勤快，努力。㉔正昼：中午。㉕日中：中午。穴阫：在墙上打洞。阫〔pēi〕：墙。㉖汝：你。

【译文】 老聃的弟子，有个叫庚桑楚的，独得老聃之道，去北方居住在畏垒山区，他的仆人中喜好智慧的被辞去，他的侍女中标榜仁义的被疏远；钝朴的和他住在一起，勤劳的为他使用。住了三年，畏垒山区获大丰收。畏垒山区的老百姓互相议论说："庚桑子刚来时，我们见都没见过这样的，感到很惊异。现在，我们以三年前的时日来看他感到不足，三年后以岁月来衡量他便感到有余。他差不多是圣人了吧！你们为什么不一齐尊奉他为主，而敬奉他呢？"庚桑子听到这种议论，面南而坐思考老聃的教导之言，心中感到不快。弟子们很奇怪，庚桑子说："你们对我有什么感到奇怪的呢？春天阳气上升而百草禾苗生长，秋候适宜而各种果实成熟。春季与秋季，难道无故就能这样吗？这是天道自然运行的必然结果。我听说，至人，寂静地居住在方丈的小室之中，而百姓悠游自适不知其所往。现在畏垒山区的人民，都窃窃私语想把我敬奉于贤人之间，我难道是那种标准的人吗！我面对老聃的教导而感到焦虑。"弟子说："不是这样，深八尺，长一丈六尺的小水沟，大鱼无法转体，而小鱼回旋自如；六八尺高的小土丘，巨兽无法藏身，而妖狐却为之得意。况且尊贤授能，赏善施利，自古尧舜已是如此，何况畏垒山区人民呢？先生就听他们的吧！"庚桑子说："小子们，过来，能吞下车子的巨兽，单独离开山林，就不免于受到网罗的祸患；吞船的大鱼，因潮汐激荡而离水搁浅于岸，就会受蝼蚁的困苦。

所以鸟兽不厌烦山高,鱼鳖不厌烦水深。要全形养性的人,隐身之所,也是不厌深远罢了。况且,尧舜这两个人,又有什么值得称赞的呢!像他们这样辨别贤能,就像妄凿垣墙而种蓬蒿艾草当墙一样,选择头发来梳,数着米粒来煮,察察然又怎么能够救世呢!荐举贤能则使人民相互倾轧,任用智者则使人民相互欺诈,这些事不足以使人民淳厚。人民贪利之心切,于是有子杀父,臣杀君,白日偷盗,正午挖墙,我告诉你们,大乱的根源,必定起自尧舜时期,而流弊于千载之后。千载之后,必定有人吃人的了!"

南荣趎蹴然正坐曰①:"若趎之年者已长矣,将恶乎托业以及此言邪?"庚桑子曰:"全汝形,抱汝生,无使汝思虑营营②。若此三年,则可以及此言矣。"南荣趎曰:"目之与形,吾不知其异也,而盲者不能自见;耳之与形,吾不知其异也,而聋者不能自闻;心之与形,吾不知其异也,而狂者不能自得。形之与形亦辟矣,而物或间之邪?欲相求而不能相得。今谓趎曰:'全汝形,抱汝生,勿使汝思虑营营。'趎勉闻道达耳矣!"庚桑子曰:"辞尽矣,曰奔蜂不能化藿蠋③,越鸡不能伏鹄卵,鲁鸡固能矣。鸡之与鸡,其德非不同也,有能与不能者,其才固有巨小也。今吾才小不足以化子,子胡不南见老子?"

南荣趎赢粮④,七日七夜,至老子之所。

老子曰:"子自楚之所来乎?"南荣趎曰:"唯。"老子曰:"子何与人偕来之众也?"南荣趎惧然顾其后,老子曰:"子不知吾所谓乎?"南荣趎俯而惭,仰而叹曰:"今者吾忘吾答,因失吾问。"老子曰:

"何谓也?"南荣趎曰:"不知乎? 人谓我朱愚。知乎反愁我躯;不仁则害人,仁则反愁我身;不义则伤彼,义则反愁我己。我安逃此而可? 此三言者,趎之所患也,愿因楚而问之。"老子曰:"向吾见若眉睫之间,吾因以得汝矣,今汝又言而信之。若规规然若丧父母⑤,揭竿而求诸海也,汝亡人哉⑥! 惘惘乎,汝欲反汝情性而无由入,可怜哉! "

南荣趎请入就舍,召其所好,去其所恶,十日自愁。复见老子。老子曰:"汝自洒濯,熟哉! 郁郁乎⑦! 然而其中津津乎犹有恶也⑧。夫外韄者不可繁而捉,将内揵⑨;内韄者不可缪而捉,将外揵;外内韄者,道德不能持,而况放道而行者乎! "

南荣趎曰:"里人有病,里人问之,病者能言其病,然其病病者,犹未病也。若趎之闻大道,譬犹饮药以加病也,趎愿闻卫生之经而已矣。"老子曰:"卫生之经,能抱一乎! 能勿失乎! 能无卜筮而知吉凶乎! 能止乎! 能已乎! 能舍诸人而求诸己乎! 能翛然乎⑩! 能侗然乎⑪! 能儿子乎⑫! 儿子终日嗥而嗌不嗄⑬,和之至也;终日握而手不掜⑭,共其德也;终日视而目不瞚⑮,偏不在外也。行不知所之,居不知所为,与物委蛇,而同其波。是卫生之经已! "

南荣趎曰:"然则是至人之德已乎? "曰:"非也。是乃所谓冰解冻释者,能乎? 夫至人者,相与交食乎地而交乐乎天,不以人物利害相撄⑯,不相与为怪,不相与为谋,不相与为事,翛然而往,侗然而来,是谓卫生之经已。"曰:"然则是至乎? "曰:"未也,吾固告汝曰:'能儿子乎! '儿子动不知所为,行不知所之,身若槁木之枝而心若死灰。若是者,祸亦不至,福亦不来。祸福无有,恶有人灾也! "

【注释】①南荣趎〔chú〕：庚桑楚的弟子，姓南荣名趎。蹴然：不安的样子。正坐：正襟危坐，表示内心的敬重。这里表示因敬重而端正自己的表情和坐姿。②营营：劳累不休。③奔蜂不能化藿蠋〔huò zhú〕：奔蜂，细腰土蜂。藿：豆叶。蠋：豆虫。④赢粮：携带干粮。⑤若：你。规规然：惊恐失措的样子。⑥汝：你。亡人：流亡的人，指在精神上失去了自我。⑦孰哉郁郁乎：孰，何。⑧津津乎：水自然外溢的样子。⑨鞿〔huò〕：同"缚"，以皮束物。捷：同"闭"。⑩倘〔xiāo〕然：自由自在、无拘无束的样子。⑪侗然：无牵无挂的样子。⑫儿子：婴儿。⑬嗥：号哭。嗌：咽喉哽塞。嗄〔shà〕：嘶哑。终日嗥而嗌不嗄：婴儿整天号啕而哭，嗓音哽咽喉咙却不嘶哑。⑭捝〔nǐ〕：拳曲，手攥着不松。⑮瞚〔shùn〕：通"瞬"，眨眼睛。⑯撄：纠缠，扰乱。

【译文】南荣趎虔敬端坐，说："像我这样大的，要怎样学习，才能达到先生所说的那种境界呢？"庚桑楚说："保全你的形体，守住你的生命，不要让你的思虑为牟取私利而奔波劳苦。按照这样做，三年下来，那你就可以达到我所说的那种境界了。"南荣趎说："瞎子的眼睛和正常人的眼睛，从外形看不出有什么差异，而瞎子的眼睛看不见东西；聋子的耳朵和正常人的耳朵，从外形看不出有什么差异，而聋子的耳朵听不见声音；疯子的样子与正常人的样子从外形看不出有什么差异，而疯子却不能把持自己。形体与形体之间彼此相近，但出现不同的感知是外物使它们有区别吗？还是为了私利却始终未能了悟物的本性呢？现在先生对我说：'保全你的身形，守住你的生命，不要让你有思虑为牟利而奔波劳苦。'我只不过勉强听到耳里罢了！"庚桑楚说："我的话说完了，讲几句题外话吧。小土蜂能把小桑虫孵化成幼蜂，却不能把肥大的蠋虫变成幼蜂；越国的小土鸡不能孵化天鹅蛋，而鲁国的大种鸡却能够做到。鸡与鸡，它们的禀赋并没有什么不同。鲁国的大种鸡能，越国的小土鸡却不能，是因为它们的体形原来就有大有小。我的才干太小了，不足以使你受到感化，你为什么不到南方去拜见老子？"

南荣趎带足了干粮，走了七天七夜，来到老子居住的地方。

老子说："你是从庚桑楚那里来的吗？"南荣趎说："是的。"

老子说："你怎么带来这么多人呢？"南荣趎吃惊地回过头来看看自己身后。老子说："你没有懂得我所说的意思吗？"

南荣趎低下头，羞惭满面仰面叹息："我现在已不知道我应该怎样回答，心里一急，原来把要问的问题，也忘掉了。"老子说："你要问什么呢？"南荣趎说："想起来了。智慧内藏，人们说我愚昧无知；智慧外露，又怕给自己带来愁苦和危难。不具仁爱之心，难免会伤害他人；广施仁爱，又要给自己带来愁苦和困难。不讲信义，便会影响人与人之间的关系；讲信义，又要给自己带来愁苦和危难。左右都有危险，这三个问题正是我忧虑的事，希望您看在庚桑楚的面子上而不吝赐教。"老子说："刚来时，我观察到你眉宇紧锁，我猜你是带一群问题来的。现在你的谈话更证明了我的推测。你失神的样子就像是失去了父母一样，又好像在举着竹竿探测深深的大海一样。迷惘啊！你想返归你真情与本性，却找不到路，实在是可怜。"南荣趎请求在馆内暂住，以便求取自己喜爱的东西，舍弃自己讨厌的东西，找回天性。整整十天，南荣趎觉得问题还是没有解决，三对矛盾仍然把人弄得困苦不堪，于是再去拜见老子。老子说："你洗澡啦，周边热气腾腾的，然而你心中那充盈外溢的问题还是说明你存有邪念！受到双重束缚，内外夹击，即使是道德高尚的人也不能持守，何况是初学道行的人呢？"

南荣趎说："邻里的人生了病，四邻慰问他，病人自诉病情，承认有病，说明他身有病，心无病，那就算不上是生了重病。像我这样心无俗念,你若向我讲道,好比服用了汤药,病情反而加重了,所以,我只希望能听到养护生命的常规而已。"老子说:"养护生命的常规,我先要问问,你能够保持身形与精神浑一谐和吗?能够不丧失天性吗?能够不占卜而知道吉凶吗?能够谨守自己的本分吗?能够对消逝了的东西放任不管吗?能够不仿效别人而寻求自身的完善吗?能够抛弃仁义而无拘无束、自由自在吗?能够忘记智慧而变得憨厚吗?能够洗净污染的人,像初生的婴儿那样纯真、朴质吗?婴儿整天哭叫,咽喉却不嘶哑,这是因为发音的本能谐和自然达到了顶点;婴儿整天握拳,而不拘挛,这是因为小手自然地握着是婴儿的天性与常态;婴儿整天瞪着小眼睛眨都不眨,这是因为婴儿只看不想。走出去不知道往哪里,坐下来不知道做什么,顺应社会,随波逐流,任其自然,这就是养护生命的常规了。"

南荣趎说:"这样说来,这就是至人的最高思想境界,是吗?"老子回答:"不是这样的。这些只不过是像冰冻消解那样自然消除心中积滞的本能吧。你以为修养道德,做最高尚的人如此容易吗?最高尚的人将小我融入大我,混同黎民百姓,祈求后土赐给食物,祈求皇天赐给安乐,而自己别无他求。不因外在的人际关系而扰乱自己的内心,不参与怪异、图谋、尘俗的事务,无拘无束、潇洒地去,憨厚无所执着地到来。这就是我所说的养护生命的常规。"南荣趎说:"这样说来,这就达到了最高的境界,是吗?"老子说:"没有。我对你说过:'能够洗净污染的人会像初生的婴儿那样纯真、朴质吗?'婴儿伸手伸脚不知道干什么,爬来爬去不知道去哪里,身形像秋树无叶不招风,心境像熄尽了死灰。像这样的人,祸福都不会降临,祸福都不存在,人间灾害怎么能加寄于他呢?"

宇泰定者^①,发乎天光。发乎天光者,人见其人,物见其物。

人有修者,乃今有恒。有恒者,人舍之,天助之。人之所舍,谓之天民;天之所助,谓之天子。

学者,学其所不能学也;行者,行其所不能行也;辩者,辩其所不能辩也。知止乎其所不能知,至矣;若有不即是者,天钧败之②。

备物以将形③,藏不虞以生心,敬中以达彼。若是而万恶至者,皆天也,而非人也,不足以滑成,不可内于灵台④。灵台者有持,而不知其所持,而不可持者也。不见其诚己而发,每发而不当;业入而不舍,每更为失;为不善乎显明之中者,人得而诛之;为不善乎幽闲之中者,鬼得而诛之。明乎人,明乎鬼者,然后能独行。

券内者,行乎无名;券外者,志乎期费。行乎无名者,唯庸有光;志乎其费者⑤,唯贾人也。人见其跂,犹之魁然。与物穷者,物入焉;与物且者⑥,其身之不能容,焉能容人!不能容人者无亲,无亲者尽人。兵莫憯于志,镆铘为下⑦;寇莫大于阴阳,无所逃于天地之间。非阴阳贼之,心则使之也。

【注释】①宇泰定者:宇,指人的天庭、额头,与在上文"眉睫之间"相对应。泰定:大定,宁静,与"思虑营营"相反。②钩:陶轮。天钧:喻指循环之天道。③备物以将形:即指"全汝形"。备:具备。物:指人形如耳目之器官等。将:养。④内:通"纳",纳入。灵台:指心,也称"灵府"。⑤期:求,要。费:显用。志乎期费:志乎期费即有志于为世所用,即儒家所谓"治国平天下"之类。⑥且:同"阻"。与物且:即与外物格格不入。⑦憯:同"惨"。毒,这里借为锐利。镆铘:名剑,也作"莫邪"。兵莫憯于志,镆铘为下:最锐利的兵器是人的意志,连最锐利的莫邪剑也比不过它。

【译文】胸襟坦然、心境安泰镇定的人，就会有自然的灵光。发出自然灵光的人，看人观物，清楚明白。注重道德修养的人，才能长久保持灵光的存在；持有长期稳定灵光的人，人们就会自然地依归他，上天也会帮助他。人们所依归的，称他为天民；上天所辅佐的，称他为天之子。

　　学习，是为了学习那些自己不曾掌握的知识；行走，是为了到达那些不能去到的地方；分辨，是为了辨别那些不易辨清的事物。知道自己停留在不知道的境域，便达到了知道的最高境界。如果有人不是这样，大踏步冲出去，那么自然本性必然会遭受亏损。

　　备足造化的事物而顺应成形，用来奉养身体；深敛外在的情感不作任何思虑，用来涵养心性；敬修内智，以通达外物。做到这三方面，你也就平安了，如果各种灾祸纷至沓来，那就是天命，怪不得你。你已经尽到人事了，没有过失，因而外来的灾祸不足以扰乱成性，也不可能进入心里。心，就是胸中有所持守却不知道持守什么，并且不能够刻意去持守的地方。不能真诚地表现自我，而任凭情感外驰，一旦外事侵扰心中，它们就不会轻易离去，即使有所变化，心中也会留下创伤。如果有人在白天做了坏事，人们都会谴责他、处罚他；在晚上做了坏事，鬼神也会谴责他、处罚他。只有在人群中清白光明，在鬼神中也清白光明的人，才能独行于世。

　　注重内修德性的人，做事不留名迹；追求外在功业的人，心思总在于穷尽财用；行事不留名迹的人，充实而有光辉；志在求取财用的人，只能说是商人。看他跂行着，自以为安稳的样子。能体察外物，跟物顺应相通的人，外物终将归从于他；跟外物格格不入的人，连自身都不能相容，又怎么能容纳他人！不能融入的人就没有人亲近他，没有人亲近的人实际上是被人们所抛弃的。最锐利的兵器是人的心神，从这一意义说莫邪剑那样的兵器也只能算是下等；伤人没有甚于阴阳变化的，因为没有人能逃脱出天地之间。其实能够伤害人的并不是阴阳变化，而是他自身心神受到干扰，不能顺应阴阳的变化。

道通①其分也，其成也，毁也。所恶乎分者，其分也以备。所以恶乎备者，其有以备②。故出而不反③见其鬼，出而得是谓得死④。灭而有实，鬼之一也。以有形者象无形者而定矣。

出无本⑤，入无窍，有实而无乎处，有长而无乎本剽。有所出而无窍者有实⑥。有实而无乎处者，宇也；有长而无本剽者，宙也。有乎生，有乎死；有乎出，有乎入，入出而无见其形，是谓天门。天门者，无有也，万物出乎无有。有不能以有为有，必出乎无有，而无有一无有，圣人藏乎是。

古之人，其知有所至矣。恶乎至? 有以为未始有物者，至矣，尽矣，弗可以加矣! 其次以为有物矣，将以生为丧也，以死为反也，是以分已。其次曰始无有，既而有生，生俄而死，以无有为首，以生为体，以死为尻。孰知有无死生之一守者，吾与之为友。是三者虽异⑦，公族也。昭景也，著戴也；甲氏也，著封也：非一也。

有生黬也⑧，披然曰"移是"。尝言"移是"⑨，非所言也。虽然，不可知者也。腊者之有膍胲⑩，可散而不可散也。观室者周于寝庙⑪，又适其偃焉。为是举"移是"。请常言"移是"：是以生为本，以知为师，因以乘是非，果有名实，因以己为质，使人以为己节，因以死偿节。若然者，以用为知，以不用为愚，以彻为名，以穷为辱。移是，今之人也，是蜩与学鸠同于同也。

【注释】①道通：即《齐物论》中的"道通为一"。②所以恶乎备者，其有以备：前"备"指总体，后"备"说人爱求全责备。③不反：神不守舍。④得死：在精神上已经死了。⑤出无本，入无穷：此两句的主语均指大道。⑥"处"指空间，"本剽"指孔窍，"实"哲学术语为"实体"。⑦是三者：即以上述三个层次的认识，未始有物，以粗物，始无有，既而有。⑧䵦〔yǎn〕：幽暗，喻气之凝聚。⑨移是：是非不定。⑩腊：腊祭。膍胲〔pí gāi〕：膍，牛百叶。胲，牛蹄。⑪寝庙：寝宫和宗庙。

【译文】大道通达于万物。一种事物分离了，一种事物就会形成；另一种事物就会毁灭。有人不喜欢从分离的角度来看待世界，就在于对分离求取完备；也有些人不喜欢从完备的角度看待世界，就在于对完备进一步求取完备。心神离散而不能返归的人，就会像鬼一样只有形骸；心神离散而有所得，可以说他在精神上已经死了。迷失本性而只有外形，也是一个鬼。让有形的东西效法载形的道，那么内心就会得到安宁。

大道无形地存在着。它生长出来却没有根；想进入它的内部，却没有门。大道具有实在的形体却不占有空间；大道在成长却看不到成长的过程。世界从大道中产生，却找不到产生的孔窍。具有实在的形体而不占有空间，是因为大道处在上下左右没有边际的空间中；有成长却看不到成长的始末，是因为大道处在极限的时间里。大道既存在着生也存在着死，既存在着出也存在着入。入和出都没有实实在在的形迹，这就是"自然之门"。自然之门不假人为，但是万事万物都来自于这个门。不可能用"有"来着生"有"，"有"一定来自于"无有"，而"无有"是无和有的统一，圣人游心于这种境界。

古代的人，他们的才智已经达到很高的境界，达到什么样的境界呢？有人认为宇宙开始是不存在事物的，这是最高明、最完善的观点，不能够再添加什么了。差一点儿的观点就是他们认为宇宙开始已经存在事物，只不过反一种事物的产生看作是另一种事物的分离，把消逝看作是回归，而这个观点对事物已经有了区分。比这个观点再差一点儿的就是他们认为宇宙开始的确不曾有过什么，不久之后就产出了事物，有生命的东西又很快地消失了，他们把虚空当作头，把生命当作躯体，把死亡当作尾脊。哪个人能把有、无、死、生归结为一体，我就把他当朋友。上面三种观点虽然各有不同，却同源于道。就像楚国王族中昭、景两姓，因为世代为官而显赫，屈姓又因为世代封赏而显赫，姓氏不同（却为同族）。

世间存在的生命，是从昏暗中产生的。生命一旦出现彼此是非就在生命之间不停地运转而不易分辨。让我来说说转移和分辨，其实这本不值得谈论，即使谈论了也不能够说得明明白白。例如，在年终大祭时，准备牛的内脏和四肢，虽然这些可以分开陈列，但是又不能够离散整体牛牲；再举一个例子，游玩观赏王室的人周游了寝宫和宗庙，又到厕所。从这些例子可以看出彼与此、是与非这些同体异名的情形在不停地转换，请让我进一步谈论是非的转移和运动。这是以生为根本，以心智为标准，从而形成的人是非观念，于是把自我看作主体，并且把这一点当作神圣的节操，于是有些人不惜用生命来证明自己，像这样的人，把举用当作才智，把晦迹当作愚昧，把通达当作荣耀，把困厄当作羞耻。是与非、彼与此的不确定，是现今人们的认识，这就跟蝉与小鸠那样目光短浅。

蹍市人之足①，则辞以放骜②，兄则以妪，大亲则已矣。故曰：至礼有不人③，至义不物④，至知不谋，至仁无亲，至信辟金⑤。

彻志之勃⑥，解心之谬，去德之累，达道之塞。贵富显严名利六者，勃志也；容动色理气意六者，谬心也；恶欲喜怒哀乐六者，累德也；去就取与知能六者，塞道也。此四六者不荡胸中则正，正则静，静则明，明则虚，虚则无为而无不为也。道者，德之钦也；生者，道之光也；性者，生之质也。性之动谓之为，为之伪谓之失，知者，接也⑦；知者，谟也⑧；知者之所不知，犹睨也⑨。动以不得已之谓德，动而非我之谓治⑩，名相反而实相顺也。

羿工乎中微而拙乎使人无己誉。圣人工乎天而拙乎人。夫工乎天而俍乎人者⑪，唯全人能之。唯虫能虫，唯虫能天。全人恶天？恶人之天？而况吾天乎人乎！

一雀适羿，羿必得之，威也。以天下为之笼，则雀无所逃。是故汤以庖人笼伊尹，秦穆公以五羊之皮笼百里奚。是故非以其所好笼之而可得者，无有也。

介者拸画⑫，外非誉也；胥靡登高而不惧⑬，遗死生也。夫复謵不馈而忘人⑭，忘人，因为为天人矣。故敬之而不喜、侮之而不怒者，唯同乎天和者为然。出怒不怒，则怒出于不怒矣；出为无为，则为出于无为矣。欲静则平气，欲神则顺心。有为也欲当，则缘于不得已。不得已之类，圣人之道。

【注释】①蹍〔zhǎn〕踩，踹，踏。②放骜〔ào〕："骜"通"敖"；放敖即放肆。③不人：不分人我。④不物：不分你的我的。⑤辟金：抵押。⑥勃：通"悖"，乱。⑦接：应接，感性认识。⑧谟：理性认识。⑨睨：寻找规律。旧注斜视。⑩治：不乱，顺心，明德，通道。⑪俍：同"良"，善。⑫介者：断足的人。拸：或作"侈〔chǐ〕"，离弃，抛弃。画：规则，规矩礼法。拸画：不拘法度。⑬胥靡：囚徒，犯人。⑭复謵〔xí〕不馈：受到威吓却不报复。

【译文】在路上踩了行人的脚，就要道歉说自己放肆，兄长踩弟弟的脚就怜惜抚慰，父母至亲踩了就无须谢过。因此，至礼是没有人我之分的，至义是没有物我之分的，至知是不用谋略的，至仁是不表露爱迹的，至信就是不用金钱作凭证的。

不受意志的干扰，消除心灵的繁杂，丢弃道德的累赘，突破大道的阻碍。尊贵、富有、尊显、威严、功名、利禄，这六种东西都能够扰乱意志。容貌、举止、美色、辞理、气调、情意，这六种东西都能够束缚心灵。憎恶、爱欲、欢喜、愤怒、悲哀、欢乐，这六种东西全部能够牵累道德。舍去、靠拢、贪取、给予、智虑、技艺，这六种东西全是堵塞大道的因素。如果这四类六项不压在胸中，人的内心就会平正、安静，安静就会明达，明达就会虚空，虚空就无所作为而又无所不为。道被德所敬仰；生机是德的光华；本性是生命根本。符合本性行为，叫做为；受伪情驱使行为，叫做失。知来自与外物的接触，智来自于内心的谋虑。智也有不知道的，就像斜着眼睛看东西一样，所见必定有限，举动出于不得已叫做德，动作自然不由于我是为合理，追名则相反而求实则相顺。

羿善于射中微小的东西，而拙于使人不称誉自己，圣人善于契合自然而拙于应合人为。能够契合自然而又善于应合人世的，只是全人才能做到。只有鸟兽才能安于鸟兽，只有鸟兽才能契合自然。全人哪里知道天然？哪里知道人为的天然？更何况是用己意来分别天人呢？

一只小雀向羿飞来，羿肯定会把它射中，这是羿的能力；把天下当作雀笼，那么没有一只鸟雀能逃脱这个雀笼。因此，商汤用庖厨来亲近伊尹，秦穆公用五张羊皮来亲近百里奚。从古至今，最好的笼络人心的方法就是投其所好。

砍断了脚的人之所以不加修饰，因为他已经把毁誉置之身外；

服役的囚徒登上高处之所以不存恐惧,因为他已经把生死忘掉了。能够受到威吓却不报复的,是忘掉了他人;能够忘掉他人的人,就可以称为合于自然之理、忘却人道之情的"天人"。所以,人们敬重他,他却不感到欣喜,人们侮辱他,他却不会愤怒,只有融入了自然顺和之气的人才能这样。发出了不是有心发怒的怒气,那么这样的怒气也就出于不怒;有作为但不是有心,那么这样的作为也就出于无心。想宁静就要心平气和,想全神就要顺应心志,即便是有所作为也要处置适宜,每件事都要顺应于不得已。每件事不得已的做法,也就是圣人之道。

徐无鬼

【题解】"徐无鬼"是开篇的人名,以人名作为篇名。本篇是《庄子》中的又一长篇,由十余个各不相关的故事组成,并夹带少量的议论。全篇内容很杂,中心不明朗,故事之间也缺乏关联,但多数是倡导无为思想的。

全篇大体可分为十四个部分。第一部分至"莫以真人之言謦吾君之侧乎",写徐无鬼拜见魏武侯,用相马之术引发魏武侯的喜悦,借此讥讽诗、书、礼、乐的无用。第二部分至"君将恶乎用夫偃兵哉",继续写徐无鬼跟魏武侯的对话,指出当世国君的作法实质上是在害民,只有"应天地之情",才真正是"社稷之福"。第三部分至"称天师而退",写黄帝出游于襄城之野,特向牧马小童问路,喻指为政者的迷乱。第四部分至"终身不反悲夫",批评事事"皆囿于物"的人。第五部分至"未始离于岑而足以造于怨也",写庄子和惠子的对话,指出天下并没有共同认可的是非标准,从而批评了各家"各是其所是"的态度。第六部分至"吾无与言之矣",写庄子对惠子的怀念。第七部分至"则隰朋可",写管仲和桓公的对话,借推荐隰朋阐述无为而治的主张。第八部分至"三年而国人称之",借吴王射杀猴子的故事,告诫人们不应有所自恃。第九部分至"其后而日远矣",写南伯子綦对世人迷误的哀叹。第十部分至"大人之诚",提出"无求,无失,无弃"和"不以物易己"的观点,强调不用言语、返归无为的功效。第十一部分至"然身食肉而终",表述子綦游于天地不跟外物相违逆的生活旨趣。第十二部分至"夫唯外乎贤者知之矣",批判唐尧,指斥仁义是贪婪者的工具。第十三部分至"于羊弃意",批判三种不同的心态,提倡"无所甚亲""无所甚疏"的态度。余下为第十四部分,为杂论,主要是阐明顺任自适的思想。

徐无鬼因女商见魏武候①,武候劳之曰:"先生病矣,苦于山林之劳,故乃肯见于寡人。"徐无鬼曰:"我则劳于君,君有何劳于我!君将盈嗜欲,长好恶②,则性命之情病矣;君将黜嗜欲,掔好恶③,则耳目病矣。我将劳君,君有何劳于我!"武候超然不对④。

【注释】①徐无鬼:人名,战国时魏国的隐士。因:通过。女〔rǔ〕商:魏国大臣,姓女,名商。春秋时期晋大夫女叔齐之后。②长:增长。好恶:爱憎。③掔〔qiān〕:通"牵",引申为除去。④超然:"超"通"怊",若有所失的样子。

【译文】徐无鬼经过商女的引荐见到了魏武候,武候慰劳徐无鬼说:"先生一定十分疲惫吧?而且是受隐居山林的劳累所困苦,所以才肯来拜访我。"徐无鬼说:"我是来慰劳你的,你为什么慰劳我呢?如果你想要满足自己的嗜好和欲望,增加喜好和憎恶,这样你的心灵就会受到创伤;如果你想要废弃嗜好和欲望,减少喜好和憎恶,这样你的耳目的享用就会困顿乏厄。我来是打算慰劳你的,你对我有什么可慰劳的呢?"武候听后怅然若失,不能回答。

少焉,徐无鬼曰:"尝语君①吾相②狗也:下之质③,执饱而止④,

是狸⑤德也；中之质若视日⑥，上之质若亡⑦其一。吾相狗又不若吾相马也。吾相马：直者中绳⑧，曲者中钩⑨，方者中矩⑩，圆者中规⑪，是国马⑫也，而未若天下马⑬也。天下马有成材⑭，若恤若失⑮，若丧其一⑯。若是⑰者，超轶⑱绝尘，不知其所⑲。"武候大说⑳而笑。徐无鬼出，女商曰："先生独何以㉑说吾君乎？吾所以说吾君者，横说之则以《诗》《书》《礼》《乐》，从㉒说之则以《金板六弢》。奉事而大有功者不可为数㉓，而吾君未尝启齿㉔。今先生何以说吾君，使吾君说㉕若此乎？"徐无鬼曰："吾直告之吾相狗马耳。"女商曰："若是乎？"曰："子不闻夫越之流人㉖乎？去㉗国数日，见其所知㉘而喜；去国旬㉙月，见所尝见于国中者喜；及期㉚年也，见似人㉛者而喜矣。不亦去人滋㉜久，思人㉝滋深乎？夫逃虚空者㉞，藜藋㉟柱乎鼪鼬之径，踉㊱位其空，闻人足音跫然㊲而喜矣，又况乎昆弟亲戚之謦欬㊳其侧者乎！久矣夫，莫以真人之言謦欬吾君之侧乎！"

【注释】①尝：尝试。语君：告诉君主。②相：观察相貌。③质：材，材质，质地。④执饱而止：捕兽得饱则止。执：捕。⑤狸：山猫。德：德性。⑥视日：看得高、望得远。⑦亡：指亡失。一：指身体。⑧直者中〔zhòng〕绳：直的如绳墨那样直。⑨曲者中钩：曲的如中钩那样弯曲。⑩方者中矩：指马跑得方得符合矩。⑪圆者中规：指马跑得圆的符合圆规。⑫国马：全国之冠的好马。⑬天下马：天下之冠的好马。⑭成材：成用之才性。⑮恤：安。失：通"佚"。⑯若丧其一：情性静寂专一。⑰是：这。⑱超轶：超越。绝尘，不知其所止。⑲不知其所：不知去向。⑳说：通"悦"。㉑何以：以什么。㉒从：通"纵"。《金板六弢》：即太公兵法，此书藏于朝廷，故曰"金板"。㉓数

〔shǔ〕：计算。㉔启齿：开口微笑。㉕说：通"悦"。㉖流人：流放的人。㉗去：离。去国：离开本国。㉘知：见过面的人。㉙旬：一旬十日。㉚期年：周年。㉛似人：似自己国家的人。㉜滋：益，越。㉝思人：思念敌人。㉞逃虚空者：逃到无人之地的人。㉟藜藋〔lí diào〕灰菜。柱：塞。鼪鼬〔shēng yòu〕：黄鼠狼。径：往来。㊱跫：通"良"，借为长。一说，跟跄。空：空地。㊲足音：走路的声音。跫〔qióng〕：脚步声。㊳亲戚：父母。謦欬〔qīng kài〕：咳嗽，喉中出声音。喻言笑，指声音笑貌。

【译文】过不一会儿，徐无鬼说："我试着告诉你，我的相狗术。下等狗的才质，只是捕兽得食而止的，这是山猫的德性；中等才质的狗，意气高远；上等的才质，好像忘掉了自己。我的观狗术，又不如我的观马术。我观察马的体态，马步跑来直的地方与绳墨相符合，弯曲的地方与钩相符合，方的地方与矩相符合，圆的地方与规相符合，这就是国马，然而还赶不上天下马。天下马有天生的材质，其神态有似安谧又如奔逸，好像忘了自己。像这样的，超越绝尘，不知所止，不知去向。"武侯很高兴地笑了。徐无鬼出来。女商说："先生究竟怎样使我的君主这么高兴呢？我用来取悦我君主的，横说用《诗》《书》《礼》《乐》，纵说用太公兵法。行事而大有功效的，不计其数，可我的君主过去没有开口微笑过。现在先生用什么对我君主说教，使我的君主如此高兴呢？"徐无鬼说："我只不过将相狗马之术告诉了他。"女商说："就是这样吗？"回答说："你没听过在越国的流放的人吗？离开国家不几天，看到所认识的人就高兴，离开国家十天一个月，看见曾见过的人就喜欢；至于离开国家一年的人，只要见到相似自己国家的人就高兴；不就是离开人越久，思念人也就越深吗？流落到空地的人，杂草塞满黄鼠狼往来的途径，长久居住在空野，听到人走路的脚步声就高兴起来，又何况是兄弟父母的说笑声在他的旁边呢！已经很长时间了，没有人以纯真的语言在我君主的身旁谈笑了啊！"

徐无鬼见武侯，武侯曰："先生居山林，食芋栗①，厌②葱韭，以宾寡人③，久矣夫！今老邪④？其欲干⑤酒肉之味邪？其寡人亦有社稷之福⑥邪？"徐无鬼曰："无鬼生于贫贱，未尝敢饮食君之酒肉，将来劳君⑦也。"君曰："何哉！奚劳寡人？"曰："劳君之神与形。"武侯曰："何谓邪？"

【注释】①芋〔xù〕栗：橡子。《齐物论》有"狙公赋芋"，《山木》芋作"杼"。②厌：通"餍"，饱食。③宾寡人：摈弃我，不做官。宾，通"摈"，弃。④夫今老邪：尤其今老邪。"夫"属下读，旧注以"久矣夫"为句实误。⑤干：求。⑥社稷之福：这句是说如果徐无鬼能出来做官，参与国政，一定对国家有利，而是国家的幸福。⑦将来劳君：要来慰问君主。

【译文】徐无鬼去见魏武侯，魏武侯说："先生身居深山老林，吃橡子，食葱韭，你摈弃我已很长时间了。你现在老了吗？是想求得酒肉的滋味呢？还是为我的国家造福呢？"徐无鬼说："无鬼出身贫穷低贱，不曾敢想享用你的酒肉，是来慰问你的。"武侯说："怎么？你怎样来慰问我？"徐无鬼说："慰问你的精神和形体。"武侯说："什么意思？"

徐无鬼曰："天地之养也一，登高不可以为长，居下不可以为短，君独为万乘之主，以苦一国之民，以养耳目鼻口，夫神者不自许也①。夫神者，好和而恶奸。夫奸②，病也，故劳之。唯君所病之何也？"

武侯曰："欲见先生久矣！吾欲爱民而为义，偃兵其可乎？"

徐无鬼曰："不可。爱民，害民之始也。为义偃兵，造兵之本也。君自此为之则殆不成③。凡成美④，恶器也。君虽为仁义，几且伪哉！形固造形⑤，成固有伐，变固外战。君亦必无盛鹤列于丽谯之间⑥，无徒骥于锱坛之宫，无藏逆于得，无以巧胜人，无以谋胜人，无以战胜人。夫杀人之士民，兼人之土地，以养吾私与吾神者，其战不知孰善？胜之恶乎在？君若勿已矣！修胸中之诚以应天地之情而勿撄。夫民死已脱矣，君将恶乎用夫偃兵哉！"

【注释】①神者不自许：精神上并不自得、轻松。②奸：乱。③殆不成：可以说几乎不会成功。④成美：建立爱民为义的好名声。⑤形固造形：固，必。前"形"指爱民仁义的形迹，后"形"指造成作伪的形态。⑥鹤列：陈兵布阵，鹤列是一种阵法。

【译文】徐无鬼说："天地对万物的养育是均等的，地位高的人不能够自认为高人一等，地位低的人也不应认为自己矮人三分。你身为大国的国君，用全国百姓的劳累困苦换来自己眼耳口鼻的享用，弄得心神不自得。圣明之人从不为自己的私欲求取分外的东西，人的心灵天然喜欢和顺而厌恶偏私，偏私是一种严重的病态，所以，我特地前来慰问你。只有你患有这种病症，这是为什么呢？"

武候说："我想见先生已经很久了。如果我爱民为义而制止战争，这样做行了吧？"

徐无鬼说："不行。所谓爱民，其实是害民的开始；为义而制止战争，也是制造新的战争的根源。如果你从这些方面来治理国家，恐怕不会成功。凡是成就了美好的名声，也就有了作恶的工具。虽然你这样做是在推行正义，相反更接近于虚假啊！出现仁义形迹肯定会出现伪造仁义的形迹，成功了肯定会自夸，出现了变故必定会再次掀起战争。你千万不要在城门瞭望台下摆兵，作严阵以待状；不要在宫里陈列步卒骑士；不要包藏一颗贪求之心；不要用智巧去取胜；不要用策略去制敌；不要去通过战争去征服别人。通过杀死别国的士卒和百姓，吞并别国的土地，用来满足自己的私欲，这样战争究竟有何益处？胜利又存在于哪里？你还是停止争战吧，修养天性，顺应自然赋予你的真情，而不去扰乱其规律。这样，百姓就能够摆脱死亡的威胁，你哪里用得上息兵的议论呢？"

黄帝将见大隗乎具茨之山①，方明为御，昌寓骖乘，张若、諝朋前马，昆阍、滑稽后车②。至于襄城之野③，七圣皆迷，无所问涂。适遇牧马童子，问涂焉，曰："若知具茨之山乎？"曰："然。"

"若知大隗之所存乎？"曰："然。"

黄帝曰："异哉小童！非徒知具茨之山，又知大隗之所存。请问为天下。"

小童曰："夫为天下者，亦若此而已矣，又奚事焉！予少而自游于六合之内，予适有瞀病④，有长者教予曰：'若乘日之车而游于襄城之野。'今予病少痊⑤，予又且复游于六合之外。夫为天下亦若此而已，予又奚事焉！"黄帝曰："夫为天下者，则诚非吾子之事。虽然，请问为天下。"

小童辞。

黄帝又问。

小童曰："夫为天下者，亦奚以异乎牧马者哉！亦去其害马者而已矣！"黄帝再拜稽首⑥，称天师而退。

【注释】①大隗〔tài wěi〕：指喻大道，一说神名或人名。具茨〔cí〕：山名，又名泰隗山，在今河南密县东。②骖乘：坐在车后面的陪乘者。方明、昌宇、张若、諮朋、昆阍、滑稽均为虚拟人名。③襄城：今河南襄城县。野：远郊为野。④瞀〔mào〕病：眼花目眩的病症。⑤少痊：痊，愈。病渐渐好起来了。⑥稽首：叩头点地。

【译文】黄帝要到具茨山去拜见大隗，天刚亮就出发，昌宇做陪乘，张若、諮朋在车前导引，昆阍、滑稽跟随在车后。到了襄城的郊外，七位圣人迷失了方向，也没有人可以问路。刚好碰到一位牧马少年，于是便请他指向，说："你知道具茨山怎么走吗？"少年回答："知道。"

又问："你知道大隗在什么地方居住吗？"

少年回答："知道。"

黄帝说："这位少年真不简单！不仅知道具茨山怎么走，还知道大隗居住在什么地方。那么，请问你知道治理天下吗？"

少年说："治理天下就像牧马一样，我又何必多管闲事呢？我小时候独自游玩在人间，碰巧害了一场头昏眼花的病，于是有位长者教导我说：'你乘坐当天的车去襄城的郊外玩吧。'现在，我的病已经有了好转，我的精神境界已经悠游在尘世之外了。至于治理天下就像牧马一样，我又何须多管闲事呢？"

黄帝说："治理天下，当然不是你的事。尽管如此，我还是要向你请教，到底该怎样治理天下。"

少年推辞不说。

黄帝又问。

少年说："治理天下，和牧马有什么不同！也就是驱除那些害群之马罢了！"

黄帝听了，拜了两拜，叩头触地，口称"天师"，方才离去。

知士无思虑之变则不乐，辩士无谈说之序则不乐，察士无凌谇之事则不乐①；皆囿于物者也②。

招世之士兴朝③，中民之士荣官，筋力之士矜难④，勇敢之士奋患，兵革之士乐战，枯槁之士宿名⑤，法律之士广治，礼教之士敬容，仁义之士贵际。农夫无草莱之事则不比⑥，商贾无市井之事则不比。庶人有旦暮之业则劝，百工有器械之巧则壮。钱财不积则贪者忧，权势不尤则夸者悲，势物之徒乐变，遭时有所用，不能无为也，此皆顺比于岁⑦、不物于易者也⑧。驰其形性⑨，潜之万物，终身不反⑩，悲夫！

【注释】①凌谇〔suì〕：通"凌碎"，指斤斤分辨。②囿：局限。③招世：招摇于世，喻指上等人才。④矜难：矜，自夸。矜难即自称能解除别人的困难。⑤宿名：持守自己的名节。⑥比：和乐。⑦顺比于岁：顺附时势，逐时投机者。⑧不物于易：拘泥于一事一物，不能相易。当作"不易于物"。⑨形性：身心。⑩反：通"返"，返归自然本性。

【译文】善于谋划的人没有思虑上的变易与转换便不会得到快乐，善于辩论的人没有丝丝入扣的辩论就不会感到快乐，严察苛刻的人如果没有明辨的事端就不会感到快乐，这些都是受到外物的局限与束缚的人。

招摇于世的人在朝廷中炫耀自己，中等的人以爵禄为荣，身强力壮的人以排忧解难自夸，英勇无畏的人遇上祸患总是冲锋陷阵，全副武装的人喜欢征战，隐居山林的人留意名声，研修法制律令的人推广法治，讲求礼乐的人注重仪容，施行仁义的人看重交际。农夫没有除草耕耘就不安，商人没有贸易买卖就不乐，百姓只要有短暂的工作就自勉，工匠只要有器械的技巧就会跃跃欲试。贪婪的人钱财积攒得不够总是忧愁不乐，私欲很盛的人权势不高便会悲伤哀叹，依仗权势掠夺财物的人热衷于变故。这些人都是逐时俯仰，拘限于一事而茅塞不通的人。全身心地投入追逐并且沉溺于外物的包围之中，一辈子也不会醒悟，不知返回人的自然本性，实在是可悲啊！

庄子曰："射者非前期①而中谓之善射，天下皆羿也②，可乎？"惠子曰："可。"庄子曰："天下非有公是③也，而各是其所是④，天下皆尧也，可乎？"惠子曰："可"。庄子曰："然则儒、墨、杨、秉⑤四，与夫子为五，果孰⑥是邪？或者若鲁遽⑦者邪？其弟子曰：'我得夫子之道矣，吾能冬爨⑧鼎而夏造冰矣！'鲁遽曰：'是直以阳召阳，以阴召阴，非吾所谓道也。吾示子乎吾道。'于是为之调瑟，废一于堂，废一于室，鼓宫宫动，鼓角角动，音律同矣。夫或改调一弦，于五音无当也。鼓之，二十五弦皆动，未始异于声而音之君已！且若是者邪？"惠子曰："今夫儒、墨、杨、秉，且方与我以辩，相拂⑨以辞，相镇⑩以声，而未始吾非⑪也，则奚若⑫矣？"庄子曰："齐人蹢⑬子于宋者，其命阍也不以完⑭；其求鈃钟⑮也以束缚；其求唐子⑯也，而未始出域：有遗类⑰矣！夫楚人寄⑱而蹢阍者，夜半于无人之时而与舟人斗，未始离于岑⑲而足以造于怨也。"

【注释】①前期：预定目标。②羿：人名，即后羿，也作夷羿，是著名的射手。③公是：共同认可的是非标准。④各是其所是：各人肯定自己所认为是对的。⑤秉：公孙龙的字。⑥孰：谁。⑦鲁遽：人名，周初人。⑧爨：烧。⑨相拂：相互指责。相互反驳。拂，违戾。⑩镇：压。⑪吾非：非吾，非难我。⑫奚若：怎么样，如何。⑬蹢〔zhí〕：通"摘"，投，放。一说通"谪"，责。子：儿子。宋：宋国。⑭命：命令，任命。阍〔hūn〕：看守大门的人。不以完：不使其完其管钥。⑮钘：音刑。似小钟而长颈。⑯唐子：失亡之子，丢掉的儿子。域：借为阈，门限之内。⑰遗类：遗失伦类，违反一般的道理。⑱寄：寄居。⑲岑〔cén〕：岸。

【译文】庄子说："射箭的人不按预定的目标而射中，把他称为善射，天下的人就都是后羿了，可以这样说吗？"惠施说："可以。"庄子说："天下没有共同认可的标准，而各自以为自己的正确，天下的人就都是尧了，可以这样说吗？"惠施说："可以。"庄子说："那么儒、墨、杨、公孙龙四家，和先生为五家，究竟谁正确呢？或者像鲁遽那样吗？他的弟子说：'我学到了先生的道理，我能冬天烧鼎而夏天造冰。'鲁遽说：'这是用阳气召阳气，用阴气召阴气，不是我所说的道理。我把我的道理给你看看。'于是给他们调试瑟弦，置一把在堂上，置一把在室内，弹奏宫宫音动，弹奏角角音也动，音律相同。如要改调一弦，五音不合，弹奏它，二十五根琴弦都动，在声调上没有差别，只是以音为主而已。你们都像这样吗？"惠施说："现在儒、墨、杨、公孙龙，正在和我辩论，用言语相互指责，用声音相互压制，而未必是我的错误，怎么能和他们相像呢？"庄子说："齐国人把他的儿子放在宋国，让他像残废者一样守大门，他有个小钟却包起来，寻找亡失的小孩却不出门限之内，这与各家争论有所类似！楚国有个寄居别人家的人怒责看门的人，在半夜无人的时候与船夫争斗，船还没有靠岸却已造成怨仇了。"

庄子送葬，过惠子之墓，顾谓从者曰："郢人垩漫其鼻端①若蝇翼，使匠石斫之。匠石运斤成风②，听而斫之，尽垩而鼻不伤，郢人立不失容。宋元君闻之③，召匠石曰：'尝试为寡人为之。'匠石曰：'臣则尝能斫之。虽然，臣之质死久矣④！'自夫子之死也，吾无以为质矣，吾无与言之矣！"

【注释】①郢〔yǐng〕：楚国的国都。垩〔è〕：白灰泥。漫：涂。②斤：斧。运斤成风：挥动大斧像风一样"嗖"地一声砍下来。③宋元君：宋国的国君。④质：对，对象。

【译文】庄子送葬的时候，路过惠子的坟墓，回过头对跟随的人说："郢国有一个人，他在自己的鼻尖上涂抹了像苍蝇翅膀那样大小的白灰泥，让匠石用斧子砍掉白灰泥。匠石挥动斧子呼呼作响，嗖的一声，鼻尖上的白灰泥就被完全除去，而鼻子却毫无损伤，郢国的那个人也若无其事地站在那里。宋元君听到了这件事，就召见匠石说：'你在我身上也这么试一试。'匠石说：'我曾经确实砍掉鼻尖上的小灰泥。但是，那个敢让我砍的人已经死去很久了。'自从惠子离开人世以后，我就没有对手了！我再没有可以论辩的人了！"

管仲有病①，桓公问之②，曰："仲父之病病矣，可不讳云。至于大病③，则寡人恶乎属国而可？"

管仲曰："公谁欲与？"

公曰："鲍叔牙。"

曰："不可。其为人，洁廉善士也；其于不己若者不比之④；又一闻人之过，终身不忘。使之治国，上且钩乎君⑤，下且逆乎民。其得罪于君也，将弗久矣！"

公曰："然则孰可？"

对曰："勿已，则隰朋可。其为人也，上忘而下不畔⑥，愧不若黄帝而哀不己若者。以德分人谓之圣，以财分人谓之贤。以贤临人⑦，未有得人者也；以贤下人，未有不得人者也。其于国有闻也，其于家有不见也。勿已则隰朋可。"

【注释】①管仲：春秋时期齐国桓公的佐相，著名的政治家，法家学派的先驱，著有《管子》一书，其中包含有道家思想。②桓公：齐桓公，名小白。③至于大病：即一旦不治，百年之后怎么办的委婉说法。④不己若：不如自己。不比之：不亲近他。⑤钩：拘束。⑥上忘：对上相忘而不计较。下不畔：原作"下畔"，据《列子·力命》篇补正。⑦临人：以矜持的态度对待别人。

【译文】管仲得了重病，齐桓公探望他说："仲父病已经很重了，能忌讳不说么！一旦有个好歹，我把国事托付给谁才合适呢？"

管仲说："你想要让我托付给谁呢？"

齐桓公说："鲍叔牙。"

管仲说："不可以。鲍叔牙为人清白廉正，是个好人，他对不如自己的人，就不去亲近，而且一旦听到别人的过错，总是念念不忘。让他管理国事，对上肯定会约束国君，对下肯定会忤逆百姓。时间长了，一旦得罪了你，他也就不会长久保全了！"

齐桓公说："那么谁可以呢？"

管仲回答说："不得已的话，隰朋还可以。在上的人相忘而在下的人不常畔离。这个人对自己要求很高，自愧不如黄帝而同情不如自己的人。能用道德去感化他人的人可以称作圣人，能用财物去周济他人的人可以称作贤人。以贤自居而傲视他人，就会失去人心；善行谦虚对人，就会收获人心。对于国事，有些事他会不干预，他对于家事不苛察。不得已，就用隰朋试试。"

吴王①浮于江，登乎狙②之山。众狙见之，恂③然弃而走，逃于深蓁④。有一狙焉，委蛇⑤攫抓，见⑥巧乎王。王射之，敏给⑦搏捷矢。王命相者⑧趋射之，狙执死⑨。王顾谓其友颜不疑⑩曰："之狙也，伐⑪其巧、恃⑫其便以敖予，以至此殛⑬也。戒之哉！嗟乎！无以汝⑭色骄人哉！"颜不疑归而师董梧⑮，以锄⑯其色，去乐⑰辞显，三年而国人称⑱之。

【注释】①吴王：吴国君主。浮，泛舟。②狙：猕猴。《齐物论》有狙公赋芧的故事。③恂：恐惧、害怕。弃：弃地。走：逃跑。④蓁：通"榛"。⑤委蛇：同委佗，庄重而又从容自得的样子。一说作曲行解亦通。攫：攀搏抓取。⑥见：通"现"。⑦敏给：敏捷。搏捷：接取。矢：箭头。⑧相者：随从打猎的人。⑨执死：抱树而死。一作"既死"。⑩颜不疑：人名。⑪伐：夸。⑫恃：依靠。便，轻便。敖：通"傲"。予：我。⑬殛：死。⑭汝：你。色骄：骄傲的态度。人：指别人。⑮董梧：人名，吴国的贤人，一说吴国的有道之士。⑯锄：锄草一样。一本作助，通"锄"，除去。⑰去乐：去掉享乐，作抛弃声乐解误。辞显：辞谢显贵。⑱称：称赞。

【译文】吴王泛舟于江上，登上猕猴山。群猴看见他，恐惧地弃地跑掉，逃到榛材丛中。有一只猴子，来回跳跃，向吴王显示灵巧。吴王射它，敏捷地接取箭头。吴王命令随从者上前一齐射它，猕猴中箭抱树而死。吴王回头对他的朋友颜不疑说："这只猕猴，夸耀它自身的灵巧，依靠它的灵便来傲视我，以至于这样死去！要引以为戒啊！唉！不要用你的骄傲的态度对待别人啊！"颜不疑回去而拜董梧为师，除去骄态，去享乐，就贫苦，辞显贵，甘淡漠，三年而国人都称赞他。

南伯子綦^①隐几而坐，仰天而嘘^②。颜成子^③入见曰："夫子，物之尤^④也。形^⑤固可使若槁骸，心固可使若死灰乎？"曰："吾尝居山穴之口矣。当是时也，田禾^⑥一睹我而齐国之众三贺之^⑦。我必先之^⑧，彼故知之；我必卖之，彼故鬻之。若我而不有之，彼恶乎得而知之？若我而不卖之，彼恶得而鬻^⑨之？嗟乎！我悲^⑩人之自丧者，吾又悲夫悲人者，吾又悲夫悲人之悲者，其后而日远矣！"

【注释】①南伯子綦：人名，《齐物论》作南郭子綦。隐：靠，几：几案。②嘘：吐气。③颜成子：人名，《齐物论》作颜成子游。④物之尤：人物之中出类拔萃的人。尤，忒出。⑤形：形体，身体。槁骸：枯骨，《齐物论》作槁木。⑥田禾：齐太公和。睹：看。⑦贺之：祝贺他。⑧我必先之：我的名声必先于他。⑨鬻：卖。⑩悲：悲伤，哀怜。

【译文】南伯子綦靠几案坐着，仰天吐气，颜成子进来见到说："先生，真是出类拔萃的人物。形体固然可以使它成为枯骨，心固然可以使它成为死灰一样吗？"南伯子綦说："我曾隐居在山洞里。正在这个时候，齐国的国君田禾一来看我，而齐国的民众就再三祝贺他，我的名声一定先于他，所以他知道我；我一定卖了我的名声，所以，他才把我的名声贩卖出去。如果我没有名声，他怎么会知道我？如果我不贩卖名声，他怎么能贩卖我的名声呢？唉！我悲伤人的自我丧失，我又悲伤那些悲伤别人的人。我又悲伤那悲伤别人的人的悲伤，然后一天天地远离炫耀而达到泊然无心的境界。"

仲尼之①楚，楚王觞②之，孙叔敖③执爵而立，市南宜僚④受酒而祭，曰："古之人乎！于此言已。"曰："丘也闻不言之言⑤矣，未之尝言，于此乎言之：市南宜僚弄丸⑥而两家之难解，孙叔敖甘寝⑦秉羽而郢人投兵，丘愿有喙三尺。⑧"彼⑨之谓不道之道，此⑩之谓不言之辩。故德总⑪乎道之一，而言休⑫乎知之所不知，至矣！道之所一者，德不能周也；知之所不能知者，辩不能举⑬也，名⑭若儒墨而凶矣。故海不辞东流，大之至也。圣人并包天地，泽及天下，而不知其谁氏。是故生无爵，死无谥⑮，实⑯不聚，名⑰不立，此之谓大人⑱。狗不以善吠为良，人不以善言为贤，而况为大乎！夫为大不足以为大，而况为德乎！夫大备⑲矣，莫若天地。然奚⑳求焉？而大备矣！知大备者，无求、无失、无弃，不以物易己也。反己而不穷，循古而不摩㉑，大人之诚！

【注释】①之：去，往。②觞：酒器。作动词用作敬酒。③孙叔敖：据《左传》记载，他是楚庄王相，此时孔子尚未出生，此处是寓言。④市南宜僚：即熊宜僚，居市南，故称市南宜僚，亦号市南子，是楚国的勇士。⑤不言之言：不说话的言论。⑥弄丸：玩弄弹丸。两家之难：楚白公胜要作乱，想杀令尹子西，去请勇士市南宜僚，宜僚不答应，使者用剑威胁他，他仍然玩弄弹丸，既不害怕，也不从命，于是白公胜欲作乱未成，此为弄丸解两家之难。⑦甘寝：安寝。秉：执。羽：羽毛扇。郢人：指楚人。投兵：投弃兵器，不打仗。⑧丘愿有喙三尺：孔子自己愿意有三尺长的嘴不能说话。喙：鸟嘴，鸟喙长不能鸣叫。⑨彼：指孙叔敖和市南宜僚。⑩此：指孔子。⑪总：归根结底。一：齐一。⑫休：停止，休止。⑬举：辩举，并举。⑭名：名声。凶：危险。⑮谥：谥号，帝王死后送的号。⑯实：实质。⑰名：概念。⑱大人：指圣人。⑲大备：体现了大。⑳奚：何。㉑摩：揣摩。

【译文】孔子去楚国，楚王请他喝酒，孙叔敖拿着酒器而站立，市南宜僚洒酒而祭祀，说："古代的人啊！在这种情形下讲话。"孔子说："我也听到过不说的言论了。未曾说过的话，在这种情景下讲话。市南宜僚玩弄弹丸，而解决了两家的危难；孙叔敖安寝摇扇而卧，而使楚人停止用兵。我感觉我多嘴呀！"他们所说的是不言之道，孔子所说的是不言之辩，故而归根到底是德与道的齐一，而言语停止在知识所不知的境遇，就是极点了。道的同一，德不能同；知识所不能知道的，善辩的人也不能列举完。名声像儒墨，那就危险了，所以大海不制止河水东流，才能大到极点。圣人包容天地，恩泽普及天下，而人民不知他是谁，所以，他活时无爵位，死后无谥号，财货不聚集，名声不建立，这就是大人。狗不因为善于叫唤便是好的，人不因为会说教便是贤人，何况成就大业的人呢！有心求取伟大倒不足以成为伟大，何况成德呢！最大而完备的，莫如天地，然而没有什么追求的，它却最大而完备了。知道大而完备的，是无所追求，无所丧失，无所舍弃，不用外物改变自己。返回自己的本性而不穷尽，因循常道而不矫饰，这就是大人的真性。

子綦①有八子，陈②诸前，召九方歅③曰："为我相吾子，孰为祥？"九方歅曰："梱④也为祥。"子綦瞿然⑤喜，曰："奚若⑥？"曰："梱也将与国君同食，以终其身。"子綦索然⑦出涕曰："吾子何以至于是极也？"九方歅曰："夫与国君同食，泽及三族⑧，而况于父母乎！今夫子闻之而泣，是御⑨福也。子则祥矣，父则不祥。"子綦曰："歅，汝何足以识之！而梱祥邪？尽于酒肉，入于鼻口矣，而何足以知其所自来！吾未尝为牧⑩，而牂⑪生于奥，未尝好田而鹑生于宎⑫，若勿怪，何邪？吾所与子游者，游于天地。吾与之邀⑬乐于天，吾与之邀食于地。吾不与之为事，不与之为谋，不与之为怪。吾与之乘天地之诚而不以物与之相撄⑭，斯不为也。吾与之一委蛇⑮而不与之为事所宜。今也然有世俗之偿焉？凡有怪征者，必有怪行。殆乎！非我与吾子之罪，几天与之也！吾是以泣也。"无几何而使梱之于燕，盗得之于道，全而鬻⑯之则难，不若刖之则易，于是乎刖而鬻之于齐，适当渠公之街⑰，然身食肉而终。

【注释】①子綦：即南伯子綦。承上文南郭子綦而说。②陈：排列站着，列队站着。③九方歅〔yīn〕：人名，伯乐的弟子，善于相面。《淮南子》作九方埋或九方皋。④梱：人名，子綦的儿子名梱。⑤瞿然：惊喜的样子，兴奋的样子。⑥奚：怎么。奚若：何如，为何。⑦索然：空尽的样子，承前文瞿然而来，惊喜空尽。解作黯然亦通。⑧三族：父族、母族、妻族。⑨御：抵制，拒绝。⑩牧：放牧，畜牧。⑪牂：母羊。奥：屋的西南角。⑫田：狩猎。宎〔yāo〕：屋的东南角。⑬邀：要求。⑭相撄：相搅扰。⑮委蛇：随顺。⑯鬻：卖。⑰渠公之街：街名。

【译文】子綦有八个儿子，列队在面前，叫来九方歅说："给我儿子相面，谁有福？"九方歅说："梱有福。"子綦惊喜地说："何以如此呢？"九方歅说："梱将会和国君同饮食，以至于终身。"子綦喜色空尽，流出眼泪，说："我的儿子为什么达到这种程度呢？"九方歅曰："和国君同饮食，恩泽到三族，何况父母呢！现在先生听到此事便哭泣，这是抵制福分。儿子有福，父亲却没有福。"子綦说："歅！你怎么知道，梱真有福吗？只是酒肉到口鼻而已，你怎么知道他的由来呢？我没有放牧而西南屋角却生出羊，没有狩猎而东南屋角却生出鹌鹑，从不觉得奇怪，为什么？我与他邀游的，是游于天地。我要求与他同乐于天，我要求与他同求食于地；我不和他追求事业，我不和他同谋共虑，不和他标新立异。我和他顺着天地的实情，而不使他和外物相搅扰；我和他顺随自然，而不使他滞心于事之所宜。现在，却有了世俗的报偿！凡是有奇怪征兆的，一定有奇怪的行为，危险啊！这不是我和儿子的罪过，是天给他的。我因此才哭泣的。"没有多久，捆被派到燕国去，强盗在途中捉到他，手足齐全拿去卖的话很难，不如砍断了脚去卖容易，于是把他的脚砍掉后卖到齐国，正好被渠公任命为门正，不过倒是肉食终身。

啮缺①遇许由曰："子②将奚之？"曰："将逃尧。"曰："奚谓邪？"曰，"夫尧畜畜然③仁，吾恐其为天下笑。后世其人与人相食与④！夫民不难聚也，爱之则亲，利之则至，誉之则劝，致其所恶⑤则散。爱利出乎仁义，捐⑥仁义者寡，利仁义者众。夫仁义之行，唯且无诚，且假乎禽贪⑦者器。是以一人之断制利天下也，譬之犹一覕⑧也。夫尧知贤人之利天下也，而不知其贼天下也。夫唯外乎贤者知之矣。"

【注释】①啮缺：庄子假拟人名。《齐物论》有"啮缺问乎王倪曰：子知物之所同是乎？"《天地》有："啮缺之师王倪。"许由：人名。尧时贤人。《大宗师》有"意而子见许由。"《天地》有"尧之师曰许由，许由之师曰啮缺。"《让王》有"尧以天下让许由，许由不受。"②子：你。奚：什么地方。之：去。③畜畜然：仁爱勤劳的样子。④与：通"欤"。⑤恶：厌恶。⑥捐：舍弃。⑦禽贪：禽兽那样贪婪的人。器：工具。⑧翙：借为"剐"，宰割。一说借为"瞥"，作"暂见"解。

【译文】啮缺遇见许由，说："你要到哪里去？"许由说："要逃避尧的让位。"啮缺说："为什么呢？"许由说："尧仁爱勤劳地为仁，我恐怕他被天下人所讥笑。后世将要人和人相食！民众，不难聚集；爱他们便亲近，有利给他们就来到，奖励他们就劝勉，致使他们厌恶就离散。爱和利都出于仁义，舍弃仁义的少，取利于仁义的多。仁义的行动，只要没有诚意，就会成为禽兽一样贪婪的工具。这是以一个人的决断来取利天下，就好像是一瞥之见。尧只知道贤人有利于天下，而不知道他也会有害于天下，只有在贤人以外的人才能了解这事情！"

有暖姝①者，有濡需②者，有卷娄③者。所谓暖姝者，学一先生之言则暖暖姝姝而私自说④也，自以为足矣，而未知未始有物也，是以谓暖姝者也。濡需者，豕虱⑤是也，择⑥疏鬣自以为广宫大囿，奎蹄曲隈⑦，乳间股脚，自以为安室利处，不知屠者⑧之一旦鼓⑨臂布草操烟火，而已与豕俱焦⑩也。此以域⑪进，此以域退，此其所谓濡需者也。卷娄者，舜也。羊肉不慕蚁，蚁慕羊肉，羊肉膻⑫也。舜有膻行，百姓悦之。故三徙成都，至邓⑬之墟而十有万家。尧闻舜之贤，举之童土⑭之地，曰："冀得其来之泽。"舜举乎童土之地，年齿长矣，聪明衰矣，而不得休归，所谓卷娄者也。是以神人恶众至，众至则不比⑮，不比则不利也。故无所甚亲，无所甚疏，抱德炀和⑯，以顺天下，此谓真人。于蚁弃知，于鱼得计，于羊弃意。以目视目，以耳听耳，以心复心。若然者，其平也绳⑰,其变也循⑱。古之真人,以天待人,不以人入天。古之真人,得之也生,失之也死;得之也死,失之也生:药也。其实堇也,桔梗也,鸡壅⑲也,豕零也,是时为帝⑳者也,何可胜言!

【注释】①暖姝〔shū〕:自美自得的样子。②濡需:苟且偷安。③卷娄:犹拘挛,腰弯背曲,劳形自苦所致。④说:通"悦"。⑤豕虱:猪身上的虱子。⑥择:选择。鬣〔liè〕:猪领上的长毛。广宫:大宫殿。大囿:大园子。⑦奎:两腿之间。蹄〔tí〕:同"蹄"。曲隈〔wēi〕:猪身上皱折的深曲处。⑧屠者:屠夫,杀猪的人。⑨鼓:摇动。操:拿起。⑩焦:烧焦。⑪域:界域,境域。⑫膻:羊肉气味。⑬邓:地名。虚:通墟。而:则。有:又。⑭童土:荒地。⑮不比:无不结党营私。⑯炀和:温和。⑰绳:直。⑱循:随顺。⑲鸡壅,鸡头草。⑳帝:指主药。

【译文】有自美自得的,有苟且偷安的,有劳形自苦的。所谓自美自得的人,只学一位老师的言论,就非常自美自得而私自喜悦,自以为满足了,而不知道空虚无物,所以叫做自美自得的人。苟且偷安的人,像猪身上的虱子,选择稀疏毛长之处自以为广阔的宫殿和大的园囿,腿蹄皱折深处,乳间股脚的地方,自以为是安全居室和有利住所,不知道屠夫一旦挥臂摆开柴草点燃烟火,自己和猪会一起烧焦。这就是随境域而进,这就是随境域而退,这就是那种叫做苟且偷安的人。劳形自苦的人,舜是典型。羊肉不爱蚂蚁,蚂蚁爱羊肉,因为羊肉味是膻的,勾引蚂蚁。舜就像有膻味似的,百姓喜欢他,所以三次迁都,到邓这个地方的有十几万家。尧听说舜的贤能,推举他治理荒漠的土地,说是希望他来施恩泽。舜治理这块荒漠的土地,年龄大了,耳目衰退了,而无法回家休息,这就叫做形劳自苦的人。因此神人厌恶众人到来,众人到来就会结党营私,结党营私就是不利的。所以没有过分的亲近,没有过分的疏远,抱持德性去温人心以顺应天下，这就叫做真人。去掉像蚂蚁那样美慕羊肉的一点智慧，像鱼那样忘掉江湖的自得其适，去掉像羊那样的有意之行。用眼睛看眼睛能看见的，用耳朵听耳朵能听到的，用心灵领悟心灵能领悟的。像这样，他的心既平静又直率，他的行为既变化也因顺。古代的真人，以自然之道对待人事，不以人事之道对待自然。古代的真人。得到它就生，失掉它就死；得到它就死，失掉它就生。药物，其实不过就是乌头、桔梗、鸡头草、猪苓根等，这些药物迭相为主药，怎么可以说得尽其中的妙蕴呢！

勾践①也以甲楯三千，栖于会稽。唯种②也能知亡之所以存，唯种也不知其身之所以愁③。故曰：鸱④目有所适，鹤胫⑤有所节，解之也悲。故曰：风之过河也有损焉，日之过河也有损焉。请只风与日相与守河，而河以为未始其撄也，恃源而往者也。故水之守土也审⑥，影之守人也审，物之守物也审。故目之于明也殆，耳之于聪也殆，心之于殉也殆，凡能其于府⑦也殆，殆之成也不给改。祸之长也兹⑧萃，其反也缘功，其果也待久。而人以为己宝，不亦悲乎！故有亡国戮民无已⑨，不知问是也。故足之于地也践⑩，虽践，恃其所不蹍⑪而后善博也；人之于知也少，虽少，恃其所不知而后知天之所谓也。知大一⑫，知大阴⑬，知大目⑭，知大均⑮，知大方⑯，知大信⑰，知大定⑱，至矣！大一通之，大阴解之，大目视之，大均缘之，大方体之，大信稽之，大定持之。尽有天，循有照，冥有枢，始有彼。则其解之也似不解之者，其知之也似不知之也，不知而后知之。其问之也，不可以有崖，而不可以无崖。颉滑⑲有实，古今不代⑳，而不可以亏，则可不谓有大扬榷㉑乎！阖不亦问是已，奚惑然为！以不惑解惑，复於不惑，是尚大不惑。

【注释】①勾践：越国的国君。甲楯：披甲执盾，这里指士兵。会稽：山名，在今浙江省境内。②种：人名，即文种，越国大夫。③愁：忧愁。④鸱〔chī〕：猫头鹰。⑤胫：小腿。节：节度，分寸。⑥审：安定。⑦府：指心脏。⑧兹：通滋。萃：集。⑨无已：不止。⑩践：通"浅"。⑪䁛〔zhǎn〕：践。善博：安善广博。⑫大一：贯通为一，绝对同一性。⑬大阴：绝对的静止。⑭大目：以认大道为眼目，大道的观点。⑮大均：大道的均衡作用。⑯大方：大道无所不包容。⑰大信：大道的本性不妄。⑱大定：大道安定。⑲颉滑：万物纷纭。⑳不代：不相代换。㉑大扬榷〔què〕：大总持，大体轮廓。

【译文】勾践以士兵三千栖身于会稽山，唯有文种能知道在即将灭亡中求得生存的谋略，也唯有文种不知道自身未来的忧患。所以说，猫头鹰的眼睛有所适用就无所适用，鹤的小腿长有所适宜，截短了就会悲哀。所以说风吹过河水就有所损失，太阳照过河水也会有损失。如果说风和太阳相互一起吹晒河水，而河水不曾受它们干扰的话，这是由于依靠源头不断地来水，所以水流在土地上安定，影子跟着人就得以显现，物守住物就融合不离。所以，眼睛过于求明就危险了，耳朵过于求聪就危险了，心思过于虑物就危险了。凡是智能藏于内心就会危险，危险的形成就来不及改悔。祸患的产生和滋长，要消除就需要修养功夫，需要一定的时间方可见效。而人们自以为耳目心思机能可贵，不也悲哀吗！因此有亡国杀人不止，是不知道问个根源。所以脚踏地很少，虽然很少，还要依靠它所没踏到的而后才能到达广远；人所知道的很少，虽然少，依靠它所不知的而后才能知道所谓天道。知道绝对的同一，知道绝对的静止，知道绝对的道观，知道大道的均衡作用，知道大道的包容，知道大道的取信不妄，知道大道的安定，就最好了。大一来贯通，大阴来化解，大目来观照，大均来遂顺，大方来体悟，大信来核实，大定来持守。万物都有自然，遂顺有照头，冥默有枢机，太始有彼端。对其理解的像似不理解的，无心的知好像无所知，无心的知才是真知。要追问它，它是没有端绪的，而又不可以没有端绪。万物纷纭而有实理，古今不能更替，然而又不能缺少，这不也可以说是有个大略的轮廓吗？为什么不追问这个妙理，何必疑惑呢！以不疑惑来理解疑惑，返回到不疑惑，这还是个大不疑惑。

则阳

【题解】"则阳"是篇首的人名。本篇内容仍很庞杂,全篇大体可以分成两大部分,前一部分写了十个小故事,用人物的对话来说明恬淡、清虚、顺任的旨趣和生活态度,同时也对滞留人事、迷恋权势的人给予抨击。后一部分则讨论宇宙万物的基本规律,讨论宇宙的起源,讨论对外在事物的主体认识。

前一部分大体分作九小段,至"故曰待公阅休"为第一段,写公阅休清虚恬适的生活旨趣和处世态度。至"以十仞之台县众间者也"为第二段,写圣人的心态和人们对于道的尊崇与爱慕。至"无内无外"为第三段,写一个人要善于自处,善于应物。至"譬犹一吷也"为第四段,通过巧妙的比喻指出人在世间的渺小,倡导与世无争的态度,同时讽刺和嘲弄了诸侯国之间的争夺战争。至"其室虚矣"为第五段,通过孔子之口盛赞市南宜僚"声销"而"志无穷"的潜身态度。至"内热溲膏是也"为第六段,指出为政"卤莽"、治民"灭裂"的严重危害。至"于谁责而可乎"为第七段,通过柏矩游齐之所见,批评当世君主为政的虚伪和对人民的愚弄。至"然乎"为第八段,说明人们的是非观念不是永恒的,认识也是有限的。至"之二人何足以识之"为第九段,谴责卫灵公的荒唐无道。

后一部分写少知与大公调的对话,借大公调之口从讨论宇宙整体与万物之个体间"合异""散同"的关系入手,指出各种事物都有其自身的规律,各种变化也都会向自己的反面转化,同时还讨论了宇宙万物的产生,又最终归结为浑一的道。

前一部分可以说是杂论,内容并不深厚,后一部分涉及宇宙观和认识论上的许多问题,也就较有价值。

则阳游于楚①,夷节言之于王②,王未之见,夷节归,彭阳见王果曰③:"夫子何不谭我于王④?"

王果曰:"我不若公阅休⑤。"

彭阳曰:"公阅休奚为者邪?"

曰:"冬则擉鳖于江,夏则休乎山樊,有过而问者,曰:'此予宅也。'夫夷节已不能,而况我乎!吾又不若夷节。夫夷节之为人也,无德而有知,不自许,以之神其交,固颠冥乎富贵之地。非相助以德,相助消也⑥。夫冻者假衣于春,暍者反冬乎冷风⑦。夫楚王之为人也,形尊而严。其于罪也,无赦如虎。非夫佞人正德⑧,其孰能桡焉⑨!"

"故圣人其穷也,使家人忘其贫;其达也,使王公忘爵禄而化卑;其于物也,与之为娱矣;其于人也,乐物之通而保己焉。故或不言而饮人以和,与人并立而使人化,父子之宜,彼其乎归居,而一间其所施。其于人心者,若是其远也。故曰'待公阅休'。"

【注释】①则阳:人名,姓彭,名阳,以下皆称彭阳。②夷节:人名,楚国大臣。③王果:人名,楚国大夫。④谭:通"谈",推荐。⑤公阅休:人名,姓公阅，名休，楚国的隐士。⑥消：消除鄙贱吝惜的心意。⑦暍〔yē〕者：中暑的人。⑧佞人正德：指小人和有德之士。⑨桡：屈服，矫正。

【译文】则阳到楚国游玩，夷节告诉楚王，楚王没有接见则阳，夷节就退下了。则阳拜见王果时说："先生为什么不在楚王面前推荐我呢？"

王果说："我不如公阅休。"

则阳问："公阅休是何人？"

王果说："他冬天到江河里刺鳖，夏天到山傍休息，有过往的人询问，他就说：'这就是我的住宅。'夷节都不能做到，何况是我呢？我又不如夷节。夷节缺少德行却有智巧，不甘于清虚恬淡的生活，用他自己的智巧跟人交游与结识，在富有和尊显的圈子里迷乱，不仅无助于增长德行，反而使德行有所毁损。挨冻的人盼望温暖的春天，中暑的人渴望冷风带来凉爽。楚王外表高贵而又威严，他对有过错的人，不会给予一点宽恕，像老虎一样，要不是小人和有德之士，谁能够让他折服？"

"所以，圣人穷苦的时候，他们能使家人忘却生活的清苦；当他们通达的时候，也能使王公贵族忘却爵禄而变得谦卑起来。他们对于外物，共处为快；对于别人，乐于相处而又能保持自己的真性。所以，常施不言之教而使人心灵和谐，相处不久的人都能受到感化。父亲和儿子相处，各得其宜，各自相宜，而圣人却完全是清虚无为地对待周围所有的人，圣人的心态跟一般人的心态相差甚远。所以，要使楚王信服还得请公阅休出马。"

圣人达绸缪①，周尽一体矣，而不知其然，性也。复命摇作而以天为师②，人则从而命之也。忧乎知，而所行恒无几时，其有止也，若之何！

生而美者，人与之鉴，不告则不知其美于人也。若知之，若不知之，若闻之，若不闻之，其可喜也终无已，人之好之亦无已，性也。圣人之爱人也，人与之名，不告则不知其爱人也，若知之，若不知之，若闻之，若不闻之，其爱人也终无已，人之安之亦无已，性也。

旧国旧都，望之畅然。虽使丘陵草木之缗③，入之者十九，犹之畅然，况见见闻闻者也！以十仞之台县众间者也④。

【注释】①达：通达，贯通。绸缪〔móu〕：纠葛，即贯通人际间的纠葛。②复命摇作：复命即复归于命，老子有言"归根曰静，静曰复命，"意与此通。摇作即动作。③缗〔mín〕：混朦不清。④县〔xuán〕：同"悬"，挺立。

【译文】圣人通达于人际间的各种纠纷，透彻地了解万物混同一体的状态，却不知道为什么会是这样，这决定于自然的本性。为回返真性而有所动作，但总是效法自然，人们才称呼他为圣人。整日忧心于智巧与谋虑因而有所动作，常常不会持久。如果停止了对知识的追逐而无忧无虑，又将怎样呢！

生来就漂亮的人，是因为别人给他一面镜子，如果没有人告诉他，他也就不会知道自己比别人漂亮。好像知道又好像不知道，好像听见了又好像没有听见，他的欣喜竟无中止，人们的好感不会因此而中止，这是出于自然本性啊！圣人知道抚爱人们，是因为人们赋予了他相应名称，如果人们不相告，也就不知道他爱人。好像知道又好像不知道，好像有所闻又好像没有所闻，他爱人就没有终止，人们安于他的爱也就处之泰然，这是出于自然的本性。

人们一看到祖国和家乡就分外喜悦；即使是由于丘陵草木的掩

盖了十之八九的真面目,人们心里还是十分欣喜,更何况亲眼所见,亲耳所闻,就像是数丈高台赫然挺立于众人的面前,让人崇敬、仰慕啊!

冉相氏得其环中以随成①,与物无终无始,无几无时,日与物化者,一不化者也,阖尝舍之!夫师天而不得师天,与物皆殉。其以为事也,若为何!

夫圣人未始有天,未始有人,未始有始,未始有物,与也偕行而替②,所行之备而不洫③,其合之也④,若之何!

汤得其司御门尹登恒为之傅之⑤,从师而不囿,得其随成。为之司其名,之名嬴法得其两见。仲尼之尽虑,为之傅之。容成氏曰⑥:"除日无岁,无内无外。"

【注释】①冉相氏:传说中远古时代的帝王。②替:废,止。③不洫:"洫"借作"恤"。不洫:无忧。④合之:冥合于道。⑤登恒:人名,喻指达于常道。⑥容成氏:据说是古代作历算的圣人。《汉书·艺文志》有《容成子》十四篇,现失传。

【译文】冉相氏领悟到道的精髓,能听任外物自然发展,所以跟外物接触相处没有终始,没有时间限制。他虽然天天随外物而变化,但是他内心的境界却一点儿也不曾改变。曾尝试过舍弃大道的精髓,有心去效法自然却没有得到预期的结果,跟外物一道相追逐,对于所修的事业有什么可担忧的呢?

在圣人的心目中不曾有过天,不曾有过人,不曾有过开始,不曾有过外物,随着世道一起发展变化而无所偏废,所行完备而不知忧虑，他与外物的契合与融洽达到了这样的程度，别人又能怎么样呢？

商汤拜司御门尹登恒做他的老师，他跟着老师学习又不为所局限，掌握了顺物成性的道理。而他的老师则承担了治天下、理万物的责任。商汤对于这种名和法从来不放在心上，因而君臣、师徒相资而成治道。孔子最后弃绝了谋虑，因此对自然才有所辅助，容成氏说："摒除了日就不会累积成年，没有内就没有外。"

魏莹①与田侯牟约，田侯牟背之。魏莹怒，将使人刺之。犀首②公孙衍闻而耻之，曰："君为万乘③之君也，而以匹夫④从仇。衍请受甲⑤二十万，为君攻之，虏其人民，系⑥其牛马，使其君内热⑦发于背，然后拔⑧其国。忌⑨也出走，然后抶⑩其背，折其脊。"季子⑪闻而耻之，曰："筑十仞之城，城者既十仞矣，则又坏之，此胥靡⑫之所苦也。今兵不起七年矣，此王之基也。衍，乱人，不可听也。"华子⑬闻而丑之，曰："善言伐齐者，乱人也；善言勿伐者，亦乱人也；谓'伐之与不伐乱人也'者，又乱人也。"君曰："然则若何？"曰："君求其道而已矣！"惠子⑭闻之，而见戴晋人⑮。戴晋人曰："有所谓蜗⑯者，君知之乎？"曰："然。""有国于蜗之左角者曰触氏，有国于蜗之右角者曰蛮氏，时相与争地而战，伏尸⑰数万，逐北⑱旬有五日而后反。"君曰："噫，其虚言⑲与！"曰："臣请为君实⑳之。君以意㉑在四方上下有穷乎？"君曰："无穷。"曰："知游心于无穷，而反在通达之国，若存若亡乎？"君曰："然。"曰："通达之中有魏，于魏中有梁㉒，于梁中有王，王与蛮氏有辩㉓乎？"君曰："无辩。"

客出,而君惝㉔然若有亡也。客出,惠子见,君曰:"客,大人也,圣人不足以当之。"惠子曰:"夫吹管也,犹有嗃㉕也;吹剑首㉖者,吷而已矣。尧、舜,人之所誉也,道尧舜于戴晋人之前,譬犹一吷㉗也。"

【注释】①魏莹:魏惠王的名字。田侯牟:指齐威王。②犀首:武官名,相当于晋代的虎牙将军。一说公孙衍号犀首。③万乘:指大国。《庄子》许多篇中有"万乘"的概念。④匹夫:平民。⑤甲:士兵。⑥系:拴,引申为抢夺。⑦内热:内心的热火。发于背:指在背部生毒疮。⑧拔:攻克,消灭,吞并。⑨忌:田忌,齐国的将军。⑩抶:鞭打。⑪季子:魏臣,一说魏匠,又一说苏秦。⑫胥靡:一作縃縻,古代的奴隶,用绳索牵连着强迫他们劳动。作囚徒解失当。⑬华子:魏臣。⑭惠子:惠施。⑮戴晋人:魏国贤人。⑯蜗:蜗牛。⑰伏尸:横尸。⑱逐北:追赶败兵。旬:十日。反:通返。⑲虚言:空话。⑳实:证实。㉑意:想。㉒梁:魏都。㉓辩:通辨,辨别,区别。㉔惝〔tǎng〕然:迷迷糊糊的样子。亡:亡失。㉕嗃〔xiāo〕:吹竹管的声音,声音大而长。㉖剑首:剑环上的小孔。㉗吷〔xuè〕:小声。

【译文】魏惠王与田侯牟订下盟约,田侯牟背约。魏莹大怒,要派人去刺杀他。公孙衍将军听了耻笑他,说:"你是大国的君主,而用匹夫的手段去报仇。我请求率领甲兵二十万,为你攻打他,俘虏他的人民,掠夺他的牛马,使齐国的君主内心发火而发病于背,然后吞并他的国土。使田忌战败出走,然后鞭打他的脊背,折断他的脊梁骨。"季子听了,耻笑公孙衍,说:"建筑十仞高的城墙,城高已经高十仞了,又毁坏它,这是筑城奴隶所苦的事。现在不打仗已经七年了,这是王业的基础。公孙衍是好乱的人,不可以听从他的主张。"华子听到季子的主张后耻笑他,说:"劝说伐齐的是好乱的人,劝说不伐齐的人也是好乱的人；讨论伐与不伐来搅乱人心的人，也是好乱的人。"君主说："那么怎么办呢？"华子说："你追求其大道就行了。"惠施听了，引见戴晋人。戴晋人说："有所谓蜗牛，君主你知道吗？"魏惠王说："知道。""有个国家在蜗牛的左角，叫触氏；有个国家在蜗牛的右角，叫蛮氏。时常相争地盘而战争，横尸数万，追逐败兵十五天而后返回。"魏惠王说："唉！这是虚话吗？"回答说："臣请求替您证实它。君主你想在四方上下有穷尽吗？"君主说："没有穷尽。"说："知道游心于无穷的境域，而返于通达的国土，好像若有若无吗？"君主说："是这样。"说："通达的国土中有魏国，魏国中有梁都，在梁都中有君王，君王与蛮氏有区别吗？"君主说："没有区别。"客人走了，惠施进见。国君说："这位客人是位伟大人物，圣人也不足形容他。"惠施说："吹竹管的，还有洪亮的声音；吹剑环的，只有一丝声响而已。尧、舜是人所称誉的。在戴晋人面前称道尧、舜，就好比一点小声了。"

孔子之①楚，舍②于蚁丘之浆。其邻有夫妻臣妾登极③者，子路曰："是④稷稷何为者邪？"仲尼曰："是圣人仆⑤也，是自埋于民⑥，自藏于畔⑦。其声销⑧，其志无穷⑨，其口虽言，其心未尝言，方且与世违而心不屑⑩与之俱。是陆沉⑪者也。是其市南宜⑫僚邪？"子路请往召之，孔子曰："已矣，彼知丘之著于己也，知丘之适楚也，以丘为必使楚王之召己也，彼且以丘为佞人⑬也。夫若然者，其于佞人也，羞闻其言，而况亲见其身乎！而⑭何以为存！"子路往视之，其室虚矣。

【注释】①之：往，去。楚：楚国。②舍：止，住。蚁丘：山丘名。浆：卖浆家。③登极：登上屋顶。④是：这。稯稯〔zōng〕：一作总总，群众有秩序聚集在一起。⑤仆：仆役、学徒。⑥自埋于民：甘愿隐居在民间，埋没为耕民。⑦自藏于畔：甘愿隐居在田间。⑧其声销：他的名声消失。⑨无穷：无穷大。⑩不屑：认为不值得，不愿意接受。⑪陆沉：在陆地上如沉在水中，指隐者。⑫市南宜僚：人名，姓熊，字宜僚，因居市南故称市南宜僚，楚国的隐者。⑬佞人：媚世的人，取巧的人。⑭而：汝，你。存：存问。

【译文】孔子到楚国去，住在蚁丘的卖浆家。他的邻居有夫妻仆妾登上屋顶观望，子路说："这些人有秩序地集聚在一起是干什么的？"孔子说："这些人是圣人的仆役，他是甘愿隐于民间，隐居于田园的人。他的声名沉寂，他的志向无穷，他虽然说话，内心却凝寂无言。他的行为和世俗相反，而内心不屑与世俗同流。这是自隐之人，难道不是市南宜僚吗？"子路请求去把他召来。孔子说："算了吧！他知道我了解他，知道我到楚国，以为我必定请楚王邀聘他，他正把我当成佞人。如果是这样，他羞于听佞人的话，何况亲自见面呢！你怎么以为他留在那里呢？"子路去看，他的住处已经空无一人了。

长梧封人①问子牢曰："君为政焉勿卤莽②，治民焉勿灭裂③。昔予为禾④，耕而卤莽之，则其实⑤亦卤莽而报予；芸⑥而灭裂之，其实亦灭裂而报予。予来年变齐⑦，深其耕而熟耰⑧之，其禾蘩⑨以滋，予终年厌飧⑩。"庄子闻之曰："今人之治其形，理其心，多有似封人之所谓。遁⑪其天，离其性，灭其情，亡其神，以众为。故卤莽其性者，欲⑫恶之孽为性，萑⑬苇蒹葭始萌，以扶⑭吾形，寻擢⑮吾性。并⑯溃漏发，不择所出，漂⑰疽疥㿌，内热溲膏⑱是也。"

【注释】①长梧封人：即长梧子，《齐物论》有"瞿鹊子问乎长梧子"。子牢：子琴张，孔子弟子。②卤莽：草率。③灭裂：胡乱。④为禾：种庄稼。⑤实：果实。⑥芸：除草。⑦变齐〔jì〕：改变耕作方法。齐，通"剂"，制作，耕作方法。⑧熟耰〔yōu〕：细致地反复除草。⑨蕃〔fán〕：繁盛，滋：滋长的坚好。⑩厌飧〔sūn〕：吃得饱。厌，通"餍"。⑪遁：失。⑫欲：喜好。恶〔wù〕：厌恶。蘖：蘖生枝杈。⑬萑〔huán〕：芦类植物，似苇。苇：芦苇。蒹：没有出穗的荻草。葭〔jiā〕，没有出穗的芦苇。⑭扶：扶养，保养。⑮擢〔zhuó〕：拔，助长。⑯并：通"旁"。溃：溃烂。漏：流脓不止的疮口。⑰漂：本作"瘭〔biāo〕"，脓疮。疽：脓疮，瘭疽皆疽类脓疮。疥：疥疮。痈：毒疮。⑱溲〔sōu〕膏：排泄带有脂膏的尿。

【译文】长梧封人向子牢说："你处理政务不要卤莽，治理人民不要乱来。过去我种庄稼，耕作卤莽从事，则收成也卤莽地报复我。除草比较粗略，收成也粗略地报复我。我第二年变更方法，深耕细作，禾苗繁盛滋壮，我得以终年饱食。"庄子听到这件事说："现在，人们对待自己的身体，修养自己的心神，很多像封人所说的，失掉天命，离开本性，灭绝真情，丧失精神，来跟随大众。所以对本性卤莽的，喜好厌恶的为害，就如同芦苇般蔽塞本性，开始以此来满足形体，渐渐地拔擢我的本性；四处溃烂漏发，不选择处所而流动，脓疮疥疽，心血发热，排泄带脂膏的尿，就是如此。"

柏矩①学于老聃曰："请②之天下游。"老聃曰："已矣，天下犹是③也。"又请之，老聃曰："汝④将何始？"曰："始于齐⑤，"至齐，见辜人⑥焉，推而强之⑦，解朝服而幕⑧之，号天而哭⑨之，曰："子⑩乎子乎！天下有大菑，子独先离⑪曰：'莫为盗，莫为杀人。'荣辱立，然后睹所病⑫，货财聚，然后睹所争。今立人之所病，聚人之所争，穷困人之身，使无休时，欲无至此，得乎？古之君人者⑬，以得⑭为在民，以失⑮为在己；以正⑯为在民，以枉为在⑰己。故一⑱形有失其形者，退而自责。今则不然，匿为物而过不识⑲，大为难而罪不敢，重为任而罚不胜，远其途而诛⑳不至。民知㉑力竭，则以伪㉒继之，日出多伪，士民安取不伪！夫力不足则伪，知不足者欺，财不足则盗。盗窃之行，于谁责而可乎？"

【注释】①柏矩：人名，姓柏，名矩。老子的学生。②请：请求。之：往。游：游历。③是：这里。④汝：你。⑤齐：齐国。⑥辜人：死刑人的尸体放在街上示众。⑦推而强之：尸体摆正。⑧幕：覆盖。⑨号天而哭：仰天号哭。⑩子：你，先生。⑪离：遭。⑫病：弊病。⑬君人者：统治人的人，指君主。⑭得：有所得，成功。⑮失：有所失，失败。⑯正：正确。⑰在：错误。⑱一：一旦。形：通刑。⑲匿：隐匿，隐藏。过：原作"愚"。据俞樾说改。不识：不懂。⑳诛：杀。㉑知：通智。㉒伪：虚伪。

【译文】柏矩跟老子学习，说："请您允许我到天下去游历。"老子说："算了吧，天下和这里一个样。"柏矩再次请求，老子说："你要从哪里开始？"柏矩说："从齐国开始。"到了齐国，看到一个死刑人的尸体放在街上示众，便摆正这具尸体，解下自己的礼服盖在尸体上面，仰天号哭，说："你呀！你呀！天下有大灾大难，唯独让你遭上了！人们天天说不要当盗贼，不要杀人！荣辱确立，然后会看出弊病；财货积聚，然后才看出争端。现在树立了人所弊病的，聚积了人所争端的，使人穷困到身体无休止的时候，要想不走到这种地步，做得到吗？古代的君主，把所得归功给人民，把所失归罪于自己。把正确归于人民，把错误归于自己；所以，一旦有判错刑的就退而责备自己。现在不是这样，隐匿事物的真相而责备民众不知，扩大困难而加罪胆小的人，加重任务而处罚不胜任的人，延长途程而诛杀走不到的人。民众智穷力竭，就以虚伪应付他，天天出现许多虚伪的事情,士民怎能不虚伪呢?能力不足便做假,智慧不足便欺骗,钱财不足便偷盗。盗窃的行为,要责备谁才可以呢?"

蘧伯玉①行年六十而六十化,未尝不始于是②之而卒③诎之以非也。未知今之所谓是之,非五十九非也。万物有乎生而莫见其根④,有乎出而莫见其门⑤。人皆尊其知之所知⑥,而莫知恃其知之所不知而后知,可不谓大疑⑦乎!已乎!已乎!且无所逃⑧。此所谓然与然⑨乎!

【注释】①蘧伯玉:人名,姓蘧,名瑗,字伯玉,卫国的大夫。行年:历年。六十而六十化:指六十年之中每年都在变化。此语在《寓言》中说的是孔子。②是:肯定,正确,对的。③卒:最终,最后。诎:通"黜"。非:否定,不正确,不对的。④根:根本,万物的根源。⑤门:门径,产生的门径。⑥知之所知:前一"知"通智,后一"知"当知道讲。⑦大疑:极糊涂。⑧无所逃:无有能逃避得了的。⑨然与然:这样与那样。

【译文】蘧伯玉在经历六十年中而六十年与时俱进,开始肯定的,后来又否定它,很难说今天所认为是对的就不是五十九年来所认为是错误的。万物有它的生而看不见生它的根源,有它的出处却看不见它的门径。人们都重视他的智慧所能知道的,却不知道凭借他的智慧去弄明白他不知道的,然后方可知道,可不是所谓大疑惑吗?算了吧!算了吧!况且没有能逃避得了的,这就是你说这样他说那样吗?

仲尼问于大史①大弢、伯常骞、狶韦曰:"夫卫灵公饮酒湛②乐,不听③国家之政;田猎毕④弋,不应诸侯之际:其所以为灵公者,何邪⑤?"大弢曰:"是因是也。"伯常骞曰:"夫灵公有妻三人,同滥⑥

而浴,史鳅⑦奉御而进所,搏币⑧而扶翼。其慢⑨若彼之甚也,见贤人若此其肃⑩也,是其所以为灵公也。"狶韦曰:"夫灵公也,死卜葬于故墓⑪,不吉;卜葬于沙丘⑫而吉。掘之数仞,得石椁⑬焉,洗而视之,有铭焉,曰:'不冯⑭其子,灵公夺而里⑮之。'夫灵公之为灵久矣!之二人,何足以识之⑯!"

【注释】①大〔tài〕史:官名,春秋时掌管起草文书,策命诸侯卿大夫,记史实,编史书,管典籍和天文历法,掌三易和祭祀等。大韬、伯常骞、狶韦,三人都是大史。把狶韦解作《大宗师》中的狶韦氏实误。②湛〔dān〕:通"耽"。湛乐:过分地享乐。③听:管理,处理。④毕:大网。弋:系绳的箭。⑤为灵公者何也:谥号为什么称为灵公。按古代谥法,天子、诸侯国君死后多送谥号,其中有美谥和恶谥。⑥滥:大浴盆。⑦吏鳅:人名,即史鱼,卫国大夫。⑧搏币:接取币帛。扶翼:扶掖,即扶臂。⑨慢:傲慢,放纵。彼:指与三妻同沐那样的事。⑩肃:敬畏。⑪故墓:生前挖好的寿穴。⑫沙丘:地名,在盟津河北,即今河南孟津一带。⑬石椁:石造的棺椁。⑭冯〔píng〕:通"凭",凭依。不冯其子:其子不冯的倒装。子:子孙。⑮里:居。⑯之:他们,指大韬、伯常骞。

【译文】孔子问太史大韬、伯常骞和狶韦说:"卫灵公饮酒耽乐,不处理国家政务,狩猎网捕弋射兽鸟,不应承诸侯会盟,他却得到灵公的谥号,这是为什么呢?"大韬说:"就是因为这样才得到这样的谥号。"伯常骞说:"灵公有三个妻子,他和三个妻子在一个大浴盆中洗澡。史鱼奉召来到灵公住所,灵公叫人接取他献的币帛而使人扶着他的臂膀。灵公放纵像与三妻同盆沐浴那样严重,然而他接见贤人又如此肃然起敬,这就是他所以称为灵公的道理。"狶韦说:"灵公死了,卜葬在寿穴,不吉利;卜葬在沙丘就吉利。掘墓穴之深达到数时,得到一个石造的棺椁,洗去泥土后看它,上面有铭文说:'不必依赖子孙,灵公可以取去而居住在这里。'灵公的谥号称为"灵",已经很久了,大弢、伯常骞这两个人怎么能知道呢!"

少知问于太公调曰①:"何谓丘里之言?"

大公调曰:"丘里者,合十姓百名而以为风俗也②。合异以为同,散同以为异。今指马之百体而不得马,而马系于前者,立其百体而谓之马也。是故丘山积卑而为高,江河合小而为大,大人合并而为公。是以自外入者,有主而不执;由中出者,有正而不距③。四时殊气,天不赐,故岁成;五官殊职,君不私,故国治;文武殊能,大人不赐,故德备;方物殊理,道不私,故无名。无名故无为,无为而无不为,时有终始,世有变化。祸福淳淳④,至有所拂者而有所宜,自殉殊面,有所正者有所差,比于大泽,百材皆度⑤;观于大山,木石同坛。此之谓丘里之言。"

少知曰:"然则谓之道足乎?"

大公调曰:"不然。今计物之数,不止于万,而期曰万物者,以数之多者号而读之也⑥。是故天地者,形之大者也;阴阳者,气之大者也;道者为之公。因其大以号而读之,则可也,已有之矣,乃将得比哉!则若以斯辩,譬犹狗马,其不及远矣。"

少知曰:"四方之内,六合之里,万物之所生恶起?"

大公调曰:"阴阳相照,相盖相治,四时相代,相生相杀。欲恶去就,于是桥起⑦。雌雄片合,于是庸有⑧。安危相易,祸福相生,缓急相摩⑨,聚散以成。此名实之可纪,精微之可志也。随序之相理⑩,桥运之相使,穷则反,终则始,此物之所有。言之所尽,知之所至,极物而已。睹道之人,不随其所废,不原其所起,此议之所止。"

少知曰:"季真莫为⑪,接子之或使⑫,二家之议,孰正于其情?孰偏于其理?"太公调曰:"鸡鸣狗吠,是人之所知;虽有大知,不能以言读其所自化,又不能以意测其所将为。斯而析之,精至于无伦,大至于不可围。或之始,莫之为,未免于物,而终以为过。或始则实,莫为则虚。有名有实,是物之居;无名无实,在物之虚。可言可意,言而愈疏。未生不可忌,已死不可阻⑬。死生非远也,理不可睹。或之使,莫之为,疑之所假。吾观之本,其往无穷;吾求之末,其来无止。无穷无止,言之无也,与物同理。或使莫为,言之本也,与物终始。道不可有,有不可无。道之为名,所假而行。或使莫为,在物一曲,夫胡为于大方!言而足,则终日言而尽道;言而不足,则终日言而尽物。道,物之极,言默不足以载⑭。非言非默,议有所极。"

【注释】①少知、大公调:均为虚构的且有寓意的人名。②十姓百名:可以理解为现在所说的群众。十姓杂居可以理解为不同的氏族结合为同一部落。③距:同"拒",拒绝。④淳淳:流动自然的样子。⑤度:容纳于其中。⑥号而读之:众口说出的语言是约定俗成的概念。⑦桥起:突然而起。⑧片:与"胖"同。片合:分合。⑨摩:有韵律变化。⑩桥运:如桔槔一样地起伏运动。⑪季真:人名,齐国稷下学者。⑫接子:人名,齐国稷下学者。⑬阻:通"租",止。⑭言默不足以载:不管是言语还是沉默都不足以承载大道。

【译文】少知向大公调请教,问:"什么叫做'丘里'之言?"

大公调说："所谓'丘里'聚合十家姓，上百个人，所形成的风气与习俗，把各个不同的个体混合同在一起就成为相同的，把混同的整体离散开来又成为各个不同的个体。现在专指马的各个部位来说，都不能称为马，但是马是根据前者合异为同，只有确立了马的各个部位并组合成整体才能称为马。所以，山丘只有积聚细少的土石才能成其高，江河只有汇聚细小的河流才能成其大，伟大的人物采纳了众多的意见才称得上公正。所以，从外界反映到内心的东西，虽然自己有主见却不执着；由内心向外表达的东西，即使是正确的也不排拒他人。四季的气候不同，大自然并没有给予某一季节特别的恩赐，因此完成岁序；大大小小的官吏具有不同的职能，国君没有偏私任何一个，因此国家得以治理；文臣武将才干不同，大人不加偏爱，因此各自德行完备；万物具有自己规律，大道没有偏爱任何一方，因此无所名称。没有称谓就没有干预，无所干预便没有什么做不成的。时序有终始，世事不断变化。祸福在不停地运转，有违逆的一面同时也有统一的一面；各自追逐其不同的方面，有所确当同时必有所差失。就像山泽中，各种木材都有自己的用处，再看看大山，树木与石块同在一处。这是称为'丘里'的言论。"

少知说："既然这样，把它称为道，可以吗？"

大公调说："不能。现在计算一下物的种类，不下于一万种，而称作万物，是用这个大的数目来称述它。所以，叫做天地，是形体中最大的，叫做阴阳，是气体中最大的，而道却包括天地、阴阳。因为它大就用'道'来称述，是可以的，已经称为'丘里'之言，又怎么能与道相提并论呢？如果要寻求这两者之间的区别，就好像狗与马，差别实在太大了！"

少知问："四方之内，六合之里，万物的产生从哪里开始的？"

大公调说："阴阳相互照应，相互损伤还相互调治；四季相互更替,相互产生还相互衰减。欲念、憎恶、离弃,于是相续起伏;雌性、雄性的分开、交合,于是常有万物。安全与危难互相变换,灾祸与幸福互相产生,寿诞与夭折互相冲突,因此形成聚散。这是有名实可以辨认,有精微可以记载的。有次序地相互更替总是遵循着一定的轨迹,双方的运动彼此互相制约,到了尽头就会返回,有终结就有开始,这些是万物所共同拥有的现象。言语能够穷尽的,智巧能够达到的,只是局限于少数事物罢了。感悟大道的人,不追逐事物的去向,不探究万物的起源,一切议论至此为止。"

少知又说:"季真的观点是'莫为',接子主张'或使',两家的议论,谁最符合事物的真情,谁偏离了客观的规律呢?"

大公调说:"鸡鸣狗叫,这是人人都见到的现象;可是,即便是具有非同一般的才智,也不能用言语来表达出它们这样做的原因,同样也不能推测它们会怎么样。用这样的道理来推论和分析万物,有精妙到无与伦比的,也有宽广到不可限量的,然后主张事物的产生是有所为还是无所为,均不能免于为物所拘滞,所以最终都只能是过而不当。接子的主张过于执滞,季真的观点过于虚空。有名有实,是物的范围。无名无实,不属于物的范围。可以言谈也可意会,但是越是言谈,距离事物的实情也就越疏远。没有产生的事物,不能禁止其产生;已经死亡的事物,不能阻挡其死亡。死与生的距离并不是很远,它们之间的规律却是很难察见。事物的产生有所凭借还是全都出于虚无,两者都是在疑惑中产生的偏见。我观察事物的开始,它的过去没有穷尽;我寻找事物的结束,它的将来不可限量。既没有穷尽又没有限量,用言语表达,不能做到,这就跟事物的条理相同;而接子、季真的主张,用言谈各持一端,又跟事物一样有了开始及终结。'道'不可以用'有'来表达,也不可用'无'来描述。'道'的名称不过是借用来的。接子和季真的主张,各自偏执于事物的一端,怎么能用来理解大道呢？言语如果圆满周遍，那么整天谈的都是道；言语如果不能圆满周遍，那么整天谈的都滞碍于物。道是阐释万物的最高原理，言语和缄默都不能够描述它，不管是言语也还是缄默，评议都是有极限的，而大道却是无穷无尽，没有边界的。"

外物

【题解】"外物"是篇首的两个字,用来作为篇名。全文内容依旧很杂,但多数文字在于讨论养生处世,倡导顺应,反对矫饰,反对有所操持,从而做到虚己而忘言。

全文大体分为九个部分。第一部分至"于是乎有僓然而道尽",说明外在事物不可能有个定准,指出世俗人追逐于利害得失之间,到头来只会精神崩溃玄理丧尽。第二部分至"曾不如早索我枯鱼之肆",写庄周家贫前往借贷的故事,借以说明顺应自然、依其本性的必要。第三部分至"其不可与经于世亦远矣",借任公子钓大鱼的故事,讽刺眼光短浅好发议论的浅薄之士,比喻治理世事的人必须立志有所大成。第四部分至"无伤口中珠",讽刺儒家表面倡导诗、礼,暗里却干着见不得人的勾当。第五部分至"奈何哉其载焉终矜尔",写老莱子对孔丘的训示,指出"与其誉尧而非桀,不如两忘而闭其誉",倡导顺应便能每事成功的主张。第六部分至"与能言者处也",借神龟被杀的故事,说明"知有所困,神有所不及"的道理,因而只得一切顺其自然。第七部分至"然则无用之为用也亦明矣",通过庄子和惠子的对话,指出"无用之为用"的道理。第八部分至"亦神者不胜",讨论修生养性,批评了驰世逐物的处世态度,提倡"游于世而不僻"、"顺人而不失己"的生活旨趣,而真正要做到这一点又在于内心要"空虚",

因为"空虚"就能容物,"空虚"就能顺应。余下为第九部分,进一步阐明顺应自然的观点,反对矫饰,反对有所操持,希望能做到遗物而忘我,最终进入到"得意而忘言"的境界。

外物不可必①,故龙逢②诛,比干③戮,箕子④狂,恶来⑤死,桀纣⑥亡。人主莫不欲其臣之忠,而忠未必信。故伍员流于江,苌弘死于蜀⑦,藏其血三年而化为碧⑧。人亲莫不欲其子之孝,而孝未必爱,故孝己⑨忧而曾参⑩悲。木与木相摩则然⑪,金与火相守则流,阴阳错行,则天地大絯⑫,于是乎有雷有霆,水中有火⑬,乃焚大槐⑭。有甚忧两陷⑮而无所逃,螴蜳⑯不得成,心若县于天地之间,慰暋沉屯⑰,利害相摩,生火甚多⑱,众人焚和,月固不胜火⑲,于是乎有僓然⑳而道尽㉑。

【注释】①外物不可必:外在的事物不可能有客观确定性的标准。②龙逢:姓关,夏贤臣。③比干:殷纣王叔父,因忠谏而被挖心。④箕子:殷纣王的庶叔,劝谏纣王不从,箕子因而佯狂避祸。⑤恶来:殷纣王的媚臣。⑥桀:夏代的最后一个君主,名履癸,为商汤所灭。纣:殷纣王,是商朝的最后一个君主,被周武王打败而自焚身亡。⑦苌弘死于蜀:苌弘是周景王、周敬王时刘文公的大夫。刘氏与晋国的范氏世代通婚,晋卿内讧时苌弘协助范氏惨遭失败,晋卿赵鞅因此而讨伐周王室。周敬王二十八年,周人不得不杀了苌弘。蜀是东周地名,并非现在的四川。⑧血三年而化碧:因苌弘纯属屈死,所以有化碧之说。证明苌弘精诚,感动了天地,因而出现了奇迹。⑨孝己:殷高宗的儿子,受后母虐待,忧苦而死。⑩曾参:字子舆,孔门弟子中年龄最小,也是对后世影响最大的。⑪相摩则然：摩即摩擦。然通燃，燃烧。⑫絯〔hài〕：通"骇"，惊动。⑬水中有火：指雨中有雷电。⑭焚大槐：雷电焚烧了大槐树。⑮两陷：指人心陷于阴阳之间的矛盾而焦虑不安。⑯𡒄〔chén〕：不安。蜳〔chún〕：亦作"芚"，忧虑。𡒄蜳都是虫名，喻指如虫般的蠕动而不安宁。⑰慰：通"郁"。暋〔mǐn〕：冈。沉：深。屯：难。慰暋沈屯：心悬时沉闷艰难的心理状态。⑱心火甚多：这里的心火和中医的说法不同，是指心理上的因着急而上火。⑲众人焚和，月固不胜火：众人着急上火而忧心如焚，伤害了心中的平和之气。月指人心的清凉之气，喻指水的清明，不胜即水不能胜火。⑳僓然：颓然。㉑道尽：自然而然的天性丧失，中途夭折，不能尽天年，是对前述九人的批评。

【译文】外在事物不可能有客观的不变的确定性的标准。所以关龙逢被杀，比干被挖心，箕子不得不通过装疯来避祸，恶来死于武王伐纣战争中，桀和纣作为一代国君也不能逃避国破人亡的命运。君主没有不希望他的臣子尽忠竭智的，但尽忠的人却未必能受到君主的信任。所以伍子胥的尸体被扔进长江上漂流，苌弘屈死在东周的蜀地，他的血保藏了三年之后，因精诚感动天地而化成碧玉。但那又怎么样呢！父母没有不希望子女尽孝的，但是，在礼仪教化下的孝顺未必就是真正的爱，所以，孝己忧苦而曾参悲伤。木与木相摩擦就会燃烧，金与火放置一起烧炼就会熔化。阴阳二气交错运行，就连天地也会惊恐起来，于是雷霆发作，雨中带电，殛焚大树。有的人由于忧虑过度，而陷入利害两端的自相矛盾之中，这是在政治生活中讨饭吃的人无可逃避的必然现象，怵惕不安，却终于一事无成，心就像悬在天地之间一样，一天到晚忧郁沉闷，在得失之间斤斤计较，利害冲突，内心焦灼甚多，众人都跟着忧心如焚，伤害了心中的平和之气，清明的自然之心不能克制焦躁的心火，于是乎精神上崩溃不算，连身躯也不能够依天命所赐而享尽天年，一个个中年夭亡。

庄周家贫，故往贷粟于监河候①。

监河候曰："诺。我将得邑金②，将贷子三百金，可乎？"

庄周忿然作色曰③："周昨来，有中道④而呼者。周顾视车辙中，有鲋鱼⑤焉。周问之曰：'鲋鱼来，子何为者邪？'对曰：'我，东海之波臣⑥也。君岂有斗升之水而活我哉！'周曰：'诺，我且南游吴越之王，激西江之水⑦而迎子，可乎？'鲋鱼忿然作色曰：'吾失我常与⑧，我无所处。吾得斗升之水然活耳。君乃言此，曾⑨不如早索我于枯鱼之肆⑩。'"

【注释】①贷：借贷。粟：谷子，亦为粮食的通称。监河候：监理河道的官。②邑金：封邑租赋的收入。古人除封土之君外，对官吏也常常让他们以在封邑上收取的地租代支薪俸，监河候的邑金即是这一类。③忿然作色：脸上变得激动起来，即因生气而不高兴的样子。④中道：道中，或曰中途。⑤鲋〔fù〕鱼：鲫鱼。⑥波臣：波浪之臣，即被波浪冲到陆地上而失去了水的滋养的水族臣仆。⑦激：引。西江：虚拟水名。⑧常与：但常共处的水，亦可理解为推动了正常的生活条件。⑨曾：还。⑩枯鱼之肆：干鱼市场。

【译文】庄周的家里十分贫穷，于是有一天，就去找监河候借点粮食。

监河候说："行啊。我马上就要到我的封邑上去收取地租了，收上来以后，我借你三百两黄金，行吗？"

庄周脸色一沉，不高兴地说道："我昨天往你这里来的时候，中途听到了喊叫声。我回头向车辙中一看，看见那里有一条鲫鱼。我对它说：'鲫鱼啊！你在这里干什么呀？'它回答说：'我是东海的波涛冲出来而失去了生活凭借的水族仆臣，你能不能弄来升斗的水，救我一命吧！'我说：'行啊。我正准备去吴越游历一番，到时候我说服吴越两国的国王，请他们把西江的水引过来迎接你，行吗？'"鲫鱼脸色一沉，不高兴地说道：'我失去了与我长相守的水，因而不能过正常的生活了。现在我要求的只是能得到一点让我活命的升斗之水，你竟说出这样的废话来欺骗我，那你还不如早点到干鱼市场上去，到时候你就可以在那找到我了！'"

任公子为大钩巨缁①，五十犗②以为饵，蹲乎会稽③，投竿东海，旦旦④而钓，期年⑤不得鱼。已而⑥大鱼食之，牵巨钩，錎⑦没而下，骛⑧扬而奋鬐⑨，白波若山，海水震荡，声侔⑩鬼神，惮赫⑪千里。

任公子得若鱼，离⑫而腊之，自制河⑬以东，苍梧⑭已北，莫不厌⑮若鱼者。已而后世辁才讽说⑯之徒，皆惊而相告也。

夫揭竿累⑰，趣灌渎⑱，守鲵鲋⑲，其于得大鱼难矣！饰小说以干县令⑳，其于大达㉑亦远矣。是以未尝闻任氏之风俗㉒，其不可与经于世㉓亦远矣。

【注释】①缁：黑绳。②犗〔jiè〕：阉牛。③会稽：山名，在今浙江省中部。④旦旦：天天。⑤期〔jī〕年：一周年。⑥已而：不久以后。⑦錎：通"陷"，陷没，潜入深水。⑧骛〔wù〕：奔驰，乱驰。⑨鬐〔qí〕：鱼脊鳍。⑩侔：齐。⑪惮赫：震撼，震惊。惮通"怛"，赫通"吓"。⑫离：剖开。⑬制河：浙江。⑭苍梧：山名。在今广西壮族自治区。⑮厌：通"餍"，饱食。⑯辁：无辐车轮。辁才：小才，才浅。讽说：诵说，传说。⑰累：细绳。⑱灌渎：灌溉的沟渠。⑲鲵鲋：小鱼。⑳小说：闲言碎语，即小言詹詹。干：求。干县令：求高名。㉑大达：显达。㉒风俗：传闻。㉓经世：治理社会。

【译文】任国的公子做了个粗黑绳大鱼钩，用五十头阉牛做鱼饵，蹲在会稽山上把鱼竿甩进东海，在东海边钓鱼。他天天去钓鱼，可一年也钓不到一条鱼。不久之后，大鱼终于咬钩吞食他的鱼饵了，这条鱼拖着大鱼钩向深水中游去，沉进水里，翻上水面乱跳，掀起的海水白浪滔天，波峰如山，海水于是震荡不已，声音大得惊天动地，千里之外的人们都被惊动得恐惧起来。

任公子钓到这条大鱼后，剥开了而做成干肉，从浙江以东到苍梧山以北，人人都饱食了一顿大餐。从此之后，后生小子中喜爱诵说故事的人，都惊讶不已，奔走相告。

那些举着细绳做成的小鱼竿，到灌溉用的小水沟里垂钓小鱼的人们，要想钓到这样的大鱼，怕是很困难了。这就好像那些学到一点小知识就玩弄华丽的辞藻而想求得大功名的人一样，想获得大智慧，怕是相差太远了。所以，如果从来没有听说过任公子故事的人，只凭借一点世俗常识，就想治理好国家，他实际上正像那些在小水沟里垂钓的人一样，离治理好国家的目标相差太远。

儒①以《诗》《礼》发冢。大儒②胪传曰："东方作矣③，事④之何若？"小儒⑤曰："未解裙襦⑥，口中有珠。《诗》固有之曰：'青青之麦，生于陵陂⑦。生不布施⑧，死何含珠为？'"接⑨其鬓，压其顪⑩，而以金椎控其颐⑪，徐别其颊⑫，无伤口中珠。"

【注释】①儒：此处指盗墓的儒士。发：发掘。冢：古墓。②大儒：盗墓的大儒士。胪〔lú〕传：按礼的规定有秩序的向下传话。胪：从上向下传话。

③东方作矣：天要亮了。④事：指盗墓的事。⑤小儒：盗墓的随从者。⑥裙襦：指衣裙。⑦陵陂〔bēi〕：山坡。⑧布施：施舍，把财物送给别人。⑨接：撮，拖曳。鬏：鬏角，鬏发。⑩压：按。颐〔huì〕下巴上的胡须。⑪控：敲开。颐：面颊，腮。⑫徐：慢。别：别开，撬开。

【译文】儒士用诗礼盗墓。大儒士传话说："东方亮了，事办得怎样了？"小儒士说："衣裙还没有脱下来，口中含有珍珠。古诗中有一首说：'青青的麦苗，生在山坡上。活时不接济别人，死后何必含珍珠！'""拖住他的鬏发，按住他的胡须，你用铁锤敲他的下巴，慢慢地别开他的两颊，不要损伤口中的珍珠！"

老莱子①之弟子出取薪②，遇仲尼，反③以告，曰："有人于彼，修上而趋下④，末偻而后耳⑤，视若营四海⑥，不知其谁氏之子。"

老莱子曰："是丘也，召而来。"

仲尼至。曰："丘，去汝躬矜与汝容知⑦，斯为君子矣。"

仲尼揖而退，蹙然⑧改容而问："业可得进乎？"

老莱子曰："夫不忍一世之伤，而骜万世之患⑨，抑固窭⑩邪？亡其略弗及邪⑪？惠以欢为，骜终身之丑，中民之行进焉耳⑫！相引以名，相结以隐⑬。与其誉尧而非桀，不如两忘而闭其所非誉⑭。反无非伤⑮也，动无非邪⑯也，圣人踌躇⑰以兴事，以每成功。奈何哉，其载⑱焉终矜尔！"

【注释】①老莱子：楚国的贤人，隐者。②出薪：打柴。③反：通"返"。④修：长。趋：同"促"，短促。修上而趋下：上身长下肢短。⑤末偻：背微曲。后耳：耳朵向后贴。⑥视若营四海：形容目光远大，胸怀天下的样子。营：

充满。⑦躬矜:矜持的态度。容知:智者的容貌。⑧蹙〔cù〕然:局促不安的样子。⑨不忍一世之伤而骛万世之患:骛,轻视。忽视。不忍一世的伤害而忽视了万世的祸害。⑩抑:或,还是。固:本来。寠〔jù〕:浅陋,不足。⑪亡其:转语,"或是"之意。略:智略。⑫中民之行进焉耳:中等的人才所做的事情罢了。⑬隐:私。⑭两忘而闭其所誉:把尧之是和桀之非两者都忘掉,关闭自己对非的思虑。⑮反无非伤:背反于物性,无不伤损。⑯动无非邪:扰动心灵,无非是邪道。⑰踌躇:戒慎。不得已而为之。⑱载:行动,有意从事。

【译文】老莱子的弟子出去打柴,碰到了孔子,于是回来告诉老师说:"那里有个人,上身长下肢短,背稍微有点儿驼,耳朵向后贴在头两边,一副目光远大,胸怀天下的样子,不知道他是哪个贵族之家的人?"

老莱子说:"他是孔丘。你去召他过来。"

孔子于是来到了老莱子跟前。

老莱子对孔子说:"丘啊!放下你矜持的架子和你智者的派头,就可以成为君子了。"

孔子揖让而退,一脸局促不安地问道:"我的德业可有长进吗?"

老莱子说:"你不忍心一代人受损害却忽视了对万世的祸害,是因为固陋呢,还是智略不及呢?以施惠于人来讨得别人的欢心,却忽视了终身的耻辱,这只是中等人才所做的事情罢了!以声誉为号召呼朋引类,以私利相结纳。与其赞誉尧而非议桀,不如把两者都忘掉。违背本性无不受损伤,搅扰心神无非是邪道。圣人总是在不得已的情况下才去从事某种事业,所以总是成功。为什么你总骄矜自己的行为呢!"

宋元君①夜半而梦人被发窥阿门,曰:"予②自宰路之渊,予为③清江使河伯之所,渔者④余且得予。"元君觉,使人占⑤之,曰:"此神龟也。"君曰:"渔者有余且乎?"左右曰:"有。"君曰:"令余且会朝。"明日,余且朝。君曰:"渔何得?"对曰:"且之网得白龟焉,其圆五尺。"君曰:"献若之龟。"龟至,君再欲杀之,再欲活之。心疑,卜之,曰:"杀龟以卜吉。"乃刳⑥龟以卜,七十二钻⑦而无遗策。仲尼曰:"神龟能见⑧梦于元君,而不能避余且之网;知⑨能七十二钻而无遗策,不能避刳肠之患。如是则知有所困,神有所不及也。虽有至知,万人谋之。鱼不畏网而畏鹈鹕⑩。去小知而大知明,去善而自善矣。婴儿生,无石⑪师而能言,与能言者处也。"

【注释】①宋元君:宋国国君宋元公,名佐。被:通披。阿门:偏门。②予:我,自:从。宰路:渊名。③为〔wēi〕:做。清江,与浊江对比而言,一说扬子江。河伯:河神,即《大宗师》中说的"冯夷得之以游大川"的河神,也是《秋水》中"河伯始旋其目,望洋向若而叹"的河神。④渔者:打鱼的人。余且:打鱼人的人名。⑤占:占梦。⑥刳〔kū〕:剖空。⑦钻:占卜。⑧见:通现。⑨知:通智,下同。⑩鹈鹕:捕鱼的鸟。⑪石:通"硕",有大意。

【译文】宋元君半夜梦见一个披散头发的人在偏门窥视,说:"我来自宰路的深渊,我做清江的使者到河神那里,被打鱼人余且捉到了我。"宋元君醒来,使人占梦,说:"这是神龟。"宋元君说:"打鱼的有余且这个人吗?"左右说:"有。"宋元君说:"令余且来朝见。"第二天,余且来朝,宋元君说:"捕鱼得到了什么?"回答说:"我的网得到一个白龟,周圆五尺。"宋元君说:"献上你的龟。"龟送到,宋元君一再想杀了它,又一再想养活它,心里犹豫,叫人占卜,结果是:"杀龟,用此龟占卜,大吉。"于是剖龟占卜,占了七十二卦而没有不应验的。孔子说:"神龟能托梦于宋元君,而不能逃避余且的渔网;它的神智占七十二卦而无不应验,不能逃避割肠的祸患。如此看来,智者也有穷困的时候,神也有不灵的地方。纵有最高的机智,却有上万人谋划它。鱼不知畏网而怕鹈鹕。除掉小知而大知明,去掉自以为善而善自显。婴儿生来没有大师教而能说话,这是与会说话的人在一起的缘故。"

惠子①谓庄子曰:"子言无用。"

庄子曰:"知无用而始可与言用矣。天②地非不广且大也,人之所用容足耳,然则厕足而垫③之,致黄泉④,人尚有用乎?"

惠子曰:"无用。"

庄子曰:"然则无用之为用也亦明矣。"

【注释】①惠子:惠施,战国中期宋国人,庄子的朋友,名家"合异"学派的代表人物。《庄子》中有多处庄子和惠子的辩论。②天:当作"夫"。③厕:侧。垫:又作"堑",掘,挖。④黄泉:本为地下水,又为人死葬地,或阴间。这里指将容足之外的"土地"挖得很深。

【译文】惠施对庄子说:"你的言论总是大而无用。"

庄子说:"知道了什么是无用的东西才能和你讨论什么叫有用。大地并非不宽广,可人所实际占据的只是一个立足之地,然而如果把你容下两只脚以外的'土地'都向深处挖,而且挖得很深,你的脚踩的那一块'地'还能够像原来那样供你使用吗?"

惠说:"不能。"

庄子说:"这样说来,'无用'的东西的用处,也就很明显了。"

庄子曰:"人有能游①,且得不游乎!人而不能游②,且得游乎!夫流遁③之志,决绝④之行,噫,其非至知厚德之任⑤与!覆坠⑥而不反,火驰⑦而不顾。虽相与为君臣,时也,易世⑧而无以相贱。故曰:至人不留行⑨焉。

"夫尊古而卑今,学者之流也。且以狶韦氏之流观今之世,夫孰能不波⑩!唯至人乃能游于世不僻⑪,顺人而不失己。彼教不学,承意不彼⑫。"

"目彻⑬为明,耳彻为聪,鼻彻为颤⑭,口彻为甘,心彻为知,知彻为德。凡道不欲壅⑮,壅则哽,哽而不止则跈⑯,跈则众害生。物之有知者恃息⑰,其不殷⑱,非天之罪。天之穿之,日夜无降⑲,人则顾塞其窦⑳。胞有重阆㉑,心有天游。室无空虚,则妇姑勃谿㉒;心无天游,则六凿相攘。大林丘山之善于人也,亦神者不胜。"

"德溢㉓乎名,名溢乎暴㉔,谋稽乎誸㉕,知出乎争,柴生乎守㉖,官事果乎众宜㉗。春雨日时,草木怒生,铫鎒㉘于是乎始修,草木之到植㉙者过半而不知其然。"

【注释】①能游:能优游自乐。②不能游:不能逍遥自得。③流遁:流荡逐物逃遁不返。④决绝:深隐高蹈。⑤任:为。⑥覆坠:陷溺于世故。⑦火驰:逐于世如火之急。⑧异世:世代变异。⑨不留行:不执着于某种行为方式。⑩波:通"颇",偏颇。⑪僻:躲避⑫彼:狶韦氏之类的古人。彼教不学:不学古人。承意不彼:仅承袭古人的真意而不完全尊奉,否则就不像是他们了。⑬彻:通,贯通,透彻。⑭颤:通"膻"。⑮壅:壅阻,阻塞。⑯跈〔zhěn〕:通"抮",违逆。⑰恃息:仰赖于气息。⑱殷:盛,畅盛。⑲无降：无止息。⑳顾塞：梗塞。窦：孔穴，即人的五官。㉑胞：胎胞。重：多。阆：空旷。㉒妇：儿媳。姑：婆婆。勃豀：争吵而责骂。㉓溢：荡。㉔暴：同"曝"，暴露。㉕稽：考。諔〔xián〕：急。谋稽乎諔：急中逼出办法。㉖柴：塞。守：拘守。柴生乎守：心灵闭塞是因为拘守于某种教条。㉗官事果乎众宜：设置官职取决于众人之所宜。㉘銚耨〔yáo nòu〕：锄田的农具。㉙到：通"倒"。植：生。

【译文】庄子说："人如果能悠然自得，哪有不悠然自得的呢？人如果不能悠然自得，哪里有悠然自得呢？流荡忘返的心志，固执孤异的行为，唉，那都不是至知厚德的人所为的！陷溺世俗而不返，逐物如火而不顾。虽然相互异位，有的为君有的为臣，只是一时之争而已。时代更替了也就不再互为贵贱了。所以说，得道的人是不会固执于某种行为方式的。"

"尊崇古代而鄙视当代的学者之流的短见。况且用狶韦氏们的观点来看当今的朝代，谁能不偏颇呢？唯有得道的人才能悠游于世而不逃避，顺乎人情而不丧失自己的本性。即使是狶韦氏之类的古代教条也不能学，要学会承袭古人真意而不完全尊奉，否则就不像是他们了。"

"眼力通彻为明，耳朵通彻为聪，鼻子通彻为膻，口舌通彻为甘，心灵通彻为智，智慧通彻为德，凡是通达的大道都不能阻塞，阻塞就哽咽，哽咽不止就是背离大道，违背大道就会生出各种各样的祸害。有知觉的动物类要靠气息，如果气息不畅顺，那并不是天然的过失。天然的气息贯通了各种孔窍，日夜不息，人的嗜欲却闭塞了各种孔窍。胞膜里有许多的空隙，心灵也应悠游于高天。居室中缺乏空间，婆媳相处就会争吵责骂；心灵不悠游于高天，则六孔就会相互扰攘。大林丘山之所以善于留住游人，也是因为人们的心情舒畅。"

"德行外露在于名声，名声过度在于太露，计谋生于急切，机智出于争端，闭塞生于拘执，官府的事要取决于众人是否适宜。春雨及时,草木生发,整治农具锄草剪枝,而过后草林倒生的仍有过半,人们却不知道其中缘由。"

静然^①可以补病,眦搣可以休老^②,宁可以止遽。虽然,若是,劳者之务也,佚者之所未尝过而问焉^③。圣人之所以駴^④天下,神人未尝过而问焉;贤人所以駴世,圣人未尝过而问焉;君子所以駴国,贤人未尝过而问焉;小人所以合时,君子未尝过而问焉。

演门有亲死者^⑤,以善毁爵为官师^⑥,其党人毁而死者半。尧与许由天下,许由逃之;汤与务光,务光怒之。纪他^⑦闻之,帅弟子而踆于窾水^⑧;诸侯吊之,三年,申徒狄因以踣河^⑨。

【注释】①静然:人静,心静的样子,一本然作默。②眦〔zì〕:通"揃"。搣〔miè〕:摩。揃搣:按摩。休老:防止衰老。③佚者之所未尝过而问焉:佚前原有"非"字,据郭象注改。④駴:古同"骇"。震惊恐惧。⑤演门:宋城门名。⑥毁:哀毁。爵:封爵。官师:官长。⑦纪他:人名,夏朝贤人。⑧踆〔cūn〕:古"蹲"字。窾〔kuǎn〕水:川名。⑨申徒狄:夏朝贤人。踣〔bó〕:仆倒。

【译文】沉静可以调养病体,按摩可以延缓衰老,宁寂安定可以止息内心的急躁。虽然如此,像这样,仍是操劳的人所务必要做到的,闲逸的人却从不予以过问。圣人用来惊骇天下的办法,神人不曾过问;贤人用来惊骇时世的办法,圣人不曾过问;君子用来惊骇国人的办法,贤人不曾过问;小人用来苟合于一时的办法,君子也不曾过问。

宋国城门有个死了双亲的人,因为格外哀伤日渐消瘦而加官进爵封为官师，他的同乡仿效他也消瘦毁容却死者过半。尧要禅让天下给许由，许由因而逃到箕山；商汤想把天下禅让给务光，务光大发脾气；纪他知道了这件事，率领弟子隐居在窾水一带，诸侯纷纷前往慰问，过了三年，申徒狄仰慕其名而投河自溺。

荃①者所以在鱼，得鱼而忘②荃；蹄③者所以在兔，得兔而忘蹄；言者所以在意，得意而忘言。吾安得夫忘言之人而与之言哉！

【注释】①荃：捕鱼工具，鱼筍。②忘：遗忘。③蹄：兔网。

【译文】捕到鱼后就可以忘记了捕鱼的工具——竹笼；捕到兔子后就可以忘记了捕兔的工具——兔网。语言是用来表达意义的，得到了意义就可以忘了语言。可我到哪里去找一个忘言的人来和他交谈呢！

寓言①

【题解】"寓言"本是篇首二字，但也是本文讨论的主要内容之一。所谓寓言，就是寄寓的言论。《庄子》阐述道理和主张，常假托于故事人物，寓言的方法正是《庄子》语言表达上的一大特色。

全文大体分成六个部分，第一部分至"天均者天倪也"，讨论了"寓言"、"重言"和"卮言"，指出宇宙万物从根本上说是齐一的、等同的，辨析事物的各种言论说到底是不符合客观事理的，要么不如忘言，要么随顺而言不留成见，日日变化更新。第一部分是全文的主体。第二部分至"吾且不得及彼乎"，借庄子之口评说孔子不再励志用心，指出再好的言论也不能使人心悦诚服。第三部分至"如观雀蚊虻相过乎前也"，写曾参两次作官心情不一样，但都不能做到心无牵挂，所以还是不能摆脱外物的拘系。第四部分至"若之何其有鬼邪"，表述体悟大道的过程，指出这其间最为重要的是忘却死生。第五部分至"强阳者又何以有问乎"，写影外微阴问影子变化不定的故事，指出无所依待才能随心而动。余下为第六部分，写老子对阳子居的批评以及阳子居的悔改，借此说明去除骄矜、容于众人，方才能真正做到修身养性。

寓言十九,重言②十七,卮言③日出,和以天倪④。

寓言十九,藉外论之。亲父不为其子媒。亲父誉之,不若非其父者也。非吾罪也,人之罪也。与己同则应,不与己同则反。同于己为是之,异于己为非之。

重言十七,所以已言也,是为耆艾⑤。年先矣,而无经纬本末以期年耆者,是非先也。人而无以先人,无人道也。人而无人道,是之谓陈人。

卮言日出,和以天倪,因以曼衍,所以穷年。不言则齐,齐与言不齐,言与齐不齐也。故曰:"言无言。"言无言,终身言,未尝言;终身不言,未尝不言。有自也而可,有自也而不可;有自也而然,有自也而不然。恶乎然?然于然;恶乎不然?不然于不然。恶乎可?可于可;恶乎不可?不可于不可。物固有所然,物固有所可。无物不然,无物不可。非卮言日出,和以天倪,孰得其久!万物皆种也,以不同形相禅,始卒若环,莫得其伦,是谓天均。天均者,天倪也。

庄子谓惠子曰:"孔子行年六十而六十化。始时所是,卒而非之。未知今之所谓是之非五十九非也。"

惠子曰:"孔子勤志服知也。"庄子曰:"孔子谢之矣,而其未之尝言。孔子云:'夫受才乎大本,复灵以生。鸣而当律,言而当法。利义陈乎前,而好恶是非直服人之口而已矣。使人乃以心服而不敢蘁⑥立,定天下之定。'已乎,已乎!吾且不得及彼。"

曾子⑦再仕而心再化,曰:"吾及亲仕,三釜⑧而心乐;后仕,三千钟而不洎⑨亲,吾心悲。"

弟子问于仲尼曰:"若参者,可谓无所县其罪乎?"曰:"既已县矣!夫无所县者,可以有哀乎?彼视三釜三千钟,如观鸟雀蚊虻相过乎前也。"

颜成子游谓东郭子綦曰:"自吾闻子之言,一年而野,二年而从,三年而通,四年而物,五年而来,六年而鬼入,七年而天成,八年而不知死、不知生,九年而大妙。生有为,死也。劝公以其私,死也有自也。而生,阳也,无自也。而果然乎?恶乎其所适?恶乎其所不适?天有历数,地有人据,吾恶乎求之?莫知其所终,若之何其无命也?莫知其所始,若之何其有命也?有以相应也,若之何其无鬼邪?无以相应也,若之何其有鬼邪?"

罔两问于景曰:"若向也俯而今也仰,向也括撮而今也被发⑩,向也坐而今也起,向也行而今也止,何也?"

景曰:"搜搜也⑪,奚稍问也⑫!予有而不知其所以。予,蜩甲也,蛇蜕也,似之而非也。火与日,吾屯也;阴与夜,吾代也。彼,吾所以有待邪?而况以有待者乎!彼来则我与之来,彼往则我与之往,彼强阳⑬则我与之强阳。强阳者又何以有问乎!"

阳子居南之沛,老聃西游于秦。邀于郊,至于梁而遇老子。老子中道仰天而叹曰:"始以汝为可教,今不可也。"阳子居不答。至舍,进盥漱巾栉,脱屦户外,膝行而前,曰:"向者弟子欲请夫子,夫子行不间,是以不敢;今间矣,请问其过。"老子曰:"而睢睢盱盱⑭,而谁与居!大白若辱,盛德若不足。"阳子居蹴然变容曰:"敬闻命矣!"其往也,舍者迎将其家,公执席,妻执巾栉,舍者避席,炀者避灶。其反也，舍者与之争席矣!

【注释】①寓言：假托于他人之言而寄寓己意的文学体裁。②重言：重复前人所言，实是假托前人已言以重申己意。③卮言：无心之言。卮：酒器。④天倪：天然。⑤耆艾：长寿的人。⑥藊〔wù〕立：违逆。藊：借为"啎"。⑦曾子：指曾参，孔子弟子。⑧釜：六斗四升为一釜。⑨钟：六斛四斗为一钟。⑩洎〔jì〕：及。不洎：此指不能养亲。⑪括撮：束发。被：通"披"。被发：即散发。⑫搜搜：区区的意思。⑫奚稍问：犹云奚问之小也。稍、肖同声。⑬强阳：运动的样子。⑭睢〔suī〕：仰目。盱〔xū〕：张目。睢睢盱盱：傲视的样子。

【译文】寄托的话占十分之九，假托前人所言的话占十分之七，无心之言日出不穷，合于自己的分际。

寄托的话占十分之九，借他人的话来谈论。亲生父亲不给他的儿子做媒。与其听亲生父亲的赞美不如听不是他父亲的人的评价。这不是我的过错，人人都有这个过错。跟自己一致就赞同，跟自己不一致就反对。跟自己一致就认为对，跟自己不一致就认为错。

假托前人所言的话占十分之七，为了中止争辩，这些话来自长者。年龄在人的前面，而没有见解只是徒称年长的，那就不能算先于人。为人如果没有才德学识，这是缺乏为人之道；为人缺乏为人之道，这就叫做陈腐的人。

无心之言层出不穷，天然和合，由此推衍事理，因而说到死为止。不用说话事物的常理自然齐一，原本齐一的自然之理加上主观的言论就不能齐同了，所以说，要发没有主观成见的言论。说出跟自然常理谐和一致的话就如同没有说话，终身在说话，也像是不曾说过话；而终身不说话，也未尝不是在说话。有原因适宜，也有原因不适宜；有原因如此，也有原因并非如此。为什么如此？如此因为原来如此；为什么不如此？不如此因为原来不如此。为什么适合？适合在于已经适合；为什么不适合？不适合在于已经不适合。事物本来就会适合。没有什么事物不如此,没有什么事物不适合。要不是无心之言日出不穷,天然和合,事理哪能日新月异持续下去?万物都是种子,以不同形态进行新陈代谢的生命过程,首尾衔接如环相扣,难以分清它们的次序,这叫"天钧"。"天钧"也就是"天倪"。

庄子对惠施说:"孔子到六十岁年年有变化。开始时认为是对的,最后又认为它错。很难断定现在认为是对的就不是五十九年来认为错的。"

惠施说:"孔子励志用智吗?"庄子说:"孔子已经弃绝用智了,他未尝多言。孔子是说:'才能受自天地本源,恢复灵气才有生机。发音合律,言论合度。利害仁义摆在眼前,好恶是非只能令人表面信服。更重要的是使人心服而不敢倒行逆施,这才能安定天下。罢了,罢了,我大概赶不上那个时候了吧。'"

曾参再次做官内心再次变化,他说:"我为奉养双亲而做官,有三釜俸禄就心满意足了;双亲亡后再做官,虽有三千钟俸禄却已经不能用来养亲了,我的心很悲伤。"

有学生问孔子说:"像曾参这样的人,可以说不再受禄网所牵累了吧?"孔子说:"他已在牵累之中了。要是没有任何牵累,他会有悲哀吗?他应该看待什么三釜、三千钟,如同看待鸟雀蚊虻相继飞过眼前那样啊。"

颜成子游对东郭子綦说:"自从我听了您的教诲,第一年返于质朴,第二年就不自执,第三年就通达无碍了,第四年就与物同化了,第五年众物来集,第六年感到鬼神来舍,第七年感到自己与自然浑然一体,第八年已经不知道什么是死亡和不知道什么是存在,第九年进入道的奇异妙境。人生在世而妄为,这等同于死亡。辅助天公出于私心,这等同于死亡,有其必然因素;然而只是活生生地活着,那就没有什么必然因素了。那么果真如此吗?什么才是适合?什么才是不适合？天有四时变化，地有人物依据，我哪能强求呢？不知道什么是终结，怎能断定没有运命呢？不知道什么开始，怎能断定有运命呢？确有人物感应，难道能断定没有鬼吗？没有发生感应，难道能断定有鬼吗？"

影外微影问影子说："你过去低着头现在昂着头，过去束着发现在散着发，过去坐着现在站起，过去走着现在停下，为什么呀？"

影子回答说："区区小事，何必要问？我确实如此但我不知道为何如此。我嘛，形同蝉蜕，形同蛇皮，只是相似却不是真的。在火光和日光下，我就聚形了；在阴霾和夜晚里，我就消亡了。那形体是我所要凭借的吗？更何况哪个没有要依赖的东西呀？它来我就跟着它来，它去我也跟着它去，它运动我就跟着它运动。这又有什么好问的呢？"

阳子居往南边到沛城去，老聃往西边到秦国旅行。阳子居到郊外迎接老子，直至大梁才遇上老子。老子走到半路，昂起头仰天叹气说："当初我还以为你是可以调教的，现在看来是不行了。"阳子居没有回答。到达旅舍，阳子居给老子送脸盆、口盅、布巾、木梳，他把鞋脱在门外，跪着走上前，说："刚才学生想请教先生，见先生正赶路没工夫，所以不敢问；现在有空了，特来请问学生的过错。"老子说："你那副傲慢的神态，谁愿意跟你在一起呀？最大的洁白好像含垢的黑点，最高的德性恰如欠缺。"阳子居愧疚地转变态度说："我恭敬地接受您的教诲了。"当他前往沛城时，旅舍主人连忙迎接他进舍馆侍候，男店主铺座席，女店主呈上布巾木梳，店客让出座位，烤火的人让出炉子。当他回来时，店客开始跟他争座位了。

让王

【题解】"让王",意思是禅让王位。本篇的主旨在于阐述重生,提倡不因外物妨碍生命的思想。利禄不可取,王位可以让,全在于看重生命,保全生命。"轻物重生"的观点历来多有指斥,认为与庄子思想不合,但其间亦有相通之处;且先秦诸子思想也常互相渗透与影响,尽可看作庄子后学所撰。

全文写了十几个小故事,大体可以划分为十个部分。第一部分至"终身不反也",写许由、子州支父、善卷和石户之农不愿接受禅让的故事,明确阐述了重视生命的思想,天下固然"至重",但却不能以此害生。本部分在阐明题旨上处于重要地位。第二部分至"此固越人之所欲得为君也",写周文王的祖父大王亶父迁邠和王子搜不愿为君的故事,在前一部分的基础上进一步阐述重视生命的思想。第三部分至"岂特随侯之重哉",通过华子与昭僖侯的对话和鲁君礼聘颜阖而颜阖不愿接受的故事,进一步指出要分清事物的轻与重,生命是重要的,利禄、土地等身外之物是不值得看重的,用宝贵的生命去追逐无用的外物,就好像用随侯之珠弹打高飞的麻雀。第四部分至"民果作难而杀子阳",写列子贫穷却不愿接受官府的赠予。第五部分至"遂不受也",写屠羊说有功也不受禄,表达了轻视利禄、追求高义的思想。第六部分至"是丘之得也",写原宪、曾子、颜回身处卑微、生活贫困，却不愿为官，不愿追求利禄，表达了安贫乐道的思想。第七部分至"可谓有其意矣"，通过魏牟和瞻子的对话，提出"重生"、轻利的观点。第八部分至"故许由娱于颍阳而共伯得乎共首"，写孔子身处厄境也随遇而安，说明得道之人方能"穷亦乐"、"通亦乐"。第九部分至"乃负石而自沈于庐水"，写北人无择、卞随和瞀光诸隐士鄙薄禄位不愿为君的故事，内容跟第一部分相似。余下为第十部分，写伯夷、叔齐对周王朝夺取天下的评价，斥之为"推乱以易暴"，宁可饿死于首阳山，也不愿"并乎周"而玷污自身。

尧以天下让许由，许由不受。又让于子州支父①，子州支父曰："以我为天子，犹之可也。虽然，我适有幽忧之病②，方且治之，未暇治天下也。"夫天下至重也，而不以害其生，又况他物乎！唯无以天下为者，可以托天下也。

舜让天下于子州支伯，子州支伯曰："予适有幽忧之病，方且治之，未暇治天下也。"故天下，大器也，而不以易生③。此有道者之所以异乎俗者也。舜以天下让善卷④，善卷曰："余立于宇宙之中，冬日衣皮毛，夏日衣葛絺⑤。春耕种，形足以劳动；秋收敛，身足以休食。日出而作，日入而息，逍遥于天地之间，而心意自得。吾何以天下为哉！悲夫，子之不知余也。"遂不受。于是去而入深山，莫知其处。

舜以天下让其友石户之农，石户之农曰："卷卷⑥乎，后之为人，葆力之士也。"以舜之德为未至也。于是夫负妻戴，携子以入于海⑧，终身不反也。

【注释】①子州支父：姓子州字支父，即下文的支伯。②适：刚才。幽忧：暗疾，隐忧。③易生：改变自己的心性。④善卷：姓善名卷，一隐士。⑤絺：较为细的葛布。⑥卷卷〔quán〕：使劲，用力的样子。⑦葆力：勤苦用力。⑧入于海：隐居海上。

【译文】尧把天下让给许由，但许由不接受。又打算让给子州支父，子州支父说："让我做天子，不是不行，不过，我刚刚患了隐忧的病，刚好在医治之中，所以没有时间来治理天下。"天子这个位子很重要，但子州支父不因为天子之位很重要而放弃治疗自己的疾病，其他事就更不用说了。只有不把天下作为自己私利的人，才可以把治理天下的重任交给他。舜把治理天下的大任交给子州支伯。子州支伯说："我刚刚患上隐忧的病，恰好在医治中，没有时间来治理天下。"天下大位是最大的名器，子州支伯却不用它来交换生命。这正是有道之人和凡俗之人不同的地方。舜把天下让给善卷，善卷说："我处在宇宙之中，冬天穿皮毛，夏天穿粗布。春天耕种，形体足够劳动；秋天收获，身体足够安养了。太阳出来就去工作，太阳下山便休息，逍遥自在于天地之间而心情舒畅。我还要天下的位子干什么！可悲啊！你不了解我。"就这样善卷也没有接受。于是他隐居到深山里，没有人知道他的居处。舜把天下让给他的朋友石户农夫，石户的农夫说："做国君辛苦呀，是劳碌的人啊！"他认为舜的德还不够，于是背着行囊，妻子头顶用具，带着子女隐居到海岛上，终生没有再回来。

大王亶父①居邠，狄人攻之。事之以皮帛而不受，事之以犬马而不受，事之以珠玉而不受。狄人之所求者，土地也。大王亶父曰：

"与人之兄居而杀其弟，与人之父居而杀其子，吾不忍也。子皆勉居②矣！为吾臣与为狄人臣奚以异！且吾闻之：不以所用养害所养③。"因杖策④而去之。民相连而从之，遂成国于岐山之下。夫太王亶父可谓能尊生⑤矣。能尊生者，虽富贵不以养伤身，虽贫贱不以利累形。今世之人居高官尊爵者，皆重失之⑥。见利轻⑦亡其身，岂不惑哉！

越人三世弑其君，王子搜患之，逃乎丹穴，而越国无君，求王子搜不得，从之丹穴。王子搜不肯出，越人薰之以艾，乘以王舆⑧。王子搜援绥登车⑨，仰天而呼曰："君⑩乎，君乎，独不可以舍我乎！"王子搜非恶为君也，恶为君之患也。若王子搜者，可谓不以国伤生矣！此固越人之所欲得为君也。

韩魏相与争侵地，子华子见昭僖侯，昭僖侯有忧色。子华子曰："今使天下书铭⑪于君之前，书之言曰：'左手攫之则右手废，右手攫之则左手废。然而攫之者必有天下。'君能攫之乎？"昭僖侯曰："寡人不攫也。"子华子曰："甚善！自是观之，两臂重于天下也，身亦重于两臂。韩之轻于天下亦远矣。今之所争者⑫其轻于韩又远。君固愁身伤生以忧戚不得也⑬。"僖侯曰："善哉！教寡人者众矣，未尝得闻此言也。"子华子可谓知轻重矣！

鲁君闻颜阖得道之人也，使人以币先下焉，颜阖守陋间⑭，苴布之衣，而自饭⑮牛。鲁君之使者至，颜阖自对之。使者曰："此颜阖之家与？"颜阖对曰："此阖之家也"。使者致币。颜阖对曰："恐听谬而遗⑯使者罪，不若审之。"使者还，反审之，复来求之，则不得已！故若颜阖者，真恶富贵也。故曰：道之真⑰以治身，其绪余⑱以为国家，其土苴以治天下。由此观之，帝王之功，圣人之余事也，非所以完身养生也。今世俗之君子，多危身弃生以殉物⑲，岂不悲哉！凡圣人之动作也，必察其所以之与其所以为⑳，今且有人于此，以随侯之珠㉑弹千仞之雀，世必笑之。是何也？则其所用者重而所要者轻也。夫生者岂特随侯之珠重哉！

【注释】①大〔tài〕王亶〔dǎn〕父：即古公亶父，周文王的祖父。②勉居：好好地生活下去。③所用养：凭着它来养活的东西。所养：臣民。④杖策：扶杖。⑤尊生：爱惜生命。⑥重失之：把失掉高官厚禄看得很重要。⑦轻：轻易地。⑧王舆：国君坐的车子。⑨援：拉。绥：上车时用来拉的绳子。⑩君：此指国君的位子。⑪铭：合约，契约。⑫所争者：韩与魏相接壤的部分地区。⑬不得：不能得所争的地盘。⑭守：居住，陋巷，小巷。⑮饭：动词，"喂"。⑯遗〔wèi〕：送给。⑰真：如今天所指的精华。⑱绪余：剩余，残余。⑲殉物：指逐名追利。⑳所以之：所以往。所以为：这样做的意义。㉑随侯之珠：古代名珠，被随国国君所得，故名。

【译文】大王亶父居住在邠地，遭遇狄人的攻打；大王亶父用曾皮财帛事奉他们，但他们不接受，用犬马畜事奉他们，也不接受，用珍珠宝玉事奉他们还是不接受。狄人想要的是土地，大王亶父说："和人的哥哥居住在一起而让他的弟弟去被杀害，和人的父亲居住在一起而让他的儿子去被杀害，我不忍心这么做。你们都努力求生存吧！做我的臣子和做狄人的臣子没有什么两样！并且我听说，不要因为用以养人的土地而杀害所养的百姓。"于是大王亶父拄着拐杖离开了。百姓推着步挽车跟随，在岐山下成立了一个国家。这些人可以说像大王亶父那样，能够尊重生命。能够尊重生命的，并不因为富贵而伤害身体，也不因为贫贱利禄来劳累形体。现在的人，拥有高官厚禄的，都怕失去他们，见到有利可图，就不顾自己的性命，这不是迷惑吗？

越人杀了三个国君，王子搜很害怕，逃到丹穴。越国没有了国君，四处寻找，找到丹穴之洞，越国人就用艾草来薰他，用君王的车舆他载他回去。王子搜拉着车绳上车，仰天呼号说："君位呀，君位呀，就是不肯放过我呀！"王子搜并不是厌恶做君国，而是怕做国君所带来的祸患。像王子搜这样的人，可以说不肯以君位来伤害生命了，这也正是越人要他做国君的原因。

韩国和魏国互相争夺土地而战争。子华子见到昭僖侯，昭僖面有忧色。子华子说："现在让天下的人在你的面前写下誓约，誓约这样写：'左手夺到它就砍去右手，右手夺到它就砍去左手，然而夺到的可以得到天下。'你愿意去夺取吗？"昭僖侯说："我不愿意夺取。"子华子说："很好，这样看来，两只手比天下重要，身体又比两臂重要。韩国远比天下为轻，现在韩魏所争夺的，又远比韩国轻。因此何必担心得不到呢？"

鲁君听说颜阖是个有道的人，派人带着币帛等礼品来慰问他。颜阖住在一个很破的小巷子里，穿着粗布衣服在喂牛。鲁君的使者来了，颜阖亲自出来迎接。使者说："这是颜阖的家吗？"颜阖说："这是我的家。"使者送上礼品，颜阖说："恐怕你听错了是否是送我的，你不如回去问个明白，以免受到国君的责备。"使者回去，查问清楚了，再来找颜阖，却找不到他了。像颜阖这样的人，真正地厌恶富贵了。所以说，道本来是为了修身，道的剩余用来治理国家，道德土苴来治理天下。这样看来，帝王的功业，乃是圣人余事，并不是用作全身养生的。现在世俗的君子，多弃身去追名逐利，这岂不是可悲！凡是圣人的行为，必定省察他所追求的目标以及追求的意义。

现在如果有这样一个人,随便用宝珠去射千仞高的麻雀,世人必定会嘲笑他。为什么呢?因为他所用的贵重而所求的轻微。生命这东西,岂止像随侯之珠那般贵重呢?

子列子穷,容貌有饥色。客有言之于郑子阳者,曰:"列御寇,盖有道之士也,居君之国而穷,君无乃为不好士①乎?"郑子阳即令官遗②之粟。子列子见使者,再拜而辞。

使者去,子列子入,其妻望之而拊心曰:"妾闻为有道者之妻子,皆得佚乐。今有饥色,君过③而遗先生食,先生不受,岂不命邪?"子列子笑,谓之曰:"君非自知我也,以人之言而遗我粟;至其罪我也,又且以人之言,以此吾所以不受也。"其果作难而杀子阳。

楚昭王失国,屠羊说走而从于昭王。昭王反国,将赏从者。及④屠羊说,屠羊说曰:"大王失国,说失屠羊。大王反国,说亦反屠羊。臣之爵禄已复矣,又何赏之有哉?"王曰:"强之⑤!"屠羊说曰:"大王失国,非臣之罪,故不敢伏其诛⑥;大王反国,非臣之功,故不敢当其赏。"王曰:"见之⑦!"屠羊说曰:"楚国之法,必有重赏大功而后得见。今臣之知不足以存国,而勇不足以死寇⑧。吴军入郢,说畏难而避寇,非故随大王也。今大王欲废法毁约而见说,此非臣之所以闻于天下也。"王谓司马子綦曰:"屠羊说居处卑贱而陈义⑨甚高,子其为我延之以三旌之位⑩。"屠羊说曰:"夫三旌之位,吾知其贵于屠羊之肆也;万钟之禄,吾知其富于屠羊之利也。然岂可以贪爵禄而使吾君有妄施⑪之名乎?说不敢当,愿复反吾屠羊之肆。"遂不受也。

【注释】①好士：重视，珍惜人才。②遗〔wèi〕：送给。③过：这里指过问，关心的意思。④及：指赏到。⑤强之：强迫他接受赏赐。⑥伏其诛：自愿、情愿被处杀。⑦见〔xiàn〕之：把他引见。⑧死寇：消灭敌人。⑨陈义：陈说道理。⑩延：提升，提拔。三旌：指三命。一命而士，再命而大夫，三命而卿。三旌之位：即卿位。⑪妄施，指不按法律规定赐予爵禄。

【译文】列子穷困，面露饥色。有人告诉郑子阳说："列御寇是有道之士，在你的国家之内却让他贫困，你这不是轻视人才吗？"郑子阳就派人给他送来米粟。列子见到使者，再三辞谢不接受。

使者走了，列子进到屋里，他的妻子埋怨他而抚着胸说："我听说有道的人能够享安乐，现在你却面有饥色。相国派人给你送粮食来，你却不接受，这难道不是我命该如此吗？"列子笑着说："相国他并不是自己真正了解我，而是听别人之言才来给我送米粟，将来他也有可能听别人的话而治我的罪，这就是我不接受的原因。"后来，百姓果然造反而杀害了子阳。

楚昭王丧失了国土。屠羊说跟着昭王出走。后来昭王返回国家，要奖赏跟随他的人，轮到屠羊说。屠羊说说："大王丧失国土，我丧失屠羊的工作；大王回国，我也回到屠羊之所。我的爵禄已经恢复了，又有什么好奖赏的呢！"昭王说："勉强地接受。"屠羊说说："大王丧失领地，不是我的过错，所以我不接受惩罚；大王收复国土，也不是我的功劳，所以我不接受奖赏。"昭王说："让他来见我！"屠羊说说："楚国的法令，必须是有大功的人才能朝见国君，现在我的才智不足以保存国家而勇武也不足以消灭敌寇。吴国的军队侵入郢都，我因危难而逃避敌寇，并不是有意追随大王的。现在大王要毁坏法度召见我，我并不想因此而让天下人知道。昭王对司马子綦说："屠羊说虽然处于卑贱的地位但懂得大道，你替我请他就任三公的职位。"屠羊说说:"三公的职位,我知道比屠羊的职位高贵;万钟的俸禄,我知道比屠羊的利润丰厚;但是我怎么可以因为受爵禄而使君主受到滥施赏的声名呢!我不敢接受,希望还是回到我屠羊的市场里。"终究还是没接受。

原宪居鲁,环堵①不室,茨以生草;蓬户不完,桑以为枢;而瓮牖二室,褐④以为塞;上漏下湿,匡坐而弦⑤。

子贡乘大马,中绀而表素⑥,轩车⑦不容巷,往见原宪。原宪华冠縰履⑧,杖藜而应门。子贡曰:"嘻!先生何病?"原宪应之曰:"宪闻之,无财谓之贫,学而不能行谓之病。今宪贫也,非病也。"子贡逡巡⑨而有愧色。

原宪笑曰:"夫希世而行,比周而友,学以为人,教以为己,仁义之慝⑩,舆马之饰,宪不忍为也。"

曾子居卫,缊袍无表⑪,颜色肿哙,手足胼胝。三日不举火⑫,十年不制衣。正冠而缨绝⑬,捉衿而肘见,纳屦而踵决⑭。曳縰而歌《商颂》,声满天地,若出金石。天子不得臣,诸侯不得友。故养志者忘形,养形者忘利,致道者忘心矣。

【注释】①环堵:四周各一丈的墙称之为堵。②茨:用草盖屋。③蓬户:用蓬草做成的门窗。④褐:粗布衣。⑤匡:正。弦:奏乐。⑥中绀〔gàn〕:里衣红表色;表素,外衣白色。⑦轩车:大夫以上乘的车。⑧华冠:冠敝而分裂;縰〔xǐ〕通"屣",无跟的鞋。⑨逡巡:向后退步,不前。⑩慝〔tè〕:邪恶。⑪缊袍:用乱麻来做絮的袍子。无表：没有罩衫。⑫不举火：没烧火，意即没有做饭。⑬正：整理。缨：帽子上的绳子。⑭踵决：鞋跟裂开。

【译文】原宪住在鲁国，居住在一间方丈大的小屋，茅草盖顶；用编织的蓬蒿做门窗且不完整，用桑条做门框；用破瓦做窗户，以粗布衣隔成两个房间；屋顶漏雨，地下潮湿，他却端坐在那里奏乐而歌。

子贡乘着大马，穿着素白的大衣里穿着紫红色的内衣，小巷容不下他高大的马车，就走去见原宪。原宪戴着破旧的帽子，穿着破烂的草鞋，拄着藜杖来迎接他。子贡说："先生得的是什么病呀？"原宪回答说："我听说，没有钱财叫做贫，有学问而不施行的那才叫病。现在我是贫，不是病。"子贡进退两难且面露愧疚之色。

原宪笑着说："要是随世而行，结党为友，所学只是为求在人面前夸耀，所教只是为了宣扬自己的行为，假装仁义，把车装饰得非常华丽，这些都是违逆我的本性而不愿去做的。"

曾子住在卫国，衣服破烂，面色浮肿，手足生茧。三天没有生火做饭，十年没有添置新衣了，帽子一戴帽绳就断，拉着衣襟手臂就会露出来，一穿鞋，脚跟就会露出来。拖着破鞋，口吟《商颂》，声音洪亮，好像金石乐器奏出来的一样。天子不能使他做臣子，诸侯不能和他结交。所以安养意志的人就忘记了外在的形体，安养身体的人就不受名利的干扰，求道之人就心无城府。

孔子谓颜回曰："回，来！家贫居卑①，胡不仕乎？"颜回对曰："不愿仕。回有郭外之田五十亩，足以给飦粥；郭内之田十亩，足以为丝麻；鼓琴足以自娱；所学夫子之道者足以自乐也。回不愿仕。"

孔子愀然③变容，曰："善哉，回之意！丘闻之：'知足者，不以利自累也；审自得者④，失之而不惧；行修于内者，无位而不怍。'丘诵之久矣，今于回而后见之，是丘之得也。"

【注释】①居卑：所处的地位低下。②饘〔zhān〕：稠粥，稀的叫粥。③愀〔qiǎo〕然：表情变化的样子。④审自得者：对于自己的得失看得很清楚的人。审：明察。

【译文】孔子对颜回说："颜回，来，我的家境贫困，住所简陋，为什么不去做官呢？"颜回说："不愿做官。我在城郭之外有五十亩田，足够喝稀粥的；城郭之内的十亩田，足够抽丝麻的；弹琴足以让自己愉悦，所学先生的大道足以让我自行其乐了。我不愿做官。"

孔子面有喜色地说："好极了，如果这是你的心意，我听说：'知足的人不因利禄而牵累自己的形体和心意，怡然自得的人即使利益受到损失也不会放在心上。修养内心的人即使没有爵位也不感到有何羞愧。我听到这话已以是很久以前的事了，现在在你身上见到，这是我的收获呀。"

中山公子牟谓瞻子曰："身在江海之上，心居乎魏阙①之下，奈何？"瞻子曰："重生。重生则利轻。"

中山公子牟曰："虽知之，未能自胜也。"瞻子曰："不能自胜②则从，神无恶乎！不能自胜而强不从者，此之谓重伤。重伤之人，无寿类③矣！"

魏牟，万乘之公子也，其隐岩穴也，难为于布衣之士，虽未致乎道，可谓有其意矣！

【注释】①魏阙：巍然高大的宫门，代指宫廷。②自胜：自我的约束。③无寿类：属于不能长寿之列。

【译文】中山公子牟对瞻子说："隐居在江湖之上，心里却惦念着宫廷的荣华富贵，这可怎么办呢？"瞻子说："珍重自己的生命，就得把利禄看得轻一些。"

中山公子牟说："虽然知道道理是这样，但是我约束不了自己呀！"瞻子说："不能约束自己就放任自流，这样你就可以消除精神上痛苦？不能约束自己但又强制压下自己的愿望，这对你来说是双重的伤害，这样你不会长寿了。"

魏牟，是大国的公子，他隐居岩穴，要比平民困难得多；虽然他没有达到大道的境界，有这种心思已经就不错了。

孔子穷①于陈蔡之间，七日不火②食，藜③羹不糁，颜色甚惫④，而弦歌于室。颜回择菜⑤，子路、子贡相与言曰："夫子再逐于鲁，削迹于卫，伐树于宋，穷于商周，围于陈蔡。杀夫子者无罪，藉⑥夫子者无禁。弦歌鼓琴，未尝绝音，君子⑦之无耻也若此乎？"

颜回无以应，入告孔子。孔子推琴，喟然⑧而叹曰："由⑨与赐，细人⑩也。召而⑪来，吾语之。"

子路、子贡入。子路曰："如此者，可谓穷矣！"孔子曰："是何言也！君子通于道之谓通，穷于道之谓穷。今丘抱仁义之道以遭乱世之患，其何穷之为⑫，故内省⑬而不疚于道，临难而不失其德。天寒既至⑭，霜雪既降。吾是以知松柏之茂⑮也。陈蔡之隘⑯，于丘其幸乎。"

孔子削然⑰反琴而弦歌，子路扢然⑱执干而舞。子贡曰："吾不知天之高也，地之下⑲也。"

古之得道者，穷亦乐，通亦乐，所乐非⑳穷通也。道德㉑于此，则穷通为寒暑风雨之序矣。故许由娱于颍阳㉒，而共伯㉓得乎丘首。

【注释】①穷：困。陈蔡：陈国蔡国。②剔除蔬菜中不能吃的部分，拣取可吃的部分这里本无"火"字。③藜：灰菜。糁〔sǎn〕：米粒。④惫：疲惫，疲乏。⑤择：选择。一本作"释"。⑥藉：欺凌、凌辱。无禁：没有人禁止。⑦君子：指孔子。无耻：没有羞耻之心。⑧喟然：叹气的样子。⑨由：子路。赐：子贡。⑩细人，见识浅的人。⑪而：通"尔"。这里指"他们"。⑫为：通"谓"。何穷之为：何谓之穷。⑬内省：反省，自己检查。⑭天寒既至：即《论语·子罕》中的"岁寒"。⑮知松柏之茂：即《论语·子罕》中的"知松柏之后凋也"。⑯隘：同"厄"，困厄。⑰削然：一作俏然。削、俏皆悄的借字，悄然即安然的样子。反：通"返"。反琴：返回到琴边又弹琴。⑱抚〔xì〕然，威武的样子，一说喜悦的样子。干：盾。⑲地之下：地之深。⑳非：无关。㉑德：高山寺本德作"得"。㉒颍阳：颍水之阳。㉓共伯：即共伯和，食封于共而得名。西周末年，厉王被放逐，诸侯立共伯和为天子，在位一十四年，宣王立时共伯退回共丘山。首：山根。

【译文】孔子被困于陈国蔡国之间，七天没有烧火煮饭，喝不加米粒的灰菜汤，面色疲惫不堪，然而还在室中弹琴唱歌。颜回择菜，子路和子贡互相议论说："先生一再被驱逐于鲁国，不让居留在卫国，砍伐讲学大树于宋国，穷困于商、周，围困于陈、蔡之间。要杀先生的没有罪过，凌辱先生的不受禁止。他还在唱歌弹琴，乐声不能断绝，君子没有羞耻之心也像这样吗？"

颜回在旁没有应声，进屋告诉孔子。孔子推开琴，唉声叹气地说："子由和子贡，都是见识浅的人。叫他们进来，我告诉他们。"

子路、子贡进入。子路说："像现在这样，可以说是穷困了！"孔子说:"这是什么话!君子能通达道理的叫做通,不通达道理的才叫做穷。现在我孔丘坚守仁义的道理而遭到乱世的祸患,怎能说是穷困呢!所以,自我反省而不愧疚于道,面临灾难而不失掉自己的德行。寒天来到,霜雪降落,我这才知道松柏树的茂盛。陈蔡被围困的危险,对我孔丘来说正是自己的幸运啊!"

孔子又安然地继续弹琴唱歌,子路威武兴奋地手拿盾牌跳起舞来。子贡说:"我不知天高,也不知道地深。"

古时得道的人,穷困时快乐,通达也快乐,所欢乐的原因并不是穷困通达。明白了这种道理,那么穷困通达就好像寒暑风雨的循序变化了。所以许由能自娱于颖水之上,而共伯可自得于共丘山之下。

舜以天下让其友北人无择①,北人无择曰:"异哉,后②之为人也,居于畎亩③之中,而游尧之门④。不若⑤是而已,又欲以其辱行⑥漫我。吾羞见之。"因自投清泠⑦之渊。

汤⑧将伐桀,因⑨卞随而谋,卞随曰:"非吾事也。"汤曰:"孰⑩可?"曰:"吾不知也。"汤又因瞀光⑪而谋,瞀光曰:"非吾事也。"汤曰:"孰可?"曰:"吾不知也。"汤曰:"伊尹⑫何如?"曰:"强力⑬忍垢,吾不知其他也。"汤遂与伊尹谋伐桀,克⑭之。以让卞随,卞随辞曰:"后之伐桀也谋乎我,必以我为贼⑮也;胜桀而让我,必以我为贪也。吾生乎乱世,而无道之人再来漫我以其辱行⑯,吾不忍数⑰闻也!"乃自投椆水⑱而死。汤又让瞀光,曰:"知⑲者谋之,武者遂⑳之,仁者居之㉑,古之道也。吾子㉒胡不立乎?"瞀光辞曰:"废上㉓,非义也;杀民㉔,非仁也;人犯其难㉕,我享其利,非廉也。吾闻之曰:'非其义者,不受其禄;无道之世,不践其土。'况尊我㉖乎!吾不忍久见也。"乃负石而自沉于庐水㉗。

【注释】①北人无择：人名，姓北人，名无择。②后：指君主。③畎：田间水沟。畎亩：指田间。④游尧之门：游于天子之门。⑤若：但，不如。是：如此，这。已：止。⑥辱行：可耻的行为。漫：污。⑦清泠〔líng〕：江中的渊名。⑧汤，商汤。桀：夏桀。⑨因：就，从事。卞随：人名，姓卞名随，当时的隐者。⑩孰：谁。⑪瞀〔wú〕光：夏人。⑫伊尹：商初的大臣，名伊，尹是官名，奴隶出身。⑬强力：自勉顽强。忍垢：忍受耻辱。⑭克：胜。⑮贼：残忍。⑯辱行：耻辱的行为。⑰数〔shuò〕：屡次。闻：搅扰。⑱椆〔zhōu〕水：即桐水，在颖川。⑲知：通智。知者谋之，指伊尹。⑳遂：完成。武者：指汤自己。㉑居之：居天子的地位。仁者：指瞀光。㉒吾子：你。胡：何。立：古"位"字。㉓废上：指汤放桀。㉔杀民：指汤用兵。㉕人犯其难：别人冒险。㉖尊我：推我为君。㉗庐水：庐江，当在安徽，注说在辽东不可信。

【译文】舜把天下让给他的朋友北人无择，北人无择说："奇怪啊，舜的为人，处于田亩之中，而游历于尧帝之门。不仅是如此而已，还要用他的耻辱行为来玷污于我。我见到他感到羞耻。"因而自己投入清泠之渊而死。

商汤要讨伐夏桀，就这件事与卞随商量，卞随说："这不是我的事情。"商汤说："跟谁说可以？"说："我不知道。"商汤又就此事同瞀光商量，瞀光说："这不是我的事情。"商汤说："跟谁说可以？"说："我不知道。"商汤说："伊尹怎样？"曰："他能勉强己力而忍受耻辱，我不知道别的了。"汤就和伊尹策谋讨伐夏桀，战胜了夏桀。汤让位给卞随，卞随推辞说："君主伐桀时找我谋划，一定以为我是残忍的人；战胜了夏桀而让位给我，一定认为我是个贪婪的人。我生活在乱世，而无道的人一再用耻辱的行为来玷污我，我不能忍受屡次的搅扰!"于是自投椆水而死。商汤又让位给瞀光,说:"有智慧的人策谋,武勇的人完成,仁义的人来就位,这是自古以来的道理。你为什么不即位呢?"瞀光推辞说:"废黜君上,不是义;杀害人民,不是仁;别人犯难,我享其利,不是廉。我听说:'不合于义的,不接受它的利禄;无道的社会,不踏它的土地。'何况是把我尊奉君位呢!我不忍心长久地目睹这种情况。"于是背负石头而自沉于庐水。

昔周之兴,有士二人处于孤竹,曰伯夷、叔齐①。二人相谓曰:"吾闻西方有人,似有道者,试往观焉。"至于岐阳,武王闻之,使叔旦往见之。与盟曰:"加富②二等,就③官一列。"血牲而埋之。

二人相视而笑,曰:"嘻,异哉!此非吾所谓道也。昔者神农之有天下也,时祀尽敬而不祈喜④;其于人也,忠信尽治而无求焉⑤。乐与政为政,乐与治为治。不以人之坏⑥自成也,不以人之卑自高也,不以遭时自利也。今周见殷之乱而遽为政,上谋而行货,阻兵⑦而保威,割牲而盟以为信,扬行以说众,杀伐以要利,是推乱以易暴也⑧。吾闻古之士,遭治世不避其任,遇乱世不为苟存。今天下暗,周德衰,其并乎周以涂吾身也⑨,不如避之,以絜吾行。"二子北至于首阳之山,遂饿而死焉。若伯夷叔齐者,其于富贵也,苟可得已,则必不赖。高节戾行⑩,独乐其志,不事于世。此二士之节也。

【注释】①伯夷、叔齐:古代贤者,是孤竹君的两个儿子。②富:俸禄;③就:任。④时祀:四时的祭祀;尽敬:非常虔诚。⑤尽治:竭尽全力治理;无求:不求报答。⑥坏:失败。⑦阻兵:凭借武力。阻,恃,依靠。⑧推乱:制造混乱；易暴，换了另一种残暴的方式。⑨其：与其。涂：玷污。⑩高节戾行：行为气节都显得不平凡。

【译文】 从前周朝兴盛时，有两个贤士住在孤竹，叫作伯夷和叔齐。二人商量说："听说西方有个像是得道的人，我们去看看。"到了岐阳，武王听说，派叔旦去看看他们，和他们立约说："加禄二级，任官一等。"用牲畜的血涂在盟书上而埋藏在地下。两人相视而笑说："真奇怪呀，这不是我们所说的道。从前神农治理天下，四时的祭祀十分虔诚，但是自己并不祈求福祉。对于百姓，竭尽全力地为他们服务，但是他自己也无所求。乐管闲事的就让他来管理，不因别人的失败而呈显自己的成功，不因别人的卑微而炫耀自己的高大，不因恰逢时机就图谋利益。现在周朝看见殷朝混乱就急着夺取政权，崇尚谋略而牟利，依靠兵力炫耀威武，杀牲畜立盟约来作为信誓，宣扬自己的义行来争取群众，屠杀攻伐来谋获利益，这是制造祸乱来代替暴虐。我听说古代的贤士，在治世时不推卸责任，在乱世不苟且偷生。现在天下混乱，周德衰败，哪能和周并存来玷污我们自身，不如避开以保持我们的高洁。"他们两个向北到了首阳山上，就饿死在那里。像伯夷、叔齐这样的人，即使唾手可以得到富贵，但他们却不去获取。高尚的节操，与俗人不合的行为，独守己志，不逐世事，这是他们隐士的节操。

盗跖

【题解】"盗跖"为一人名,指称一个名叫跖的大盗,本篇以人物之名为篇名。《盗跖》内容的中心是抨击儒家,指斥儒家观点的虚伪性和欺骗性,主张返归原始,顺其自然。

本篇写了三个寓言故事,自然地分为三大部分。第一部分至"几不免虎口哉",写盗跖与孔子的对话,孔子规劝盗跖,反被盗跖严加指斥,称为"巧伪"之人。盗跖用大量古往今来的事例,证明儒家圣君、贤士、忠臣的观念都是与事实不相符合的,儒家的主张是行不通的,就连孔子自己也"不容身于天下",因为他"不耕而食,不织而衣,摇唇鼓舌,擅生是非"。"盗跖"是先秦时代里一位著名的叛逆者,称他为"盗"当然是基于封建统治者的观点,孔子眼里的盗跖就是"横行天下,侵暴诸侯"的、吃人肝的人物,但同时又不得不赞美他"心如涌泉,意如飘风",而且兼有"三德"。第一部分是全文的主体部分,因篇幅较长注译时划分为前后两个部分。第二部分至"离其患也",写子张和满苟得的对话,一个立足于名,一个立足于利,通过其间的辩论更进一步揭示出儒家说教的虚伪性,并且明确提出了"反殉而天"、"与道徘徊"的主张,与其追求虚假的仁义,不如"从天之理,顺其自然。余下为第三部分,写无足和知和的对话,一个尊崇权势与富有,一个反对探求、抨击权贵,通过其间的讨论进一步明确提出"不以美害生""不以事害己"的主张。

孔子与柳下季①为友，柳下季之弟，名曰盗跖②。盗跖从卒九千人，横行天下，侵暴诸侯。穴室枢户，驱人牛马，取人妇女。贪得忘亲，不顾父母兄弟，不祭先祖。所过之邑，大国守城，小国入保③，万民苦之。

孔子谓柳下季曰："夫为人父者，必能诏其子，为人兄者必能教其弟。若父不能诏其子，兄不能诏其弟，则无贵父子兄弟之亲矣。今先生，世之才士也，弟为盗跖，为天下害，而弗能教也，丘窃为先生羞之。丘请为先生往说之。"

柳下季曰："先生言为人父者必能诏其子，为人兄者必能教其弟，若子不听父之诏，弟不受兄之教，虽今先生之辩，将奈之何哉？且跖之为人也，心如涌泉，意如飘风，强足以距敌，辩足以饰非，顺其心则喜，逆其心则怒，易辱人以言。先生必无往。"

孔子不听，颜回为驭，子贡为右，往见盗跖。盗跖乃方休卒徒大山④之阳，脍⑤人肝而餔之。孔子下车而前，见谒者⑥曰："鲁人孔丘，闻将军高义，敬再拜谒者。"

谒者入通。盗跖闻之大怒，目如明星，发上指冠，曰："此夫鲁国之巧伪人孔丘非邪？为我告之：'尔作言造语，妄称文武，冠枝木之冠⑦，带死牛之胁，多辞缪说，不耕而食，不织而衣，摇唇鼓舌，擅生是非，以迷天下之主，使天下学士不反⑧其本，妄作孝悌，而侥幸于封侯富贵者也。子之罪大极重，疾走归！不然，我将以子肝益⑨昼餔之膳！'"

孔子复通曰:"丘得幸于季,愿望履幕下。"谒者复通。盗跖曰:"使来前!"孔子趋⑩而进,避席⑪反走,再拜盗跖。盗跖大怒,两展其足,案剑瞋目⑫,声如乳虎,曰:"丘来前!若所言顺吾意则生,逆吾心则死!"

【注释】①柳下季:姓展名获字季禽,食邑柳下,故称。②盗跖:古代大盗,跖是名。有谓黄帝时人、秦时人或春秋战国之际人。这里托盗跖之口痛斥孔丘,猛烈抨击名利之徒。③保:通"堡",小城。④大山:太山,即泰山。⑤脍:细切。䐑〔bū〕:食,吃。⑥谒者:官名,掌管传达使命,亦泛指传达和通报的奴仆。⑦冠枝木之冠:前冠为戴,后冠为帽子。枝木:形容帽子上的装饰品像树枝一样。⑧反:通"返"。本:本真,本性。⑨益:增加。膳:饭食,膳食。⑩趋:速行,急走。⑪避席:离开席位,指站起来。反走:退着走,表恭敬。⑫瞋〔chēn〕目:瞪大眼睛,怒目而视。

【译文】孔子是柳下季的朋友,柳下季的弟弟名为盗跖。盗跖的手下有九千人,在天下间横行霸道,侵凌诸侯各国。砸破人家的门户,掠夺人家牛马,掳劫人家妇女。贪图财物遗弃亲人,不顾念父母兄弟,不拜祖宗。他们所经过的城邑,大国的就闭关守城,小国的躲进城堡,民众为此深感痛苦。

孔子对柳下季说:"做人父亲的,肯定能够教好他的孩子;为人兄长的,肯定能够教好他弟弟。如若不然,那么父子兄弟的亲情就不足珍贵了。当今先生您可是世上的有才之士,弟弟却是盗跖,是天下的祸害,要是不能规劝他,我私下替先生感到羞耻。我情愿代先生去说服他。"

柳下季说:"先生说做人父亲的肯定教好他的孩子,做人兄长的肯定能教好他的弟弟,假如孩子不听从父亲的教诲,弟弟不接受兄长的劝说，即使像先生这么能言善辩，又能拿他怎么样呢？况且盗跖这个人，血气冲动，意气风发，强悍足以抵挡敌人，口才足以掩饰过错。顺着他的心意他就高兴，违背他的心意他就发怒，动不动就恶语伤人。先生千万不要去。"

孔子没听柳下季劝告，布置颜回驾车，子贡做助手，前往会见盗跖。盗跖正在大山的阳面休整士卒，切碎人肝来吃。孔子下车走上前，看见传命官，说："鲁国人孔丘，听说将军高尚正义，敬请传令官传达。"传令官入内通报。

盗跖听到此事，大怒，眼像明星，怒发冲冠，说："这个人是不是鲁国的巧伪人孔丘？替我告诉他：'你做花言造巧语，虚妄地称道文王、武王，头戴装饰像树枝般的帽子，腰缠死牛胁的皮带，繁辞谬说，不耕而食，不织而衣，摇唇鼓舌，专生是非，用以迷惑天下的君主，使天下的书生，不务正业，装作孝悌，而侥幸得到封侯富贵。你的罪恶严重，快滚回去吧！不然，我要用你的肝当作午餐。"

孔子再一次通报说："我幸运地得到柳下季的介绍，希望到帐幕下拜见。"传令官又通报。盗跖说："让他到前面来！"孔子快步而进，避开席位退步快跑，向盗跖拜了两拜。盗跖大怒，叉开两脚，握剑瞪眼，声如母虎，说："孔丘，你往前来！你要说的，顺着我的意思就活，违逆我的心思就死！"

孔子曰："丘闻之，凡天下有三德：生而长大，美好无双，少长贵贱见而皆悦之，此上德也；知维天地，能辩诸物，此中德也；勇悍果敢，聚众率兵，此下德也。凡人有此一德者，足以南面称孤矣。今将军兼此三者，身长八尺二寸，面目有光，唇如激丹，齿如齐贝，音中黄钟，而名曰盗跖，丘窃为将军耻不取焉。将军有意听臣，臣请南使吴越，北使齐鲁，东使宋卫，西使晋楚，使为将军造大城数百里，立数十万户之邑，尊将军为诸侯，与天下更始，罢兵休卒，收养昆弟，共祭先祖。此圣人才士之行，而天下之愿也。"

盗跖大怒曰："丘来前！夫可规以利而可谏以言者，皆愚陋恒民之谓耳。今长大美好，人见而悦之者，此吾父母之遗德也。丘虽不吾誉，吾独不自知邪？且吾闻之，好面誉人者，亦好背而毁之。今丘告我以大城众民，是欲规我以利而恒民畜我也，安可久长也！城之大者，莫大乎天下矣。尧舜有天下，子孙无置锥之地；汤、武立为天子，而后世绝灭。非以其利大故邪？且吾闻之，古者禽兽多而人少，於是民皆巢居以避之。昼拾橡栗，暮栖木上，故命之曰有巢氏之民。古者民不知衣服，夏多积薪，冬则炀之，故命之曰知生之民。神农之世，卧则居居，起则于于。民知其母，不知其父，与麋鹿共处，耕而食，织而衣，无有相害之心。此至德之隆也。然而黄帝不能致德，与蚩尤战于涿鹿之野①，流血百里。尧、舜作，立君臣，汤放其主，武王杀纣。自是之后，以强凌弱，以众暴寡。汤、武以来，皆乱人之徒也。今子修文、武之道，掌天下之辩，以教后世。缝衣浅带②，矫言伪行，以迷惑天下之主，而欲求富贵焉。盗莫大于子，天下何故不谓子为盗丘。而乃谓我为盗跖？子以甘辞说子路而使从之。使子路去其危冠，解其长剑，而受教于子，天下皆曰孔丘能止暴禁非，其卒之也，子路欲杀卫君③而事不成，身菹④于卫东门之上，是子教之不至也。子自谓才士圣人邪，则再逐于鲁，削迹于卫，穷于齐，围于陈、蔡，不容身于天下。子教子路菹。此患，上无以为身，下无以为人，子之道岂足贵邪？

世之所高，莫若黄帝。黄帝尚不能全德，而战涿鹿之野，流血百里。尧不慈[5]，舜不孝[6]，禹偏枯[7]，汤放其主，武王伐纣，文王拘羑里[8]。此六子者，世之所高也。孰论之，皆以利惑其真而强反其情性，其行乃甚可羞也。世之所谓贤士，伯夷、叔齐。伯夷、叔齐辞孤竹之君，而饿死于首阳之山，骨肉不葬。鲍焦[9]饰行非世，抱木而死。申徒狄谏而不听，负石自投于河，为鱼鳖所食。介子推[10]至忠也，自割其股以食文公。文公后背之，子推怒而去，抱木而燔死。尾生[11]与女子期于梁下，女子不来，水至不去，抱梁柱而死。此六子者，无异于磔犬流豕、操瓢而乞者，皆离[12]名轻死，不念本养寿命者也。世之所谓忠臣者，莫若王子比干、伍子胥。子胥沉江，比干剖心。此二子者，世谓忠臣也，然卒为天下笑。自上观之，至于子胥、比干，皆不足贵也。丘之所以说我者，若告我以鬼事，则我不能知也；若告我以人事者，不过此矣，皆吾所闻知也。今吾告子以人之情：目欲视色，耳欲听声，口欲察味，志气欲盈。人上寿百岁，中寿八十，下寿六十，除病瘦死丧忧患，其中开口而笑者，一月之中不过四五日而已矣。天与地无穷，人死者有时。操有时之具，而托于无穷之间，忽然无异骐骥之驰过隙也。不能悦其志意、养其寿命者，皆非通道者也。丘之所言，皆吾之所弃也。亟去走归，无复言之！子之道狂狂汲汲，诈巧虚伪事也，非可以全真也，奚足论哉！"

孔子再拜趋走，出门上车，执辔三失，目芒然无见，色若死灰，据轼低头，不能出气。

归到鲁东门外，适遇柳下季。柳下季曰："今者阙然，数日不见，车马有行色，得微往见跖邪？"孔子仰天而叹曰："然！"柳下季曰："跖得逆汝意若前乎？"孔子曰："然。丘所谓无病而自灸也。疾走料虎头，编虎须⑬，几不免虎口哉！"

【注释】①蚩尤：原始部落首领。涿鹿：河北涿州市。②缝：通"逢"。缝衣：宽长的儒服。浅、松：浅带、博带。③子路欲杀卫君：卫君指蒯聩。卫灵公驱逐蒯聩，立公子辄为继。灵公死，辄立为卫君，蒯聩作乱，迫胁卫大夫孔悝，子路是孔悝家臣，攻蒯聩反被杀。④菹〔zū〕：肉酱。⑤尧不慈：尧杀死长子考监明。⑥舜不孝：舜放逐父亲瞽叟，又不告而娶。⑦禹偏枯：指大禹治水，偏枯：过分劳苦。⑧羑〔yǒu〕里：殷代监狱名。⑨鲍焦：周朝隐士。⑩介子推：又作介之推，晋国政变时随晋文公流亡，文公复国后忘记了加封他。⑪尾生：鲁国人，名商。⑫离：通罹，遭。⑬料：通"撩"，拨弄。编：通"撝"，抚。

【译文】孔子说："我听说，凡是天下的人具有三种德性：天生高大，美好无比，无论少年、老年、贵人、贱人见了都欢喜，这是上等德性；才智可以收容天地，才能可以分析事理，这是中等德性；勇猛果敢，聚集人马统率军队，这是下等德性。一般人具有一种德性，就足以南面称王了。如今将军兼备这三种德性，身高八尺二寸，满面红光，双目炯炯有神，嘴唇有如鲜红的丹砂，牙齿有如整齐的贝壳，声音符合黄钟音律，可是名叫盗跖，我暗暗替将军感到羞耻。将军要是有心听在下的劝谕，在下情愿往南出使吴国越国，往北出使齐国鲁国，往东出使宋国卫国，往西出使晋国楚国，让他们为将军造一座几百里的大城，封你几十万户的食邑，推立将军为诸侯，跟天下各国并立，让士兵都休息，收养起他们的兄弟，供奉拜祭祖宗。这才是圣人智士的行为，也是天下人的愿望啊。"

盗跖听了大发雷霆说："孔丘给我到前面来！那些可以用利禄劝诱和可以用言辞劝说的人，都叫做愚陋。现在我长得高大英俊，人家见了喜欢，完全是我的父母遗留的恩德。你孔丘即使不夸奖我，我难道自己就不知道吗？况且我听说，喜欢当面夸奖人的人也喜欢背后诋毁人。现在你孔丘拿大城众民诱降我，是想用利禄来规劝我并且把我看作是常人，这哪能长久享用呀？大的城邑能大过天下吗？尧、舜拥有天下，他们的子孙却没有立锥之地；商汤王、周武王自立为天子，然而后代都灭绝了。这不都是因为利禄太大的缘故吗？并且我还听说，古时候禽兽很多人很少，因此人都巢居在树上来躲避禽兽。白天捡橡子吃，傍晚栖息在树上，所以称那时人叫巢氏之民。古时候人们还不知道穿衣服，夏天多积蓄些柴草，冬天拿来烧火取暖，所以称他们叫知生之民。神农的时代，人们躺着舒舒服服，醒来浑浑噩噩。人们只知道谁是母亲，不知道谁是父亲，跟麋鹿共同生活，种田吃粮，织布穿衣，不存互相伤害之心，这是最高尚的道德了。然而黄帝却不能做到有道德，他跟蚩尤在涿鹿原野上开战，流血遍及百里。尧、舜称帝，设立百官，商汤放逐他的主子，周武王杀掉纣王。从此以后，强欺弱，多的就残害少的。从商汤王、周武王以来的人，都是危害人们的家伙。现在你学习传播周文王、周武王的道术，引导天下的舆论，用它来教育下一代。穿着宽长的儒服和系着宽松的腰带，言论矫饰行为虚伪，以此来迷惑天下的君主，企图攫取荣华富贵。你才是天下最大的贼盗，天下为什么不把你叫做盗丘，却把我叫做盗跖呢？你用甜言蜜语说服子路跟了你，致使子路摘下高帽，解下长剑，来接受你的教育。天下都说孔丘能够阻止残暴避免错误，结果呢？子路想杀崩聩非但没成事，反而被剁成肉酱悬挂在卫都东门上面，这证明你没把他教育好。你不是自称才士圣人吗？为什么会在鲁国两次被驱逐，在卫国潜逃，在齐国走投无路，在陈国、蔡国之间被包围，不见容于世？是你使子路身为肉酱，这个恶果，说重了你怎么维持自身，说轻了你怎么对得起别人？你的道术难道值得重视吗？世上最高尚的人，没有比得上黄帝。黄帝尚且不能成全德性，在涿鹿野外开战，流血遍及百里。尧不仁慈，舜不孝敬，大禹过分劳苦，商汤放逐他的主子，周武王讨伐纣王，周文王关在羑里监狱。这六个人，世人都推崇。认真说来，他们都是被名利迷惑了本性从而违背性情，他们的行径真太令人感到羞耻了。世上所说的贤士伯夷和叔齐，拒绝当孤竹国君，饿死在首阳山上，骨肉也没埋葬。鲍焦粉饰自己的行为不满现实，撞树而死。申徒狄劝谏没被采纳，背上石头自投河中，被鱼鳖吃掉。介子推最为忠心了，自己割下大腿的肉给晋文公吃。晋文公后来背弃了他，介子推愤怒出走，抱着树木被火烧死。尾生跟女子在桥下约会，女子没来，水漫上来他也不离开，抱着桥柱被淹死了。这六个人，跟被抛弃的死狗和漂流的死猪、拿着瓢子讨饭的人有何区别，都是贪图虚名不惜死去、不顾本性将养生命的人。世上所说的忠臣，没有比得上王子比干、伍子胥。伍子胥被沉尸江中，王子比干被挖了心。这两个人，世人都叫他忠臣，然而最终还是被天下人耻笑。从上面数下来，一直到伍子胥、王子比干，都不值得看重。你孔丘前来劝说，要是告诉我一些神鬼的事情，我还不大清楚；要是告诉我人间世事，不过如此罢了，都是我耳熟能详的。现在我来告诉你人的本质：眼睛喜欢看彩色的东西，耳朵喜欢听合律的声音，嘴巴喜欢尝有味的东西，愿望求得充分满足。人长寿百岁，中寿是八十岁，下寿是六十岁，除去病痛和死亡忧虑，其中开口欢笑的时间，一月之中不过只是四五天罢了。天和地是无穷无尽的，人的死亡是有期限的。拿着有时限的身躯，寄托在无穷无尽中间，忽地一下跟骏马跑过裂缝没有什么区别。你孔丘所说的那套东西，都是我要抛弃的。快点滚回去，不要再说了。你的那套把戏只不过是神经发作，不可以用来保全真性，还有什么可说的呢？"

孔子拜了两拜就跑掉了，出了门上了车，几次都没有拿起马缰，两眼发呆什么也看不见，脸色如同死灰一样，扶着车前横木低下头去喘不过气来。回到鲁都东门外边，恰好遇上柳下季。柳下季说："你几天没露面了，车马看上去像行了远路，莫非你去跟跖会面吗？"孔子昂起头对天叹气说："是啊。"柳下季说："跖可是像我以前说的那样违背你的意愿吗？"孔子说："是的。我正是常言说的无病自灸。跑去撩逗老虎的头，梳弄老虎的胡须，险些命丧虎口！"

子张①问于满苟得曰："盍②不为行？无行③则不信，无信则不任④，不任则不利。故观⑤之名，计之利，而义真⑥是也。若弃名利，反之于心，则夫士之为行，不可一日不为乎！"

满苟得曰："无耻者富⑦，多信者显⑧。夫名利之大者，几在无耻而信。故观之名，计之利，而信真是也。若弃名利，反之于心，则夫士之为行，抱⑨其天乎！"

子张曰："昔者桀、纣贵为天子，富有天下。今谓臧⑩聚曰：汝行如桀、纣。则有怍⑪色，有不服之心者⑫，小人所贱也。仲尼、墨翟⑬，穷为匹夫，今谓宰相曰：子行如仲尼、墨翟。则变容易色⑭，称不足者，士⑮诚贵也。故势为天子，未必贵也；穷为匹夫，未必贱也。贵贱之分，在行之美恶。"

满苟得曰："小盗者拘⑯，大盗者为诸侯。诸侯之门，义士存焉。昔者桓公⑰小白杀兄入嫂，而管仲⑱为臣；田成子常⑲杀君窃国，而孔子受币⑳。论则贱之，行则下之，则是言行之情㉑悖战于胸中也，不亦拂㉒乎！故《书》曰：'孰恶孰美，成者为首㉓，不成者为尾。'"

子张曰："子不为行，即将疏戚㉔无伦，贵贱无义，长幼无序。五纪㉕六位,将何以为别乎?"

满苟得曰:"尧杀长子,舜流㉖母弟,疏戚有伦乎?汤放桀,武王杀纣,贵贱有义乎?王季为適㉗,周公杀兄㉘,长幼有序乎?儒者伪辞㉙,墨者兼爱㉚,五纪六位,将有别乎?"且子正为名㉛,我正为利。名利之实,不顺于理,不监㉜于道。吾日㉝与子讼于无约,曰:'小人殉㉞财,君子殉名,其所以变其情、易其性则异㉟矣;乃至于弃其所为而殉其所不为㊱则一也。'故曰:无为小人,反殉而天;无为君子,从天之理。若㊲枉若直,相㊳而天极。面观㊴四方,与时消息。若是若非,执而圆机㊵。独成㊶而意,与道徘徊。无㊷转而行,无成㊸而义,将失㊹而所为。无赴㊺而富,无殉而成㊻,将弃而天㊼,比干剖心,子胥抉眼㊽,忠之祸也;直躬㊾证父,尾生溺死,信之患也;鲍子㊿立干,申子[51]不自埋,廉之害也;孔子不见母[52],匡子[53]不见父,义之失也。此上世之所传、下世之所语,以为[54]士者,止[55]其言,必其行,故服其殃[56]、离其患也。"

【注释】①子张:人名,姓孙,名师,字子张,陈人。满苟得:人名。②盍:何不。为行:进行品行修养。③无行:没有品行。不信:不被信用,不取信。④不任:不被任用。⑤观:观察,考虑。⑥真:真实。⑦富:富有。⑧显:显达。⑨抱:一作"拂",保持。⑩臧:奴仆。聚:更夫。⑪怍〔zuò〕色:一本作色,愤怒变色。⑫者:也。⑬墨翟:人名,墨家的创始人。⑭变容易色:形容不安的样子。⑮士:指士大夫。贵:尊重,推崇。⑯拘:被拘囚。⑰桓公:指齐桓公,小白:是齐桓公名。杀兄:杀掉他的哥哥子纠。人嫂:将嫂嫂纳为妻子。⑱管仲:人名,齐桓公的国相。⑲田成子常:古田、陈同音，田常即陈恒，成子是谥号，田成子杀简公篡位。窃国：窃取国君的地位。⑳孔子受币：孔子接受陈恒币帛。《论语》记载，陈恒弑齐简公，孔子沐浴请讨，而无受币的记载。㉑言行之情悖：言论和行为相反。㉒拂：乱。㉓成者为首：成功者居上。㉔疏戚：疏亲，亲疏。伦：伦次。㉕五纪：即五伦，把君臣、父子、夫妇、兄弟、朋友。六位：指诸父、兄弟、族人、诸舅、师长、朋友。㉖流：流放。母弟：舜异母弟，名象。㉗王季为适：周太王传位给第四子季历。适，通“嫡”。季：古代四排行伯、仲、叔、季，季历最小。周太王把王位传给季历，而泰伯、仲雍二子逃到吴国去。㉘周公杀兄：周公因管叔叛乱而杀之，管叔是周公的哥哥。㉙伪辞：巧辞。㉚兼爱：墨子爱无差等的主张。㉛名：功名。㉜监：本作鉴，明，察。㉝日：昔日，异日。讼：争论，断是非。无约：假托人名，意指无拘束。㉞殉：追求名利而不顾其身。㉟异：不同。㊱所为：本所当为。㊲枉：曲。㊳相：视。而：你。天极：天则，自然规律。㊴面观：面向。四方：东西南北。㊵圆机：天体圆而运行不息。圆：圆转。机：枢机。㊶独成：独自顺遂。意：主意，意愿。㊷无：毋。下三“无”字同。转，通“专”。㊸成：一成不变。㊹失：失去，失掉。所为：所实践的自然之道，即本能。㊺赴：奔赴，追求。㊻成：成功，指利。㊼将弃而天，将舍弃你的天性。㊽抉眼：剜出眼睛。㊾直躬：人名，证父：证实父亲偷羊。事见《论语·子路》。㊿鲍子：即鲍焦。立于：站立枯死。(51)申子：即申徒狄，自埋：自投于河而死。有本作自理，理为“埋”之误。(52)孔子不见母：孔子不去见母亲。(53)匡子：匡章，齐人。不见父：不去看父亲。《孟子·离娄》有公都子曰：“匡章，通国皆称不孝焉，夫子与之游，又从而礼貌之，敢问何也？”孟子曰：“夫章子，子父责善而不相遇也。为得罪于父，不得近，出妻屏子，终身不养焉。”(54)以为：认为。(55)正：端正。(56)服其殃：受其祸。离：通“罹”。罹其患：遭其害。

【译文】子张问满苟得说：“为什么不修养品行？没有品行就不会取信于人，不能取信于人就不能被任用，不被任用就得不到利禄。

所以观察名,计较利,而义才是真实的。如果抛弃名利,反心自问,那么士大夫的作为行事,不可以一天不实行仁义!"

满苟得说:"不知羞耻的人富有,多讲信誉的人显贵。名利大的人,几乎都是无耻又善言信的人。所以观察名,计较利,而信才是真实的。如果抛弃名利,扪心自问,那么士大夫的作为行事,只好保持其天性了。"

子张说:"过去桀、纣尊贵到做了天子,富有到占据天下。现在对奴仆和更夫说:'你们的行为像桀、纣。'他们就会愤怒变色,就会产生不服的心理,因为小人也轻贱桀纣。孔丘、墨翟,穷困得成为一般人,这时要对宰相说:'你的行为像孔丘、墨翟。'他就会改容变色,自称赶不上,士大夫真是可贵。所以,权势为天子,未必可贵;穷困为一般人,未必低贱。贵贱的区别在于品行的好坏。"

满苟得说:"小偷被囚禁,大盗却成为诸侯,只要在诸侯那里,就有了仁义。从前齐桓公小白杀了哥哥纳嫂嫂为妻,而管仲却做他的臣子;田常杀掉君主窃取国家政权,而孔子却接受他的钱币。言谈认为下贱的,而行动却去做这种下贱的事情。这样言论和行动在心中矛盾,岂不是很乱吗!所以《书》说:'谁好谁坏,成功的居上,不成功的居下。'"

子张说:"你不修养品行,将会亲疏没有伦常,贵贱没有准则,长幼没有等次,五伦六位,将如何区别呢?"

满苟得说:"尧杀掉大儿子,舜流放亲弟弟,亲疏有伦常吗?汤放逐桀,武王杀纣有标准吗?王季代替嫡位,周公杀掉哥哥,长幼有序吗?儒者的虚伪言辞,墨子的兼爱,五伦六位还有区别吗?况且你正在求名,我正在求利。其实名利,既不顺于理,又不明于道。我过去和你在无约面前争论,说:'小人为财而死,君子为名而死,他们之所以改变自己的真情,变更自己的本性则不相同;乃至于抛弃自己的所应当做的而殉难自己所不应当做的却是相同的。'所以说:'不要做小人,要反求于自然;不要做君子,要顺从自然的规律。是曲是直,看其自然规律。'面向四方，随时变化，是是非非，保持你的圆转枢机。独自顺遂你的意愿，与道周旋。不要专执你的行为，不要成就你的仁义，这将会失掉你的本能，不要追求你的富贵，不要用殉难换取你的成功，这样将会舍弃你的天性。比干被剖心，伍子胥遗嘱挖眼，这是忠的祸患；直躬证实父亲偷羊，尾生被水淹死，这是守信用的祸患；鲍焦站立枯死，申徒狄投河自杀，这是清廉的祸患；孔子见不到母亲，匡子见不到父亲，这是义的过失。这些事情从上代传下来，下代还要传下来，以此为士大夫，端正言论，必定实行，所以才遭到它的灾殃，受到它的祸患。"

无足问于知和①曰："人卒未有不兴名就利者。彼富则人归之，归则下之，下则贵之。夫见下贵者，所以长生安体乐意之道也。今子独无意焉，知不足邪？意知而力不能行邪？故推正不妄邪？"

知和曰："今夫此人，以为与己同时而生、同乡而处者，以为夫绝俗过世之士焉，是专无主正，所以览古今之时、是非之分也。与俗化世去至重，弃至尊，以为其所为也。此其所以论长生安体乐意之道，不亦远乎！惨怛②之疾，恬愉③之安，不监于体；怵惕之恐，欣欣之喜，不监于心。知为为而不知所以为。是以贵为天子，富有天下，而不免于患也。"

无足曰："夫富之于人，无所不利。穷美究势④，至人之所不得逮，贤人之所不能及。侠⑤人勇力而以为威强，秉人之知谋以为明察，因人之德以为贤良，非享国而严若君父。且夫声色滋味权势之于人，心不待学而乐之，体不待象而安之。夫欲恶避就，固不待师，此人之性也。天下虽非我,孰能辞之!"

知和曰:"知者之为,故动以百姓,不违其度,是以足而不争,无以为,故不求。不足,故求之,争四处而不自以为贪;有余,故辞之,弃天下而不自以为廉。廉贪之实,非以迫外也,反监之度。势为天子,而不以贵骄人;富有天下,而不以财戏人。计其患,虑其反,以为害于性,故辞而不受也,非以要名誉也。尧、舜为帝而雍,非仁天下也,不以美害生也;善卷、许由得帝而不受,非虚辞让也,不以事害己。此皆就其利、辞其害,而天下称贤焉,则可以有之,彼非以兴名誉也。"

无足曰:"必持其名,苦体绝甘,约养以持生,则亦久病长阨而不死者也。"

知和曰:"平为福、有余为害者,物莫不然,而财其甚者也。今富人,耳营钟鼓管籥之声,口嗛⑥于刍豢醪醴⑦之味,以感其意,遗忘其业,可谓乱矣;侅溺于冯气⑧,若负重行而上阪也,可谓苦矣;贪财而取慰⑨,贪权而取竭,静居则溺,体泽则冯,可谓疾矣;为欲富就利,故满若堵耳而不知避,且冯而不舍,可谓辱矣;财积而无用,服膺而不舍,满心戚醮⑩,求益而不止,可谓忧矣;内则疑劫请之贼,外则畏寇盗之害,内周楼疏⑪,外不敢独行,可谓畏矣。此六者,天下之至害也,皆遗忘而不知察。及其患至,求尽性竭财,单⑫以反一日之无故而不可得也。故观之名则不见,求之利则不得。缭意绝体而争此,不亦惑乎!"

【注释】①无足、知和：假托人名。无足谓不知满足。知和谓知道中和。②惨怛〔dá〕：悲伤的样子。③恬愉：快乐的样子。④埶：通"势"，势位。⑤侠：通"挟"，挟持。⑥嗛〔qiè〕：通"慊"，快意。⑦刍豢醪醴〔chú huàn láo lǐ〕：食草的动物。豢：食谷的动物。刍豢：指肉。醪：醇酒。醴：甜酒。⑧侅：通"阂"，气塞。冯：通"凭"，冯气：气涨。⑨慰：通"蔚"，病。⑩戚醮：烦恼。醮：借为"焦"。⑪楼疏：楼的窗孔。⑫单：通"殚"，尽。

【译文】无足问知和说："人们没有不追名逐利的。你要是富有，自然有人归附，服从敬重。那么受人附随尊敬，成了他长寿健康的因素。现在你难道无心于此，还是因为智力不足呢？还是内心明白却没有能实现呢？还是一味坚持正道不走邪道呢？"

知和说："如今这人类，认为名利跟自己同时产生，放在一起，认为那些超凡脱俗的士人对此全无观点，所以他们拿名利来看待古代和现在的时段以及是非的界限。他们混迹俗世，舍弃宝贵的重要事物，任意胡为。用这样来谈论什么长寿健体惬意的因素，不也太离题了吗？惨痛的疾病，舒畅的安宁，不影响到身体；惊慌的恐惧，欢心喜悦，不影响到内心。一心只知道埋头去做却不知道为什么要这样做。因此虽然尊贵当天子，富有占了天下，可还要难免有祸殃啊。"

无足说："富贵无所不利，荣华与权势是圣人贤者不能获得的，挟持别人的强力来树立自己的威风，掌握别人的智谋来深明洞察，凭借别人的德行来装饰自己贤良，虽没有国柄却俨然像君主一样。加上声色美味权势对于人，心里不用学就喜欢它了，身体不用效法就贪恋它了。人的嗜欲、憎厌、回避、驱逐本来就无须指导，这是人的本性呀。天下虽然说我不对，但谁能拒绝这些呢？"

知和曰："智者办事既使动用大量人力也不会超过百姓的承受限度，因而百姓不争。没有非要如此的想法也就不必强求。人因为不足够才去追求财物，争遍四方也不会认为自己贪婪；财物有余了就不再要它了，丢掉天下也不觉得自己廉洁。廉和贪的实质，不是来自外界压力，而是来自反省自身的标准。得势当上天子，却不用高贵来侮辱人；富足拥有天下，却不用财富来戏弄人。顾及它的不利之处，考虑到它的反作用，认为它有害于本性，所以拒绝不接受了，这也并非想沽名钓誉。尧、舜做帝王而推辞，并非对天下仁爱，只是不以华美而危害生命；善卷、许由得到帝位却不接受，并非装模作样推辞谦让，只是不拿事务伤害自己。这都是顾及好处，回避坏处，因而天下称赞他们贤明，他们也就应该接受它，他们不是出于沽名钓誉啊。"

无足说："一定要固守名声，劳累身体舍弃美味，节约开支来维持生命，那就等于长期病危又死不了的人一样了。"

知和说："持平就是福祉，有剩就是祸害，事物无不如此，财物尤其如此。如今富人，耳朵谋求钟鼓管籥的乐者，嘴巴满足于佳肴美酒的滋味，以此引发享乐意趣，遗忘了自己的正业，可说是乱套了；气息不畅，像背着东西爬坡一样，可以说够苦的了；贪财带来病痛，贪权带来精神疲竭，安居无事就沉溺了意志，身躯发胖就浑身膨胀，可说是疾患了；为求富贵驱逐利益，因而欲望膨胀得如同堵塞了耳朵一样已无法摆脱，加上继续膨胀又不肯放弃，可以说是受辱了；财物积压不能尽享，念念不忘又不肯放弃，内心充满烦恼，还在追求增加财富不肯休止，可以说够忧愁的了；在家里担心强求的家贼，对外边害怕强盗的祸害，家里周围砌上楼房窗孔，出外不敢一个人走，可以说是惊吓了。人们遗忘了这人世的广大祸患，等到大祸临头，就是想完全豁出性命、费尽家财来换回一天的平安无事都办不到。最后落得个人财两空，纠缠心神倾尽体力争求这些，不也太迷惑了吗？"

说剑

【题解】《说剑》内容就是写庄子说剑。赵文王喜欢剑,整天与剑士为伍而不料理朝政,庄子前往游说。庄子说剑有三种,即天子之剑,诸侯之剑和庶民之剑,委婉地指出赵文王的所为实际上是庶民之剑,而希望他能成为天子之剑。如果说《让王》、《盗跖》已不类庄子之文,那么《说剑》就更非庄子之文了。篇文中确有"庄子"其名,但《说剑》里的庄子已不是倡导无为无已、逍遥顺应、齐物齐论中的庄子,完全是一个说客,即战国时代的策士形象,而内容也完全离开了《庄子》的主旨。因此,本篇历来认为是一伪作,也不是庄子学派的作品,应该看作是假托庄子之名的策士之文。

昔赵文王喜剑,剑士夹门而客三千余人①,日夜相击于前,死伤者岁百余人。好之不厌②。如是三年,国衰。诸侯谋之。

太子悝患之,募③左右曰:"孰能说④王之意止剑士者,赐之千金。"左右曰:"庄子当能。"

太子乃使人以千金奉庄子。庄子弗受,与使者俱往见太子曰:"太子何以教周,赐周千金?"太子曰:"闻夫子明圣,谨奉千金以币从者。夫子弗受,悝尚何敢言!"

庄子曰："闻太子所欲用周者，欲绝王之喜好也。使臣上说大王而逆王意，下不当太子⑤，则身刑而死，周尚安所事金乎？使臣上说大王，下当太子，赵国何求而不得也！"太子曰："然。吾王所见，唯剑士也。"庄子曰："诺。周善为剑。"

太子曰："然吾王所见剑士，皆蓬头突鬓垂冠，曼胡之缨，短后之衣，瞋目而语难⑥，王乃说之⑦。今夫子必儒服而见王，事必大逆。"庄子曰："请治剑服。"

治剑服三日，乃见太子。太子乃与见王。王脱白刃待之。庄子入殿门不趋，见王不拜。王曰："子欲何以教寡人，使太子先？"曰："臣闻大王喜剑，故以剑见王。"王曰："子之剑何能禁制？"曰："臣之剑十步一人⑧，千里不留行。"王大悦之，曰："天下无敌矣。"

庄子曰："夫为剑者，示之以虚，开之以利，后之以发，先之以至，愿得试之。"王曰："夫子休，就舍待命，令设戏⑨请夫子。"王乃校剑士七日，死伤者六十余人，得五六人，使奉剑于殿下，乃召庄子。王曰："今日试使士敦剑。"庄子曰："望之久矣！"王曰："夫子所御杖⑩，长短何如？"曰："臣之所奉皆可。然臣有三剑，唯王所用。请先言而后试。"

【注释】①夹门：拥门。客：寄食在门下。②不厌：不满足。③募：广泛征求。④说〔shuì〕：劝说，说服。⑤不当〔dàng〕太子：不能合乎太子的心愿。⑥瞋目：瞪着眼。语难：说话令人难堪。⑦乃：竟。说〔yuè〕：喜悦。⑧十步一人：在十步以内常常杀死一人。⑨设戏：安排比赛武术盛会。⑩御：用，持。杖：指剑。

【译文】从前，赵文王喜好剑术，剑客有三千多人立于大门两侧。他们昼夜在国王面前击剑，一年要死伤一百多人，但文王喜好剑术，不觉厌倦。这样三年，国势衰弱，各国诸侯都想来侵略它。

太子悝对这桩事情很担忧，就征求身边左右的人，说："谁能够劝说得国王回心转意，停止收养剑士的，我就赏赐他一千两金子。"身边左右的人说："庄子必定能够。"

太子于是派使者带着一千两金子奉送给庄子。庄子没有接受，就和使者一同来见太子。说："太子有什么事情请教我，要送给我一千两金子？"太子说："我听说先生通达圣智，恭恭敬敬地奉送一千两金子，作为随从的费用。可是先生不肯接受，我还敢说什么呢？"

庄子说："我听说太子所以要起用我，是为了要断绝赵王的嗜好。往上，我劝说赵王，违反了赵王的意旨；往下，也不合太子的心愿；我的身体将要受刑而死，我还用得着什么金子呢？假使，在上我说服了国王，在下也合乎太子的心愿，我想在赵国要求什么不行呢？"

太子说："是的。我们赵王接见的都是些剑士啊。"庄子说："好吧。我善于使剑。"太子说："可是，我们赵王所见到的剑士，都是蓬散着头发，倒梳着鬓毛，戴着低垂的帽子，帽缨盘结在下巴下面，穿着后身短小的衣服，急瞪着眼睛，不爱和人讲话，国王这才喜欢他。现在，先生穿着儒服去见国王，这必然会大大地违背了国王的意旨。"庄子说："请给我准备剑服。"

剑服制作了三天，庄子就去见太子。太子陪同庄子去见国王。国王把宝剑拔出剑鞘，露出白刃，正等待庄子。庄子进入宫门并不加快脚步，见到国王也不下拜。赵文王问庄子说："您想用什么教导寡人呢，使得太子做了您的向导？"庄子说："臣仆听说大王喜好剑术，所以就凭着我的剑术来参见大王。"赵文王说："您的剑术，能够制止什么呢？"庄子说："臣仆的剑术，十步取一人，千里无阻挡。"赵王听了，非常高兴说："那是天下无敌手了。"

庄子说："那善于使剑的人，要用空虚无备暗示对方，要用有利可乘引诱对方，后发制人。我愿意找机会和大王试剑。"赵文王说："先生休息休息，暂且到馆舍里，等候命令，我命令他们做好比剑的准备，再请先生。"赵文王于是考校剑士，考校了七天，剑士死了六十多人，选拔出来了五六个人，教他们捧着剑到殿下等候着，这才去召唤庄子。赵文王对庄子说："今天试使剑士们对剑。"庄子说："我盼望很久了。"赵文王又问庄子说："先生所拿的武器，长短如何？"庄子说："臣仆所使用的，长的短的都可以。可是，臣仆有三种剑，大王喜欢用哪种就用哪种，我请求先谈谈，然后使用。"

王曰："愿闻三剑。"曰："有天子剑，有诸侯剑，有庶人剑。"王曰："天子之剑何如？"曰："天子之剑，以燕谿、石城为锋，齐岱为锷，晋魏为脊，周宋为镡①，韩魏为铗，包以四夷，裹以四时，绕以渤海，带以常山，制以五行，论以刑德②，开以阴阳，持以春夏，行以秋冬。此剑直之无前，举之无上，案③之无下，运之无旁。上决浮云，下绝地纪。此剑一用，匡诸侯，天下服矣。此天子之剑也。"

文王芒然自失，曰："诸侯之剑何如？"曰："诸侯之剑，以知勇士为锋，以清廉士为锷，以贤良士为脊，以忠圣士为镡，以豪桀为铗。此剑直之亦无前，举之亦无上，案之亦无下，运之亦无旁。上法圆天，以顺三光；下法方地，以顺四时，中和民意以安四乡④。此剑一用，如雷霆之震也，四封⑤之内，无不宾服而听从君命者矣。此诸侯之剑也。"

王曰："庶人之剑何如？"曰："庶人之剑，蓬头突鬓，垂冠，曼胡之缨，短后之衣，瞋目而语难，相击于前，上斩颈领，下决肝肺，此庶人之剑，无异于斗鸡，一旦命已绝矣，无所用于国事。今大王有天子之位而好庶人之剑，臣窃为大王薄之。"

王乃牵而上殿。宰人上食，王三环之⑥。庄子曰："大王安坐定气，剑事已毕奏矣。"于是文王不出宫三月，剑士皆服毙其处也。

【注释】①镡：剑口。②刑德：刑律与德教。③案：同"按"。④四乡：同"四方"。⑤四封：即四境。封：封疆，疆界。⑥三环之：绕了三圈。

【译文】赵文王说："我愿意听听这三种剑。"庄子说："有天子剑，有诸侯剑，有平民剑。"赵文王问："天子剑是什么样的呢？"庄子说："天子之剑，以燕谿、石城作为剑锋，以齐国的泰山作为剑刃，以晋国、卫国作为剑背，以周国、宋国作为剑环，以韩国、魏国作为剑把，用四夷包围着，用四时裹着，用渤海环绕着，用恒山缠束着，用五常制衡着，用刑罚和道德缠裹着，用阴阳开导着，用春夏持守着，用秋冬运行着。这种剑，竖起来，没有比它靠前的；举起来，没有比它更高的；按下去，没有比它更低的；运用起来，没有比它广阔的；在上说，它可以拨开浮云；在下说，可以穿过地基。这种剑一旦使用，就可以匡正诸侯、威仪天下。这便是天子之剑。"赵文王感到迷茫，手足无措，就问："那诸侯之剑是什么样的呢？"庄子说："那诸侯之剑，用智勇之士作为剑锋，用清廉之士作为剑刃，用贤良之士作为剑背，用忠圣之士作为剑环，用豪杰之士作为剑把。这口剑，竖起来，也是没有比它低的；运用起来，也是没有比它广阔的；在上说它效法圆运的天道，顺从三光；在下说，它效法方静的人道，安抚四方。这种剑一旦使用，就如同雷霆的震动，四境之内，没有不宾服的，都听从君王的命令了。这便是诸侯之剑。"赵文王又问："那平民之剑是什么样的呢？"庄子说："那平民之剑，剑士者蓬散着头发，倒梳着鬓毛，戴着瓶式的帽子，帽缨盘结在下巴下面，穿着后身短小的衣服，急瞪着眼睛，不爱和别人说话；在人前互相砍杀，上面斩断了脖颈，下面流出了肝肺。这种平民之剑，和斗鸡没有什么差别，一旦使用就断送生命。这对于国家大事并没有好处。现在大王享有天子之位，可是喜好平民之剑。臣仆私自替大王感到微不足道了。"

  赵文王于是拉着庄子的手一起登上殿去。厨师摆上筵席，赵文王围着筵席转了三圈。庄子对赵文王说："大王请安然就座，静定气息，关于剑术的事情，臣仆已经陈奏完毕了。"从此赵文王不出宫殿，三个月之后，剑士们都在原先的居所里自杀了。

渔父

【题解】"渔父"为一捕鱼的老人,这里用作篇名。篇文通过"渔父"对孔子的批评,指斥儒家的思想,并借此阐述了"持守其真"、还归自然的主张。全文写了孔子见到渔父以及和渔父对话的全过程。首先是渔父跟孔子的弟子子路、子贡谈话,批评孔子"性服忠信、身形仁义""饰礼乐、选人伦",都是"苦心劳形以危其真"。接着写孔子见到渔父,受到渔父的直接批评,指出他不在其位而谋其政,乃是"八疵""四患"的行为。各安其位,才是最好的治理。接下去又进一步写渔父向孔子提出"真";所谓真,就是"受于天",主张"法天""贵真""不拘于俗"。最后写孔子对渔父的谦恭和崇敬的心情。本篇历来也多有指责,认为是伪作,但本篇的思想跟庄子一贯的主张还是有相通之处,对儒家的指责不如《胠箧》、《盗跖》那么直接、激烈,守真和受于天的思想也与内篇的观点相一致,而且渔父本身就是一隐道者的形象,因而仍应看作是庄派学说的后学之作。

孔子游乎缁帷①之林,休坐乎杏坛②之上,弟子读书,孔子弦歌鼓琴。奏曲未半,有渔父③者,下船而来,鬓眉交白,被发揄袂,行原以上，距陆而止，左手据膝，右手持颐以听。曲终，而招子贡、子路二人俱对。

客指孔子曰："彼何为者也？"子路对曰："鲁之君子也。"客问其族④。子路对曰："族孔氏。"客曰："孔氏者，何治也？"子路未应，子贡对曰："孔氏者，性服忠信，身行仁义，饰礼乐，选人伦，上以忠于世主，不以化于齐民，将以利天下。此孔氏之所治也。"又问曰："有土之君与？"子贡曰："非也。""侯王之佐与？"子贡曰："非也。"客乃笑而还行，言曰："仁则仁矣，恐不免其身。苦心劳形以危其真。呜呼！远哉，其分于道也。"

子贡还，报孔子。孔子推琴而起，曰："其圣人与！"乃下求之。至于泽畔，方将杖挐⑤而引其船，顾见孔子，还乡而立。孔子反走，再拜而进。

客曰："子将何求？"孔子曰："曩者先生有绪言而去，丘不肖，未知所谓，窃待于下风⑥，幸闻咳唾之音，以卒相丘也。"

客曰："嘻！甚矣，子之好学也！"孔子再拜而起，曰："丘少而修学，以至于今，六十九岁矣，无所得闻至教，敢不虚心！"

客曰："同类相从，同声相应，固天之理也。吾请释吾之所有而经子之所以。子之所以者，人事也。天子诸侯大夫庶人，此四者自正，治之美也；四者离位而乱莫大焉。官治其职，人忧其事，乃无所陵。故田荒室露，衣食不足，征赋不属，妻妾不和，长少无序，庶人之忧也；能不胜任，官事不治，行不清白，群下荒怠，功美不有，爵禄不持，大人之忧也；廷无忠臣，国家昏乱，工技不巧，贡职不美，春秋⑦

忧；朝廷没有忠臣，国家昏乱，工艺技术不够精巧，进贡不尽人意，春朝秋觐时比同列诸侯晚了一步，触犯了天子，这是诸侯的担忧；阴阳气候不相调和，寒冷暑热不顺应季节的规律，伤害了农、林、牧等物业发展，诸侯暴乱，擅自相互攻伐，残害百姓，礼乐失去规范，物资贫乏，社会等级难以整顿，百姓无法无天，这是天子及其有关官员的担忧。如今你既不同君主诸侯的权利，也没有臣子官属的职位，却枉费苦心用礼乐修饰社会，制定交往秩序来教化百姓，不是多管闲事吗？加上人有八种毛病，事情有四种害处，不可以不加留心呀。不属于自己管的事却要去管它，叫做包揽；别人还没顾及就从中插嘴，叫做多嘴；察言观色来说话，叫做谄媚；没有是非标准地说话，叫做献谀；喜好讲人的坏话，叫做谗毁；挑拨离间亲友关系，叫做贼害；用称赞奸诈虚伪的人来打击仇人，叫做奸邪；不分善恶，两副面孔去投合，暗中助长人的欲望，叫做阴险。这八种毛病，对外可搅乱人心，对内足以伤害自身，君子不会跟他做朋友，英明的君主不会起用他做臣子。所说的四种害处是：喜欢经营在事，标新立异，沽名钓誉，叫做盗窃；自以为是个人独断，恃势凌人刚愎自用，叫做贪婪；发现过错不予改正，听人指劝后更变本加厉，叫做狠戾；别人赞同自己就认可，不赞同自己，纵然是好意也不承认，叫做矜夸。这就是四种害处。只有舍弃这八种毛病，不再遭受四种害处，你才可以教诲世人啊。"

孔子愀然①而叹，再拜而起，曰："丘再逐于鲁，削迹于卫，伐树于宋，围于陈、蔡。丘不知所失，而离此四谤者，何也？"

客凄然变容曰："甚矣，子之难悟也！人有畏影恶迹而去之走者，举足愈数而迹愈多，走愈疾而影不离身，自以为尚迟，疾走不后伦,不顺天子,诸侯之忧也;阴阳不和,寒暑不时,以伤庶物,诸侯暴乱,擅相攘伐,以残民人,礼乐不节,财用穷匮,人伦不饬,百姓淫乱,天子有司之忧也。今子既上无君侯有司之势,而下无大臣职事之官,而擅饰礼乐,选人伦,以化齐民,不泰多事乎?且人有八疵,事有四患,不可不察也。非其事而事之,谓之摠⑧;莫之顾而进之,谓之佞;希⑨意道言,谓之谄;不择是非而言,谓之谀;好言人之恶,谓之谗;析交离亲,谓之贼;称誉诈伪以败恶人,谓之慝⑩;不择善否,两容颊适,偷拔其所欲,谓之险。此八疵者,外以乱人,内以伤身,君子不友,明君不臣。所谓四患者:好经大事,变更易常,以挂功名,谓之叨;专知擅事,侵人自用,谓之贪;见过不更,闻谏愈甚,谓之狠;人同于己则可,不同于己,虽善不善,谓之矜。此四患也。能去八疵,无行四患,而始可教已。"

【注释】①缁〔zī〕帷:黑幕。黑林名。②杏坛:植有杏树的高地,在鲁都东门外。《东家杂记·杏坛说》:"兹鲁将臧文仲誓盟之坛也。"孔子也在此讲学。③渔父:渔夫。④族:氏族,姓氏。⑤挐〔ná〕:船桨。⑥下风:膝下之风。⑦春秋:春季晋见天子称朝,秋季晋见天子称觐。⑧摠〔zǒng〕:通"总",包揽。⑨希:通"睎",观察。⑩慝〔tè〕:奸邪。

【译文】孔子到缁帷树林里游赏,然后坐在杏坛上休息。学生在读书,孔子在弹琴唱歌。歌曲演奏没到一半,有个渔父下船走过来,他的胡子和眉毛都白了,披散着头发挥着袖子,经过原野走上来,到达高地就停住了。他左手按着膝盖,右手托着脸颊在听。一曲完毕他就招呼子贡和子路两人一起来对话。

他指着孔子问:"那人是谁呀?"子路回答说:"是鲁国的君子。"他询问姓氏,子路回答说:"是孔氏家族。"他又问:"这人是干什么职业的?"子路没有回答,子贡回答说:"这姓孔的人,心于忠信,躬身实践仁义,用礼乐加以修饰,制定人际关系准则,上忠于君主,对下教化平民,这些是利于天下的。这就是姓孔的干的职业了。"他又问道:"他是拥有国土的君主吗?"子贡说:"不是的。"他又问:"他是侯王的卿相吗?"子贡说:"不是的。"他笑了笑就往回走,并说:"仁爱倒是仁爱了,恐怕难免身形劳累,苦心劳累身体会危害他天性的。唉呀!他离大道的距离太远了。"

子贡回来,把事情向孔子汇报。孔子推开琴站起来,说:"是个圣人吗?"于是走过去找他,直到湖边,那渔父要撑篙启船,回头看见孔子,便转过身来向着孔子站着。孔子倒退了几步,拜便走上去。

渔父问道:"你是有什么事找我吗?"孔子说:"刚才先生只个开头就走了,我如此浅陋而不能理解先生之言,所以等待,希望听到有益于自身的只言片语。"

渔父说:"唉!你真是太好学了。"孔子再次行礼站起来,说:"我从小学习,直到现在,已经六十九年了,还没听过至上的教诲,哪敢不虚心呢?"

渔父说:"同类事物相互关联,同类声音相互应答,这本是自然常理。我想运用我的见解来分析你的所作所为。你所从事的是人世事务。天子、诸侯、大夫、平民,这四等人自身稳定,是治理最理想的了;这四等人地位发生转变便会爆发大得无比的昏乱。官吏执行自己职责,人民操心自己的事情,不相侵犯。所以田地荒芜,室败露,衣食不足,所征赋税不能及时交纳,妻妾之间不和睦,没了次序,这是平民的担忧;能力不能胜任职责,官府公务荒废,不清廉,下属荒怠事,功名毫无建树,爵禄无以维持,这是大休,绝力而死。不知处阴以休影,处静以息迹,愚亦甚矣!子审仁义之间,察同异之际,观动静之变,适受与之度,理好恶之情,和喜怒之节,而几于不免矣。谨修而身,慎守其真,还以物与人,则无所累已。今不修之身而求之人,不亦外乎!"

孔子愀然,曰:"请问何谓真?"

客曰:"真者,精诚之至也。不精不诚,不能动人。故强哭者,虽悲不哀;强怒者,虽严不威;强亲者,虽笑不和。真悲无声而哀,真怒未发而威,真亲未笑而和。真在内者,神动于外,是所以贵真也。其用于人理也,事亲则慈孝,事君则忠贞,饮酒则欢乐,处丧则悲哀。忠贞以功为主,饮酒以乐为主,处丧以哀为主,事亲以适为主。功成之美,无一其迹矣;事亲以适,不论所以矣;饮酒以乐,不选其具矣;处丧以哀,无问其礼矣。礼者,世俗之所为也;真者,所以受于天也,自然不可易也。故圣人法天贵真,不拘于俗。愚者反此。不能法天而恤于人,不知贵真,禄禄②而受变于俗,故不足。惜哉,子之蚤湛③于人伪而晚闻大道也!"

孔子又再拜而起,曰:"今者丘得遇也,若天幸然。先生不羞而比之服役而身教之。敢问舍所在,请因受业而卒学大道。"

客曰:"吾闻之,可与往者,与之至于妙道;不可与往者,不知其道。慎勿与之,身乃无咎。子勉之,吾去子矣,吾去子矣!"乃刺船而去,延缘苇间。

颜渊还车,子路授绥,孔子不顾,待水波定,不闻拏音而后敢乘。

子路旁车而问曰："由得为役久矣，未尝见夫子遇人如此其威也。万乘之主，千乘之君④，见夫子未尝不分庭伉礼⑤，夫子犹有倨傲之容。今渔父杖拏逆立，而夫子曲要磬折⑥，言拜而应，得无太甚乎！门人皆怪夫子矣，渔人何以得此乎！"

孔子伏轼而叹曰："甚矣，由之难化也！湛于礼仪有间矣，而朴鄙之心至今未去。进，吾语汝：夫遇长不敬，失礼也；见贤不尊，不仁也。彼非至人，不能下人。下人之情，不得其真，故长伤身。惜哉！不仁之于人也，祸莫大焉，而由独擅之。且道者，万物之所由也。庶物失之者死，得之者生。为事逆之则败，顺之则成。故道之所在，圣人尊之。今渔父之于道，可谓有矣，吾敢不敬乎！"

【注释】①愀〔qiǎo〕然：惭愧状。②逯逯：通"遝遝"，追随的样子。③蚤：通"早"。湛：通"耽"，沉溺。④万乘：天子。千乘：诸侯。⑤分庭伉礼：宾主分从东西庭升堂，称分庭。在堂上让座互拜，称伉礼。⑥要：通"腰"。磬：乐器，中曲。

【译文】孔子露出惭愧之色，行了两次礼后站起来，说："我在鲁国两次被驱逐，在卫国被迫潜逃，在宋国连呆过的树都被砍掉，在陈、蔡两国之间被围困过。我也不知道犯了什么过错，竟然受到这四次打击？"

渔父凄怆地变色说："你真是太难醒悟了。有个害怕身影讨厌足迹想摆脱它跑动的人，他抬腿的次数越多那足迹就越多，跑得越快可身影还是摆脱不了，他自以为太慢了，猛跑不停，直到断气力竭死了。他不懂得待在阴暗的地方就能使影子消失掉，处在静止状态就能使足迹不出现，他也太过愚蠢了。你深明仁义的关联，分清同异的界限,留心动静的变化,把握接受和给予的分寸,分析爱好和厌恶的实质,调和高兴和恼怒的差距,可是还不能免除祸害啊。谨慎地修养你的身心,慎重地保存你的真性,施惠于人,那就没有什么牵累了。现在你不去修养身反而去为他人订立规矩,不也太出格了吗?"

孔子羞愧地问:"请问什么叫真?"

渔父说:"真嘛,就是心性精诚达到极点,不精诚,就不能感动人。所以勉强哭泣的人,虽有悲伤无哀痛;勉强恼怒的人,虽有严厉却无威慑;勉强亲热的人,虽有笑容却无和蔼。真正的哀伤是无声的大痛,真正的恼怒未发而震慑天下,真正的亲热在笑容之前就感到和蔼。真性在内,神情表现出来,这就是珍视真性的原因。将它运用到人的论理,侍奉双亲就慈爱孝敬,效力君主就忠心坚贞,喝酒就快乐,守丧以悲哀为目的,侍奉双亲以顺从他们心意为目的。成功了就好,不要固定在一种途径上;侍奉双亲令他们满意就行,不管用何种手段;喝酒快乐就得了,不需要选择用什么器具;守丧悲哀就是了,不必讲究礼仪形式。礼是世俗人为制作的;真性是出于天然的,自然而然不可改变。所以圣人效法自然珍重真诚,不受世俗拘束,愚顽的人正与此相反。不能效法自然而忧心于人事,就不懂得本性的珍贵,随波逐流改变自己而无法满足。可惜呀,你过早沉溺在人为的俗务里却过晚地聆听大道啊。"

孔子又行了两次礼后站起来说:"今天我能够遇上你,如同跟神幸会一样。先生不以为耻地把我当作学生亲身教诲我,我冒昧请问先生住处在哪里,好让继续接受学业直至最终学完大道。"

渔父说:"我听过有句话说,对可以一齐前进的人,就跟他达到美妙的境界;对不可以一起前进的人,那就不知道路在哪了。千万不要跟他一起,这样自身才避免祸害。你努力吧,我要离开你了,我要离开你了。"于是就撑船走了,沿着芦苇水径缓缓飘逝。

颜渊回到车上,子路将车绳递给孔子,孔子连看都没看,直到水波平定,听不到桨声然后才敢坐上车。

子路靠近车来,问道:"我当弟子很久了,从来没见过先生待人这么肃敬的。天子也好,诸侯也好,跟先生会面时没有不是分庭抗礼的,先生还有点傲慢的神气呢。现在渔父撑桨背身站着,可先生却把腰弯得像折磬一样,听渔父说话也要先行礼再回答,可不是太过分了吗?学生们都觉得先生有点特别了,渔父凭什么得到这样待遇?"

孔子扶着车轼叹口气,说:"子路你真是太难教化了。你泡在礼仪中够长时间的了,可是粗鄙的心性至今还没消除。过来,我告诉你。遇到长者不尊敬,是失礼;看见贤人不尊敬,是不仁爱。如果他不是至人,就不能使人信服。对人谦逊却不真诚,不能回到真性,所以老是伤害身体。可惜呀,对人不仁爱,祸大无比,可你却特别突出。至于道嘛,是万物产生的根由。众物失去它就会死,得到它就能活。做事情违背它就失败,顺从它就成功。所以道在哪里,圣人都尊崇它。如今道在渔父身上,我哪敢不尊敬他呢?"

行原以上，距陆而止，左手据膝，右手持颐以听。曲终，而招子贡、子路二人俱对。

客指孔子曰："彼何为者也？"子路对曰："鲁之君子也。"客问其族④。子路对曰："族孔氏。"客曰："孔氏者，何治也？"子路未应，子贡对曰："孔氏者，性服忠信，身行仁义，饰礼乐，选人伦，上以忠于世主，不以化于齐民，将以利天下。此孔氏之所治也。"又问曰："有土之君与？"子贡曰："非也。""侯王之佐与？"子贡曰："非也。"客乃笑而还行，言曰："仁则仁矣，恐不免其身。苦心劳形以危其真。呜呼！远哉，其分于道也。"

子贡还，报孔子。孔子推琴而起，曰："其圣人与！"乃下求之。至于泽畔，方将杖挐⑤而引其船，顾见孔子，还乡而立。孔子反走，再拜而进。

客曰："子将何求？"孔子曰："曩者先生有绪言而去，丘不肖，未知所谓，窃待于下风⑥，幸闻咳唾之音，以卒相丘也。"

客曰："嘻！甚矣，子之好学也！"孔子再拜而起，曰："丘少而修学，以至于今，六十九岁矣，无所得闻至教，敢不虚心！"

客曰："同类相从，同声相应，固天之理也。吾请释吾之所有而经子之所以。子之所以者，人事也。天子诸侯大夫庶人，此四者自正，治之美也；四者离位而乱莫大焉。官治其职，人忧其事，乃无所陵。故田荒室露，衣食不足，征赋不属，妻妾不和，长少无序，庶人之忧也；能不胜任，官事不治，行不清白，群下荒怠，功美不有，爵禄不持，大人之忧也；廷无忠臣，国家昏乱，工技不巧，贡职不美，春秋⑦

后伦，不顺天子，诸侯之忧也；阴阳不和，寒暑不时，以伤庶物，诸侯暴乱，擅相攘伐，以残民人，礼乐不节，财用穷匮，人伦不饬，百姓淫乱，天子有司之忧也。今子既上无君侯有司之势，而下无大臣职事之官，而擅饰礼乐，选人伦，以化齐民，不泰多事乎？且人有八疵，事有四患，不可不察也。非其事而事之，谓之摠⑧；莫之顾而进之，谓之佞；希⑨意道言，谓之谄；不择是非而言，谓之谀；好言人之恶，谓之谗；析交离亲，谓之贼；称誉诈伪以败恶人，谓之慝⑩；不择善否，两容颊适，偷拔其所欲，谓之险。此八疵者，外以乱人，内以伤身，君子不友，明君不臣。所谓四患者：好经大事，变更易常，以挂功名，谓之叨；专知擅事，侵人自用，谓之贪；见过不更，闻谏愈甚，谓之狠；人同于己则可，不同于己，虽善不善，谓之矜。此四患也。能去八疵，无行四患，而始可教已。"

【注释】①缁〔zī〕帷：黑幕。黑林名。②杏坛：植有杏树的高地，在鲁都东门外。《东家杂记·杏坛说》："兹鲁将臧文仲誓盟之坛也。"孔子也在此讲学。③渔父：渔夫。④族：氏族，姓氏。⑤挐〔ná〕：船桨。⑥下风：膝下之风。⑦春秋：春季晋见天子称朝，秋季晋见天子称觐。⑧摠〔zǒng〕：通"总"，包揽。⑨希：通"睎"，观察。⑩慝〔tè〕：奸邪。

【译文】孔子到缁帷树林里游赏，然后坐在杏坛上休息。学生在读书，孔子在弹琴唱歌。歌曲演奏没到一半，有个渔父下船走过来，他的胡子和眉毛都白了，披散着头发挥着袖子，经过原野走上来，到达高地就停住了。他左手按着膝盖，右手托着脸颊在听。一曲完毕他就招呼子贡和子路两人一起来对话。

他指着孔子问："那人是谁呀？"子路回答说："是鲁国的君

子。"他询问姓氏,子路回答说:"是孔氏家族。"他又问:"这姓孔的是干什么职业的?"子路没有回答,子贡回答说:"这姓孔的人,用心于忠信,躬身实践仁义,用礼乐加以修饰,制定人际关系准则。对上忠于君主,对下教化平民,这些是利于天下的。这就是姓孔的人所干的职业了。"他又问道:"他是拥有国土的君主吗?"子贡说:"不是的。"他又问:"他是侯王的卿相吗?"子贡说:"不是的。"他于是笑了笑就往回走,并说:"仁爱倒是仁爱了,恐怕难免身形劳累,煞费苦心劳累身体会危害他天性的。唉呀!他离大道的距离太远了。"

子贡回来,把事情向孔子汇报。孔子推开琴站起来,说:"那是个圣人吗?"于是走过去找他,直到湖边,那渔父要撑篙启引他的船,回头看见孔子,便转过身来向着孔子站着。孔子倒退了几步,拜了拜便走上去。

渔父问道:"你是有什么事找我吗?"孔子说:"刚才先生只说了个开头就走了,我如此浅陋而不能理解先生之言,所以等待,希望得到有益于自身的只言片语。"

渔父说:"唉!你真是太好学了。"孔子再次行礼站起来,说:"我从小学习,直到现在,已经六十九年了,还没听过至上的教诲,哪敢不虚心呢?"

渔父说:"同类事物相互关联,同类声音相互应答,这本来就是自然常理。我想运用我的见解来分析你的所作所为。你所从事的,是人世事务。天子、诸侯、大夫、平民,这四等人自身稳定,是治理上最理想的了;这四等人地位发生转变便会爆发大得无比的昏乱了。官吏执行自己职责,人民操心自己的事情,不相侵犯。所以田地荒芜居室败露,衣食不足,所征赋税不能及时交纳,妻妾之间不和睦,长幼没了次序,这是平民的担忧;能力不能胜任职责,官府公务荒废行为不清廉,下属荒怠事,功名毫无建树,爵禄无以维持,这是大夫的担忧；朝廷没有忠臣，国家昏乱，工艺技术不够精巧，进贡不尽人意，春朝秋觐时比同列诸侯晚了一步，触犯了天子，这是诸侯的担忧；阴阳气候不相调和，寒冷暑热不顺应季节的规律，伤害了农、林、牧等物业发展，诸侯暴乱，擅自相互攻伐，残害百姓，礼乐失去规范，物资贫乏，社会等级难以整顿，百姓无法无天，这是天子及其有关官员的担忧。如今你既不同君主诸侯的权利，也没有臣子官属的职位，却枉费苦心用礼乐修饰社会，制定交往秩序来教化百姓，不是多管闲事吗？加上人有八种毛病，事情有四种害处，不可以不加留心呀。不属于自己管的事却要去管它，叫做包揽；别人还没顾及就从中插嘴，叫做多嘴；察言观色来说话，叫做谄媚；没有是非标准地说话，叫做献谀；喜好讲人的坏话，叫做谗毁；挑拨离间亲友关系，叫做贼害；用称赞奸诈虚伪的人来打击仇人，叫做奸邪；不分善恶，两副面孔去投合，暗中助长人的欲望，叫做阴险。这八种毛病，对外可搅乱人心，对内足以伤害自身，君子不会跟他做朋友，英明的君主不会起用他做臣子。所说的四种害处是：喜欢经营在事，标新立异，沽名钓誉，叫做盗窃；自以为是个人独断，恃势凌人刚愎自用，叫做贪婪；发现过错不予改正，听人指劝后更变本加厉，叫做狠戾；别人赞同自己就认可，不赞同自己，纵然是好意也不承认，叫做矜夸。这就是四种害处。只有舍弃这八种毛病，不再遭受四种害处，你才可以教诲世人啊。"

孔子愀然①而叹，再拜而起，曰："丘再逐于鲁，削迹于卫，伐树于宋，围于陈、蔡。丘不知所失，而离此四谤者，何也？"

客凄然变容曰："甚矣，子之难悟也！人有畏影恶迹而去之走者，举足愈数而迹愈多，走愈疾而影不离身，自以为尚迟，疾走不休,绝力而死。不知处阴以休影,处静以息迹,愚亦甚矣!子审仁义之间,察同异之际,观动静之变,适受与之度,理好恶之情,和喜怒之节,而几于不免矣。谨修而身,慎守其真,还以物与人,则无所累已。今不修之身而求之人,不亦外乎!"

孔子愀然,曰:"请问何谓真?"

客曰:"真者,精诚之至也。不精不诚,不能动人。故强哭者,虽悲不哀;强怒者,虽严不威;强亲者,虽笑不和。真悲无声而哀,真怒未发而威,真亲未笑而和。真在内者,神动于外,是所以贵真也。其用于人理也,事亲则慈孝,事君则忠贞,饮酒则欢乐,处丧则悲哀。忠贞以功为主,饮酒以乐为主,处丧以哀为主,事亲以适为主。功成之美,无一其迹矣;事亲以适,不论所以矣;饮酒以乐,不选其具矣;处丧以哀,无问其礼矣。礼者,世俗之所为也;真者,所以受于天也,自然不可易也。故圣人法天贵真,不拘于俗。愚者反此。不能法天而恤于人,不知贵真,禄禄②而受变于俗,故不足。惜哉,子之蚤湛③于人伪而晚闻大道也!"

孔子又再拜而起,曰:"今者丘得遇也,若天幸然。先生不羞而比之服役而身教之。敢问舍所在,请因受业而卒学大道。"

客曰:"吾闻之,可与往者,与之至于妙道;不可与往者,不知其道。慎勿与之,身乃无咎。子勉之,吾去子矣,吾去子矣!"乃刺船而去,延缘苇间。

颜渊还车,子路授绥,孔子不顾,待水波定,不闻拏音而后敢乘。

子路旁车而问曰："由得为役久矣,未尝见夫子遇人如此其威也。万乘之主,千乘之君④,见夫子未尝不分庭伉礼⑤,夫子犹有倨傲之容。今渔父杖拏逆立,而夫子曲要磬折⑥,言拜而应,得无太甚乎!门人皆怪夫子矣,渔人何以得此乎!"

孔子伏轼而叹曰:"甚矣,由之难化也!湛于礼仪有间矣,而朴鄙之心至今未去。进,吾语汝:夫遇长不敬,失礼也;见贤不尊,不仁也。彼非至人,不能下人。下人之情,不得其真,故长伤身。惜哉!不仁之于人也,祸莫大焉,而由独擅之。且道者,万物之所由也。庶物失之者死,得之者生。为事逆之则败,顺之则成。故道之所在,圣人尊之。今渔父之于道,可谓有矣,吾敢不敬乎!"

【注释】①愀〔qiǎo〕然:惭愧状。②禄禄:通"逯逯",追随的样子。③蚤:通"早"。湛:通"耽",沉溺。④万乘:天子。千乘:诸侯。⑤分庭伉礼:宾主分从东西庭升堂,称分庭。在堂上让座互拜,称伉礼。⑥要:通"腰"。磬:乐器,中曲。

【译文】孔子露出惭愧之色,行了两次礼后站起来,说:"我在鲁国两次被驱逐,在卫国被迫潜逃,在宋国连呆过的树都被砍掉,在陈、蔡两国之间被围困过。我也不知道犯了什么过错,竟然受到这四次打击?"

渔父凄怆地变色说:"你真是太难醒悟了。有个害怕身影讨厌足迹想摆脱它跑动的人,他抬腿的次数越多那足迹就越多,跑得越快可身影还是摆脱不了,他自以为太慢了,猛跑不停,直到断气力竭死了。他不懂得待在阴暗的地方就能使影子消失掉,处在静止状态就能使足迹不出现,他也太过愚蠢了。你深明仁义的关联,分清同异的界限,留心动静的变化,把握接受和给予的分寸,分析爱好和厌恶的实质,调和高兴和恼怒的差距,可是还不能免除祸害啊。谨慎地修养你的身心,慎重地保存你的真性,施惠于人,那就没有什么牵累了。现在你不去修养身反而去为他人订立规矩,不也太出格了吗?"

孔子羞愧地问:"请问什么叫真?"

渔父说:"真嘛,就是心性精诚达到极点,不精诚,就不能感动人。所以勉强哭泣的人,虽有悲伤无哀痛;勉强恼怒的人,虽有严厉却无威慑;勉强亲热的人,虽有笑容却无和蔼。真正的哀伤是无声的大痛,真正的恼怒未发而震慑天下,真正的亲热在笑容之前就感到和蔼。真性在内,神情表现出来,这就是珍视真性的原因。将它运用到人的论理,侍奉双亲就慈爱孝敬,效力君主就忠心坚贞,喝酒就快乐,守丧以悲哀为目的,侍奉双亲以顺从他们心意为目的。成功了就好,不要固定在一种途径上;侍奉双亲令他们满意就行,不管用何种手段;喝酒快乐就得了,不需要选择用什么器具;守丧悲哀就是了,不必讲究礼仪形式。礼是世俗人为制作的;真性是出于天然的,自然而然不可改变。所以圣人效法自然珍重真诚,不受世俗拘束,愚顽的人正与此相反。不能效法自然而忧心于人事,就不懂得本性的珍贵,随波逐流改变自己而无法满足。可惜呀,你过早沉溺在人为的俗务里却过晚地聆听大道啊。"

孔子又行了两次礼后站起来说:"今天我能够遇上你,如同跟神幸会一样。先生不以为耻地把我当作学生亲身教诲我,我冒昧请问先生住处在哪里,好让继续接受学业直至最终学完大道。"

渔父说:"我听过有句话说,对可以一齐前进的人,就跟他达到美妙的境界;对不可以一起前进的人,那就不知道路在哪了。千万不要跟他一起,这样自身才避免祸害。你努力吧,我要离开你了,我要离开你了。"于是就撑船走了,沿着芦苇水径缓缓飘逝。

颜渊回到车上,子路将车绳递给孔子,孔子连看都没看,直到水波平定,听不到桨声然后才敢坐上车。

子路靠近车来,问道:"我当弟子很久了,从来没见过先生待人这么肃敬的。天子也好,诸侯也好,跟先生会面时没有不是分庭抗礼的,先生还有点傲慢的神气呢。现在渔父撑桨背身站着,可先生却把腰弯得像折磬一样,听渔父说话也要先行礼再回答,可不是太过分了吗?学生们都觉得先生有点特别了,渔父凭什么得到这样待遇?"

孔子扶着车轼叹口气,说:"子路你真是太难教化了。你泡在礼仪中够长时间的了,可是粗鄙的心性至今还没消除。过来,我告诉你。遇到长者不尊敬,是失礼;看见贤人不尊敬,是不仁爱。如果他不是至人,就不能使人信服。对人谦逊却不真诚,不能回到真性,所以老是伤害身体。可惜呀,对人不仁爱,祸大无比,可你却特别突出。至于道嘛,是万物产生的根由。众物失去它就会死,得到它就能活。做事情违背它就失败,顺从它就成功。所以道在哪里,圣人都尊崇它。如今道在渔父身上,我哪敢不尊敬他呢?"

列御寇

【题解】"列御寇"本是篇首的人名,这里用作篇名。全篇由许多小故事夹着议论组合而成。内容很杂,其间也无内在联系,不过从主要段落看,主要是阐述忘我的思想,人生在世不应炫耀于外,不应求仕求禄,不应追求智巧,不应贪功图报。

全文大体分为五个部分,第一部分至"虚而敖游者也",通过伯昏瞀人与列御寇的对话,告戒人们不要显迹于外。人们之所以不能忘我,是因为他们始终不能忘外,"无能者无所求",无所求的人才能虚己而遨游。第二部分至"而不知大宁",通过对贪天之功以为己有的人的批评,对照朱泙漫学习屠龙技成而无所用,教导人们要顺应天成,不要追求人为,要像水流一样"无形",而且让精神归于"无始"。第三部分至"唯真人能之",嘲讽了势利的曹商,批评了矫饰学伪的孔子,指出给人们精神世界带来惩罚的是他自身的烦乱不安和行动过失,而能够摆脱精神桎梏的只有真人,即形同槁木、超脱于世俗之外的人。第四部分至"达小命者遭",先借孔子之口大谈人心叵测,择人困难,再用正考父做官为例,引出处世原则的讨论,这就是态度谦下,不自以为是,不自恃傲人,而事事通达随顺自然。余下为第五部分,进一部阐述处世之道。连续写了庄子的三则小故事,旨意全在于说明一无所求的处世原则;最后又深刻指出,不要自恃明智而为外物所驱使,追求身外的功利实是可悲,应该有所感才有所应。

列御寇之齐,中道而反,遇伯昏瞀人。

伯昏瞀人曰:"奚方而反?①"

曰:"吾惊焉。"

曰:"恶乎惊?"

曰:"吾尝食于十浆,而五浆先馈。"

伯昏瞀人曰:"若是则汝何为惊已?"

曰:"夫内诚不解②,形谍成光③,以外镇人心,使人轻乎贵老,而𩬅其所患④。夫浆人特为食羹之货,多余之赢,其为利也薄,其为权也轻,而犹若是,而况于万乘之主乎!身劳于国而知尽于事。彼将任我以事,而效我以功,吾是以惊"。

伯昏瞀人曰:"善哉观乎!女处已,人将保女矣!"

无几何而往,则户外之屦满矣。伯昏瞀人北面而立,敦杖蹙之乎颐,立有间,不言而出。宾者以告列子,列子提屦,跣⑤而走,暨乎门,曰:"先生既来,曾不发药乎?"

曰:"已矣,吾固告汝曰:人将保汝,果保汝矣!非汝能使人保汝,而汝不能使人无保汝也,而焉用之感豫出异也⑥。必且有感⑦,摇而本性,又无谓也。与汝游者,又莫汝告也,彼所小言,尽人毒也。莫觉莫悟,何相孰也⑧!巧者劳而知者忧,无能者无所求。饱食而遨游,泛若不系之舟,虚而遨游者也!"

【注释】①奚方而反:因何故回来。奚:何。方:故,事。②内诚不解:内心情欲不能缓解。诚:"情"的假借字。③谍:动。形谍:形容举动。成光:有光仪。④齎〔jī〕其所患:招致祸患。齎:聚积。⑤跣:赤脚。⑥而焉用之豫出异也:你何必这样讨人欢心而与众不同呢! 而:尔。之:此。⑦感:撼。⑧何相孰也:怎能相亲爱。孰:"熟"的本字。相孰:相习熟。

【译文】列御寇到齐国去,中途返回来,遇上伯昏瞀人。

伯昏瞀人问道:"什么事情使你又回来了"?

列御寇说:"我感到惊恐不安。"

伯昏瞀人说:"你为什么惊恐不安?"

列御寇说:"我曾在十家卖浆的店子吃饭,有五家事先就给我送来。"

伯昏瞀人说:"像这样的事,怎么会让你惊惶不安呢?"

列御寇说:"心中情欲不能排遣,形容举动会有光仪神采;以这样的外貌镇服人心,使人对我的尊重胜过对老人的尊重,这将会招致祸患。卖浆人只不过是做些小本的饮食买卖,没有多少赢余,获利微薄,权势轻微,还如此待我,更何况是万乘的国君呢?国君身体为国家损耗,才智为政事消耗,他们会把重任托付给我并考察我的功绩。我正因为这个缘故才惊惶不已。"

伯昏瞀人说:"你的观察与分析妙啊!你就等着吧,人们会归附你的!"

没过多久,伯昏瞀人前去看望列御寇,见门外摆满了鞋子。伯昏瞀人面朝北方站着,竖着拐杖撑住下巴,站了一会儿,一句话没有就出去了。接待客人的人告诉列御寇,列御寇提着鞋子,光着脚就跑了出来,赶到门口,说:"先生既然来了,怎么不说一句教导的话呢?"

伯昏瞀人说:"算了算了,我本来就告诉你说人们会归附你,果真归附你了。不是你能使人归附你,而是你不能使人不归附你。你何必这样讨人欢喜而显现得与众不同呢?必定是有什么东西撼动了你的本性，而你又无奈何。跟你交游的人中无人劝诫你，他们机巧的言论，全是毒害人的。你却不醒不悟，竟同他们混熟。逗人爱的智巧，你要丢掉才好。灵巧的人多劳累，聪明的人多忧患，不用智巧的人无所求。填饱肚子就自由自在地遨游，像不受缆索牵绊飘忽在水中的船只一样，这才是心境虚无而自由遨游的人。"

郑人缓也，呻吟^①裘氏之地。只三年而缓为儒。河润九里，泽及三族，使其弟墨。儒墨相与辩，其父助翟。十年而缓自杀。其父梦之曰："使而子为墨者，予也，阖尝视其良，即为秋柏之实矣。"

夫造物者之报人也，不报其人而报其人之天。彼故使彼。夫人以己为有以异于人，以贱其亲，齐人之井饮者相捽^③也，故曰：今之世皆缓也。自是有德者以不知也，而况有道者乎！古者谓之遁^④天之刑。

圣人安其所安，不安其所不安；众人安其所不安，不安其所安。

庄子曰："知道易，勿言难。知而不言，所以之天也。知而言之，所以之人也。古之至人，天而不人。"

【注释】①呻吟：诵读。②使其弟墨：使他的弟弟学墨学。③相捽〔zuó〕：相争扭。④遁：此处作"违"解。

【译文】郑国有个名叫为缓的人在裘氏这个地方读书，只用了三年就成了儒生，像河水滋润沿岸的土地一样施惠乡里，泽及三族，并让他的弟弟成为墨家的学人。儒、墨相互争辩，缓的父亲则站在墨家一边。十年后缓自杀了，他的父亲梦见他说："让你的儿子成为墨家的是我,为什么不到我的坟前去看看,坟茔上的秋柏树已经结果了。"

造物主赋予人们的,不是才智而是自然本性。他的天性使他成为墨家学人。缓总认为自己与众不同而轻侮他的父亲,就像齐人自以为挖井有功而与饮水之人扭打一样。这样看来,今天的人都像缓这样的人了。自以为本该如此,在有德的人看来这是不明智的做法,更何况在有道的人看来呢!在古时候的人看来,这是违逆天理的刑罚。

圣人安于自然,不安于人为;众人安于人为,却不安于自然。

庄子说:"了解道容易,不去谈论却难。了解了道却不妄加谈论,这合于自然;了解了道却信口谈论,这属于人为。古时候的至人,顺应自然而不用人为扰民。"

朱泙漫学屠龙于支离益①,单②千金之家,三年技成而无所用其巧。

圣人以必不必③,故无兵;众人以不必必之,故多兵。顺于兵,故行有求④。兵,恃之则亡。

小夫之知,不离苞苴竿牍⑤,敝精神乎蹇浅,而欲兼济导物,太一形虚。若是者,迷惑于宇宙,形累不知太初。彼至人者,归精神乎无始,而甘瞑⑥乎无何有之乡。水流乎无形,发泄乎太清。悲哉乎!汝为知在毫毛,而不知大宁!

【注释】①朱泙漫、支离益:均为人名。②单:"殚"的假借,尽也。③以必不必:把必然的事理视为不必然。比喻心胸豁达,不固执。④顺于兵,故行有求:兵,泛指纷争。求,贪求。⑤苞苴竿牍:指应酬交际。苞苴:香草。竿牍:竹简。⑥瞑:同"眠",古今字。

【译文】朱泙漫向支离益学习屠龙的手艺，耗尽了千金家产，三年学成却没有地方施展他的手艺。

圣人不把必然的事当真，所以没有纷争；众人把不必然的事情当必然，所以纷争风起。顺着纷争走，所以有贪求的行为。纷争，依恃它就会灭亡。

普通人的心智，离不开交际应酬，把精神消耗在浅薄的事物中，还幻想普济天下，引导众物，以达到物我两忘的境界。像这样是为宇宙形体所迷惑，劳累形体不识太初的境况。像那至人，精神归向于无始的境界，沉湎于无何有之乡。水流于无形，自然流在虚寂的境界。可悲啊！这些普通人反将心智用在琐碎的小事上，而不知道大宁的境界。

宋人有曹商者①，为宋王②使秦。其往也，得车数乘。王说③之，益④车百乘。反⑤于宋，见庄子曰："夫处穷闾⑥陋巷，困窘⑦织屦、槁项⑧黄馘者，商之所短⑨也；一⑩悟万乘之主而从车百乘者，商之所长⑪也。"

庄子曰："秦王有病召医。破痈⑫溃痤者得车一乘，舐痔⑬者得车五乘，所治愈下，⑭得车愈多。子岂治其痔邪⑮，何得车之多也？子⑯行矣！"

【注释】①曹商：人名。②宋王：宋君偃。③说：通"悦"。④益：增加。⑤反：通"返"。⑥穷闾：贫穷僻里。陋巷：狭巷。⑦困窘：贫苦。织屦：织鞋。⑧槁项：干枯的脖子。馘〔guó〕：脸。⑨短：短处。⑩一：一旦。悟：使…觉悟。⑪长：长处。⑫痈：多个脓头的毒疮。痤〔cuó〕：痤疮，粉刺，一说疽。⑬舐〔shì〕：舔。痔：痔疮。⑭下：卑下。⑮岂：难道。⑯子：你。行：走。

【译文】宋国有个叫曹商的，为宋君偃出使秦国。刚去时，获得几辆车子。秦王喜欢他，增加车子百辆。返回宋国，见到庄子，说："住在穷里狭巷，贫苦地靠织鞋而生，搞得面黄肌瘦，这是我所短缺的；一旦见到万乘之君主而随从的车子增加到百乘，这是我的长处。"

庄子说："秦王有病召请医生，破除痈疽、溃散痤疮的可以得车一辆，舔痔疮的可以得车五辆，所医治的愈卑下得的车愈多。你难道治疗他的痔疮了吗？为什么你得到的车这么多呢？你走吧！"

鲁哀公问乎颜阖曰："吾以仲尼为贞干①，国其有瘳乎？"

曰："殆哉，圾②乎！仲尼方且饰羽而画，从事华辞。以支为旨③，忍性以视民，而不知不信。受乎心，宰乎神，夫何足以上民！彼宜汝与？予颐与④？误而可矣！今使民离实学伪，非所以视民也。为后世虑，不若休之。难治也！

施于人而不忘，非天布也⑤，商贾不齿。虽以事齿之，神者弗齿。

为外刑者，金与木也⑥；为内刑者，动与过⑦也。宵人之离外刑者，金木讯之；离内刑者，阴阳食之⑧。夫免乎外内之刑者，唯真人能之。"

【注释】①贞干：栋梁。②圾：通"岌"，危。③以支为旨：以支节为要旨。④彼：指仲尼。与：欤。颐：养。彼宜女与？予颐与：他适宜于你吗？让他安养人民吗?⑤非天布也:不是上天的布施之道。⑥金:谓刀锯釜钺。木:谓捶楚桎梏。⑦动:谓心之摇作。过:谓事之悔尤。⑧阴阳食之:阴阳两气交相剥食。

【译文】鲁哀公颜阖问道:"我想推荐孔子为栋梁之材,国家有希望了吧?"

颜阖说:"危险啊危险!孔子正热心雕琢文饰,追求华丽的辞章,把枝节当主干,矫饰自然性情以夸示于民众,不明智也不诚信,让他的内心被这些虚情主宰,怎么能领导人民呢!孔子果真适合你吗?或者他真能恩惠人民吗?那一定会误事的。让人民背离朴实而学类伪,这不是教化人民的办法,为后世着想,不如尽早放弃这个打算。孔子是很难治理好国家的。"

施惠于人却总放在心上,这还不是自然无私的布施。这种行为商人都瞧不起,虽然有时不得已民与人谈论,但内心还是看不起的。

对体外的刑罚,是刀斧和枷棒;对内心的惩罚,则是内心的烦乱和行动的错。小人的皮肉之刑,是用刀斧枷棒拷问;小人的内心惩罚,则是阴阳二气的交相剥食。能够免于内外刑罚的,只有真人才能做到。

孔子曰:"凡人心险于山川,难于知天。天犹有春秋冬夏旦暮之期,人者厚貌深情。故有貌愿而益①,有长若不肖,有顺懁而达②,有坚而缦③,有缓而钎④,故其就义若渴者,其去义若热。故君子远使之而观其忠,近使之而观其敬,烦使之而观其能,卒然问焉而观其知,急与之期而观其信,委之以财而观仁,告之以危而观其节,醉之以酒而观其则,杂之以处而观其色。九征至,不肖人得矣。"

正考父一命而伛,再命而偻,三命而俯,循墙而走,孰敢不轨!如而夫⑤者,一命而吕钜⑥,再命而于车上儛⑦,三命而我诸父⑧,孰协唐许⑨?

贼莫大乎德有心而心有睫⑩,及其有睫也而内视,内视而败矣!凶德有五,中德为首,何谓中德?中德也者,有以自好也而吡⑪其所不为者也。

穷有八极,达有三必,形有六府。美、髯、长、大、壮、丽、勇、敢,八者俱过人也,因以是穷;缘循、偃佒、困畏,不若人⑫三者俱通达;知慧外通,勇动多怨,仁义多责,达生之情者傀,达于知进肖,达大命者随,达小命者遭。

【注释】①愿:谨厚。益:通"溢",骄溢。②顺懁〔xuān〕而达:外貌圆顺而内心直达。懁:急。③缦:同"慢"。④釬〔hàn〕:"悍"的假借字。⑤而夫:即凡夫。⑥吕钜:骄矜貌。⑦儛:作"舞"。⑧名诸父:称呼叔伯的名号。⑨孰协唐许:谁还会同唐尧、许由一样谦让呢?⑩心有睫:心开如眼目。⑪吡:訾,讥诮中。⑫困畏不若人:指与人谦下无争。

【译文】孔子说:"人心比山川还要险恶,比探知天象还要困难。自然尚有春夏秋冬和早晚变化的一定周期,人却貌容忠厚而情感内敛。有的人貌似淳厚而行为骄溢,有的人实为长者而形貌不符,有的人外貌圆顺而内心刚直,有的人外貌坚实而内心散漫,有的人表面舒缓而内心焦躁。所以人们趋义急如干渴,弃义急如避热。因此君子总是让他到远处来观察他是否忠诚,让他近身来观察他是否恭敬,让他处理繁难的事务来观察他的才能,向他突然提问来观察的心智，与他紧急期约来观察他的信用，把财物托付给他来观察他的廉洁，告诉他危难的处境来观察他的节操，让他喝醉来观察他的仪态，使男女杂处来观察他的色态。观察这九种征验，不好的人也就能挑拣出来了。"

正考父一命为士就曲着背，再命为大夫便躬着腰，三命为卿便俯下身子，让开大道顺着墙急步快走，像这样谁还敢不效法！如果是凡夫俗子，一命为士就会傲慢矜持，再命为大夫就会在车上手舞足蹈，三命为卿就要直呼叔伯的名号了，像这样，谁还会同唐尧、许由一样谦让呢？

最大的祸害莫过于有意为德而有成府，有了心眼就会内心纷扰，内心纷扰就会道德败坏！凶德有五种，以中德为首。什么叫中德？所谓中德，是指自以为是而诋毁自己所不认同的事情。

穷困窘迫源于八项极端，通达顺利源于三种必然，形态面貌则取决于六项府藏因素。貌美、须长、高大、魁梧、健壮、华丽、勇武、果敢，这八项都超过他人的，因而自恃傲人必然导致困窘。因循顺应、俯仰随人、怯弱谦下，这三种情况都能遇事通达。深谙智慧的人必逐外通显勇猛躁动的人必多招怨，倡导仁义的人必多责难。通晓生命实情的人心胸开阔，通晓智巧的气量狭小，通达大命的人顺应自然，通晓小命的人随遇而安。

人有见宋王者，锡①车十乘，以其十乘骄稚②庄子。庄子曰："河上有家贫恃纬萧③而食者，其子没于渊，得千金之珠。其父谓其子曰：'取石来锻之④！夫千金之珠，必在九重之渊而骊龙⑤颔下，子能得珠者，必遭⑥其睡也。使骊龙而寤，子尚奚微之有哉！'今宋国之深，非直九重之渊也；宋王之猛，非直骊龙也；子能得车者，必遭其睡也。使宋王而寤，子为韲粉夫！"

或聘于庄子。庄子应其使曰："子见夫牺牛⁷乎？衣以文绣，食以刍菽⁸，及其牵而入于大庙，虽欲为孤犊⁹，其可得乎！"

【注释】①锡：通"赐"。②稚：骄。③纬：编。萧：荻蒿。④锻：锤破。⑤骊龙：黑龙。⑥遭：遇。⑦牺牛：祭祀用的纯色牛。⑨刍：草。菽：大豆。⑩犊：小牛。

【译文】有个人拜见宋王，宋王恩赐十辆车子，他用这十辆车子向庄子夸耀。庄子说："河边有个贫困家庭靠编织芦苇用具过生活，他的儿子潜入深渊，得到价值千金的珍珠。他的父亲对他的儿子说：'拿石头来锤破它！这值千金的珍珠，一定在九重深渊骊龙的颔下，你能得到珍珠，定遇到龙在睡觉。等到龙醒来，你就被蚕食无余了！'现在宋国危机的深重，不止于九重的深渊；宋王的凶猛，不止于骊龙；你能得到车子，一定遇到他迷糊的时候。假使宋王醒来，你就要粉身碎骨了！"

楚国有人来聘请庄子。庄子回答使者说："你见过祭祀的牛吗？披着纹彩锦绣，喂着刍草大豆，等到把它牵入太庙去，要想做只无人豢养的牛犊，怎能办得到呢！"

庄子将死，弟子欲厚葬之。庄子曰："吾以天地为棺椁，以日月为连璧，星辰为珠玑，万物为赍送①。吾葬具岂不备邪？何以加此！"弟子曰："吾恐乌鸢②之食夫子也"。庄子曰："在上为乌鸢食，在下为蝼蚁食，夺彼与此，何其偏也！"

以不平平，其平也不平；以不征征，其征也不征。明者唯为之使,神者征之。夫明之不胜神也久矣,而愚者恃其所见入于人,其功外也,不亦悲乎!

【注释】①赍〔jī〕：送。②鸢〔yuān〕：老鹰。

【译文】庄子快要死的时候,弟子们打算厚葬他。庄子说:"我以天地为棺椁,以太阳和月亮为连璧,把星星当作珍珠,把万物当作陪葬品。我的丧葬用品难道还不齐备吗？还有比这更好的么!"

弟子们说:"我们担心乌鸦和老鹰吃掉你尸体!"

庄子说:"天葬让乌鸦和老鹰吃,土葬让蝼蛄和蚂蚁吃,从乌鸦老鹰那里夺过来给蝼蛄蚂蚁,为什么这样偏心呢!"

用不公平的方式来显示公平,这种公平不能得作公平;用不能验证的东西来求验,这种征验不能算是征验。自认聪明的人被外物支使,神全的人可以应合自然。很早就认为聪明人不及神人,而愚蠢的人还依靠他的偏见对待人事,他的功效只是表面的,这不是也很可悲吗!

天下

【题解】《天下》取篇首二字为篇名。"天下"指中国的社会。《天下》的主旨既是《庄子》一书的导言,又是中国最早的哲学史。

在"天下之治方术者多矣"段中,提出学术问题有道术和方术之分。道术是普遍的学问,只有天人、圣人、神人、至人才能掌握它。学术则是具体的各家各派的学问,这种学问都是各执一偏的片面的学问。在"其明而有数度者"段中,阐述了庄子对儒家学派的看法,认为儒家主要是明传《诗》《书》《礼》《易》《春秋》的。在"不侈于后世"段中,说明了墨子、禽滑厘的墨家学派的学说。对墨家的非乐、节用、兼爱、节葬以及后期墨者的墨辩都作了充分的肯定和赞同。因为墨家的这些思想与庄子的轻物思想有一致之处。在"不受世俗牵累"段中,介绍了宋钘、尹文的不累于俗、不饰于物、不苟于人、不忮于众的白心的观点。在"公而不党"段中,着重介绍了彭蒙、田骈、慎到的思想。在"以本为精"段中,介绍了关尹、老聃的思想。充分地肯定了他们的道的观点和谦下的处世态度,称他们是古之博大真人。在"惠施多方"段中,叙述了"历物十事"和名家的二十一事的命题,反对了名家的诡辩。庄子在书中虽然也吸收了一些诸如方生方死的对立转化观点,但总体上他是与惠施的观点相反的。

天下之治方术①者多矣，皆以其有②为不可加矣！古之所谓道术③者，果恶乎在？曰："无呼不在④。"曰："神⑤何由降？明⑥何由出？""圣有所生，王有所成，皆原于一⑦。"

不离⑧于宗，谓之天人⑨；不离于精⑩，谓之神人⑪；不离于真⑫，谓之至人⑬。以天为宗⑭，以德为本⑮，以道为门⑯，兆⑰于变化，谓之圣人；以仁为恩⑱，以义为理⑲，以礼为行⑳，以乐㉑为和，薰然㉒慈仁，谓之君子㉓；以法㉔为分，以名㉕为表，以参㉖为验，以稽㉗为决，其数㉘一二三四是也，百官㉙以此相齿；以事㉚为常，以衣食为主，蕃㉛息畜藏，老弱孤寡为意，皆有以养，民之理㉜也。

古之人㉝其备乎！配㉞神明，醇天地，育万物，和天下，泽及百姓，明㉟于本数，系于末度㊱，六通㊲四辟，小大精粗㊳，其运㊴无乎不在。其明而在数度者，旧法、世传之史尚多有之；其在于《诗》《书》《礼》《乐》者，邹鲁之士、搢绅㊵先生多能明之。《诗》以道志，《书》以道㊶事，《礼》以道行，《乐》以道和，《易》以道阴阳，《春秋》以道名分。其数散于天下而设于中国㊷者，百家之学时或称而道之。

天下大乱㊸，贤圣㊹不明，道德不一。天下多得一察㊺焉以自好。譬如耳目鼻口，皆有所明㊻，不能相通。犹百家众技也，皆有所长，时有所用。虽然，不该㊼不徧，一曲之士㊽也。判㊾天地之美，析㊿万物之理，察㊛古人之全。寡㊜能备于天地之美，称神明之容㊝。是故内圣(54)外王之道，暗而不明(55)，郁(56)而不发，天下之人各为其所欲焉以自为方(57)。悲夫！百家往而不反(58)，必不合矣！后世之学者，不幸不见天地之纯、古人之大体。道术将为天下裂。

【注释】①方术：一方之术，即特殊的学问，道术的一部分。②其有：其所得。指所得的特殊学问，把特殊当作普遍的道术而满足，以为无所复加了。为：以为。③道术：普遍之术，引申为真理。④无乎不在：指道理贯通万事万物。⑤神：指天，所以说降。《老子》："天之道，其犹张弓欤！"非指神圣。⑥明：指地，所以说出。神明：指天道、地道。圣王：指人道。《老子》"圣人之道，为而不争"。⑦皆原于一：指神明圣王即天道、地道、人道的作用皆原于一。⑧不离：不分离为二。宗：指道，即《老子》中的道"渊兮，似万物之宗"的宗，指主宰而言。⑨天人：指天人不分离为二的道理。精：指道，即《老子》二十一章中的道，"其中有精"的精，指不杂而言。⑪神人：见《逍遥游》。⑫真：纯真不伪，《老子》二十一章中"其精甚真"的真。⑬至人：见《逍遥游》，其他篇中已多见。⑭宗：主宰。以无为宗：指至人即天人。⑮本：本根。以德为本：指圣人即真人。⑯以道为门：门指天门，万物生死的出入门户。⑰兆：指变化兆端是深而难测的。⑱恩：恩惠。以仁为恩：用仁来恩惠民众。⑲理：治理。以义为理：用义来治理民众。⑳行：行为。以礼为行：以礼来教化民众的行为。㉑乐：音乐。和：调和。以乐为和，用音乐来调和人民的性情。㉒薰然：温和的南风可以化物的样子。㉓君子：指辅佐圣王的贤者。㉔法：法度。分〔fèn〕：分守。㉕名：职称。表：标志。㉖参：一作"操"，比较，检验。验：验证。参验：比较，验证。㉗稽：考查，考核。决：断定。㉘数：等次。一二三四：指上文的法、名、参、稽。㉙百官：指能者。齿：序列。㉚事，指耕、织、工、商的职业。常：恒常，不变。㉛蕃：繁殖。息：生息。畜：积蓄。藏：储藏。㉜民之理：犹民之为道，即民之常情。㉝古之人：指古代的圣人。备：完备。㉞配：匹配、合。神明：指神圣明王。醇：通“准”。准天地：以天地为准则。㉟明：表明。本数：指道德仁义。㊱末度：指法度为道的末节。㊲六通：指六合，上下四方通达。四辟：春夏秋冬四时通畅。㊳小大精粗：指万物不论小大精粗。㊴运：运行。其运：指帝道圣道运行而天所积。㊵搢绅：即搢笏而垂绅的儒服。㊶道：指言，以上五个道字同。㊷中国：指鲁、齐、卫、宋这些地区。㊸大乱：指战国。㊹贤圣：指孔子与其弟子。㊺察：通“际”。一察：一际，指不全。自好〔hào〕：自意不知变，主观自信不变。㊻明：知道。㊼该：通“赅”，完备。徧：普遍。㊽一曲之士：看问题片面的人。㊾判：分割。㊿析：离析，割裂。理：常理。(51)察：放散。(52)寡：少。(53)容：包容。(54)内圣：将道藏于内心的是圣人。外王：将道显露于外的是王。(55)暗：同“闇”。(56)郁：抑郁。(57)方：方术。(58)反：通“返”。

【译文】天下研究特殊学术的人很多，都以为自己的所得无以复加了。古时所谓普遍的道术，究竟何在呢？回答说：“是无所不在的。”问道：“天道从哪里降临？地道从哪里产生？”回答说：“圣有所生，王有所成，都来原于道。”

不离开道的人，称作天人；不离开道的精微的人，叫做神人；不离开道的本真的人，叫做至人。以天为主宰，以德为根本，以道为门径，能预见变化兆端的叫做圣人；用仁恩惠人民，用义治理人民，用礼教化人民的行为，用乐来调和人民的性情，表现温和而仁慈的叫做君子；以法度作为分守，以职称作为标志，以比较为验证，以会计作断定，它们的等次分一二三四，百官以这些相为序列。百姓以耕、织、工、商的职业为常务,以衣食为主,繁殖生息,积蓄储藏,老弱孤寡放在心上,都有所养,这是治理人民的道理。

　　古时的圣人是很完备的了,他们配合神圣明王,以天地为准则,养育万物,调和天下,恩泽百姓;不仅通晓道的根本,而且维系于法度的末节,上下四方通达,春夏秋冬四时通畅,小大精粗,帝圣之道的运行无所不在。那些明显表现于制度的,旧时法规世代相传,史官还记载很多。那些保存在《诗》《书》《礼》《乐》的,邹鲁的士绅儒者先生们大多能明白了。《诗经》是表达志向的,《书经》是记载政事的,《礼》是规范道德行为的,《乐》是调和性情的,《易经》是预测阴阳变化的,《春秋》是讲述名分的。这些数度散布于天下而设置于中国,百家学说时常宣扬它。

　　天下大乱的时候,贤圣不能明察,道德规范不能统一,天下的学者多是各得一偏而自以为是,就像耳口鼻都有它的知觉功能,而不能相互通用。就像百家众技一样,都有所长,时有所用。即使如此,但不完备又不普遍,是看问题片面的人。分割天地的完美,离析万物的常理,分割古人道术的全体,很少具备天地的纯美,不能相称于神明的包容。所以内圣外王的道理,幽暗不明,抑郁不发,天下的人各自尽所欲而自以为方术。可悲啊!百家皆各尽迷途而不知返,也就不能合于大道了!古代的道术将被这一代的天下人所割裂毁掉了。

　　不侈①于后世,不靡②于万物,不晖③于数度,以绳墨④自矫,而备世之急。古之道术有在于是者,墨翟⑤、禽滑釐闻其风而悦之。为之太⑥过,已之大循⑦。作为《非乐》⑧,命⑨之曰《节用》。生⑩不歌,死无服⑪。墨子泛爱⑫兼利⑬而非斗,其道不怒⑭。又好学而博,不异⑮,不与先王⑯同,毁古之礼乐。黄帝有《咸池》⑰,尧有

《大章》，舜有《大韶》，禹有《大夏》，汤有《大濩》，文王有《辟雍》之乐，武王、周公作《武》。古之丧礼，贵贱有仪⑱，上下有等。天子棺椁⑲七重，诸侯五重，大夫三重，士再重。今墨子独⑳生不歌，死无服，桐㉑棺三寸而无椁，以为法式㉒。以此教人，恐不爱人；以此自行，固不爱已。未㉓败墨子道，虽然，歌而非歌，哭而非哭，乐而非乐，是果类乎？其生也勤㉔，其死也薄㉕，其道大㉖觳。使人忧，使人悲，其行难为也。恐其不可以为圣人之道，反天下之心，天下不堪。墨子虽独能任，奈天下何！离㉗于天下，其去王㉘也远矣！

墨子称道曰："昔禹之湮㉙洪水，决江河而通四夷㉚九州也。名川三百，支川三千，小者无数。禹亲自操稾㉛耜而九㉜杂天下之川；腓㉝无胈，胫㉞无毛，沐㉟甚雨，栉㊱疾风，置㊲万国。禹大圣也，而形㊳劳天下也如此。"使后世之墨者，多以裘㊴褐为衣，以跂蹻㊵为服，日夜不休，以自苦为极，曰："不能如此，非禹之道也，不足谓墨。"

相里勤㊶之弟子、五侯㊷之徒、南方之墨者若获、已齿、邓陵子㊸之属，俱诵《墨经》，而倍㊹谲不同，相谓别墨㊺，以坚白㊻同异之辩相訾，以觭㊼偶不仵之辞相应，以钜㊽子为圣人，皆愿为之尸㊾，冀㊿得为其后世，至今不决(51)。

墨翟、禽滑釐之意则是(52)，其行者非也。将使后世之墨者，必自苦以腓无胈、胫无毛相进(53)而已矣。乱之上也，治之下也。虽然，墨子真天下之好(54)也，将求之(55)不得也，虽枯槁不舍(56)也，才士也夫！

【注释】①侈：奢侈。不侈句：不以奢侈教育后世。指墨家违周道而用夏政。②靡〔mí〕：浪费。不靡句：不浪费万物，指墨家的节用而言。③晖〔huī〕：目光，炫耀。数度：数指法律条文。度指法度。不晖句：指墨家的非乐、薄葬而言。④绳墨：绳指取正的工具，木匠用做取直的墨线，这里指规矩。矫：励。自矫：自己勉励自己。⑤墨翟：战国初期鲁国人，墨家学派创始人。禽滑厘：墨子的弟子。风：风教。⑥太：同"大"。⑦已：止，停止而不为。为之大过：指泛爱、兼利而言。顺：一作"循"，不及。已之大顺：指非乐、节用。⑧非乐：墨子有《非乐篇》。⑨命：称为。节用：墨子有《节用篇》。⑩生：活着。⑪无服：不穿礼制上规定的丧服。⑫泛爱：即兼爱，爱一切人。⑬兼利：使一切人都得到利益。非斗：指非攻，反对非正义的进攻。墨子并不反对一切战争，而反对非正义的大国攻小国、大家攻小家的侵略战争。而主张并参加保卫国家的正义战争。⑭怒：怨怒。⑮不异：指尚同而言。⑯先王：指黄帝尧舜禹夏商周诸帝王。⑰《咸池》至《武》：皆为五帝三王时的乐曲。⑱有仪：有度。⑲椁：外棺。重：层。⑳独：唯独。㉑桐：桐木。㉒法式：效法的样式，榜样。㉓末：同"莫"，各木作"未"误。败：同"毁"。㉔勤：勤劳。㉕薄：瘠薄。㉖大：通"太"。觳〔què〕：刻。㉗离：〔lí〕通"丽"，依附。㉘王：指外王之道。㉙湮：同"堙"，塞。㉚四夷：四方边远的少数民族地区。九州：冀、兖、青、徐、扬、荆、豫、梁、雍。㉛橐〔tuó〕：盛土的器具。耜〔sì〕：掘土工具。㉜九：本作"鸠"，聚集。杂：同"匝"，合。九杂：聚合。㉝腓〔féi〕：腿肚子。胈〔bá〕：汗毛。㉞胫：小腿。㉟沐：淋雨。甚雨：暴雨。㊱栉〔zhì〕：梳头发。㊲置：建立，设立。万国：许多地方。㊳形劳：身体劳苦。㊴裘：兽皮。褐：粗布。裘褐：粗衣。㊵跂〔qí〕：通"屐"，木鞋。㊶相里勤：南方之墨学的代表。㊷五侯：墨家弟子姓五名侯。㊸苦获、已齿、邓陵子：皆墨家后学。㊹倍：通"背"，背离。谲〔jué〕：矛盾，相反。㊺别墨：墨家中的非正统的派别。㊻坚白：见《齐物论》注。訾〔zǐ〕：非议。㊼觭〔jī〕：通"奇"，单数。偶：双数。仵〔wǔ〕：通"伍"。不仵：

不合。应：应对。㊽钜：同“巨”。钜子：后期墨家团体的首领。㊾尸：尽死。㊿翼：希望。(51)决，决定。(52)意则是：用意是对的。(53)相进，相互争进。(54)天下之好：爱天下。(55)求之：救助天下。(56)舍：合弃。

【译文】不以奢侈教育后世，不浪费万物，不炫耀于等级制度，用规矩勉励自己而备于当世之急务，古代的道术存在于这方面的。墨翟、禽滑厘听到这种治学风气就喜欢它。实行泛爱兼利太过分了，非乐节用也太过分了。作《非乐》篇，讲《节用》篇，活时不唱歌，死时无丧服。墨子泛爱一切人，使一切人都得到利益而反对侵略战争，他讲对人不怨怒；他又好学而博闻，主张大不异的尚同，也不求与先王相同，主张毁弃古代的礼乐。黄帝时有《咸池》，尧时有《大章》，舜时有《大诏》，禹时有《大夏》，汤时有《大》，文王时有《辟雍》的乐章，武王、周公时作《武》乐。古代的丧礼，贵贱有不同的制度，上下有不同的等次，天子的棺椁七层，诸侯五层，大夫三层，士二层。现今墨子唯独主张生时不唱歌，死时无丧服，桐木棺材只三寸而无外椁，作为效法的样式。用这种主张教人，恐怕不是爱人；用这种主张自行其是，当然也不是爱护自己。虽然如此，但是并不影响墨子的学说，然而当唱歌时而反对唱歌，然而当哭泣时而反对哭泣，当奏乐时而反对奏乐，这样果真合乎人的感情吗？人活着时勤劳，死后那样瘠薄，他的学说太苛刻了；使人忧伤，使人悲哀，他的主张难以实行，恐怕这种主张不可以成为圣人之道，违反天下的人心，天下人不堪忍受。虽然墨子能独自实行，然而他把天下人又能怎样呢！背离于天下的人，这种做法离开王道也太远了。

墨子宣扬说：“过去大禹堵塞洪水，疏通江河，而沟通四夷九州，大川三百，支流三千，小沟无数。禹亲自拿着盛土的器具和掘土的工具，而聚合于天下的河流；累得腿上没有肉，小腿上没有汗毛，暴雨淋身，疾风梳发，安定了万国。禹是个大圣人，他身体为民劳苦到如此地步。"使后代的墨者,多用粗布做衣服,穿着木屐草鞋,日夜不息,以吃苦耐劳为准则,有人却说:"不能这样,不是禹的道,不足以把他称为墨者。"

北方墨者相里勤的弟子,伍侯的门徒,南方的墨者苦获、已齿、邓陵子一派,都诵读《墨经》,然而却相互背离相互矛盾,相互指责对方是"别墨";以坚白同异的辩论相互非议,用奇偶不合的言论相互应对;把巨子当作圣人,却愿意为他而尽死,希望为他的后世继承人,但至今还分争不决。

墨翟、禽滑厘的心意是好的,但他们的做法太过分了。他使后代的墨者必定要刻苦自励,搞得大腿上没有肉,小腿上没有汗毛,相互争进罢了。这样乱天下有余,治天下不足。虽然这样,墨子是真算是天下最美善的人了,这种人实在求之不得,虽然累得形容憔悴不堪也不弃自己的主张,真是一位治国的贤能之士啊!

不累于俗,不饰于物,不苛于人,不忮于众①,愿天下之安宁以活民命,人我之养,毕足而止,以此白心。古之道术有在于是者,宋钘、尹文闻其风而悦之②。作为华山之冠以自表,接万物以别宥为始③。语心之容,命之曰心之行。以聏合驩④,以调海内,请欲置之以为主。见侮不辱,救民之斗,禁攻寝兵,救世之战。以此周行天下,上说下教。虽天下不取,强聒而不会者也。故曰:上下见厌而强见也。

虽然,其为人太多,其自为太少,曰:"请欲固置五升之饭足矣。"先生恐不得饱,弟子虽饥,不忘天下,日夜不休。曰:"我必得活哉!"图傲乎救世之士哉!曰:"君子不为苛察,不以身假物。"以为无益于天下者,明之不如已也,以禁攻寝兵为外,以情欲寡浅为内。其小大精粗,其行适至是而止。

【注释】①忮〔zhì〕违逆。②宋钘〔jiān〕即宋荣子,小说家的代表人物。尹文:名家的代表人物。③宥:通"囿",局限。④聏〔ér〕:柔和。

【译文】不被世俗所累,不用外物掩饰,不苛求于人,顺从别人不违逆众人,希望天下安宁以保全人民的性命,别人和自己的奉养足够就可以了,以这种观点表白自己的内心,古时的道术有属这方面的。宋钘、尹文听到这种治学风气就喜欢。制作像华山那样上下均平的帽子来显示平等,应接万物,以除去成见为开端;称道内心的包容,叫做内心的行为,以柔和态度迎合别人的欢心,用来调和海内,请求以此作为建立学说的指导思想。受到欺侮不以为是耻辱,以解脱人们的争斗;禁绝互相攻伐,停止战事用兵,平息社会战乱。以此周游天下,向上劝说君主,向下教育臣民,即使天下的人并不赞同,却依然说个不停,不肯背弃自己的主张。所以说,虽然遭到周围所有人的厌烦,但还是要弘扬自己的学说。

即使这样,但他们为别人做得太多,为自己想得太少。他们说:"我们请求只需五升米的饭就够了。"恐怕不仅宋、尹两位先生吃不饱,连弟子们也常处于饥饿中,可是他们仍然不忘天下人。他们日日夜夜不知道停息,还说:"君子对人事不苛求挑剔,不使自身被外物的役使。"认为治理对天下没有益处,与其硬要阐释它还不如停止不做。他们把禁止攻伐停止战争做为对外的活动,把减少情欲当作内心的修养。他们学说的小大精粗,及所作所为也不过如此罢了。

公而不党,易而无私,决然无主,趣物而不两,不顾于虑,不谋于知，于物无择，与之俱往。古之道术有在于是者，彭蒙①、田骈②、慎到③闻其风而悦之。齐万物以为首，曰：天能覆之而不能载之，地能载之而不能覆之，大道能包之而不能辩之。知万物皆有所可，有所不可。故曰：选则不遍，教则不至，道则无遗者矣。

是故慎到弃知去己，而缘不得已。泠汰④于物，以为启发。曰：知不知，将薄知而后邻伤之者也⑤。謑髁无任⑥，而笑天下之尚贤也；纵脱无行，而非天下之大圣；椎拍輐断⑦，与物宛转；舍是与非，苟可以免。不师知虑，不知前后，魏然⑧而已矣。推而后行，曳而后往。若飘风之还，若羽之旋，若磨石之隧⑨，全而无非，动静无过，未尝有罪。是何故？夫无知之物，无建己之患，无用知之累，动静不离于理，是以终身无誉。故曰："至于若无知之物而已，无用贤圣。夫块不失道。"豪桀相与笑之曰："慎到之道，非生人之行，而至死人之理。"适得怪焉。

田骈亦然，学于彭蒙，得不教⑩焉。彭蒙之师曰："古之道人，至于莫之是莫之非而已矣。其风窢然⑪，恶可而言。"常反人，不见观⑫，而不免于鲵断⑬。其所谓道非道，而所言之韪⑭不免于非。彭蒙、田骈、慎到不知道。虽然，概乎皆尝有闻者也。

【注释】①彭蒙：齐国隐士，稷下学者，事迹不可考。②田骈：又作陈骈，齐国人，稷下学者。③慎到：赵国人，稷下学者。④泠汰：听放。⑤知不知，将薄知而后邻伤之者也：强求知其所不知，势必为知所迫而结果会损伤自己。薄：通迫。后：或说"复"字之误。邻：通躏，伤。⑥謑〔xǐ〕髁〔kē〕：随顺。无任：无所专任。⑦椎〔chuí〕拍：犹言推服，即顺随之意。輐〔wàn〕

断：无圭角。椎拍辊断：顺随旋转。⑧魏：通"巍"。⑨隧：回，转。⑩得不教：不言之教。⑪窦〔xù〕：借为"侐"，静。⑫常反人，不见观：常违反人意，不为人称赏。观：疑"欢"之误。⑬䡇[yuán]断：无圭角。⑭䫉[wěi]：是。

【译文】公正而不阿党，平易而无偏私，排除主观的先入之见，随物变化而不三心二意，没有顾虑，不求智谋，对万物毫无选择地随顺，和它一起变化，这是古代道术的内涵之一。彭蒙、田骈、慎到对这种道术很喜欢，以齐同万物为首要，说"天能覆盖万物却不能承载，地能承载万物却不能覆盖，大道能包容万物却不能分辨。"知道万物都有所能，有所不能，所以说："选择则不普遍，教导则有所不及，大道则无所遗漏。"

所以慎到抛弃智慧去除己见而随任于不得已，听任于物作为启发，他说："强求知其所不知，就会为知所迫而受到损伤。"随便任用人，而讥笑天下推崇贤人；放任不羁不拘形迹，而非议天下的大圣。刑罚之轻重，随着事态的发展而相应地变化，抛弃了是非，才可以免于刑罚。不依赖智巧谋虑，不瞻前顾后，巍然独立。推动而往前走，拖拉而向后退，像飘风的往返，像羽毛的飞旋，像磨石的转动，完美而无错，动静适度而无过失，未曾有罪。这是什么原因，没有知觉的东西，就不会有标榜自己的忧患，不会有运用智谋的牵累，动静合于自然之理，所以终生不会受到毁誉。所以说："达到像没有知觉的东西就行了，不需要圣贤，土块不会失于道。"豪杰们相互嘲笑他说："慎到的道对活人没有用而只适用于死人，实在怪异。"

田骈也是这样，受学于彭蒙，得到不言之教。彭蒙的老师说："古时候得道的人，达到了无所谓是非的境界。他们的道术像风吹过一样迅速，怎么能够用语言表达出来呢？"常常违反人意，不受人们所尊敬，仍不免于随物变化。他们所说的道并不是真正的道。然而，他们都还大概地听闻过一点道。

以本为精，以物为粗，以有积为不足，澹然独与神明居，古之道术有在于是者，关尹、老聃闻其风而悦之①。建之以常无有，主之以太一。以濡弱谦下为表②，以空虚不毁万物为实。

关尹曰："在己无居，形物自著。"其动若水，其静若镜，其应若响，芴乎若亡③，寂乎若清。同焉者和，得焉者失。未尝先人，而常随人。

老聃曰："知其雄，守其雌，为天下谿。知其白，守其辱，为天下谷。"人皆取先，己独取后，曰："受天下之垢。"人皆取实，己独取虚。"无藏也故有余，岿然而有余④。"其行身也，徐而不费，无为也而笑巧。人皆求福，己独曲全，曰："苟免于咎。"以深为根，以约为纪，曰："坚则毁矣，锐则挫矣。"常宽容于物，不削于人。可谓至极。关尹、老聃乎，古之博大真人哉！

【注释】①关尹：道家代表人物，比老子年长。关尹可能不是姓名，而是官职。②濡：通"嬬"，柔弱。③芴：通"忽"。④岿然而有余：刘文典《庄子补正》认为此句为衍文。

【译文】把德看作是精妙的，把具体的物看作是粗疏的，把积蓄看作不足，无牵无挂独与神明造化共存，古代道术就有这方面的学说。关尹、老聃听到这种治学风气就喜好。建立常有常无的学说，归之于道，以柔弱谦下为外表，以空虚不毁万物为实质。

关尹说："在自己来说不囿于成见，有形的物体让其自行显现。"其动时像流水，其静时像明镜，其反应如回声。恍惚像无有，寂静像清虚。与万物混同的就能和谐，有得必有失。未曾争在人先，而经常顺从人后。

老聃说:"虽然认识到雄性之强,却偏要执守雌性之弱,成为天下的沟壑;知道明亮的耀眼,却偏要退居幽暗,成为天下的溪谷。"别人都争先,他却独居后,说甘受天下的垢辱。别人都求实际,他却独求空虚,不敛藏反而有多余。他立身行事,舒缓而不浪费,自然无为而讥笑智巧,别人祈求福佑,他却独自委曲求全,说但求免于祸害。以深藏为根本,以简约为纲纪,坚硬就容易毁坏,锐利就会受挫折。经常宽容对待万物,不损害别人,可以说达到至高境界了。关尹、老聃啊!古代渊博伟大的真人呀!

芴漠无形,变化无常,死与?生与?天地并与?神明往与?芒乎何之①?忽乎何适?万物毕罗,莫足以归。古之道术有在于是者,庄周闻其风而悦之。以谬悠之说②,荒唐之言,无端崖之辞,时恣纵而不傥③,不以觭见之也④。以天下为沉浊,不可与庄语,以卮言为曼衍,以重言为真,以寓言为广。独与天地精神往来,而不敖倪于万物⑤。不谴是非,以与世俗处。其书虽瑰玮而连犿无伤也⑥。其辞虽参差,而諔诡可观⑦。彼其充实,不可以已。上与造物者游,而下与外死生、无终始者为友。其于本也,弘大而辟,深闳而肆;其于宗也,可谓稠适而上遂矣⑧。虽然,其应于化而解于物也,其理不竭,其来不蜕,芒乎昧乎,未之尽者。

【注释】①芒:通"茫"。②谬:通"缪",深不可测。③傥〔tǎng〕通"谠"刚直。④觭:〔jī〕:通"奇"单数。见:通"现"。⑤敖:通"傲"。⑥连犿〔fān〕:随和的样子。⑦諔〔chù〕诡:奇异。⑧稠:通"调"。

【译文】广袤的沙漠没有痕迹,变化无常而没有法则,死呀生呀，与天地并存，与造化同往! 恍恍惚惚向什么地方去，包罗万物，不知何处是归宿。古代的道术有属于这方面的，庄周听到这种治学风气就很喜好它。以悠远的说教，以宽广的言论，以不着边际的言辞，时常恣意发挥而不拘执，从不表现标新立异。他认为天下是污浊的，不能用庄重的言语来交谈，而应以无心的言论进行推衍，以为人所重视的言论使人信以为真，以有寓意的言论进行推广道理。独自与天地精神往来而不轻视万物，不拘泥于是非，以此和世俗相处。他的书虽然瑰丽奇伟却婉转叙说而无伤道理。他的言辞虽然变化多端却奇异可观。他的书充实而无尽头，上与造物者同游，下与超脱死生无终始分别的人做朋友。书中对道的阐述既宏大而又透辟，深邃而广阔；书中讲到道的宗旨，可说与道完全吻合，而达到了极致。即使如此，他顺应万物的变化而解脱于物的束缚，道理是讲不完的，但万变不离其宗，恍惚深奥，无穷无尽。

惠施多方①，其书五车，其道舛②驳，其言也不中③。历物④之意，曰："至大无外⑤，谓之大一；至小无内⑥，谓之小一。无厚⑦，不可积⑧也，其大千里。天与地卑⑨，山与泽平。日方中方睨⑩，物方生方死。大同而与小同异，此之谓'小同异'；万物毕同毕异⑪，此之谓'大同异'。南方无穷而有穷⑫。今日适⑬越而昔来。连环⑭可解也。我知天之中央，燕⑮之北、越之南是也。泛爱万物，天地一体也。"

惠施以此为大，观⑯于天下而晓辩者，天下之辩者相与乐⑰之。卵有毛；鸡三足；郢⑱有天下；犬可以为羊；马有卵；丁子⑲有尾；火不热；山出口⑳；轮碾不地㉑；目不见㉒；指㉓不至，至不绝㉔；龟长于蛇；矩㉕不方，规㉖不可以为圆；凿㉗不围枘；飞鸟之景㉘未尝动也；镞矢㉙

之疾，而有不行、不止之时；狗[30]非犬；黄马骊牛三[31]；白狗黑[32]；孤驹[33]未尝有母；一尺之捶[34]，日取其半，万世不竭[35]。辩者以此与惠施相应，终身无穷。

桓团[36]、公孙龙辩者之徒，饰[37]人之心，易[38]人之意，能胜人之口，不能服人之心，辩者之囿[39]也。惠施日以其知与人之辩，特与[40]天下之辩者为怪，此其柢[41]也。

然惠施之口谈，自以为最贤，曰："天地其壮[42]乎，施存雄[43]而无术。"南方有倚[44]人焉，曰黄缭，问天地所以不坠不陷、风雨雷霆之故。惠施不辞[45]而应，不虑而对，遍为万物说。说而下休，多而无已，犹以为寡，益[46]之以怪，以反人为实，而欲以胜人[47]为名，是以与众不适[48]也。弱于德，强于物，其涂隩[49]矣。由天地之道观惠施之能，其犹一蚊一虻之劳[50]者也。其于物也何庸[51]！夫充一[52]尚可，曰愈[53]贵，道几矣！惠施不能以此[54]自宁，散于万物而不厌，卒以善辩为名。惜乎！惠施之才，骀荡[55]而不得，逐万物而不反[56]，是穷响以声[57]，形与影竞走也[58]，悲夫！

【注释】①方：方术。②舛〔chuǎn〕：差错。③中〔zhòng〕：不合于道，不中肯。④历物：分析事理。学术界称惠施的史料为"历物十事"。⑤无外：无有外部，无限大。⑥无内：无有内部，无限小。⑦无厚：无有厚度。⑧积：重叠。⑨卑：低。⑩睨〔nì〕：偏斜。⑪毕同：完全相同。毕异：完全不同。⑫无穷：没有穷尽。⑬越：越国。昔：昨天。⑭连环：古时"连环"本不可解。⑮燕：燕国。⑯观：显示。晓：引导。⑰乐：愿意。⑱郢，楚国都城。⑲丁子：蛤蟆。⑳山出口：山谷可传声，声从口出，所以山有口。㉑轮不碾〔zhǎn〕地：车轮只跟地一部分，而不是地，所以轮没碾地。㉒目不见：眼睛看不见。㉓指：指物的概念。不至：感觉不到。㉔至不绝：指物不尽，即概念与事物完全相称是没有止境的。㉕矩：画方的工具。㉖规：画圆的工具。㉗凿：榫眼。枘：榫头。㉘景：影子。㉙镞矢：箭头。疾：疾速，快速。㉚狗：小狗。犬：大狗。㉛黄马骊牛三：黄马骊牛为一个概念。分则为二个概念，相加为两个概念。㉜白狗黑：白毛为白狗，眼珠黑为黑狗，所以白狗也是黑狗。㉝孤驹：母马死后称孤驹，所以没有母。㉞捶〔chuí〕：通棰，亦作箠；指鞭子。㉟不竭：不尽。㊱桓团：先秦名家学派人物，《列子·仲尼》作韩檀。公孙龙：先秦名家代表人物，著有《公孙龙子》。㊲饰：掩饰，蒙蔽。㊳易：改变。㊴囿：局限。㊵特与：专与。为怪：造出怪论。㊶柢：通"抵"，大概。㊷壮：大。㊸雄：雄才。㊹倚：通奇，异人。黄缭：楚人。㊺不辞：不辞让，不谦虚。㊻怪：怪诞。㊼胜人：辩胜别人。为名，为了名声。㊽不适：不适于用。㊾隩〔ào〕：深曲，狭隘。㊿劳：功劳，功能。㊿庸：用。㊿充一：充当一家之言。㊿愈：可以，宽愈。贵道：尊重道。㊿此：指充一。㊿骀荡：使人舒畅。不得：不能得以正道。㊿不反：知迷不返。㊿穷响以声，以声音追逐回响。㊿形与影竟走：用形体和影子竞走。

【译文】惠施懂多种学问，他的著作能装五车，他讲的道理错综驳杂，他的言辞也往往不合道理。他观察分析事理，说："达到没有外部的无限大，叫做大一，达到没有内部的无限小，叫做小一。没有厚度，不能积累，却可大到千里。天和地一样低，山泽一样平。太阳刚正中就偏斜，万物刚出生就死亡。大同与小同的差异，叫做'小同异'。万物全同全异，这叫做'大同异'。南方没有穷尽而又有穷尽，今天到越国去而昨天已经来到。连环是可解开的。我知道天下的中央，在燕的北方越的南方。广泛地热爱万物，天地万物是一个整体。"

惠施把这些当作最大的真理，显示于天下而引导于辩者，天下的辩者都愿意和他争论。蛋有毛，鸡有三脚，楚国的郢城包容天下，大狗可以是羊，马有蛋，蛤蟆有尾巴，火是不热的，山是有嘴的，车轮碾不着地，眼睛看不见东西，概念感觉不到，即是感觉得到也不能达到穷尽，乌龟比蛇长，曲尺不能画方，圆规不能画圆，卯眼不能围住榫头，飞鸟的影子未曾移动过，箭头疾飞却有不前进不停止的时候，狗不是犬，黄马骊牛是三个，白狗是黑的，孤马不曾有母亲，一尺长的鞭，一天截去一半，万世也截取不尽。辩者们用这些论题和惠施相辩论，终身辩论不完。

　　桓团、公孙龙都是辩者一类的人，蒙蔽人的思想，改变人的意见，能辩胜别人的口舌，而不能折服人心，这是辩者的局限。惠施每天以自己的智慧与人辩论，专门与天下的辩者创造怪异的论题，这就是他们的概况。

　　然而惠施的口辩，自以为最高明，说："天地能比我更伟大吗！"但惠施有雄辩之才而不了解道术。南方有一个奇人叫黄缭，问天地为什么不陷以及风雨雷霆形成的原因。惠施不谦虚地回应，不加思索地对答，遍及万物加以解说，又说个不停，多而不止，还以为说得少，更加一些奇谈怪论。把违反人之常理的作为实情而要以辩胜别人取得名声，因而和众人的看法不协调，削弱德的修养，强调对外物的分析，他走了弯路。由自然规律来看惠施的才能，他就像一只蚊子一只牛虻的徒劳之功罢了。对于万物有什么用处！他充当一家之言还算可以，说他尊重大道，也差不多，但惠施不能够以此一家之言自安于道，分散心思追逐于万物而不厌烦，最终以善辩成名。可惜呀！惠施的才能，使人舒畅而无所得，追逐万物而知迷不返。实在是以声音阻止回响，以形体与影子竞走，可悲呀！

谦德国学文库丛书

(已出书目)

弟子规·感应篇·十善业道经	汉书
三字经·百家姓·千字文·德育启蒙	后汉书
千家诗	三国志
幼学琼林	道德经
龙文鞭影	庄子
女四书	世说新语
了凡四训	墨子
孝经·女孝经	荀子
增广贤文	韩非子
格言联璧	鬼谷子
大学·中庸	山海经
论语	孙子兵法·三十六计
孟子	素书·黄帝阴符经
周易	近思录
礼记	传习录
左传	洗冤集录
尚书	颜氏家训
诗经	列子
史记	心经·金刚经
	六祖坛经

茶经·续茶经	虞初新志
唐诗三百首	迪吉录
宋词三百首	浮生六记
元曲三百首	文心雕龙
小窗幽记	幽梦影
菜根谭	东京梦华录
围炉夜话	阅微草堂笔记
呻吟语	说苑
人间词话	竹窗随笔
古文观止	国语
黄帝内经	日知录
五种遗规	帝京景物略
一梦漫言	子不语
楚辞	水经注
说文解字	徐霞客游记
资治通鉴	聊斋志异
智囊全集	清代三大尺牍：小仓山房尺牍
酉阳杂俎	清代三大尺牍：秋水轩尺牍
商君书	清代三大尺牍：雪鸿轩尺牍
读书录	孔子家语
战国策	贤母录
吕氏春秋	张岱文集：陶庵梦忆
淮南子	张岱文集：西湖梦寻
营造法式	张岱文集：快园道古
韩诗外传	
长短经	